영화가 노동을
만났을 때

영화가 노동을 만났을 때

– 영화로 만나는 15개의 노동 이야기

•

이성철·이치한 지음

서문

    필자들은 영화를 전공하는 사람들이 아니다. 그리고 영화작업의 전 과정에 대해서도 별다른 전문성이 없는, 그저 영화를 좋아하는 여러 씨네필(cinephile)들 중의 한명일 뿐이다. 그리고 어떤 이의, "영화에 대해 전문적인 지식이나 경험 등이 없으면 이에 대해 논하지 않는 것이 낫다"는 말에 주눅이 들 뻔도 한 사람들이다. 그러나 전문가들의 비평 못지않게 비전문적인 관객들에 의한 '표현되지 않은 것의 비평'(criticism of the unexpressed)이 더 중요할 수 있다는 안토니오 그람시의 말에 기대어, 〈영화가 노동을 만났을 때〉라는 본서를 세상에 내놓게 되었다. 이러한 만용에는 필자들이 전공하고 있는 노동문화 및 산업사회학과 중국문학의 노동관련 영역을 영화라는 매체를 통해 학생들에게 보다 손쉽게 전달하려는 문제의식이 무엇보다 크게 작용하였다. 필자들의 글이 본격적인 또는 전통적인 영화비평에 해당하는 것은 당연히 아니겠지만, '비평이란 무엇인가?'라는 질문에, B급 영화 제작자이자 감독인 로저 코먼(Roser Corman)은 "영화에 지적인 논평을 덧붙이는 것"이라고 말했다고 한다. 그리고 김영진은 코먼의 이러한 정의에 덧붙여 비평은 "역사적인 지식과 맞물려 결국 세상을 어떻게 보느냐는 관점의 문제까지 건드린다"라고 말한다. 이를 필자들 나름대로 소박하게 이야기해본다면, 영화 속에 나타난 개인과 그(녀)를 둘러싼 구조, 그리고 인물들의 살림살이 등이 지금까지 이르게 된 과거의 역사와 이들의 앞으로의 전망까지를 영화 속에서 관계적으로 찾아보려는 것이 비평의 본류 또는 영화소비자들의 능동적 참여가 아닐까 생각한다. 소위 말하는 '사회학적 상상력'(sociological imagination)의 영화학적 변용인 셈이다. 그러므로 이를 통해 몇 가지 전문적인 용어를 현학적으로 살짝 곁들이면서, 영화 줄거리나 소개하는 것 이상의 효과를 거둘 수 있을 것이라고 생각한다. 이러한 의미에서 이 책은 사실상 '영화를 통해 현실을 읽어내기', 그리고 '영화를 통해 현실로 나서기' 쯤이 되지 않을까? 나아가 그동안 한국사회에서 비교적 소개가 덜 되어있는 노동관련 영화들을 살펴봄으로써, 국내 영화의 지평과 내용을 더욱 확장·심화시킬 수도 있지 않을까하는 바람도 가져본다.

이 책에는 모두 15편의 노동관련 영화들이 소개되어 있다. 이미 국내에 소개된 것도 있고 그렇지 않은 영화들도 있다. 배경이 되는 국가들도 한국, 미국, 영국, 벨기에, 프랑스, 이탈리아, 일본, 중국 등 다양하다. 그리고 각각의 영화가 담고 있는 주제들 역시 노동현장의 현실만큼이나 복잡하다(떠돌이 노동자, 여성노동자, 비정규노동, 청년실업, 노동정치, 노동운동, 노동운동사, 학생운동과 노동운동의 관계, 사회주의와 노동문제 등). 그러나 일견 보기에는 다종 다기하지만 필자들은 독자들의 보다 손쉬운 이해를 위해 이들 영화에서 표현되고 있는 내용들을 연대기의 순으로 편집하였다(특히 서구영화들의 경우). 왜냐하면 이러한 연대기적 배치는 서구의 자본주의 발전 과정과 이에 따른 노동문제 및 노동운동의 과정을 일목요연하게 조망할 수 있기 때문이다(물론 한국을 포함한 여타 나라의 경우도 마찬가지이다). 그리고 자본주의의 전일화 과정은 국가별 특수성을 띠기도 하지만 보편적인 성격을 함께 지니고 있기 때문이기도 하다. 이 책을 접하게 되는 독자들께서는 각 장의 대표 영화와 함께 소개되는 여러 관련 영화들도 기회가 닿는 대로 찾아보시길 부탁드린다. 이를 통해 더욱 풍부한 관점과 안목을 배양할 수 있을 것이라 생각한다.

한편 눈 밝은 독자들께서는 이미 짐작하셨겠지만, 이 책의 제목인 「영화가 노동을 만났을 때」는 롭 라이너(Rob Reiner) 감독(1989)의 〈해리가 샐리를 만났을 때〉의 영화제목을 변용한 것이다. 잘 알려져 있듯이 이 영화는 오랜 세월에 걸쳐 만남과 헤어짐을 반복하는 두 남녀에 관한 것이다. 영화는 현실의 노부부들 이야기와 영화 속의 해리와 샐리의 삶을 교차편집하며 보여준다. 즉 애환과 갈등, 만남과 헤어짐의 끝에 찾아 온 인생의 지혜를 우리들에게 들려주고 있는 셈이다. 영화의 말미, 새해를 앞둔 파티장에서 조우한 해리와 샐리는 스코틀랜드의 민중시인이었던 로버트 번즈(Robert Burns)가 작시한, '올드 랭 사인(Auld Lang Syne)' 합창을 들으며 다음과 같이 말한다.

해리의 말. "이 노래는 도대체 무슨 뜻이지? 항상 들어왔지만 알 수가 없었어. '옛 친구들을 어찌 잊고(Should old acquaintance be forgot)'라니… 오래된 친구는 잊어버리라는 거야? 아니면 잊혀진 친구를 기억해야 한다는 거야? 이미 잊어버렸는데 어떻게 다시 기억하라는 거지?" 그리고 이에 대한 샐리의 말. "우리가 잊어버린 친구나 오래된 무엇인가를 기억하라는 거겠지. 어쨌든 오래된 친구에 관한 노래야…"

해리와 샐리가 나누는 이 대화에서 '친구'를 '노동'으로 대체해보아도 큰 무리가 없을 것이다. 아무쪼록 이 책을 통해 노동이라는 오랜 친구이자 삶의 근간을 기억하고 전망하는 계기가 되었으면 하는 것이 필자들의 소박한 희망이다.

이 책이 나오는 동안 많은 시간이 흘렀다. 말미에 실린 중국 관련 영화논문 두 편은 중국학과의 이치한 교수와 함께 전문 학술지에 발표한 것이고, 나머지의 글들은 필자가 창원의 노동사회 교육원에서 격월간으로 발간하고 있는 기관지인 「연대와 소통」에 지난 2년여 간 연재한 것들을 다시 다듬은 것이다. 교육원의 임영일 이사장과 김정호 소장, 그리고 송미옥, 조혜정 부장께 이 지면을 빌려 다시 한 번 고마움의 인사를 드린다. 표지 그림은 이창우 화백이 공을 기울이셨다. 파업 중인 노동자들 사이로 노마 레이가 뛰어드는 형상이다. 끝으로, 책의 발간을 위해 고생하신 모든 출판노동자 여러분께 감사드리며아울러 원고를 꼼꼼하게 읽고 교정을 도와준 서호빈 독립영화감독과 1인 출판사의 힘든 길을 걸으면서도 늘 밝은 웃음을 잃지 않는 호밀밭 출판사 장현정 대표에게도 고마운 마음을 전한다.

2011년 7월
필자들을 대표하여 이성철 씀

추천사

이용관 (부산국제영화제 집행위원장)

처음 이 책을 받아들었을 때 마치 내가 '이상한 나라의 엘리스'라도 된 것처럼 두 분의 글은 사뭇 낯설게 다가왔습니다. 그러나 어느새 흥미진진하게 빠져드는 나 자신을 발견할 수 있었습니다. 대단히 독특한 인식의 여행을 경험했다고 할까요.

영화와 인문학의 만남은 이미 그 역사가 오래되었습니다. 인문학의 다양하고도 폭넓은 시각은 우리로 하여금 전혀 새로운 영화의 세계로 안내했습니다. 이번에 발간되는 이성철, 이치한 교수의 「영화가 노동을 만났을 때 : 영화로 만나는 15개의 노동이야기」는 노동전문가의 시각으로 노동영화, 혹은 노동을 소재로 한 영화를 재해석한 역작(力作)입니다.

두 분은 분석의 대상이 된 작품들의 역사적 배경과 팩트를 철저하게 고증한 뒤 영화의 주제와 의미를 하나하나 분석해 나갑니다. 이러한 철저한 고찰은 영화를 읽는 독자의 시각에 전혀 새로운 경험을 선사합니다. 영화 한 편이 얼마나 다양하게 해석될 수 있는가 하는 놀라움을 안겨주는 것입니다. 이러한 정교한 분석 방법은 노동영화 혹은 노동영화에 대한 분석은 지루할 것이라는 선입견을 불식시킵니다.

특히 일반적인 영화분석이 서사학의 관점에서 출발해서 결국 영화미학과의 봉합을 통해 가능한 한 해석과 판단을 유보하는 형태로 나아가는 반면에, 두 분의 글은 통계학적, 실증적 자료에 입각하여 영화예술의 입장(立場)과 궁극적 지향성(指向性)을 도출해낸다는 점에서 우리 같은 전문 영화평론가들에게도 좋은 지침서 구실을 하고 있다는 것입니다.

애당초 예술의 분석과 비평은 그 관점과 방법론에 따라서 다양할 수밖에 없으며, 그것이 또한 예술의 존재성과 중요성을 재인식시키는데 필연적인 것이라면, 이제 두 분이 쓴 글들은 단순히 차별적, 창의적이라는 수식어를 넘어 우리 모두에게 영화의 본질에 대한 새로운 인식지평을 열어주고 있습니다. 또한 그 글들은 그간 당연히 이 땅에서 자리매김 되어야 할 '부재하는 것에 대한 반성과 희망의 의미'를 아프면서도 찬란하게 느끼게 해주고 있습니다.

거듭 말씀드리거니와 나는 이 책을 읽는 내내 글 읽기의 즐거움과 지식습득의 쾌감을 느낄 수 있었습니다. 영화의 배경이 되는 역사적 사실에 대한 흥미진진한 이야기와 노동의 사회적 의미에 대한 풍부한 해석은 해당 영화에 대해 새롭게 눈을 뜨는 계기를 마련해 주었기 때문입니다. 게다가 이 책에서 개진되고 있는 인접 문학 및 유사한 주제의 영화에 대한 폭넓은 이해는 작품분석의 깊이를 한층 더 심화시키고 있습니다.

바로 이 같은 이유에서 이 책, 「영화가 노동을 만났을 때 : 영화로 만나는 15개의 노동이야기」는 매우 소중한 지적 노력의 결실이라고 여겨집니다. 영화에 관심이 있는 사람이라면 늘 곁에 두고 필독해도 좋을 듯합니다.

차례

대공황과 주변부 노동자들

윌리엄 웰먼의 〈베가스 오브 라이프 Beggars of Life〉

Beggars of Life

대공황과 주변부 노동자들

윌리엄 웰먼의 〈베가스 오브 라이프 Beggars of Life〉

〈Beggars of Life〉는 〈스타탄생〉(1937)으로 비교적 잘 알려져 있는 윌리엄 웰먼 감독(William Wellman, 1896-1975)의 1928년 작품이다[1]. 영화는 흑백이며 배우들의 주요 대사는 중간 중간 자막으로만 소개된다(이러한 기법을 '토킹 시퀀스'라 부른다). 그러나 영화의 배경에는 음악이 흐르고 있다(보다 쉬운 이해를 위해 찰리 채플린의 〈모던 타임즈〉를 연상하면 될 것이다. 참고로 이 영화는 채플린의 음악과 음향효과가 곁들여졌지만 본질적으로는 무성영화이다. 그리고 할리우드에서 제작된 마지막 무성영화이기도하다). 이러한 까닭에 〈Beggars of Life〉는 초창기 사운드 필름의 하나로 비중 있는 평가를 받기도 한다. 촬영은 대부분 로케이션(현지촬영)으로 이루어졌고, 이 영

---

1 | 이 영화는 세 차례 이상 리메이크되었다. 주디 갈란드와 제임스 메이슨 주연의 1954년의 그것과, 바브라 스트라이샌드와 크리스 크리스토퍼슨 주연의 1976년의 작품 등이 그것이다. 특히 후자는 바브라 스트라이샌드가 작곡한 '에버 그린'이라는 음악과 함께 아직까지 많은 팬을 확보하고 있다(참고로 캐나다 출신 여가수인 수잔 잭스의 '에버 그린'과는 다른 곡임). 그리고 〈300〉의 근육질 전사였던, 제라드 버틀러를 기용하여 닉 카사베츠 감독에 의해 다시 리메이크 된다는 소문이 있다. 참고로 본 글에 담겨있는 주요 자료와 정보들은 특별히 그 출처를 밝히지 않는 한, '위키피디아(Wikipedia)'의 이 곳 저 곳에서 인용하였음을 미리 밝혀둔다.

화에 처음으로 '붐 마이크'(boom microphone)가 도입되었다. '와일드 빌'이라는 별명을 지닌 웰먼 감독은 1차 세계대전 당시 전투기 조종사였다(프랑스 공군에 자원입대한 미국 청년 비행대 소속이었음. 흔히 이를 '라파예트 에스까드릴'(Lafayette Escadrille)이라 부른다 [2]).

이후 웰먼은 미 공군으로 다시 복무(1918년)한다. 이러한 그의 경험은 1927년 감독한 〈날개들(Wings)〉에 반영되기도 했다. 80편이 넘는 그의 필모그래피 중에서 특히 〈공공의 적〉(1931)이 눈에 띈다. 제임스 캐그니를 일약 스타덤에 앉힌 이 영화의 배경음악들은 마틴 스코시즈 감독(1973)의 〈비열한 거리〉에 큰 영향을 미치기도 하였다. 실제로 영화 속에 배치된 음악들은 이 시기의 것이라 믿기지 않을 정도로 전체 미장센과 잘 어우러진다. 여기서 미장센(mise-en-scène)의 의미에 대해 잠깐 살펴보도록 하자(이차한.이성철, 2010: 45). 미장센의 교과서적 의미는 다음과 같다. 즉 '무대장치, 무대에 올린다'라는 뜻의 프랑스어로 처음에는 연극에서 주로 쓰이던 용어였으나, 영화로 옮겨오면서 '쇼트의 프레이밍'과 관련된 영화제작행위를 가리키는 것이 되었다. 그러나 이는 미장센에 대한 기술적 관점 또는 설명이라 할 수 있다. 그러므로 이에 대한 관계적 관점이 필요하다. 예컨대 영화의 감독을 크레디트에 표시할 때, 우리는 'Directed by, Regie, Un Film de' 등으로 나타나는 것을 볼 수 있다. 그런데 프랑스 영화나 체코 영화 등을 보게 되면 간혹 'mise-en-scène'으로 표기되는 경우들이 있다. 이 점을 염두에 둔다면 미장센은 감독이나 연출자, 또는 한 개인이나 집단이 펼쳐보이(려)는 전체적인 랜드스케이프(풍경), 나아가 정서, 관점, 장치, 관객 또는 소비자 등이 모두 관계적으로 배치되어 있는 것이라 할 수 있을 것이다. 이러한 점에서 영화의 미장센은 그 영화의 연출자인 감독의, '사회를 바라보는 시선'이 될 수도 있을 것

---

2 | 웰먼의 마지막 영화 제목이기도 하다(1958년). 그리고 이를 배경으로 한 영화로는 토니 빌(2006) 감독의 〈라파예트(Fly-boys)〉가 있다.

이다.

한편 영화 〈Beggars of Life〉는 짐 툴리(Jim Tully: 1886-1947)의 동명 소설(1924년 출판)을 바탕으로 한 것이다. 툴리는 소설을 쓰기 이전에는 한때 떠돌이, 체인 제조공, 수목관리인, 그리고 프로권투선수 등으로 생계를 이어 갔다. 부모들은 아일랜드 이주민이었고, 아버지의 직업은 당시 최하층 노동 계급이 주로 담당했던 도랑파기 인부(ditch-digger)였다(어머니는 그가 네 살 때 사망함). 이러한 집안 사정 때문에 6년간 고아원에서 지내기도 한다. 그 는 평생 동안 정규 교육을 한 번도 받지 못하였으나, 미국 전역에 산재해 있 던, '호보(hobo)' 캠프, 열차, 철도부지, 그리고 공공도서관 등이 그의 교실과 삶의 터전이 된다 [3]. 1912년 할리우드로 가게 된 툴리는 비로소 저술활동으 로 생계를 꾸린다. 즉 한편으로는 할리우드의 스튜디오에 소속되어 프리랜 서 활동을 하고(예컨대 찰리 채플린의 언론담당 비서를 하기도 했다), 다른 한편으로는 그동안 겪은 철로위의 삶과 미국 하층 노동자들을 소재로 한 소 설들을 쓰게 된다(약 13권이 출판됨). 그의 소설에 나타나는 '하드-보일드' 한 경향은 이후 어네스트 헤밍웨이의 작품에도 영향을 미쳤다고 한다. 그리 고 당대의 대표적인 소설가들이었던 디어도어 드라이저(Theodore Dreiser, 1871-1945)와 해리 싱클레어 루이스(Harry Sinclair Lewis, 1885-1951) 등의 작 품들과 비교되기도 한다 (Leno, 2010을 참고할 것) [4].

이제 영화와 직접적으로 관련된 내용들에 대해 살펴보도록 하자. 영화는

---

3 | 이러한 생활 때문에 그가 얻게 된 별칭은 '떠돌이들의 왕'(The Vagabond King)이었다. 한편 호보들의 삶을 다루고 있는 영화 중, 마틴 스코시즈(1972)의 〈공황시대 Boxcar Bertha〉는 세계산업노동자조합(IWW) 소속 와블리(Wobblies)들의 삶을 슬쩍 끼워놓고 있다. 스콜시즈는 영화의 첫머리에 "이 영화는 박스카 베르사 톰슨의 실제 경험을 토대로 만들어졌으며, 〈Sister of the Road: The Autography of Boxcar Bertha〉란 책(1937년 출간)과 관련이 있다"고 밝히고 있다. 이 책의 저자 는 호보 킹(Hobo King, 또는 Hobo Doctor)으로 알려진 벤 라이트만(Ben Reitman)이다. 벤 라이트만은 엠마 골드만의 연인 이기도 했다. 그녀는 영화 〈레드〉에서 저널리스트인 존 리드(워렌 비티 분)의 친구이자 경쟁자로 등장하기도 한다(모린 스태 플튼 분). 보다 자세한 내용에 대해서는 Porton(2007: 119, 134)을 참고할 것. 한편 '박스카'는 화물열차를 의미한다.
4 | 디어도어 드라이즈는 「미국의 비극」, 해리 싱클레어 루이스는 「엘머 갠트리」 등으로 잘 알려져 있다. 〈엘머 갠트리〉는 리 차드 브룩스(1960)에 의해 영화화되었다. 일견들 하시길!

'오클라호마 레드'(월러스 비리[5]분: 앞의 포스터에서 제일 오른쪽에 있는 인물임)라 불리는 '갱'과 청춘 남녀(짐과 낸시) 호보(hobo)의 '철로역정'(鐵路歷程)에 관한 것이다. 먼저 우리에게 다소 생소한 호보(hobo)에 대해 잠깐 살펴보도록 한다. 아니 어쩌면 우리가 그동안 보았던 영화들 중에 호보를 다룬 것들이 많았지만[6], 그냥 무심코 지나쳐버렸는지도 모른다. 호보는 이주 노동자나 집 없는 떠돌이들을 총칭하는 말이다. 미국에서는 19세기 말에 처음으로 이 단어가 등장한다. 흔히 호보와 같이 사용되는 '트램프'(tramps)는 엄밀히 말해 같은 떠돌이지만 이들은 대체로 일을 하려하지 않는 반면 호보들은 떠돌이생활 중에도 기회만 된다면 노동을 하(려)는 자들을 말한다. 스티븐 소더버그의 〈리틀 킹〉(1993)을 보면 트램프에 관한 이야기가 자주 등장한다. 영국에서는 떠돌이 생활은 하지 않지만, 집이 없는 노숙자들을 의미하는 말로 사용되기도 한다. 호보에 비해 부정적인 단어인 셈이다. 참고로 라울 월시 감독(1953)의 〈한없는 추적 Gum's Fury〉에는 부정적인 의미의 '트램프'가 자주 언급된다. 호보의 어원에 관한 설은 다양하다. 예컨대 농장노동자들의 인사말이었던 '호, 보이!'(Ho, boy!)에서 유래되었다거나, 호보들의 〈머나먼 여정〉을 묘사하는 'homeward bound'의 약자에서 유래되었을 것이라는 주장들이 그것이다. 그리고 미국 역사에서 호보가 처음 등장한 때에 대해서도 정설은 없지만, 19세기 중엽 남북전쟁이 끝난 후 수많은 병사들이 고향으로 돌아가기 위해 화물열차에 무임승차할 때부터(hopping) 비롯되었을 것이라 추측하기도 한다. 한 연구에 따르면 1906년의 경우에만 약 50만

---

5 | 월러스 비리(Wallace Beery, 1885-1949)는 〈The Champ〉(1930)로 아카데미 최우수 남우주연상, 〈Viva Villa!〉(1934)로 베니스 영화제 최우수 남우주연상 등을 받았다. 그리고 그레타 가르보 등과 함께 〈그랜드 호텔〉(1932)에 출연하기도 했다. 그의 첫 번째 부인은 〈선셋 대로〉(빌리 와일더 감독, 1950)의 글로리아 스완슨이다.

6 | '호보'들의 면모를 볼 수 있는 영화들은 다음과 같다. 마틴 스코시즈(1972)의 〈공황시대〉, 패트리샤 로젬마(2008)의 〈킷 키트릿지: 아메리칸 걸〉, 프레스톤 스터지스(1942)의 〈설리반의 여행〉, 스티븐 소더버그(1993)의 〈리틀 킹〉, 로버트 앨드리치(1973)의 〈북극의 제왕〉(〈지옥의 라이벌〉 또는 〈19호 열차의 황제〉 등으로 국내에 소개되었음), 제레미 폴 케이건(1985)의 〈머나먼 시애틀〉, 월터 힐(1975)의 〈투쟁의 그늘〉, 숀 펜(2007)의 〈인 투 더 와일드〉, 로드 루리(2007)의 〈레저렉팅 더 챔프〉, 로버트 저메키스(2004)의 애니메이션 〈폴라 익스프레스〉 등. 그리고 소설로는 업튼 싱클레어의 「정글」과 존 스타인벡의 「생쥐와 인간」(영화화 됨) 등에서 찾아볼 수 있다.

명의 떠돌이들이 있었을 것으로 추산한다. 이는 당시 미국 인구의 약 0.6%에 해당하는 비중이다. 1911년에는 이들의 규모가 70만 명으로 증가한다.

호보들의 이러한 증가는 1930년대의 대공황시기 동안 계속된다. 우디 거쓰리(Woody Guthrie)의 노래 'This Land is Your Land'에는 이들의 애환이 잘 담겨 있다.

호보들의 삶은 매우 열악한 것이었다. 무엇보다 철도승무원들과 고용된 경비요원들(이들의 별칭은 'Bulls'였다)의 잔혹한 진압과, 달리는 열차 위로 뛰어오르는 일은 매우 위험한 것이었다. 기차 위로 뛰어오르다가 다리를 잃어버리는 경우, 열차 사이에 끼어버리는 경우, 그리고 운 좋게 열차에 올라탔다 하더라도 겨울철에 동사를 하는 경우 등이 드물지 않았다고 한다. 현재(2000년대) 이들의 규모는 약 2만 명 정도이나, 이전보다 빨라진 열차 때문에 타기도 어려워졌을 뿐만 아니라 1930년대보다 이들의 살림살이는 더욱 위험해졌다. 한편 호보들은 독특한 문화를 지니고 있다. 이들 생활의 제1신조는 '자신의 삶을 스스로 결정하라', '네가 하고 싶은 일을 하라'였다고 한다. 그리고 이들은 자신들의 생활보호와 정보공유 등을 위해 독특한 언어들을 사용하였다. 일종의 은어(隱語, slang)인 셈인데, 이를 '링고'(lingo)라 한다(이들은 일반인들이 알아챌 수 없는 암호체계(code)들을 사용하기도 한다. 이러한 암호들은 호보생활의 어려움에 대처할 수 있도록 해준다. 여기에는 도로의 방향, 정보, 경고 등의 내용이 담겨 있다. 다음 페이지의 사진을 참고할 것). '링고'의 몇 가지 예를 들어본다. 앞서 말한 'Bull'은 '철도 관리들이나 용역 경비들'을 의미하고, 'Buger'는 '오늘의 점심'을, '캐논 볼'은 '매우 빠른 열차'(Hot Shot이라고도 한다)를, 'Easy Mark'는 '동료 호보들이 음식을 구할 수 있는 곳을 표시해둔 것'을, 'Flip'은 '열차에 올라타는 것'을, 그리고 'Punk'는 '어린 호보'들을 의미한다. 호보들이 사용한 이러한 링고 중에는 현재의 일상어로 전환된 것이 많다. 예컨대 우리나라에서도 교도소의 의미로

철로 위를 걷고 있는 호보들과 이들의 암호들

통용되는 '큰 집(Big House)'이 대표적이다. 링고와 암호를 사용한 호보들의 이러한 생활양식은 패트리샤 로젬마 감독(2008)의 〈킷 킷트리지: 아메리칸 걸〉에서 실감나게 살펴볼 수 있다.

한편 1889년 미주리 주의 세인트루이스에서 개최된 '전국 호보 회의'(National Hobo Convention)에서는 호보들의 윤리강령이 채택된다(Tourist Union #63에 의해 제정됨).

주요 내용은 다음과 같다. 첫째, 다른 사람들이 우리들을 지배하도록 하지 말라. 삶은 스스로 결정하라. 둘째, 마을에 머물 경우 항상 법을 준수하라. 항상 신사적으로 행동하도록 노력하라. 셋째, 곤궁에 처한 사람들로부터 이득을 취하지 말라. 넷째, 일시적인 것이라 할지라도 항상 일감을 찾도록 노력하라. 그리고 아무도 원하지 않는 일감을 찾도록 하라. 이리하면 그 마을의 일손을 돕는 것이 될 것이고, 훗날 이 마을에 다시 들렀을 때 일감을 얻게 될 것이다. 다섯째, 일감이 없을 경우 너 자신의 재능과 숙련으로 스스로 일을 하라. 여섯째, 지나친 음주 등으로 나쁜 선례를 남기지 마라. (이러한 행위들은) 동료 호보들에 대한 마을 사람들의 경계심만 부추길 뿐이다. 일곱째, 마을사람들의 적선에 대해 존경을 표시하라. 여덟째, 항상 자연을 보호하고 쓰레기를 버리지 말라. 마을의 숲(호보 캠프를 말함)에서는 항상 서로 협력하라. 아홉째, 청결을 유지하고 끓여먹어라. 열 번째, 가출 청소년들을 보호하고 집으로 돌려보내도록 노력하라. 열한 번째, 언제 어디서나 동료 호보들을 도와라. 당신도 그들의 도움을 받을 날이 있다. 열두 번째, 다른 호보들을 위해 철도부지 내에서 문제를 일으키지 마라. 열세 번째, 여행을 할 때, 존경하는 마음가짐을 지니고 열차를 타라. 개인적 이득을 취하거나 승무원들과 문제를 일으키지 마라. 열네 번째, 다른 호보들이 어린이 성추행을 하지 못하도록 하라. 아동 성 추행범은 당국에 고발하라. 이들은 가장 나쁜 쓰레기들이고 사회를 오염시키는 자들이다 등등. 이외에도 몇몇 강령들이 더 있지만 이러한 조항들은 개인-열차-마을-공동체-사회 모두의 수준에서 호보들이 사회의 별종이 아님을 웅변하는 것들이다. 또한 비록 이들의 삶은 고단하였으나 그 정신은 매우 고결했음을 보여주는 것이라 할 수 있을 것이다. 이러한 내용의 면모들은 찰리 채플린의 여러 영화들에서도 확인할 수 있다(앞의 사진에 나타난 호보들의 모습은 '떠돌이 찰리'의 복장과 비슷하다). 그리고 앞서 소개한 〈킷 킷트리지: 아메리칸 걸〉을 보면 '윌'이라는 소년 호보(즉 Punk)가 마을을 찾아와 일을 해줄 테니 음식을 줄 수 있느냐고 묻는 장면이 나온다. 그리고 여주인공 '킷'(〈미스 리틀 선샤인〉의 아비게일 브레슬린 분)을 자신의 캠프(Jungle이라 부른다)로 데려가는 동안 곳곳에 표시해둔 호보들의 암호를 설명해주는 장면도 있다. 이 모든 것들은 위에서 설명한 호보들의 생활과 정확히 일치한다. 강추! 일견들 하시길~ 이제 본 영화로 돌아가자.

영화는 어느 날 아침, 짐(리처드 알렌 분)이라 불리는 젊은 호보가 끼니를 구하기 위해 어느 외딴 집을 방문하는 것으로 시작된다. 짐이 집안을 향해, "아침을 주신다면 그 댓가로 (필요한) 일을 해드리겠다"고 말하지만 아무런 인기척이 없다(앞서 설명한 바처럼, 호보들은 대개 무위도식하지 않는다). 그러나 식탁에는 주인으로 보이는 사람이 앉아 있고, 그의 담배 파이프는 연기를 피어올리고 있다. 몇 번을 불러도 대답이 없자, 짐은 때마침 열려 있는 문을 열고 식탁 주위를 살핀다. 그러나 주인의 왼쪽 관자놀이에는 피가 흐르고 있다. 이미 숨을 거둔 것이다. 이때 2층 계단에서 짐이 들어선 것을 본 낸시(루이즈 브룩스 분[7])는 외마디 비명을 지른다. 그리고는 이내 자신이 그 남자를 죽였노라고 말한다. 2년전 이 남자는 낸시를 고아원으로부터 입양하여 지금까지 낸시를 성적으로 괴롭힌 인물이다. 이날 아침에도 그녀를 괴롭히려하자 벽에 걸려 있던 엽총으로 응징을 해버린 뒤였다. 살인사건에 얽히길 꺼린 짐은 혼자 되돌아 나서려다가 자신의 목적지(캐나다)와는 다른, "동쪽으로 가는 기차를 타지 않겠느냐"며 그녀를 데리고 나온다. 이제 두 사람의 〈머나먼 여정〉이 시작될 것이다. 식은 고기와 빵 덩어리를 싸들고 **남장을 한** 그녀와 도주 길에 오르게 된다. 그러나 철길을 처음 걷는 낸시의 발걸음은 자꾸 꼬이기만 한다. 잭은 철길을 걷는 방법을 일러준다. 침목만을 하나씩 밟으면서 천천히 걷는 것이라고… 이들 호보의 걸음은 마치 몸통을 움직이지 않고 발걸음만 뚜벅 뚜벅 옮기는 호랑이의 걸음걸이(虎步)와도 같다. 세인트 폴 행(즉 미네소타 행) 기차가 중간 급수를 위해 멈추자(호보들은 열차 시각과 행선지를 정확히 알고 탄다. 참고로 로저 밀러 Rorer Miller 의 노래, 'King of the Road'에서도 이러한 모습을 엿볼 수 있다.), 잭은 그녀를 태우려 한다. 그러나 기차가 달리기 시작할 때 재빨리 올라타야 한다(hopping). 감시의 눈초리가 그만큼 느슨해지기 때문이다. 하지만 그녀는 실패하

---

7 | 루이즈 브룩스(Louise Brooks, 1906~1985)는 17세부터 무성영화에 출연한 미국의 댄서, 모델, 그리고 쇼걸이었다. 영화에도 나오지만 그녀의 헤어 스타일(단발머리)은 당대에 큰 유행을 일으킨다(사진을 참조). 전성기때의 그녀는 마를렌 디트리히나 그레타 가르보의 인기에 뒤지지 않았다고 한다.
8 | 이 장면에서 짐은 낸시를 '키드'(kid)라 부른다. 이는 '로드 키드'(road kid)의 줄임 말이다. 호보들의 이 용어는 고참 호보에게 호보생활의 내용을 배우는 견습생을 일컫는 말이기도 하다. 다른 말로는 '안젤리나(Angellina)'와 '펑크(Punk)' 등이 있다.

고 만다 [8]. 이제 짐이 타야할 기차가 저 멀리서 다가온다. 짐은 그녀에게 자신의 길을 가라고 말하지만, 불안해진 그녀는 마침내 짐과 같이 가길 원한다. 이제 이 둘의 필사적인 호핑이 시작된다. 간신히 목재 짐칸에 올라탄 이들은 가져온 빵 등으로 아침을 해결하려 하나 승무원에게 들키고 만다. 짐은 "우리들은 아픈 엄마를 만나러 가는 형제들이다. 제발 태워달라"고 애원하지만, 사나운 승무원(이들을 호보 용어로 Bull이라 한다)의 몽둥이만 춤출 뿐이다.

월러스 비리와 루이즈 브룩스

승무원의 위협을 피해 달리는 열차 위에서 뛰어내린 낸시는 발목을 다쳐버린다. 해는 저물고 있지만 호보들의 잠자리(Flop이라고 함)는 보이지 않는다. 일모도원(日暮途遠)이다. 한참 후 짐이 어느 목장 안의 건초더미를 발견하고 그 속을 파헤쳐 따뜻한 하룻밤의 거처를 마련한다. 이후 이어지는 장면은 이 영화에서 가장 감동적이며 아름다운 장면 중의 하나가 된다. 짐은 낸시에게 다음과 같이 말한다. "깃털 침대에 자는 사람들일지라도, (자신들의) 생활에 만족하지 못한다면 거지들의 삶(beggars of life)과 다를 바가 없어요." 짐은 낸시에게 자신은 캐나다의 앨버타 주(캐나디언 로키 마운틴이 있는 곳)에 있는 삼촌을 만나러 가는 길이라고 말한다. 삼촌은 짐에게 정착의 토대를 마련해줄 예정이다. 짐은 캐나다에 도착하면 더 이상 쫓기지 않을 것이라며 낸시에게 함께 가자고 말한다. 그러나 낸시는 더 이상 폐를 끼치기 싫다고 말하곤 이내 죽음보다 깊은 잠에 빠져든다. 다음날 아침 목장의 농부가 쇠스랑으로 건초더미를 마차로 찍어 올리다가 이 둘을 발견하곤 쫓아버린다. 혼비백산하여 도망치다 길 가에 앉아 한 숨을 돌리고 있는 두 사람의 뒤편 나무 위에는 살인 용의자 낸시를 찾는 현상문이 붙어있다. 1,000달러라는 현상금과 함께…(1928년 당시 우리나라의 1인당 평균 국민소득이 3,800달러였다는 점을 감안하면 매우 큰 액수이다) 짐은 이 현상문을 낸시 몰래 숨겨둔다. 우여와 곡절 끝에 호보들의 쉼터(Jungle)로 오게 되었지만 숱한 남자 호보들 틈에서 남장을 한 낸시는 불안하기만 하다. 어둠이 깊어가자 불량기가 가득한 한 남자가 한 말(?) 짜리 술통을 지고 캠프로 들어선다 (그의 이름은 오클라호마 레드이다. 이 영화의 실질적인 주인공이다. 이하 레드로 약칭. 월러스 비리 분). 그는 호보들에게 술을 한 잔씩 권한다. 짐과 낸시는 이를 사양하나 그의 강권에 못이겨 낸시 먼저 술통 앞으로 몸을 기울인다. 그러나 낸시의 큼직한 엉덩이와 봉긋한 가슴을 눈치 챈 한 호보(아칸소스네이크. 이하 스네이크로 약칭)는 모두에게 낸시가 여자임을 알려버린다.

낸시를 둘러싼 호보들의 눈길이 심상찮다. 이들은 '트램프' 끼가 농후하다. 이때 짐은 자신이 가지고 있던 현상문을 꺼내들며 낸시를 폭행으로부터 보호하려고 한다. 거액이 걸린 현상범이면 그녀를 건드리지 못할 것이라는 판단이 순간 스쳤기 때문이다. 그러나 레드는 오늘 밤 기차를 타고 가서 그녀를 경찰에게 넘기자고 말한다. 그렇지만 스네이크는 이에 반대한다. 이러한 상황 중에 낸시를 잡으려는 사설 탐정들(dicks)이 호보들의 캠프에 이미 숨어 들어와 있다. 호보들과 이들 간의 난장과도 같은 싸움 끝에 레드와 짐,

그리고 낸시 및 몇몇 호보들은 때마침 지나가는 기차에 가까스로 올라타게 된다. 이들을 놓친 사설 탐정들은 젊은 떠돌이와 남장을 한 여자를 찾는 전보를 전국에 타전한다. 이 전보의 내용을 보면 떠돌이를 호보로 쓰지 않고 '트램프'(tramps)로 표기하고 있다. 즉 부정적이고 위험한 인물들로 간주하는 용법인 셈이다. 열차 안에서 레드는 자신은 갱 출신이라 말하며 갱단에 속해 있는 여자는 전통적으로 갱의 여자였다는 것을 강변하며, 낸시를 사유화하려 든다. 그러나 호보(?)들의 반발이 만만치 않다. 이에 레드는 재판을 하자고 말한다. 자신 스스로 법관이 되어 변호사와 검사를 임명한다. 그가 지니고 있는 총은 의사봉이 된다(이 장면들은 영화에서 가장 코믹한 부분이다). 그의 말을 듣지 않는 변호사(?)는 기차 밖으로 내동댕이쳐진다. 심지어 짐마저도 내치려고 한다. 이에 짐은 자신은 어찌되어도 좋으나 낸시는 아직 어린애이니 그녀를 놓아주길 애원한다.

이때 낸시가 기지를 발휘한다. 자신을 지켜줄 보호자를 그녀 스스로가 선택하겠다는 제안이 그것이다. 낸시는 비교적 덜 폭력적(?)이라고 생각하는 스네이크를 지목한다. 그러나 레드는 자신은 그저 선물을 주는 '산타 클로스'가 아니라며 스네이크와 혈전을 벌이게 된다. 두 사람의 결투는 우리가 서부극에서 흔히 보게 되는 집단 난투극으로 변한다(이 장면 역시 아주 우스꽝스럽다). 이 영화가 1928년에 상영되었다는 점을 염두에 둔다면, 이후의 서부극은 분명히 이 장면을 효과적으로 원용했을 것이다. 각설하고… 싸움의 와중, 짐은 레드의 총을 집어들고 그에게 겨눈다. 그러나 레드는 자신을 쏘지 못할 것이라고 말하지만 짐의 총알은 그의 왼 소매를 정확하게 관통한다(이 역시 서부극의 전통에 기여한 것으로 여겨지는 장면이다). 한편 싸움판이 정리된 후에야 스네이크가 심각한 부상에 빠져있음을 알게 된다.

그리고 이들이 탄 열차가 속도를 늦추고 있는 사이, 사설 탐정들이 대거 올라타 열차를 뒤져오고 있다. 이를 발견한 호보들은 자신들의 열차 칸과 탐정들이 올라탄 칸을 분리해 버린다(사족이지만 이 장면을 보면, 〈카산드라 크로싱〉, 〈폭주기관차〉 등이 떠오른다). 레드의 완력으로 가까스로 열차가 멈추자 호보들은 계곡 아래의 오두막(sack)으로 숨어든다. 그러나 어찌 된 셈인지 레드는 이에 합류하지 않는다. 이 오두막에서 레드와의 싸움으로 큰 부상을 입은 스네이크는 끝내 숨을 거두고 만다. 사라졌던 레드는 훔친 포드 자동차를 타고 오두막을 다시 찾는다. 그리고는 낸시에게 숙녀복 한 벌을 던져준다. 남장을 계속하다가는 이내 붙잡히고 말 것이라며… 낸시가 옷을 갈아입는 동안 레드는 짐에게 그녀와 헤어지라고 종용한다. 자신이 그녀를 캐나다 국경까지 태우고 갈 것이라며 짐에게 포기할 것을 강요한다. 그러나 낸시는 짐을 두곤 어디에도 가지 않겠다고 말한다. 숙녀복으로 갈아입은 낸시는 눈이 부시도록 아름답다. 어느새 짐의 총을 뺏어든 레드는 "그럴 수 없다는 것 잘 알지 않느냐. 나랑 갈 것이냐 말 것이냐"라며 낸시를 압박한다. 그러나 낸시의 마음은 이미 짐에게 가 있다. 그들은 머나먼 여정을 함께한 동지 이상의 사이가 되어 있었던 것이다. 이 모습을 본 레드는, "이런 얘기를 들어본 적은 있어도, (여태) 본 적은 (한번도) 없었다. (이는 분명) 사랑일 것이다. (이들이) 잘못될 수 있어도 이게 사랑이다"라며 돌연 낸시에 대한 자신의 마음을 바꾸어 버린다(!). 아~ 너무나 깔끔한(?) 레드 아닌가!(^^;;). 조지 스티븐스 감독(1953)의 〈셰인(Shane)〉에 등장하는 떠돌이 총잡이 앨런 래드(Alan Ladd)가 생각나지 않는가?[9] 또 각설하고…

　　여기서 잠깐 당시의 포드 자동차회사와 영화의 시대적 배경에 대해 살펴

---

9 | 안정효(1992: 105)는 그의 소설 「헐리우드 키드의 생애」에서 주인공들의 서부영화에 얽힌 추억을 다음과 같이 묘사하고 있다. "〈셰인〉에서 알란 랏드가 어떤 속사법을 쓰고, 결투 방식은 〈OK 목장의 결투〉에서처럼 패쌈이나 〈하이눈〉처럼 떼거리가 한 사람에게 덤벼드는 대결이냐 아니면 〈필살의 일탄〉에서처럼 1대 1의 싸움이냐를 마치 인생의 무슨 중대사인 것처럼 정신없이 따졌다." 이 소설은 정지영 감독(1994)에 의해 영화화 되었다(최민수, 독고영재 주연).

보자. 1920년대 동안 포드 자동차회사는 고도성장을 구가하고 있었다. 예컨대 1924년에는 헨리 포드를 대통령으로 추대하려는 대중운동이 광범위하게 일어나기도 했다. 1927년 12월 2일, 포드회사의 '모델 A형' 차가 모습을 드러내자, 약 1백만 명의 사람들이 이 차를 보기 위해 뉴욕에 있는 포드 회사로 몰려들었다. 1919년의 경우 미국에는 677만 1천 대의 승용차가 달리고 있었으나, 1929년에는 적어도 그 수가 2,312만 1천 대 이상으로 늘어났다 (Allen, 2006: 218-219, 233). 흔히 미국의 1920년대는 '황금의 시대', '광란의 20년대'(Roaring Twenties), 그리고 '재즈의 시대'로 불리기도 한다. 이러한 표현에는 일말의 사실들이 담겨있다. 예컨대 실업자는 1921년 427만 명에서 1927년에 200만 명을 약간 상회하는 수로 감소했다. 그리고 노동자들의 전반적인 임금도 올라갔다. 일부 농민은 많은 돈을 벌기도 했다. 연간 2,000 달러 이상의 소득을 올리는 전체 가구의 약 40퍼센트는 자동차, 라디오, 냉장고 등의 새로운 가구들을 살 수 있었다. 무엇보다 축음기와 라디오가 등장하면서 산업화한 세계의 리듬을 표현하는 새로운 장르를 수용할 수 있는 문화적 토양이 마련되었다. 재즈(jazz)는 바로 이러한 토양에 뿌리를 내릴 수 있었다(Harman, 2004: 590). 그리고 1920년 헌법 수정조항 19조가 통과됨으로써 여성들도 투표권을 획득하였다(Zinn, 2006: 52, 54)[10].

또한 자본주의의 꽃이라 불리는 광고비는 1927년의 경우 이미 15억 달러를 넘어서고 있었다. 같은 해 백화점 광고에 등장한 여성의 치마길이가 가장 짧아져, 무릎을 거의 덮지 않았다. 한편 '황금의 시대' 마지막 해였던, 1929년에는 아카데미가 탄생한다. 1927년 창설된 '미국 영화예술 과학아카

---

10 | 재즈 탄생의 주역은 흑인과 유럽의 백인. 특히 프랑스인의 혼혈 인종이었던 '크레올'(Creole)들이었다. 이들은 프랑스어를 쓰는 자유로운 흑백 혼혈 장인계층으로서 중하층계급에 속했지만, 남북전쟁 이후의 인종차별로 인해 흑인으로 격하되었다. 미국역사 초기에 남부지방은 프랑스가 지배하고 있었던 탓에 크레올은 주로 남부에 살고 있었으며, 유럽으로 건너가 고등교육을 받은 이들도 많아 이들의 사회적 지위도 일반 흑인과는 구별되었다. 남북전쟁 이후 달라진 지위로 인한 상실감과 애환이 음악으로 표출되면서 재즈가 시작되었다는 견해도 있다. 한편 재즈의 이념은 뉴딜과 공산당 사이에 있었다고 평가되기도 한다(Hobsbawm, 2003: 383, 386).

데미'가 주관한 제1회 아카데미 시상식은 5월 16일 할리우드 루스벨트 호텔에서 거행되었다. 이날 시상식에는 에밀 제닝스와 22세의 신인 여배우 자넷 게이너가 남녀 배우상을 각각 수상했다. 찰리 채플린은 차점자였다. 최고 작품상은 이 글에서 다루고 있는 〈Beggars of Life〉를 연출한, 윌리엄 웰먼 감독의 〈날개들 Wings〉에 돌아갔다(Allen, 2006: 228, 233, 396). 노동자들은 '아메리칸 드림'의 개인적 성공에 대한 약속을 믿는 수밖에 없었다(Harman, 2004: 591). 너무나도 즐겁고 아름다운 시절이었다. 겉으로는…

그러나 본질적인 번영은 상층부에 집중되어 있었다. 최상층 0.1%의 가구가 최하층 42%의 총합과 맞먹는 소득을 올리고 있었다. 그러나 뒤이은 불황은 1929~1933년에 걸쳐 계속 악화되고 있었다. 예컨대 세계 총생산은 42%나 감소했고, 무역은 65%나 줄었다. 전 세계에 걸쳐 새로운 실업자가 5천만 명이나 생겨났다(Boyer 외, 1996: 293). 1929년 10월 24일(검은 목요일), '황금의 시대'는 극적으로 무너져버렸다. 이 날에만 11건의 자살 소식이 보고되었고, 미국 주가는 거의 3분의 1이나 폭락하였다. 엘리아 카잔 감독 (1961)의 〈초원의 빛〉의 어느 장면을 보면, 주가 대폭락으로 버드(워렌 비티 분)의 아버지가 투신자살을 하는 장면이 나오기도 한다. 이러한 대공황은 극히 허약한 대기업 및 은행의 구조, 불확실한 해외무역, 잘못된 경제정보의 확산, 소득분배의 불평등 등에서 비롯된 것이었다 (Zinn, 2006: 59).

포드 모델 A형 자동차(1927-1931년)

한편 포드 자동차회사는 1929년 봄의 경우 12만 8천 명의 노동자들을 고용하고 있었다. 그러나 1929년부터 악화된 공황의 여파로 1931년 8월경에는 3만 7천 명 정도만 남게 된다(Zinn, 2006: 59). 이를 보다 구체적으로 살펴보자. 1931년 3월 18일 헨리 포드는 "불경기는 보통사람들이 자발적으로 열심히 일하려고 하지 않기 때문에 일어났으며, 사람들이 마음만 먹으면 할 일은 얼마든지 있다"고 말했다. 구조적인 위기를 개인들의 게으름 탓으로 돌려버린 것이다. 우리도 외환 위기 당시 이러한 말들을 숱하게 들어왔지 않았던가? 그러나 그가 이런 말을 한지 불과 몇 주일 후에 포드 자동차 공장의 문은 닫혀버렸고, 그 결과 7만 5천 명의 노동자가 일자리를 잃고 졸지에 실업자가 되어버렸다. 그리고 1932년 3월 7일에는 그 악명 높은 '포드 자동차 회사 대학살 사건'(Ford Massacre)이 일어난다(Boyer 외, 1996: 287, 297-298, 300-301을 참고할 것).

이 사건의 개요는 다음과 같다. 1930년 7월 4일 시카고에서 '전국실업자 위원회'(The National Unemployed Council)가 결성된다. 이 조직은 '산업별 조직위원회'(Committee for Industrial Organization)가 생기기 전까지는 미국의 모든 조직체 가운데 가장 중요한 위치를 차지한 것이었다[11]. 이 조직은 전국의 거의 모든 도시와 46개 주에 지부를 두고 있었다. 흑인들이 위원회 활동에서 가장 적극적이었다. 디트로이트의 포드 자동차 공장에서 해고된 노동자들은 '전국실업자위원회'의 주도 하에 자신들의 처지를 개선하기 위한 행동을 계획하고 있었다. 1932년 2월 헨리 포드의 외동아들인 에드셀 포드는 해고자들을 돕겠다는 말을 한다[12]. 이 말을 믿은 해고자들은 3월 7일 미시건 주 디어본 공장에 모여 재고용 계획안을 내놓게 된다.

그러나 공장 건너편에는 무장 경찰과 포드 폭력단, 그리고 포드 회사 총잡이들이 이미 진을 치고 있었다. 이들은 공장으로 접근하는 해고자 행렬을

---

[11] 산업별조직위원회는 존 루이스의 지도하에 설립된다(1935년 11월). 이후 더욱 확대된 산별 형태의 조직인 산업별노동조합회의(Congress of Industrial Organizations: CIO)로 전환한다(1938년). 이의 자세한 과정에 대해서는 Davies(1994: 104)와 이성철(2009)을 참고할 것.

[12] 1919년에 포드 자동차의 사장이 된 에드셀 포드(Edsel B. Ford)는 아버지 포드와는 달리 노조에 대해 우호적이고 유연한 태도를 지니고 있었다고 한다. 그러나 이 사건 이후 아들과 아버지는 돌이킬 수 없는 사이가 되어버렸다(보다 자세한 내용에 대해서는 전성원(2010)을 참고할 것).

향해 발포를 시작했다. 기관총(!)도 있었다. 이 결과 수많은 사상자가 발생하였다.

여담(?)이지만 당시 실업자들 중 브로드웨이를 어슬렁거리던 사람들은, 찰리 채플린의 〈시티 라이트〉가 상영되고 있던 영화관 앞에 길게 늘어선 사람들을 보고 이렇게 물었다고 한다. "저게 뭔가요? 빵 무료 배급인가요? 아니면 은행인가요?"(Allen, 2006: 437). 참고로 불황이 극도에 달한 1932년에는 하루 평균 40개꼴로 은행들이 쓰러지고 있었다(Huberman, 2001: 365). 이러한 사정 때문에 은행 앞은 자신들의 예금을 찾으려는 사람들로 장사진을 이루고 있었다(소위 '뱅크런'사태). 〈시티 라이트〉는 1931년 개봉되었다. 뉴욕과 로스엔젤리스에서 성공리에 개봉을 마친 후, 찰리 채플린은 〈시티 라이트〉를 런던에서 상영하기로 한다. 그러나 그가 런던에서 다시 미국으로 돌아오는 데는 16개월이나 걸린다. 이는 1929년의 주가 폭락으로 인한 할리우드의 재정난을 벗어나기 위한 것 때문이었다(Robinson, 1998: 75-76). 다시 영화로 돌아가자!

레드는 짐과 낸시가 도망갈 수 있도록 잠을 자는 척한다. 그러나 이미 오두막 밖에는 사설 탐정들이 겹겹이 포위하고 있다. 짐과 낸시는 뒷문으로 빠져나와 레드의 짐작대로 도망 길에 오른다. 한편 레드와 흑인 호보는 이미 죽은 스네이크를 낸시로 변장시키기로 한다. 때마침 스네이크의 덩치는 낸

대공황 시기 은행 앞에 장사진을 친 예금자들(1933년)

시와 안성맞춤이다. 낸시가 벗어놓은 옷과 모자를 스네이크에게 입힌 후 이들 역시 사설 탐정 몰래 빠져나와 열차에 오른다. 열차의 목재 칸 빈 곳에 변

장시킨 스네이크를 눕히고 목재들에 석유를 끼얹어 방화를 준비한다. 앞 칸에서부터 뒤쫓아 온 사설 탐정들이 차츰 차츰 죄어오고 있다. 레드는 스네이크를 껴안고 함께 숨는 모습을 일부러 보여준다(탐정들은 스네이크의 뒷모습만 보고 낸시인 줄로만 안다). 흑인 호보가 "어떻게 탈출하지?"라고 걱정스레 묻자, 레드는 "걱정마"라며 그를 먼저 도망가도록 하고 불을 붙인다. 그리고 연기와 화염 속의 낸시(실제로는 스네이크)를 두고 자신은 열차 지붕으로 탈출을 시도한다. 이 모습을 본 탐정들은 레드를 도망자 짐으로 생각한다. 레드를 향한 탐정들의 총알에는 인정사정이 없다. 심각한 부상을 입은 레드는 불타는 열차를 힘겹게 분리한다.

스네이크와 자신을 태운 열차는 절벽으로 추락하고 그는 행복한 표정으로 생을 정리한다. 앞으로 짐과 낸시는 죽을 때까지 추적당할 일은 없을 것이다. 이미 짐과 함께 위급한 상황을 벗어난 낸시는 "오클라호마 레드가 없었다면 우리들의 캐나다 행도 없었을 거에요. 그는 나쁜 사람이 아니었어요"라며 깊은 슬픔에 잠겨 그를 회상한다. 두 사람이 레드의 희생을 기억하며 캐나다로 떠나는 장면은 〈모던 타임즈〉의 마지막 장면과 오버랩될 수 있을 것이다. 참고로 〈모던 타임즈〉는 떠돌이(vagrant) 역할의 찰리가 스크린에 모습을 나타낸 마지막 영화이기도 하다. 찰리 채플린은 〈모던 타임즈〉(1936)의 제작을 앞두고, 어느 기자에게 다음과 같은 말을 했다고 한다. "실업은 심각한 문제입니다… 인류는 기계를 이용하게 될 것입니다. 하지만 기계가 실업자를 양산하는 비극이 일어나서는 안됩니다."(Robinson, 1998: 77)

소설가 황석영(1983: 193-194)은 길 위에 서 있는 떠돌이 노가다 인생을 다음과 같이 묘사하고 있다. (전략) "노형은 어디로 가쇼?/ 삼포에 갈까 하오/ 사내는 눈을 가늘게 뜨고 조용히 말했다. 영달이가 고개를 흔들었다/ 방향 잘못 잡았수. 거긴 벽지나 다름없잖소. 이런 겨울철에/ 내 고향이오/

사내가 목장갑 낀 손으로 코 밑을 쓱 훔쳐냈다. 그는 벌써 들판의 저 끝을 바라보고 있었다. 영달이와는 전혀 사정이 달라진 것이다. 그는 집으로 가는 중이었고, 영달이는 또 다른 곳으로 달아나는 길 위에 서 있었기 때문이었다 / 참… 집에 가는군요/ 사내가 일어나 맹꽁이 배낭을 한쪽 어깨에다 걸쳐 메면서 영달이에게 물었다/ 어디 무슨 일자리 찾아가쇼?/ 댁은 오라는 데가 있어서 여기 왔었소? 언제나 마찬가지죠…. (후략) 황석영의 소설 「삼포 가는 길」은 이만희 감독(1975)에 의해 영화화 되었다.

참고문헌

안정효(1992), 「헐리우드 키드의 생애」, 민족과문학사.

이성철(2009), "노동운동의 위기는 왜 생기는가?: 〈호파〉와 〈투쟁의 날들〉", (사) 미래를 준비하는 노동사회교육원, 「연대와 소통」, 통권12호: 126-140.

이치한.이성철(2010), "중국 노동자들의 기억과 전망: 영화 〈24시티〉를 중심으로", 한국중국어교육학회, 「중국어교육과 연구」, 제11호: 41-70.

전성원(2010), "헨리 포드: 포드주의가 창조한 현대의 시간", 인물과 사상사, 「인물과 사상」, 통권145호: 61-91.

황석영(1983), "삼포 가는 길", 「TV 문학관 걸작선 2」, 대학문화사, 189-212쪽.

Allen, Fredric(2006), 박진빈 옮김, 「원더풀 아메리카」, 앨피.

Boyer, Richard & Hebert Morais(1996), 이태섭 옮김, 「알려지지 않은 미국 노동운동 이야기」, 책갈피.

Davies, Mike(1994), 김영희.한기욱 옮김, 「미국의 꿈에 갇힌 사람들: 미국 노동계급사의 정치경제학」, 창작과비평사.

Harman, Chris(2004), 천경록 옮김, 「민중의 세계사」, 책갈피.

Hobsbawm, Eric(2003), 김동택·김정한·정철수 옮김, 「저항과 반역 그리고 재즈」, 영림카디널.

Huberman, Leo(2001), 박정원 옮김, 「가자! 아메리카로」, 비봉출판사.

Leno, Brian(2010), "Jim Tully: That ol' Irish Bruiser, Scandal Monger and Literary Bum, http://www.jimtully.net.

Porton, Richard(2007), 박현선 옮김, 영화, 「아나키스트의 상상력」, 이후.

Robinson, David(1998), 지 현 옮김, 「찰리 채플린: 희극이라는 이름의 애수」, 시공사.

Zinn, Howard(2006), 유강은 옮김, 「미국민중사 2」, 시울.

자본의 원시적 축적 과정과 노동자, 그리고 신부님, 신부님 우리 신부님

스티 코넹의 〈단스 Daens〉

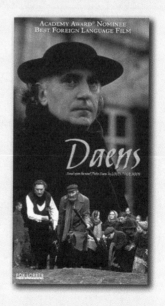

Daens

자본의 원시적 축적 과정과 노동자, 그리고 신부님, 신부님 우리 신부님

스티 코넹의 〈단스 Daens〉

뮤지컬의 포스터 및 실제의 단스 신부, 그리고 알스트 거리

영화 〈단스〉(1992)는 벨기에 플랑드르(Flanders) 지방의 알스트[01](Aalst)
에서 노동사목과 의회활동을 하였던 아돌프 단스(Adolf Daens, 1839-1907)
신부의 일대기를 산업혁명 초창기 벨기에의 열악했던 노동환경과 함께 보여
주는 귀중한 자료이다. 스티 코넹(Stijn Coninx) 감독[02]의 이 작품은 베니스
영화제 수상, 오스카 최우수 외국영화상 후보작품(1994), 국제 가톨릭영화인

---

01 | 벨기에 중북부 동(東) 플랑드르 주의 자치체이며, 브뤼셀에서 북서쪽으로 24㎞ 떨어진 지점에 위치하고 있다. 주요 산업은 섬유·의류·직물기계류 등이다.

02 | '도미니크'라는 노래로 전 세계에 알려진 벨기에 출신의 수녀 가수 자닌 데케르(Jeanine Deckers)의 일대기를 그린 〈시스터 스마일(Soeur Sourire)〉(2009) 등을 연출하였다. 이 영화에는 〈단스〉에서 주인공 역할을 맡았던 얀 데클레르(Jan Decleir)가 자닌의 아버지로 등장한다. 한편 얀 데클레르의 주요 출연작은 다음과 같다. 〈시스터 스마일〉(2009), 〈알츠하이머 케이스〉(2003), 〈안토니아스 라인〉(1995) 등.

협회 특별추천(1992) 등의 영예를 받기도 했고, 현재까지 벨기에 최고의 작품으로 평가되는 등 찬사가 이어지고 있다. 2008년에는 영화가 아닌 스테이지 뮤지컬로 다시 만들어지기도 한다(스티 코넹은 이 뮤지컬의 예술 감독을 맡았다. 앞의 두 번째 포스터를 참고할 것). 뮤지컬의 제작자들은 이 작품을 벨기에 판 〈레 미제라블〉이라 홍보하기도 하였다 [03]. 단스 신부는 제주이트 교단의 대학을 다녔지만, 이후 두 번이나 제주이트 교단을 떠나기도 한 인물이다. 1893년 헨트(Ghent) [04] 지방 교구주교로 서품을 받았으며 대학(College van Dendermonde: 벨기에 북부 동 플랑드르 지역에 위치한 대학)에서 교수직을 9년간 역임하기도 했다(영화 속에서 단스 신부는 이 시기를, "끔직한 9년이었다"고 회고한다). 그러나 1899년 그는 성직을 떠난다(60세).

영화의 원작은 루이스 폴 분(Louis Paul Boon, 1912-1979)의 전기소설 「피에테르 단스」(1971)이다. 소설의 원 제목은 다음과 같다. 「피에테르 단스: 19세기 알스트의 노동자들은 가난과 불의에 어떻게 맞서 싸웠는가?」이 소설에는 아돌프 단스 신부의 형인 피에테르 단스가 나레이터로 등장한다(위키피디아의 관련 항목들을 참고할 것). 한편 원작자인 루이스 폴 분은 알스트 지방의 노동자 집안 출신이기도 하고, 소설가와 저널리스트로 활동하며 플랑드르 지방 노동계급의 참상을 묘사하는 작품들을 다수 발표하였다. 이제 영화로 돌아가자.

영화는 어린 노동자들이 공장의 작업장 밑바닥을 기어 다니며 방적기에서 떨어진 솜털 원료들을 그러모으는 장면으로 시작된다. 앞뒤로 빠르게 움직이는 방적기 밑을 기어 다니며 떨어진 원료들을 줍는 아이들은 위태롭기 그지없다. 참고로 산업혁명이 최초로 발생한 영국의 경우, 부녀노동과 유아노

---

03 | 유튜브에서 뮤지컬의 일단을 엿볼 수 있다.
04 | 벨기에 북서부에 있는 동(東)플랑드르 주의 주도이며, 인구는 약 25만 명으로 현재 벨기에 제2의 항구도시이며 방직공업의 중심지이다.

동의 실태가 어떠했는지에 대해 잠깐 살펴보도록 하자. 면직공업 부문에는 아동과 부녀노동의 비중이 특히 높게 나타나고 있다. 예컨대 1835년의 경우 면직공 전체 중 14세 미만의 아동 비중은 14%, 14-18세는 25-30%, 그리고 부녀 및 소녀 노동자의 비중은 전체 노동력의 48%나 차지하고 있다. 이를 보다 구체적으로 살펴보자. 1844년 영국의 경우, 직물산업의 주요 부문에 종사하는 전체 노동자 중에서 18세 이상의 성인 남성노동자는 23% 정도에 불과했다. 그리고 직물산업에서의 여성노동자들의 비율은 다음과 같다. 면직물 공장=56.25%, 모직물 공장=69.5%, 견직물 공장=70.5%, 아마포 공장=70.5%(Engels, 1988: 181) 등. 그러나 면직공업부문에서 10세 이하의 아동노동을 금지하는 법령은 이미 1820년경에 마련되어 있었다(보다 자세한 내용에 대해서는 양동휴(1997: 48-61)와 이영석(1994: 74-87)을 참조할 것).

일제강점하 조선의 상태도 이와 큰 차이를 보이지 않는다. 1931년 말의 여성노동과 유년노동의 비중(경공업 부문 10명 이상 고용 사업장의 경우만)을 보면, 여성의 경우는 전체 노동자의 35.2%를 차지하고 있고, 유년 노동자의 비중은 7.5%였다. 이는 당시 산업기술의 성격상 노동집약적 단순기술을 요하는 사정과 자본의 산업합리화(특히 양질의 노동력을 저임금으로 고용하는) 의도가 반영된 탓이 크기도 하였지만, 부녀와 유년노동의 이같이 높은 비중은 노동조합의 조직화와 노동운동에 일정한 제약으로 작용하기도 했다. 그러나 이러한 사정은 곧바로 노동운동의 발화 조건이 되기도 했다. 이는 영화에서도 나타난다. 돌발 퀴즈! 여러분들은 아래의 보고서가 어느 때의 것인지 짐작할 수 있겠는가… 정답은 20세기 초 미국의 유년노동 실태의

나 이	2~3	3~4	4~5	5~6	6~7	7~8	8~9	9~10	10~11	11~12	12~13	13~14	14~15	15~16	미상	계
고 용 아동의 수	2	2	8	2	7	13	15	19	23	21	40	26	29	35	42	46

시기 : 1934년 8월, 장소 : 미국 코네티컷 주

일단을 보여주는 자료이다(중복집계 있음).

영화에 등장하는 사업장은 알스트의 보레만스(Borremans) 방적공장이다. 참고로 섬유공장의 기계 종류는 크게 둘로 나뉜다. 하나는 방적기(紡績機: spinning machine 또는 spinner)이다. 이는 솜 상태인 원료에서 실을 뽑아내는 기계이다. 하그리브스(James Hargreaves)의 제니(Jenny) 방적기(수동식, 1770년 특허), 아크라이트(Richard Arkwright)의 수력 방적기(1769년 특허), 그리고 크롬프턴(Samuel Crompton)의 뮬(Mule) 방적기 [05] 등이 개발된 때(1779년)는 18세기 후반 영국의 산업혁명시대였다.

다른 하나는 이러한 실을 가지고 천을 짜는 기계로 이를 방직기(紡織機: spinning & weaving machine)라 한다. 영화에서는 전자인 방적기의 모습을 보여주고 있다. 스티 코넹 감독은 작업장의 모습을 리얼하게 그려내기 위해 폴란드에서 당시 사용되던 방적기와 똑같은 기계를 찾아내어 촬영을 했다고 한다. 그리고 공장 바깥에서는 또 다른 어린아이들이 석탄 부스러기들을 몰래 훔치고 있다. 때는 19세기 후반 벨기에의 알스트 지방이다. 참고로 유럽 사회를 대격변으로 몰아갔던 양대 혁명(즉, 산업혁명과 프랑스혁명. 이를 이중 혁명(dual revolution)이라고도 한다. 모두 18세기 중·후반에 시작된다)은 약 100여 년간에 걸쳐 유럽 각국에 다양한 영향을 미친다. 그리고 이 시기를 본격적인 '자본의 원시적 축적기'라 불러도 좋다 [06]. '원시적'(primitive)이라는 관형어 또는 수식어에 대해 잠깐 살펴보기로 하자. 자본의 원시적 축적이라고 할 때의 '원시적'이라는 용어는 우리가 흔히 이야기하는 '미개하다'는 의미가 아니라, '첫 출발'이라는 의미쯤으로 생각하면 좋을 것 같다. 이러한 까닭에 어떤 이들은 자본의 원시적 축적을 '자본의 본원적 축적'이라는 말로 바꾸어서 사용하기도 한다. 그러므로 영화에 나타나는 이 시대 벨기에는 영국보

---

05 | 뮬기는 제니기의 물레식과 아크라이트 방적기의 롤러 시스템을 결합한 방적기로서, '잡종'(뮬)이라는 이름 자체가 이와 같은 기계적 특징을 가리키는 것이다(이영석, 1994: 34).

06 | 자본주의의 출발 시기에 대해서는 여러 논쟁들이 많다. 이를 자세히 소개하는 것은 이 글의 범위를 넘어선다.

다는 늦었지만, 오히려 후발주자의 이득을 충분히 활용-(?)하고 있던 (벨기에식) 산업혁명의 초창기라 생각해도 좋을 것이다.

다시 작업장으로 돌아가자. 피로에 찌들어 다크 서클이 완연한 한 12살의 어린 소녀(니니(Nini)라는 예쁜 이름을 갖고 있다)에게 십장(foreman)인 슈미트[07](Johan Leysen 분)는 어서 빨리 바닥에 떨어진 원료들을 치우라고 윽박지른다. 그러나 소녀는 왠지 힘겨워 보인다. 아래 배가 불룩하다. 악덕 마을 남자들로부터 겁탈을 당한 것이었다. 저간의 사정을 알고 있는 슈미터는 그녀에게 '창녀같은 계집애'라 부른다. 곁에 있던 니니의 친구이자 그 역시 어린 노동자인 제프카(Jefke; Karel Baetens 분)가 그녀 대신 일을 해주려하자 슈미트는 그의 손을 밟아버리며, 오히려 벌금 20상팀[08]을 내라고 한다. "그렇지 않으면 너도 해고야"라면서… 이 모습을 지켜보고 있던 두 성인 남성노동자가 자신들의 호주머니를 털어 소년의 벌금을 대신 지불한다.

참고로 공장제의 본격적인 도입과 함께 새로운 생산체제에 노동자들을 적응시키려는 규율훈련이 개발되었는데, 그 중에서도 가장 대표적인 것이 작업시간과 작업성과에 대한 통제였다(벤자민 프랭클린의 "시간은 금이다"). 이러한 통제방법에는 벌금제나 해고 리스트 작성 등 당근보다는 채찍의 방법이 더 많았다. 참고로 1830년대 영국의 600개 조사대상 기업 중 약 3분의 2 정도가 이 제도들을 운용하고 있었다고 한다.

덴더몬데(Dendermonde) 대학을 떠난 단스는 알스트로 향한다. 알스트 역에는 사회주의자들을 색출하려는 경찰들이 깔려 있다. 단스 신부가 탄 기

07 | 조안 레쌍은 제라르 꼬르비오 감독의 〈왕의 춤〉(2000), 〈가면 속의 아리아〉(1988)와 파트리스 셰로 감독의 〈여왕 마고〉(1994) 등에 출연하였다.
08 | 상팀(centime)과 프랑(franc)은 유로(Euro)가 통용되기 전, 프랑스를 비롯해 벨기에·룩셈부르크·스위스 및 프랑스와 벨기에의 해외 식민지였던 아프리카 몇몇 나라에서 사용된 화폐 단위이다(브리태니커 백과사전 참조).

차에는 젊은 사회주의자('얀'; Michael Pas 분)도 함께 타고 있다. 얀은 열차에서 내리자마자 자신이 몸담고 있는 사회주의 기관지인 「전진!」(Fowards!)을 배포하려하나 경찰의 제지를 받는다. 얼떨결에 「전진!」을 받아든 단스는 이를 자신의 품속에 갈무리 해두며 형(피에테르 단스)이 운영하는 인쇄소로 발걸음을 옮긴다(참고로 1473년에 베네룩스 3국 최초의 인쇄소가 알스트에 설립되었다). 도중에 어느 할머니로부터 감자를 훔치는 아이들을 보기도 하나(제프카도 있다), 무엇보다 손수레 위에서 싸늘하게 얼어 죽어버린 소녀를 보고 큰 충격을 받는다. 이 아이는 공장에서 천대를 받던 니니였다. 손수레로 하루 벌이를 해야 하는 주인은, 아이를 아무데나(!) 버리자고 말한다. 옆에 있던 또 다른 사람은 이런 일이 매일 일어난다고 말한다. 제프카는 신부님께 아이의 부모가 지금 지하 선술집에 있다고 일러준다.

술에 취해있는 니니의 아버지는 딸의 죽음도 모른 채, "강론을 하러 왔다면 그런 수고는 마슈! 더구나 그년 이야기라면 그만 두시오. 여기선 먹고 살기 바빠서 자선상자는 비어 있소"라고 매몰차게 말하지만, 단스 신부는 무슨 일이 일어났는지 아느냐며 무심하고 책임감 없는 부모 앞에 자신이 끼고 있던 반지를 던져준다. "개처럼 묻히게 하진 마시오. 관을 하나 사주시오"라는 말과 함께… 형의 집에 도착한 단스는 형수에게 개인교수를 해서라도 밥값은 낼 수 있으니 함께 지낼 수 있도록 해달라고 부탁한다. 형은 인쇄소와 지방 신문사를 함께 운영하고 있다. 형의 인쇄소에 들른 단스는 자신이 지니고 있던 「전진!」을 형에게 건넨다. "자, 경쟁지!"라면서… 이에 형은 "이런 신문을 가지고 거리를 활보해?"라며 걱정을 하나, 어느새 작업복으로 갈아입은 단스는 "일면 기사로 내가 쓸 자리가 있을까?"라며 기사작성을 위해 활자들을 고르기 시작한다(활판인쇄 작업의 하나인 채자(採字) 과정이다).

그가 작성한 1면은 '알스트에 넘쳐나는 어린 노동자의 죽음'이라는 헤드라인으로 장식된다. 이 신문을 본 알스트의 파워 엘리트들은 가톨릭 신문이 노동자들을 선동하고 있다고 수군거린다.

한편 보레만스 사장의 집에서는 파티가 열리고 있다(이들의 대화는 전부 프랑스 말로 이루어지고 있다). 신문 기사를 본 어느 사람이 우스트(Charles Woeste; 1837-1922/ Gérard Desarthe 분)에게 이 사실을 알려야한다고 말한다.

참고로 찰스 우스트는 독일계 벨기에인이며, 알스트 지역의 '가톨릭 민주당'[09](Catholic Democratic Party) 대표이기도 하다(법학박사). 그의 최대 정적은 훗날 '가톨릭 인민당'(Catholic People's Party)을 만들게 되는 단스 신부이다. 현재 벨기에의 브뤼셀에는 그의 이름을 딴 거리가 있다고 한다. 다시 영화로 돌아가자. 드류(Druw)라는 이름을 가진 이는 알스트가 점점 위험해지고 있다고 말하면서, 우스트에게 조치를 취해줄 것을 요청한다. 그리고 임금인상과 노동조건의 개선 등을 주장하는 노동자들의 움직임에 대해, 정부가 나서지 않으면 자신들의 공장을 폐쇄할 수밖에 없을 거라고 덧붙인다(이들은 현재 어떤 이는 하루 14시간 노동에 1.6프랑, 또 다른 이는 하루 11시간 노동에 2프랑을 지급하고 있다). 그러나 우스트는, "노동자들은 자신들에게 먹을거리를 주는 사람들의 손을 물지는 않을 것"이라며 걱정하지 말라고 한다. 그리고 평소에 친분이 있는 신문사 사장(단스 신부의 형인 피에테르)을 통해 충분히 통제할 수 있다고 자신한다. 그러나 이들은 아직까지 이 기사를 단스 신부가 작성한 줄 모르고 있다.

그리고 우스트는 노동자들에게 저임금을 주는 것은 오히려 그들 간의 경쟁을 부추기게 될 것이라며 낙관한다. 왜냐하면 공장을 폐쇄하겠다고 하면

---

09 | 1921년 '가톨릭 연대'(Catholic Union of workers, citizens, tradesmen and farmers: Catholic Union으로 약칭됨)로, 그리고 1936년에는 '가톨릭 블록'(Catholic Block)으로 당명이 변경된다. 보다 구체적인 내용에 대해서는 위키피디아의 관련 항목들을 참고할 것.

노동자들은 하루 1.4프랑도 기꺼이 받으려고 할 것이라 생각하고 있기 때문이다. 그는 한발 더 나아가 효과적인 노동통제와 생산성 향상을 위해서는 '스코틀랜드 시스템'(Scottish system)의 도입이 필요하다고 역설한다. 잘 알다시피 스코틀랜드는 현재 영국을 구성하는 지방의 하나이다. 이 지역은 19세기 초반부터 산업혁명이 진행된 곳이다. 그러므로 이 영화에서 말하는 '스코틀랜드 방식'은 '영국식 노동과정 통제방식'이라 생각해도 무방할 것이다. 우스트가 말하는 이 방식은 다음과 같다. 즉 4대의 기계에 3명의 노동자를 배치할 것. 여성 노동자를 쓰면 남성들에 비해 임금이 절반 정도밖에 들지 않음. 하루 12-14시간의 노동시간 적용 등이 그것이다. 우스트의 이 말에 모든 사람들이 동의하는 것은 아니다. 왜냐하면 몇몇 사람들은, 현재 알스트의 노동자들은 빵 한 덩어리를 사기위해 60상팀을, 석탄 한 바구니를 구입하기 위해 1.5상팀을 지불해야 하는데, 어떻게 임금을 더 내릴 수 있느냐고 반발하며 파티장을 빠져나가 버리기 때문이다(그러나 다음 날부터 보레만스의 공장에는 이 방식이 도입된다). 파티장이 아닌 또 다른 방에서는 단스의 개인교습이 진행되고 있다. 그는 보레만스의 어린 아들을 가르치는 과외의 일자리를 얻었다. 필자의 생각에는, 단스가 보레만스의 아들에게 라틴어를 가르치는 장면이 매우 의미심장하게 다가온다. 이에 대해서는 따로 후술하겠다. 라틴어의 변용방식을 어려워하는 보레만스의 아들에게 단스는 다음과 같이 말한다. "모든 라틴어의 어근은 **동일하다**(강조 필자)."

한편 단스의 형을 찾아간 우스트는 어제의 기사는 사회주의자에 의해 작성된 것이라며 항의를 하나, 피에테르는 "이 기사는 사실이다. 실제로 너무 많은 어린아이들이 죽어가고 있지 않느냐"며 반박한다. 이에 우스트는 가톨릭의 서약 [10](순명서약을 말함)을 잊지 말라며 은근히 압박한다. 이에 옆에

---

10 | 가톨릭에는 3대 서약이 있다. 정결(독신), 청빈(무소유), 순명(복종) 등이 그것이다.

있던 단스가 자신이 그 기사를 썼노라고 밝힌다. 단스를 처음 본 우스트는 "신부님 기사는 사제복과 어울리지 않으니 다시는 그런 글을 쓰지 마시오"라며 불쾌한 표정을 짓는다.

스코틀랜드 방식이 적용되기 시작한 작업장의 조건은 더욱 열악해져간다. 방적기를 담당하고 있는 노동자들은 여성들과 어린이들뿐이다[11]. 심지어 갓난 애기를 안고 일하는 노동자도 있다. 그나마 일감을 얻은 남자들은 이전에 여성들이 하던 세탁실 작업에 배치되어 이전보다 못한 저임금을 받는다. 나아가 여성 노동자들에 대한 슈미트의 성희롱은 점입가경에 이른다. 제프카는 네테(Nette; Antje De Boeck 분)에게 다가와, "그 놈이 누나를 다시 손대면 내가 때려줄 거야. 보레만스도 무사하지 못할 거야. 누나는 내 말을 믿지 않지?"라며, 슈미트와 사장에 대해 적개심을 드러낸다. 실제로 며칠 후 제프카는 사장의 집 창문을 돌멩이로 깨트려버리기도 한다. 그러나 이 돌멩이는 공교롭게도 단스가 개인 교습하는 방으로 날아들어, 그는 이마에 상처를 입는다. 하인들과 사나운 개에게 붙잡히게 된 제프카를 단스가 보호해주려 하나, 제프카는 '신부들은 부자들의 편'이라며 그대로 달아나버린다. 한편 단스가 쓴 기사는 알스트 지역의 가톨릭 교회에도 파문을 일으킨다. 교구의 추기경은 포네트(Ponnet) 신부를 불러, 단스 신부가 쓴 기사가 사실인지에 대해 묻는다. 충실한 교리주의자인 포네트 신부도 알스트 지역의 빈곤문제는 누구도 부인할 수 없는 사실이라고 말한다.

단스는 이마에 피가 흐르고 있는 지도 모른 채 제프카를 찾아 나서지만 그를 놓쳐버린다. 그러나 처음 보게 된 골목통의 생활풍경은 참상 그 이상이다. 이 와중에 그는 네테를 만나 그녀의 집에서 간단한 치료를 받고 저녁까

---

11 | 이 당시 여성노동자들의 노동조건을 살펴볼 수 있는 또 다른 영화로는 〈티피 캐럴〉을 들 수 있다.

지 대접 받는다. 비록 한 알의 감자에 불과한 것이지만 그 어느 식사보다 소중한 성찬임을 알게 된다. 며칠 후 우스트는 추기경을 방문한다. 그는 단스를 선동가라 말하지만, 추기경은 그의 강론은 교황 레오 13세(Leone XIII, 1810-1903)의 〈새로운 사태〉(Rerum Novarum)라는 사회 회칙에 근거해 이루어진 것이라고 말한다(이를 〈노동헌장〉이라 부르기도 한다). 여기서 잠깐 〈새로운 사태〉의 내용에 대해 살펴보기로 하자. 교황 레오 13세는 1843년 교황대사(세속정부에 소속되며 교황사절 가운데 가장 높은 직위)로 브뤼셀에 머무른 적도 있었다. 그리고 그는 과학적 진보를 받아들이고, 로마 가톨릭 교회가 과학적 진보에 개방적일 필요가 있음을 강조하였던 인물이기도 했다. 또한 항상 교회 내부 생활에 관심을 기울이는 동시에, 교회의 메시지가 세상으로 퍼져나가기를 바랐던 종교지도자였다(이상은 브리태니커 백과사전에서 참고).

1891년에 공표된(참고로 이 무렵 단스 신부의 나이는 52세 즈음이었고, 벨기에의 국왕은 레오폴 2세[12]였다. 1865-1909년 재위) 〈새로운 사태〉에는, 교회는 결코 귀족과 착취계급의 동맹이 아니며 노동자의 적법한 요구를 지지한다는 사실을 밝히고 있다. 또한 이 회칙에는 산업혁명 이후 발현된 자본주의와 사회주의가 갖는 문제점들을 함께 지적하면서 복음적 시각에 바탕하여 사회문제에 대한 대안을 모색하는 내용이 담겨있다. 그러므로 〈노동헌장〉에서는 사회주의에 대한 명백한 반대 의사 표명과 함께 자본주의의 병폐도 분명하게 지적하고 있는 셈이다(주수욱, 1991: 70).

〈새로운 사태〉에 담겨 있는 이러한 기조는 단스의 활동에 도움이 되기도 하는 동시에 제약으로 작용하게 된다(이에 대해서는 뒤에서 다시 살펴보게 될 것이다). 또한 새로운 사태(즉 산업혁명)의 희생자였던 노동자들은 지

---

12 | 그의 재위기간 동안 선거와 교육문제를 둘러싸고 진보파와 가톨릭파 사이에 심한 대립이 있었다.

금과 같이 분화된 사회계급으로서의 조직화된 노동자들뿐만 아니라 농촌에서 도시로 유입된 빈민들로 이루어진, 즉 '일하는 빈자' 모두를 뜻했다(이기우, 1991: 65). 이러한 점 때문에 〈새로운 사태〉는 가톨릭이 사회문제에 대해 자선적인 접근을 최초로 탈피한 역사적 사건으로 평가받기도 한다. 그리고 이 문헌에서는 계급간의 적대감이 자연적인 것이라는 주장에 대해 강력히 반대하고, 자본가와 노동자는 모두 함께 교회의 자녀임을 역설하고 있다.

추기경을 찾은 우스트는 단스의 활동은 정부가 알스트에 진상조사위원회를 파견하도록 만들 수 있는 쓸데없는 짓일 뿐만 아니라, 적들에게 이로운 결과만 가져올 것이라 말한다. 그러나 추기경은, 조사위원회의 조사결과는 오히려 단스의 주장이 틀렸다는 것을 밝힐 수 있는 중요한 계기가 될 것이라며 우스트를 안심시킨다. 그리고 "단스 신부는 비록 부주의한 점은 있지만, 맑은 심성을 가진 분이요"라는 말과 함께… 결국 알스트에 조사위원회가 파견된다. 거리의 신문팔이들은 위원회가 알스트로 온다는 기사가 실린 신문들을 경쟁적으로 팔고 있다.

피에테르의 신문사에서 발행된 신문, 「노동자」(De Werkman/ The Workerman)에는 단스의 기사가 실려 있다. '정부는 6명의 존경받는 조사위원들을 알스트에 파견하기로 했다. 이들은 (제반 노동조건에 대해) 노동자들에게 직접 질문을 하게 될 것이다'는 요지의 내용이다. 그러나 「전진!」을 판매하고 있는 얀은 '우리 신문이야 말로 노동자들의 진정한 신문'이라며, '지금 헨트 지방에서는 보통선거권을 요구하는 대규모 시위가 벌어지고 있다'고 외친다. 그리고 네테에게 자신의 신문을 사라고 하지만 문맹인 네테는 오히려 「노동자」를 사서 그에게 읽어달라고 부탁한다. 단스의 기사를 읽어준 얀은, '위원들 역시 자본가들 편이기 때문에, 그들의 조사활동에 큰 기대를 하지 말라'고 충고한다. 덧붙여 '노동자 스스로가 존중받으려면 의회부터 바꿔야한다. 그러기 위해서는 보통선거권이 필요하다'고 역설한다(노동자 정치 세력화). 그러나 네테와 마리 등은 안의 말을 대수롭지 않게 여기며 돌아서 버린다. 희망에 부풀어 골목길을 걸어가며 이들이 부르는 노래는 다음과 같다. "위대한 가톨릭에 의해 수수께끼는 풀렸다/ 아이들을 일터에 보내더라도, 더 이상 아프지 않을 것이다/ 아이들을 위한 더 많은 학교가 세워질 것이다…"

드디어 조사위원들이 보레만스의 공장을 방문한다. 그러나 슈미트는 이미 제프카와 윌레케(Milleke) 등의 어린 아이들이 눈에 띄지 않도록 작업장 안의 밀실에 가둬버리고 바깥에서 자물쇠를 채워버린 뒤이다. 그리고 여성노동자들에게 '섣부른 짓을 하지 말라'고 으름장을 둔다. 작업장을 둘러보던 위원들이 '기계는 위험하지 않으냐?'고 사장에게 묻자, 그는 '새로운 근대적 기계를 설치하였기 때문에 전혀 위험하지 않다'고 답한다. 다만 술에 취해 작업을 하게 되면 위험하다고 덧붙인다. 앞서 이 당시의 노동조건과 작업장 환경에 대해서는 살펴본 바 있다. 그리고 이 까닭에 많은 노동자들이 중대 재해에 빈번하게 노출되어 있었음을 볼 수 있었다.

그러나 이러한 상황을 역설적 또는 반어적으로 기록한 영국 세필드 지방의 한 의사의 보고서도 살펴보자. "정기적으로 폭음을 하는 고주망태는 작업시간에 걸핏하면 지각을 하곤 하는 덕분에 건강에 유해한 영향을 그래도 덜 받을 것이니, 차라리 이 사람들이 딴 사람들보다 더 긴 평균수명을 확보할 수 있을 것이다." 술을 먹고 작업장에 늦게 나타나 딴 사람보다 일을 덜하게 되는 것이 오히려 건강에 좋다는 말이다. 당시 작업장의 조건이 얼마나 열악했는지를 보여주는 비극적 희극같은 기록이다. 이제 위원들은 여성 노동자들에게 질문을 하기 시작한다. '야간작업을 좋아하느냐?, 남편과 아이들은 어디에 있느냐?' 등의 질문을 프랑스 말(!)로 한다. 그러나 그녀들은 프랑스 말을 전혀 알아듣질 못한다. 이들은 오직 플랑드르 말(Flemish language)만

이해할 수 있을 뿐이다. 이에 보레만스가 나서서, '그녀들은 행복하다. 밤에 일하길 원한다. 낮에는 아이들을 돌보고 있다'며 거짓말을 한다. 이때 한 조사위원이 네테에게 화장실이 어디냐고 묻는다. 그의 말을 겨우 알아들은 네테는 그를 아이들이 감혀있는 곳으로 데려간다. 그러나 슈미트가 가로막아서며, '이 곳은 여성 전용'이므로 다른 곳을 안내하겠다고 한다. 격분한 네테는 조사위원들에게, "플랑드르 말을 아느냐? 아이들이 저 곳에 감금되어 있다! 그들은 거짓말을 하고 있다! 우리들은 짐승 취급을 받고 있다! 일이 너무 힘들어 매일 사고가 발생한다!"고 절규하나, 그들은 전혀 알아듣질 못한다. 사장은 이들을 데리고 나가버린다. 조사는 이것으로 끝나버린다. 슈미트는 네테에게 음흉한 웃음을 지으며, "이제 만족하느냐"며 조롱한다. 이에 네테는 동료들에게, "멍청이들, 왜 아무 말도 못해? 우리들의 유일한 기회였어!"라고 말하지만, 동료들은 "우리도 노력했어. 그러나 그들은 우리들의 말을 하나도 알아듣질 못했어…"라며 망연자실하고 있을 뿐이다.

영화 〈단스〉의 주요 내용 중 하나는 파워 엘리트 중심의 프랑스어를 사용하는 가톨릭 민주당과, 플랑드르어를 사용하는 노동자들과 이들을 지지하는 가톨릭 인민당 사이의 갈등이라는 측면에서도 살펴볼 수 있다[13](물론 영화에는 사회주의자-가톨릭 인민당-자유주의자-가톨릭 민주당-교회 등 제 정파의 활동이 소개되고 있다). 이는 언어가 어떻게 계급집단을 구획하는지를 보여주는 가장 대표적인 사례라 할 수 있을 것이다(이를 '계급 방언'(class dialectic)이라고 한다. 자세한 내용에 대해서는 박해광(2003)을 참고

---

13 | 여담이지만, 빌리 와일더 감독(1970)의 〈셜록 홈즈의 미공개 파일(The Private Life of Sherlock Holmes)〉을 보면, 프랑스 말을 쓰는 여인(실제로는 자신이 벨기에 인이라고 말함)의 출신배경이 상류층임을 짐작할 수 있는 장면이 있다.
14 | 이탈리아의 사상가인 안토니오 그람시(1992: 226)는 통일적인 국어의 형식과 발전에 얽힌 복잡한 과정을 이해하기 위해서는, 지방의 사투리를 면밀히 검토해야한다고 말한다. 왜냐하면 언어문제가 논란거리로 부각된다는 것은 곧 일련의 다른 사회적 문제들이 제기될 것이라고 보기 때문이다. 그람시의 언어문제에 대한 손쉬운 설명에 대해서는 이성철(2010)을 참고할 것.

할 것)[14]. 그러므로 벨기에의 언어생활권이 어떤 모습을 띠고 있는지 살펴보는 것은 영화의 배경을 이해하는 데 많은 도움을 준다. 만약 우리들이 벨기에를 머릿속에 그려본다면 어떤 것이 먼저 떠오를까? '오줌싸개 동상'(Manneken Pis)이나 나폴레옹의 워털루(브뤼셀에서 15㎞ 남쪽에 위치) 전투 또는 영화 〈맘마미아〉에 나오는 스웨덴 출신 그룹 아바(ABBA)의 노래 '워털루' 등일까[15]? 아니면 만화영화 개구쟁이 스머프, 근육질의 액션배우 장 끌로드 반담, 그리고 영원한 청순 오드리 햅번 등도 연상될 수 있을 것이다. 그러나 이러한 사실 이외에 벨기에는 독특한 언어집단권을 형성하고 있다는 점을 살펴볼 필요가 있다[16]. 벨기에의 현지 언어는 크게 플랑드르어권과 프랑스어권으로 나뉜다(아래의 그림을 참조할 것). 북부의 절반 정도인 플랑드르(Flanders) 또는 블란데레(Vlaanderen)는 평탄하고 비옥한 농경지역으로 주민들은 대체로 플랑드르어(플라망어, Flemish)를 사용한다(전체인구의 약 3/5 정도임)[17]. 플랑드르어는 이웃

벨기에 언어권

출처 : 서울신문(2010. 6. 15)에서 인용.

나라 네델란드의 말과 아주 비슷하다고 한다. 남부 절반은 왈로니아(Wallonia)라 불리는데, 왈론어(Wallon)라고 하는 프랑스 방언을 구사하는 주민들이 대부분 살고 있다. 하지만 외펜(Eupen) 지방 근처에는 독일어를 하는 주민들도 소수 거주한다. 그리고 브뤼셀(Brussel)은 역사적

---

15 | 가사를 잠깐 소개하면 다음과 같다. "나의, 나폴레옹이 항복한 워털루에서/ 비슷하게 나의 운명을 만났네/ 서고에 있는 역사책 / 역사는 항상 되풀이 되나요/ 나의, 난 당신을 제지하려고 했지만/ 당신은 강해요/ 이젠 나의 유일한 기회는 싸움을 포기하는 것/ 내가 어떻게 거절할 수 있겠어요/ 지고도 이긴 것 같은 기분인데(후략)."

16 | 참고로 국가어(national language)는 한 국가의 공식적인 언어를 말한다. 이와 유사한 용어로는 공용어와 국어가 있다. 공용어는 다언어 국가에서 사용하는 행정상의 언어를 의미하고, 국어는 국가어와 비슷하지만 약간의 차이가 있다. 즉 국가어는 단일 또는 복수의 언어가 지정되는 경우가 있는 반면, 국어는 단일의 언어만을 인정한다(한국, 일본 등). 벨기에와 핀란드의 경우 국가어는 국무의 수준에서 복수 언어의 사용을 인정하고 있다(이정록·구동회, 2007: 37-38).

17 | 현재 벨기에의 대표적인 노총인. 기독교노동조합연합(CSC)은 플랑드르어를 쓰는 지역에서 세력이 상대적으로 강하며 대부분의 조합원이 로마 가톨릭교도이다.

으로는 플랑드르어 지역이었지만 프랑스어권 주민이 점차 늘어나 공식적으로 2개 언어를 사용하는 지역이 되었다(Elliott, 2005: 11). 이와 같은 배경 때문에 역사적으로 언어집단 사이의 상호 불신과 갈등이 매우 심각하였다고 한다. 다시 〈단스〉로 돌아가자.

슈미트는 감금된 아이들을 밖으로 나오게 한다. 그러나 이 속에서 잠이 들어버린 아이들은 움직일 줄 모른다. 슈미트의 강압에 쫓겨나온 아이들은 눈을 비비며 기계 앞으로 다가가 바닥에 떨어진 원료들을 다시 줍기 시작한다(대부분의 아이들은 이 추운 겨울에도 맨발이다). 그러나 몽롱한 상태로 일을 하던 윌레케는 마리가 운전하는 방적기계에 받혀 그만 죽음에 이르고 만다[18]. 아이의 전 생애는 5년(!)에 불과하다. 잠깐 당황한 슈미트는 이내 아이를 치워버리라고 말한다. 그러나 네테 등은 아이를 안고 결연한 표정으로 공장 문을 나선다. 공장의 모든 노동자들도 햇불을 만들어 들고 윌레케를 안은 네테 뒤를 따라 거리로 나선다(이 장면은 마틴 리트 감독의 〈노마레이〉를 연상시킨다(이성철, 2009를 참고할 것)).

슈미트는 사장 집으로 달려가고… 슈미트의 급박한 전갈을 듣게 된 보레만스 일행들은 사태파악을 위해 황급히 집을 나서고, 인쇄소에 있던 단스 신부는 먼저 사장의 집으로 향한다. 한편 시위대의 앞에는 착검을 한 기마경찰대(Gendarmes)가 버티고 서있다. 네테 등은 지휘관에게 "우리는 조사위원들을 만나길 원한다"고 말하지만 지휘관은 이 말을 무시하며 부하들에게 아이의 시신을 뺏으라고 명령한다. 노동자들의 절규와 저항에도 불구하고 시신은 탈취되고 만다. 그리고 춤추는 칼날 아래 많은 사상자들이 발생한다. 현장으로 뛰어나온 단스 신부는 무장경찰들에게 "이 바보들아! 너희들이 저

---

[18] | 1843년 맨체스터 병원은 기계사고로 인한 962명의 부상자와 불구자를 치료했다. 그리고 이 병원에서 다른 사고로 인해 치료를 받았던 환자 수는 2,426명이었다(Engels, 1988: 205). 즉 전체 치료자의 약 3분의 1(28.4%)에 가까운 사람들이 기계사고로 인한 것이었다.

지른 짓을 봐라. 여기서 물러나라"고 부르짖는다. 평소 단스 신부를 믿지 않던 제프카는 이 모습을 담장 위에서 유심히 지켜보고 있다.

시위가 끝난 후 어느 주일, 미사가 열린다. 포네트 신부는 자신의 강론문을 단스에게 보여주며 내용이 어떠냐고 의견을 구한다. 단스 신부의 답은 간단하다. "매우 나쁘다." 포네트 신부가 미사 봉헌을 준비하는 동안 돌연 단스는 강론대로 올라간다. 포네트 신부를 비롯해 많은 사람들이 술렁이기 시작한다. 강론은 그리스도의 '오병이어'(五餠二魚)에 대한 말씀 [19] 으로 시작된다. 제프카는 신부님의 '오병이어'의 강론 내용에 큰 감화를 받는다. 그리스도의 말씀에 기댄 강론의 주요 요지는, '왜 가난한 자들에게 먹을 것을 나누어주지 않느냐'는 것이다. 예컨대, "여러분!, 그리스도께서 우리에게 가르치신 것이 옳다면 이것은 우리들의 의무입니다. 편견이나 지위, 계급에 관계없이 이러한 의무들을 이행해야 합니다. 사람들은 배가 고프다고 외치고 있습니다. 이 말들은 바람에 날려버릴 것이 아닙니다. 빈자들의 투표는 부자들의 그것보다 값어치가 없습니까? 나는 선하고 너는 나쁘다고 말할 권리는 누구에게 있습니까? 나는 투표할 수 있고 너는 안 된다고 말할 이유는 어디에 있습니까? 하느님과 교황 성하, 그리고 그리스도께서는 모두 **같은 언어**(강조 필자)로 말씀하고 계십니다." 교회에 모인 보레만스와 일행들은 단스의 강론을 '믿을 수 없다'라고 말하며 모두 밖으로 나가버린다. 슈미트도 이들과 함께 따라 나서려다 다시 의자에 앉는다.

단스는 이들을 향해. 자신의 강론 내용은 교황 성하의 〈새로운 사태〉라는 사회회칙에 근거한 것이라고 말한다. 이들과 달리 낮은 곳으로 임한 예수와 가난한 자들을 위한 복음을 처음으로 보고 듣게 된 노동자들의 얼굴은

---

[19] | 마태복음(14장 13~21절) 등에 나오는 예수의 기적 가운데 하나의 사례를 말함. 예수가 한 소년으로부터 빵 다섯 개와 물고기 두 마리를 취하여 5천 명의 군중을 먹였다는 기적을 가리킨다.

밝게 빛난다. 이 강론으로 인해 단스는 적대자들로부터 본격적으로 '사회주의자(빨갱이)'라는 낙인을 받게 된다. 참고로 엘살바도르의 수도 산살바도르의 대주교였던 로메로 신부의 순교[20]를 다룬 영화 〈로메로〉[21]에는 다음과 같은 그의 강론 장면이 나온다. "내가 '가난한 자들에게 음식을 나눠 주십시오'라고 말했을 때, 그들은 나를 '성자'라 불렀다. 그러나 '그들이 왜 가난할까요?'라고 물었을 때, 그들은 나를 '빨갱이'라 불렀다."

교회를 나온 우스트와 보레만스 일행들은 단스의 행보에 대해 비난을 한다. '단스만 영광을 얻었어. 노동자들에게 좀 더 현명하게 굴어. 그를 성직에서 해임시켜야 해. 그가 신부복을 벗게 되면 아무 힘도 못쓸 거야' 등등의 의견들이 오고간다. 이에 우스트는 자신이 직접 교황이 있는 바티칸으로 가서 단스 문제를 담판 짓겠다고 한다. 그러나 옆에 있던 주교가 그런 행동은 오히려 많은 노동자들로 하여금 교회에 등을 돌리는 결과만 가져올 것이라 말하자, 어떤 이가 그를 콩고로 보내버리자고 말한다[22]. 한편 미사를 마치고 나온 노동자들은 길거리로 쏟아져 나와 대규모 행진을 벌인다. 군중들 사이

---

20 | 로메로 대주교는 원래부터 개혁적인 신부는 아니었다. 예컨대 해방신학을 '증오에 가득 찬 그리스도론'이라고 비판하기도 했던 인물이다. 그런데 그의 대주교 착좌식이 있은 지 3주 만에 오랜 친구인 루틸리오 그란데 신부가 아길라레스 성당에서 미사를 봉헌하다가 암살단에 의해 살해되는 사건이 일어났다. 이 사건 이후 그는 3년 뒤 괴한에 의해 살해(1980년 3월 24일)될 때 까지 농민과 빈민의 편에 섰다. 그의 순교실화를 담은 영화 〈로메로〉에서는 그가 살해될 때 경당에 군중들이 가득 차 있지만, 실제로는 사건 당시 그는 수녀와 환자 10여명이 모인 가운데 미사를 드리고 있었다. 그가 숨진 자리는 수녀회에서 운영하는 가난한 호스피스병원 안에였다. 4명의 괴한은 경당 정문 밖에서 제대를 향해 총을 쏘고 사라졌다. 경당에는 로메로 대주교가 피격당한 흔적이 여전히 남아있다(문정현, 2010. 8. 12).
21 | 존 듀이건 감독의 1989년 작품이다.
22 | 벨기에는 '벨기에 콩고'(Belgian Congo)라는 이름으로 콩코를 식민지로 삼았다(1908~1960). 현재는 콩고 민주공화국이다. 벨기에 국왕 레오폴 2세의 지원으로 이루어진 헨리 스탠리의 콩고 강 탐험을 계기로 유럽인들의 진출이 가속화된다. 우리들에게는 이 나라 최초의 정착민으로 알려진 피그미족으로 익숙한 나라이다.
23 | 파리코뮌 당시인 1871년 사회주의자이자 운수노동자였으며 시인이었던 프랑스의 외젠 포티에(Eugène Pottier, 1816~1887)가 파리코뮌을 기념하기 위해 1871년에 쓴 시가 노래의 기원이 됐다. 당시의 사회주의자와 무정부주의자들은 이 시를 프랑스 국가인 '라 마르세예즈'에 맞춰 불렀다. 그러다가 1888년 역시 프랑스인인 피에르 드제이테(Pierre Degeyter)가 곡을 만들었으며, 이것이 우리에게 비교적 익숙한 '인터내셔널가'의 멜로디다(http://cafe.daum.net/song0626/ID9m/174). 다양한 버전의 노래들을 들어볼 수 있다. 국내의 것으로는 민중가수 최도은의 노래가 가히 폭발적인 성량을 지니고 있다. 〈랜드 앤드 프리덤〉, 〈레즈 Reds〉 등의 영화 속에도 이 노래가 삽입되어 있다. 그리고 2010년 프랑스의 연금개혁 반대 시위에서도 이 노래가 울려 퍼졌다. 피터 밀러(2000)의 〈인터내셔널가, 역사와 전망〉에는 이 노래의 기원과 투쟁과의 관련, 그리고 현재적 의미 등이 잘 담겨 있다.

에서는 '인터내셔널가'가 울려 퍼진다[23]. 단스를 따로 만난 본당 신부는 이 모든 일이 단스의 사려 깊지 못한 행동에서 비롯되었다며 그를 질책한다. "당신은 신의 말씀을 전파하는 사제이네. 사회주의자가 아니란 말이야." 이에 단스는, "우리 모두 어려운 시기입니다. 만약 알스트가 사회주의자들에 의해 적화된다면 플랑드르를 잃게 될 것입니다"라며 자신은 사회주의자가 아니라고 말한다. 이에 본당 신부는 정치적인 논쟁을 하려는 것이 아니라면서, 그를 다른 교회(Saint-Martinus)로 보내 기도에만 몰두하도록 한다.

월레케의 죽음 이후, 보레만스 공장의 노동자들은 대부분 파업 중이다. 그러나 파업이 장기화되면서 생활상의 어려움들이 속속 나타난다. 무엇보다 일용할 양식이 절대 부족한 상태이다. 공장 앞에서는 스프가 제공되고 있지만 파업노동자들에게는 한 숟갈도 지급되지 않는다. '주린 배는 나중에 채울 수 없음'에도 불구하고, 슈미트는 빨갱이들에게는 음식을 줄 수 없다고 말한다. 그러나 공장 건너편에서는 사회주의자들이 양파 스프를 제공하고 있다. 포네트 신부는 이들이 제공하는 것은 '이교도의 스프'(pagan soup)이므로 먹지 말라고 한다. 신부의 이 말 때문에 많은 사람들이 잠시 주저하나, 아이를 안은 여인은 "난 개의치 않아. 배고파"라며 배급을 받는다. 네테는 마리에게 "우리는 파업을 이어가야 해. 단스 신부님은 우리들의 파업을 지지해 줄 거야"라고 말하지만, 곁의 누군가가 "신부님은 다시 돌아오지 않아. 사제는 군인과 같아서 그는 하느님이 명령하신 곳으로 갔어"라고 말한다. 이 말에 당황한 노동자들은 단스 신부의 부재에 대해 몹시 불안해하

면서도 고픈 배를 움켜잡고 행진을 계속한다. 결국 네테도 사회주의자들이 배급하는 스프를 양껏 퍼먹고 이에 동참한다.

한편 의회에서는 보통선거권의 시행여부 대한 개표과정이 진행되고 있다. 결과는 찬성 119표, 반대 14표, 기권 12표로 가결된다[24]. 이제 명실상부하게 벨기에 국민들의 참정권적 기본권의 초석이 마련된 셈이다. 이 권리는 헌법상의 국민의 기본권으로서, 모든 국민이 정당설립, 선거, 공무담임, 국민투표 등을 통하여 국가권력의 창설과 국가의 권력행사과정에 적극적으로 참여함으로써 자신의 정치적 소견을 국정에 반영할 수 있는 권리를 말한다.

이 와중에도 단스 신부는 성-마르티누스 교회에서 신도 1명만을 앉혀두고 강론을 하고 있다. 잠시 후 평소 단스 신부의 뜻에 공감해온 보레만스 부인(엘리자베스)도 미사에 참여한다. 그러나 몸은 이곳에 묶여 있지만, 단스의 의지는 계속 전진한다. 그는 보통선거권의 확립을 기회로 이제 새로운 정당을 건설하려고 한다. '가톨릭 인민당'이 그것이다(참고로 벨기에는 가톨릭 신도가 약 90% 정도이다). 곧 있을 선거를 위해 형의 인쇄소에서 당 관련 유인물을 만든다. 형은 인쇄를 도와주며 '가톨릭 인민당은 알스트에서 가장 큰 정당이 될 것'이라며 동생을 격려한다.

며칠 후 네테 등은 '단스 신부에게 투표를!'이라 인쇄된 벽보를 길거리 곳곳에 부착한다. 바야흐로 선거의 계절이 다가온 것이다. 단스의 연설회장에는 사회주의자들과 자유주의자들이 모여들어 단스에게 집권당(즉 우스트의 가톨릭 민주당)에 대항하는 선거연대를 하자고 제의한다. 한편 선거운동 과정에서 네테와 얀의 연정도 시나브로 피어오른다. 노동자들이 운집한 술집에서는 문맹의 선거권자들에 대한 투표 요령 교육이 한창이다. 이름을 보고

---

24 | 만 25세 이상만 투표가능. 보통 및 평등선거권의 폭 넓은 실현은 1848년 스위스에서 성인 남자에게 보통선거권을 부여한 이후 100여 년에 걸쳐 이루어졌다(김형철, 2009: 57). 한편 주요 국가들의 여성 참정권 실시년도는 다음과 같다. 뉴질랜드(1893년), 오스트레일리아(1902년), 핀란드(1906년), 아일랜드와 영국(1918년), 미국(1920년), 프랑스(1944년), 이탈리아(1945년), 그리고 남아프리카 공화국에서는 1995년까지 백인에게만 선거권이 허용되었었다(Hague et al., 2009: 254). 참고로 현재 벨기에는 강제투표제를 실시하고 있다.

투표를 하는 방식이지만 대부분의 노동자들은 글을 모른다. 이런 까닭에 반드시 이름의 철자 수를 확인해서 투표하라고 교육한다. 단스(DAENS)는 5글자이므로 반드시 한 손의 손가락 전체를 펴서 신부님 이름의 철자 수와 대조해 실수 없이 투표를 하라는 요지의 교육인 셈이다 우스트 (WOESTE)는 6글자임).

　　단스에 대한 흑색선전과 노동자들에 대한 물량공세가 난무한다. 포네트 신부는 '단스에게 투표하는 것은 도덕적인 죄악이다. 만약 그에게 투표한다면 지옥에 갈 것이다. 가톨릭 민주당은 우리의 믿음을 지켜줄 것이다. 우스트에게 투표해야함을 잊지 말라'고 노골적으로 선동한다(하지만 그는 이를 확신하고 있다). 이 모습을 본 네테는 집으로 돌아와 단스에게 반드시 투표해야 한다고 말한다. 이에 아버지는 '너는 귀머거리냐? 그에게 투표하는 것은 죄악이라고 하지 않느냐'고 말하고, 어머니는 '단스는 사실 신부도 아니고, 마누라도 있다'는 세간의 헛소문을 믿고 있다. 그러나 네테는 이에 굴하지 않는다. "아버지, 단스 신부에게 투표하세요. 그렇지 않으면 아무 것도 바뀌지 않아요." 바깥에 나갔던 네테의 오빠인 루이스(Luis)가 들어서자, 아버지는 그에게 단스 신부 이름의 철자가 몇 개냐고 묻자, 루이스는 여섯 글자라고 거짓말을 한다. 그러나 네테는 다섯 글자가 분명하다고 다시 일러드린다. 루이스는 우스트 밑에서 잡일을 하고 있을 뿐만 아니라, 사회주의자들을 때려잡는 백색테러단(the Bucks)의 일원이기도 하다. 우여곡절 끝에 투표는 끝나고 이제 개표과정이다. 1차 개표위원들은 '투표용지에 단스가 표시되어있다' 말하며, 2차 개표위원들에게 넘겨주지만 이들은 노동자 참관대표들이 옆에서 지켜보고 있음에도 불구하고 이 표들을 계속 무효표로 판정해버린다. 4·19를 발화시켰던 31·5부정선거가 무색할 지경이 된다[25]. 집

---

25 | 마산 MBC(2010)의 3.15 부정선거를 배경으로 한 2부작 드라마 〈누나의 3월〉을 강추함!

계가 끝난 후, 선거관리위원장은 이번 개표 결과에 대한 단스 형제의 이의제기 정도는 무시해버릴 수 있으나, 부정 개표에 대한 노동자들의 저항에 대해서는 책임을 질 수 없다며 재검표를 주장한다. 결과는 단스의 대승리로 나타난다(1894년, 그리고 1902-1906년 재선출됨).

단스의 당선을 축하하는 노동자들의 환호는 마을 곳곳으로 퍼져 나간다. 노동자들은 단스 신부에게, "이제 의회로 가서 우리 노동자들은 선한 사람들이라고 말해주십시오. 그리고 우리는 굶주리고 있다고 말해주세요"라며 청원한다. 이들 군중 속에는 이제 단스 신부를 마음깊이 받아들인 제프카가 자신이 직접 꺾은 들꽃 한 다발을 들고 서있다. 단스 신부는 당선 소감을 발표하기 위해 알스트 의회의 단상에 선다. 그는 자신의 당선 소감을 프랑스 말로 하겠다고 말한다. 왜냐하면 우스트는 플랑드르 말을 전혀 이해할 수 없을 것이기 때문에 그를 위해 프랑스 말로 하겠다는 것이다. 이에 의원들의 폭소와 박수들이 쏟아진다. 그는 알스트 지역의 빈민의 수, 노동자의 임금, 노동조건, 그리고 부녀 및 유아노동의 실태에 대해 구체적으로 적시한다.

그의 연설이 진행되는 동안 모두들 숙연해진다. 또 다른 곳에서는 감독 주교단들이 모여 선거결과에 대해 논의 중이다. 한 주교는 "〈새로운 사태〉는 교황 성하의 일반적인 가이드 라인입니다. 그런데 이것이 가톨릭 민주당에 대한 무기로 사용되고 있습니다. 단스 신부는 심사숙고 없이 이 회칙을 인용하였습니다"라고 말하고, 또 어느 신부는 "그러나 너무 늦었소. 이제 단스 신부는 정치적 인물이 되어버렸소. 그의 대중성을 과소평가해서는 안됩니다. 만약 하느님이 그를 심판하신다면, 우리는 모든 가톨릭 노동자들을 잃게 될 거요"라며 갑론을박을 나눈다. 그러나 또 다른 주교는 마침 이 자리에 참석한 우스트에게 다음과 같이 말한다. "다 끝났소이다. 벨기에 감독 주교단은 단스 문제를 하느님께 온전히 맡기기로 결정하였습니다…" 며칠 후 형과 함께 인쇄소에 있는 단스에게 편지 한 통이 전달된다. 로마로 오라는 교황의 서신이다. 형은 좋은 기회라고 말하지만 단스의 표정은 왠지 어둡기만 하다.

　노동자들의 선술집, 얀은 네테에게 커다란 빵 한 덩어리를 건넨다. 그리고 조심스럽게 청혼을 한다. "나랑 결혼해줘. 살림집은 헨트가 될 것이고, 다시는 공장엔 나가지 않아도 돼." 네테는 "그럼 난 사회주의자랑 결혼하게 되는 거네"라며 발간 홍조를 띠며 그의 청혼을 받아들인다. 기쁨에 찬 얀은 "만약 단스 신부님께서 우리들의 결혼식을 집전해주신다면, 나도 교회에 나갈 거야. 결혼식장에는 「전진!」의 밴드들이 나와 연주해 줄 거야"라며 입맞춤을 나눈다. 슈미트는 건너편 탁자에서 두 연인의 다정한 모습을 매서운 눈초리로 훔쳐보고 있다. 네테와 얀이 술집에서 나가자, 그는 "단스에게 투표한 놈들은 모두 해고야!"라며 갑자기 화를 낸다. 이에 제프카가 "단스 신부에게 말씀드리겠다"고 하자, 그는 "더 이상 단스는 볼 수 없을 거야. 그는 로마에 잡혀있어. 미친 신부를 가두는 감옥에!"라고 말한다. 이 말에 어린 제프카는 매우 불안해 한다. 슈미트의 광기는 여기서 그치지 않는다. 그는 작업장에서 얀의 약혼녀가 된 네테를 범해버린다. 한편 로마에 도착한 단스는 편지에 쓰인 약속 시간에 맞춰 교황을 알현하려하나, 왠지 교황은 그를 만나주지 않는다. 면담 시간을 다시 잡고, 다음 날 찾아가지만 역시 만나지 못한다. 그러나 교황의 비서로부터, "교회는 사회주의(자)로부터 멀리해야 한다"는 것이 교황 성하의 뜻이라는 전갈을 받는다. 이에 단스는, "저는 반드시 교황 성하를 만나 뵈어야 합니다. 우리 노동자들의 처지에 대해 말씀드려야 합니다. 교황께서는 실정을 모르고 계십니다. 이에 대해 꼭 설명을 드려야 합니다"라고 간청하지만, 끝내 면담은 거절된다. 알스트로 돌아오는 단스의 심경은 복잡하다. 그러나 단스를 마중 나온 노동자들은 한껏 기대에 부풀어 있다. 단스는 형에게 지금은 노동자들을 만나고 싶지 않다고 하나, 형의 권유에 따라 마중 나온 노동자들 앞에 선다. 그러나 그의 연설은 어딘가 모르게 공허하기만 하다. 한편 얀은 며칠째 네테를 찾아 마을 구석구석을 돌아다닌다. 이 모습을 본 누군가가 네테가 몹시 아프다고 일러준다. 하지만 커다란 슬픔과 비통함에 잠긴 네테는 그를 마음과는 달리 차갑게 대할 수밖에 없다.

단스는 형에게 로마에서 있었던 일에 대해 자세히 털어놓는다. "형, 교황은 나를 사임시키려고 해요." "그건 불가능해. 모든 사람들이 너를 위해 싸웠고, 너에게 투표를 했어…" 때마침 인쇄소 바깥에서는 사회주의자들이 시위대를 모집하고 있다. 사회주의 깃발을 들면 10프랑과 스프를 주겠다고 외친다. 해고와 실직 상태에 놓인 많은 노동자들이 모인다. 하지만 밖으로 나온 단스는 이들에게, "사회주의자들을 위해 일은 할 수 있겠지만, 단스주의자들은 그렇게 해서는 안된다. 사회주의자들은 우리들의 적이라는 사실을 잊어서는 안된다"고 말한다[26]. 로마에 다녀온 이후 단스가 겪고 있는 심리상태가 고스란히 묻어나는 발언들이다.

그리고 이는 앞서 말한 〈새로운 사태〉의 기조를 단순히 산술적 평균으로 해석하려는 태도라 할 수 있을 것이다. 그러나 노동자들은 "종교는 버터와 빵만이 아닙니다. 내 아들은 당신에게 투표하는 바람에 일자리를 잃었소"라며 단스의 이상한(?) 발언에 강한 반발을 한다. 이 자리에 있던 얀은 "우리들은 다시 투표하겠소"라 말하고, 네테는 "신부님, 왜 그렇게 말씀 하시죠? 사회주의자들도 우리처럼 노동자들이에요. 왜 저들과 함께 있어요? 왜 그들에게 복종해요? 우린 더 견뎌야 하나요?"라며 의아해한다. 이 말들을 들은

---

26 | 브뤼셀과 파리를 오가던 칼 맑스는 1841년 브뤼셀에서 「포이어바흐에 관한 테제」를 집필한다. 그리고 프랑스로부터 추방명령을 받은 후, 1845년부터 약 2년 이상 브뤼셀에 거주한다. 그는 엥겔스와 함께 이곳에서 「독일 이데올로기」를 저술하기도 한다(1845년 9월~1846년 여름). 그러나 「포이어바흐에 관한 테제」는 맑스 사후 엥겔스에 의해 1888년에야 출간된다(Merrifield, 2005: 45~49). 이러한 점을 염두에 둔다면 단스 신부가 매우 활발한 활동을 하던 시기, 벨기에의 사회주의자들은 맑스 등의 저작으로부터 많은 영향을 받았을 것으로 짐작할 수 있다. 참고로 단스주의(Daensism)은 1893년부터 비롯되었다고 한다.

단스는 '우리들의 하느님을 포기하지 말라'고 말하지만, 돌아오는 메아리는
'만약 신부님이 우리들을 버리지 않는다면요' 뿐이다. 이후 단스의 수난은 이
에 그치지 않는다. 백색테러단들은 형의 인쇄소를 불태워버린다. "단스 놈 나
와라. 무덤까지 함께 가자. 구덩이는 준비되어 있다. 악의 사제인 너를 목매
달아 버리겠다. 겁쟁이 단스!"

　　동네 뒷산에서 제프카는 친구들과 함께, 개울에서 잡은 피라미 두 마리
와 다섯 조각의 빵 부스러기를 바위 위에 놓고 주기도문을 외우며 '오병이어'
놀이를 하고 있다(그러나 놀이라고 보기에는 너무 간절하다). 그러나 배가
고픈 친구들은 '기적이 일어나지 않네~'라며 모두 일어나 내려가 버린다. 홀
로 남은 제프카의 뒤로 서커스단의 마차가 지나간다. 한밤 중 제프카는 서
커스단 막사로 숨어든다. 먹을 거리를 훔치기 위해서이다. 그의 눈에 호랑이
우리가 들어온다. 그놈 앞에는 먹을 것이 있다. 제프카가 우리 속으로 손을
뻗는 순간(!), 호랑이의 포효와 함께 화면은 암전 된다. 다음 날 제프카의 시
신이 수습되어 수레 위에 뉘인다. 포네트 신부는 군중들을 향해, "이 아이는
죽기 전에 고해성사를 하지 않았어. 얘는 죄인이야. 그래서 묻어줄 수 없어!"
라고 말한다. 이 말에 네테는 "얘는 어린애예요. 개처럼 묻어야 겠어요?"라며
그가 말하는 교회의 규칙에 대해 반발한다. 그러나 포네트 신부는, "알다시

피 얘는 도둑놈이야. 나
이는 아무 상관 없어"라
며 도움을 주지 않으려
한다. 그러나 네테는 이
에 굴하지 않는다. "얘는
굶주렸어요. 우리에서
호랑이 먹이를 끄집어내

려던 것 뿐이에요"라고 항변한다. 이때 황망히 달려온 단스가 부모님들에게는 알렸느냐고 묻자, 제프카는 고아라는 말만 돌아올 뿐이다. 단스는 자신이 장례식을 집전하겠다고 말한다.

이에 포네트 신부는 "당신은 더 이상 사제가 아니오. 사제복을 입어서도 안되오"라며, 그를 제지한다. 격분한 단스는 사제복을 그에게 벗어던져버리고 노동자들과 함께 주기도문을 외우며 제프카를 공동묘지로 데려간다(단스 신부는 실제로 1898년에 파문 당한다).

잠깐 상상을 해보자. 한 발은 차가운 얼음물이 담긴 물통에 담그고 있고, 또 다른 한 발은 뜨거운 물속에 있다고 가정해보자. 이 상태에서 우리들은 (뜨거운 물과 찬 물이 합쳐져 미지근하게 되었다고 생각해서) '어~ 시원하다'라고 말하는가? 아니면 두 발 모두 고통, 아니 몸 전체가 고통스럽다고 말하겠는가? 이제 단스는 노동자들의 고통이 자신이 잘못 생각한 산술적 평균이 아님을 분명히 자각하게 된다. 그들은 자신들의 고통을 온 몸으로 말하고 있다. 심지어 죽음으로써까지… 장례 미사를 집전하면서 단스는 다음과 같이 말한다. "이 거친 싸움에는 단 하나의 적만이 있습니다. 항상 기억하십시오. 우리들을 착취하는 자를! 하나의 단결만이 있습니다. 우리들과 고통을 함께 나누는 자와!" 이제 단스는 그리스도의 자기 비움(kenosis)의 길로 흔들리지 않고 나아가게 될 것이다.

제프카의 묘소 앞에 홀로 남은 네테에게 얀이 조용히 다가와 따뜻하게 감싸 안는다. "우리들의 첫 아이는 제프카로 부를 거야"라는 말과 함께…

지금까지 영화 〈단스〉의 주요 내용과 이에 얽힌 배경들에 대해 살펴보았다. 단스의 삶은 간디가 말한 바처럼, "한 사람의 종교는 그의 말이나 의

복, 건강에 있는 것이 아니라 그의 행동 속에 있다." 끝으로 자본주의의 본원적 축적 기간 동안 억압적 상황에 놓여 있던 노동자들이 어떻게 스스로 정면 돌파 해 왔는지에 대해 살펴보도록 한다(특히 산업혁명의 선두주자였던 영국을 중심으로). 이 시기의 노동운동은 크게 두 가지 양상으로 나타난다. 하나는 노동자들의 권익을 담보해줄 수 있는 정치구조의 실현을 위한 기초 단계로서 투표권을 쟁취하고자 한 것이었다. 이는 차티스트 운동으로 나타났다. 차티스트 운동(Chartism)의 이름은 1838년 5월 런던의 급진주의자 윌리엄 러벳이 기초한 법안인 '인민헌장'(People's Charter)의 이름을 딴 것이다(김형철, 2009: 58).

이 운동은 1830년대부터 40년대에 이르기까지 진행된 것으로, '순수한 정치적 강령은 갖고 있었으나 본질적으로는 경제적인 것'이었다는 등의 다양한 평가를 받고 있다. 그 주요 내용은 다음과 같다. 보통 선거권(남성)/ 선출된 하원의원에 대한 급여(가난한 사람들이 공직에 출마할 수 있기 위해서)/ 정기 연례의회/ 후보의 재산자격 폐지/ 위협을 방지하기 위한 비밀투표/ 평등한 선거구 등.

한편 노동자들에 의한 두 번째의 대응은 노동조합 및 정치단체의 결성으로 나타났다. 영국의 경우 노동조합의 결성은 14세기에 이미 불법화되어 있었다. 그러나 1789년의 프랑스 대혁명의 여파로 1792년에는 영국 사상 최초의 노동자들의 정치 단체인 '런던통신협회'가 창설되었고 이 단체는 들불처럼 번져 전국에 80여 개로 확대된다. 그러나 자본과 국가는 1799년 「단결금지법」(Combination Act)을 만들어 모든 노동자 단체들을 없애 버리려고 하지만 이는 오히려 노동운동을 촉발시키는 계기가 되기도 한다. 왜냐하면 이러한 법이 있었음에도 불구하고, 예컨대 1805년 직물공들의 경우 '최저임금법'을 공포할 것을 의회에 청원하는 운동을 벌였다. 1808년 이 법안이 부결되자 랭

카서의 면직공, 모직공들은 파업에 들어가 일시적이나마 임금인상을 성취하나, 1812년 직물공의 총파업은 군대에 의해 파괴되기도 하였다. 그러나 '잠깐의 승리와 기나긴 침체'에도 굴하지 않는 노동자들의 끊임없는 투쟁으로 「단결금지법」은 15년 만에 폐지되기에 이른다. 이후부터 노동조합이 비교적 자유롭게 결성될 수 있었으며, 그 결과 노동운동발전의 단초가 놓이게 되었다. 영화 〈단스〉에서도 이상의 내용들을 확인할 수 있을 것이다. 끝으로 시한 편을 소개한다(전홍준, 2004).

길 위의 신부

문 정 현

미 대사관 앞이나
매향리 사격장에서
경찰방패를 부여잡고
삿대질하며 욕질하는 신부

폭포를 거스르는 연어의 열정으로
이 땅의 한밤중을 걷어차는
저 구리빛 신념

성당 안에서 예수를 가르치라는
충고는 들은 척 않고
현장에서 몸으로 설교하는
그의 다림질에 이 땅의 모양새가
잡혀 가는가

참고문헌

강동진(1980), "일제하의 한국노동운동: 1920~30년대를 중심으로", 안병직·박성수 외, 「한국 근대 민족운동사」, 돌베개, 517-582쪽.

김경일(1992), 「일제하 노동운동사」, 창작과 비평사.

김형철(2009), "선거와 민주주의", 민주화운동기념사업회연구소 편, 「민주주의 강의 3: 제도」, 서울: 민주화운동기념사업회, 49-102쪽.

문정현(2010), "피살된 '민중의 벗' 로메로 대주교 흔적을 쫓다", 한겨레, 8. 12(16면).

박해광(2003), 「계급, 문화, 언어」, 한울 아카데미.

오경환·이기우·박문수·주수욱(2001), "지상토론: 노동헌장 반포 백주년 기념 심포지엄을 마치고", 한국천주교중앙협의회, 「사목」, 통권 제155호, 62-71쪽.

이영석(1994), 「산업혁명과 노동정책」, 한울 아카데미.

이성철(2010), 「안토니오 그람시와 문화정치의 지형학」, 호밀밭.

양동휴(1997), "산업혁명", 양동휴·송승철·윤혜준, 「산업혁명과 기계문명」, 서울대학교출판부, 5-61쪽.

이정록·구동회(2007), 「세계의 분쟁지역」, 서울: 푸른길. 편집부(1984), 「노동시간의 역사: 8시간 노동제의 실현」, 형성사.

Elliott, Mark(2005), 이현철 옮김, 「벨기에」, 휘슬러.

Engels, Fredrich(1988), 박준식·전병유·조효래 옮김, 「영국 노동자계급의 상태」, 세계.

Gramsci, Antonio(1992), 조형준 옮김, 「그람시와 함께 읽는 문화: 대중문화·언어학·저널리즘」, 새물결.

Hague, Rod & Martin Harrop(2009), 김계동·김욱·윤영미·윤진표·조현수·지병근 옮김, 「현대비교정치론」, 명인문화사.

Huberman, Leo

Merrifield, Andrew(2005), 남청수·김성희·최남도 옮김, 「매혹의 도시, 맑스주의를 만나다」, 시울.

노동자의 저항은 어떻게 생기는가

마틴 리트의 〈몰리 맥과이어스 The Molly Maguires〉

The Molly Maguires

노동자의 저항은 어떻게 생기는가

마틴 리트의 〈몰리 맥과이어스 The Molly Maguires〉

〈몰리 맥과이어스 The Molly Maguires〉는 〈노마 레이〉(1979)로 잘 알려진 마틴 리트 감독의 1970년도 작품이다. 사소한 지적이겠지만 미국 노동운동사의 자료들이나 실제의 단어를 보더라도 '몰리 메가이어스'라고 표현하는 것이 좋겠다(이하 '몰리스'로 약칭). 〈노마 레이〉도 실화에 바탕한 것이었지만, 이 영화 역시 피비린내를 진동시켰던 미국의 초창기(1873-1877) 실제 노동운동을 배경으로 만들어진 것이다[01]. 한편 이 영화가 촬영(1969년)된 곳은 펜실베니아의 에클리(Eckley) 마을인데, 이곳은 1870년대 이후로 그 외양이 거의 바뀌지 않은 곳이다. 촬영을 위해 TV 안테나만 지중화(地中化)하면 될 정도로 낙후된 곳이었다. 그리고 흔히 '미국에서 가장 후진 마을'로 불리기도 했다. 그러나 영화가 상영된 이후, 현재는 '펜실베니아 역사박물위원회'의 관장 하에 '탄광 박물관'으로 운영되고 있다(이하에서 특별한 설명이 없

---

01 | 보다 정확히 말한다면, 실화에 바탕을 둔 Arthur H. Lewis(1964)의 소설인 「Lament for the Molly Maguires, 몰리 맥과이어스를 위한 애가」에 기초하여 만들어졌다.

는 경우는 위키피디아 및
여러 자료들을 참고한 것
임을 밝혀둔다).

　잘 알려져 있듯이 미국
의 초기 자본주의 발전과
정에서 1873년은 대규모의 경제위기가 닥친 시기이다(참고로 1837년과
1857년에도 주기적인 경제위기가 있었다(Huberman, 2001: 322; Zinn, 2004: 420).
제이 쿡(Jay Cooke) [02] 의 은행이 도산함으로써 시작된 경제위기가, 1877년에
이르면 전체 노동자의 5분의 1이 일자리를 잃게 되고 취업노동자의 경우도
임금이 평균 45%나 삭감되던 때였다(Boyer 등, 1996: 48). 그러나 이 영화에서
제시하는 시간과 장소는 이러한 특징이 가장 혹독했던 곳 중의 하나인,
1876년 펜실베니아 주의 슈일킬(Schuylkill) 카운티의 '필라델피아 석탄 및
철강회사'의 한 탄광(그 악명 높은 프랭클린 B. 고웬이 대표였다. 그는 철도
산업도 소유하고 있었다)이다(위의 왼쪽 그림은 1870년대 탄광파업이 집중
되었던 미국의 북동부지역을 나타낸 것이며, 오른 쪽 사진은 프랭클린 B. 고
웬이다).

　이제 영화로 들어가 보자. 첫 장면은 대사 없이 약 10여분간 진행된다
(14분 51초. 장편 극영화의 오프닝 장면으로서는 최고 기록이라고 함). 일군
의 노동자들이 허접한 모자에다 달랑 램프(기름 적신 심지에 불을 붙이는!)
하나를 켜고 채탄에 몰두하고 있다. 또 다른 한편에서는 매우 조심스럽고 비
밀스런 몇 명의 노동자들이 갱도 내에 폭약을 설치하고 있다(이들은 아일랜

드게 노동자들임). 교대시간을 알리는 소리를 듣고 이들을 포함한 모든 노동자들이 밖으로 나간다. 잠시 후 갱도는 큰 소리와 함께 폭발한다. 아무 일도 없었다는 듯이 집으로 돌아가는 이들 속에는 초대 '제임스 본드'로 잘 알려진 숀 코네리(잭 키호)의 모습이 보인다. 여담이지만 이 영화의 두 주인공격인 숀 코네리(영국 출신)와 리처드 해리스(아일랜드 출신)는 모두 1930년생이다. 이 영화가 1969년에 제작되어 이듬 해 개봉되었으니, 이들은 39세의 약관들이었던 셈이다.

그리고 한편으로는 이들 명배우들이 자신들의 주가를 한창 올리고 있던 때임을 감안하면(예컨대 숀 코네리 주연의 〈007〉 시리즈는 한창 인기를 끌고 있었고, 리처드 해리스는 〈해리포터와 비밀의 방〉 등으로 현재까지 그 역량을 과시하고 있는 배우이다), 이들의 이 영화 출연에는 노동자계급에 대한 어떤 의무감마저 있지 않았을까 라는 생각이 들기도 했다.

일요일 아침, 탄광촌의 교회에 노동자들과 그의 가족들이 예배에 참석한다. 신부(참고로 아일랜드계는 대부분 가톨릭 교인들이다)는 간밤에 있었던 폭발사고를 두고, "폭력은 쉬운 방법이지만, 좋은 방법은 아니다"고 하면서, "칼로 홍한 사람은 칼로 망한다"는 요지의 강론을 한다. 아일랜드인에게 있어 가톨릭은 종교 이상의 의미를 지니고 있다는 점을 감안하면, 신부의 이 강론은 압박과 추궁 이상의 것이라고 해도 과언이 아닐 것이다. 그러나 잭과 그의 동료들은 짐짓 자신들과 상관없는 듯한 표정을 내내 짓지만, 이미 마을 사람들과 신부는 누구의 행위인지 알고들 있다. 한편 그날 밤 마을의 기차역에 혼자 내리는 남자가 있다. 그는 탄광 노동자들의 선술집인 '에메랄드 하우스'로 들어선다(탄광촌에는 어울리지 않는(?) 옥호다. 마치 태백의 광부노동자를 소재로 한 드라마 〈에덴의 동쪽〉처럼…). 모든 노동자들의 눈길이 이 남자에게 집중되지만, 그는 아랑곳하지 않고 맥주 한 잔을 시켜 들고 이

내 카드놀이에 합류한다. "일자리를 구하러 왔다"라고 말하면서… 그러나 곁의 노동자는 "광산 일을 할 손이 아닌데"라면서 의심을 하거나, 카드를 속였다며 시비를 걸게 된다. 이 일로 큰 싸움이 나게 되고, 이 미지의 남자는 공교롭게도 때마침(?) 들이닥친 경찰에게 두들겨 맞고 경찰서로 끌려가게 된다. 영화에서는 명확하게 나타나지 않지만 앞뒤 맥락을 살펴보면, 이들은 아마 회사의 사설 경찰대(company police)가 아닌가 추정된다. 실제로도 고웬의 '석탄 및 철강 치안대'와 결합된 '모독스'라는 무장 자경단원들의 횡포(폭행, 살인 등)는 극에 달하고 있었다 [03]. 그러나 이하에서는 편의상 경찰로 표현하겠다.

그런데 경찰 캡틴과 끌려간 이 남자가 나누는 대화가 수상하다. 캡틴은 "(그들과의) 싸움은 좋은 출발의 징조다. 이제 그들이 너를 대단한 인물로 볼 것이다"라고 한다. 이 남자는 탄광촌에 잠입한 핀커턴 흥신소의 직원, 제임스 멕켄나(리처드 해리스 분)였던 것이다(나중 재판정에서 밝혀지는 그의 본명은 제임스 맥팔란이다). 노조파괴 전문가들인 핀커턴 [04] 단원들은 경찰이나 자본가들에게 노동자들의 정보를 제공하거나 파업 분쇄 등을 획책하는 것만이 아니라, 제임스처럼 노동운동가로 위장하여 암약하기도 한다(Boyer 등(1996: 84)).

캡틴은 제임스에게 이번 폭발 사고를 일으킨 조직은 아일랜드계 노동자들로 구성된 위장 합법 단체인 '아일랜드인 공제조합'(AOH: the Ancient Order

03 | Boyer & Morais(1996: 62) 및 Huberman(2001: 334)를 참조할 것.
04 | 노조파괴자들의 별칭은 '핀커턴'(Pinkerton)이다. 이는 폭력적인 정부 구사대 역할을 했던 사설 흥신소장의 이름(앨런 핀커턴)에서 비롯된다. 한국의 경우에는 1989년 현대그룹 노동자 피습사건을 저지른 '제임스 리'로 통칭된다. 제임스 리는 〈파업전야〉(1990)에도 노조파괴자로 등장한다. 한편 고웬이 노동운동 분쇄를 위해 앨런 핀커턴에게 지불한 돈은 당시 돈으로 10만 달러에 이른다. 이 일환으로 투입된 맥팔란은 당시 29세였다(Davies, 1994: 61). 이러한 핀커턴들의 활약을 하드보일드한 소설로 재구성한 것으로 대표적인 것이, 대실 해밋(Dashiell Hammet, 1929)의 「피의 수확」이다.
05 | 참고로 당시 미국 서부의 농민 공제조합은 'Granges'라 불리었다. 초창기 노동운동은 직접적인 탄압을 일단 피하기 위해 이러한 공제회의 모습으로 출발하는 경우들이 많다. 예컨대 영국의 '런던통신협회'나 한국의 '조선노동공제회' 등이 그것이다.

of Hibernians)[05] 이라면서('아일랜드 옛 질서단'이라고도 한다), 이 조직의 정보를 가져오도록 하고, 일부러 그를 하룻밤 재워 다음 날 아침 석방한다. 그러나 캡틴이 실제 노리는 것은, 드러나 있지 않은 비밀결사조직인 '몰리 맥과이어스'다. 여기서 잠깐 AOH와 '몰리스' 조직 간의 차이점과 연관성에 대해 잠깐 살펴보도록 하자.

보이어(Boyer) 등(1996: 2장을 참조)은 '몰리스'라는 조직은 핀커턴이나 고웬 등이 날조한 허구적인 조직이라고 단정한다. 즉 이들은 당시 들불처럼 일어나던 노동운동이나 그 조직원들에게 빨갱이라는 덧칠을 하는 것이 이데올로기적으로 가장 효과적임을 알고, 이 가상의 조직을 내세워 용공성과 폭력성을 부각시켰다는 것이다. 실제 조직원들의 재판과정에서 제시된 이들의 범죄혐의에 대한 직접적인 증거는 없고, 맥팔란이나 핀커턴 등의 증언에만 의존한다든지, 아니면 고웬이 제출한 일방적인 자료들에 근거해서 조작되었다는 것이다. 이에 대해서는 노동사가들의 입장이 다소 다르다. 즉 폭력적인 집단은 아니더라도 이 조직은 실재하고 있었다는 설명들이 그것이다. 즉 '몰리스'(Mollies)들은 18세기 후반부터 대기근이 시작될 때까지 아일랜드 농촌지역에서 결성된 소작농들의 비밀결사들(Whiteboys, Peep O'Day Boys 등) 가운데 하나로 강제퇴거, 토지합병, 지대 인상 등에 항의해 지대징수인이나 부동산 중개인, 지주 등을 습격하였다(Zinn, 2004: 422).

이러한 역사적 성향이 일부 극우집단들에 의해 왜곡되고 덧칠되었다는 것이다 [06]. 여하튼 영화에서는 실제의 비밀결사조직으로 묘사되고 있다. 예컨대 AOH는 거의 대부분의 아일랜드 노동자들이 가입을 한 공제조합이고, 이 조합의 목적은 우애의 도모, 회원들 간의 단결 및 사랑을 마음 속 깊이 간

---

06 | 특히 1859년 아일랜드에서 창설된 비밀결사인 페니언조합의 영향력이 컸다. 이 조합은 무력으로 영국의 압제를 물리치고 아일랜드공화국을 세우겠다는 강령을 가지고 있었다. 1863년 이후 공개조직이 되어 북미와 남미, 그리고 호주로 확대되었다(Davies, 1994: 47).

직하는 것으로 되어 있다(회원 가입시 무릎을 꿇고 성호를 긋는 등, 그리고 공동체의 비밀을 서약하는 엄숙한 의식이 있다). 그러므로 어디에도 빨간 색은 없다. 아니다! 프랑스 국기의 빨간색이 우애(fellowship/ '박애'가 아니다!)를 나타내므로 역시 빨갱이인가? 영화에서는 이들 AOH 회원 중, 노동·인종·사회적 차별문제 등에 대한 의식이 남보다 뛰어나고 용맹한 사람들만 엄격히 선별하여 '몰리스'의 일원으로 받아들이는 것으로 그려진다.

한편 아래 자료는 프랭클린 B. 고웬이 '몰리스'들의 살해협박 공고문이

라고 일방적으로 법정에 제시한 증거물이다(소위 '관의 경고문'이라고 불리는, 'Coffin Notice'이다. 마치 교육을 많이 받지 못한, 하층 노동자가 쓴 것처럼 철자와 문법이 엉망이다). 다시 영화로 돌아가자.

경찰에서 나온 제임스는 자신의 짐을 찾기 위해 지난 밤의 술집에 다시 들른다. 술집 주인은 "20분 뒤에 출발하는 기차가 있다"면서 그가 마을을 떠나길 종용한다. 그러나 제임스는 이에 아랑곳하지 않고, 탄광 마을을 찾아가 하숙방을 구하게 된다(메리 레인스의 집). 다음 날 탄광을 찾아가 일자리를 부탁하는 그에게, 면접관은 "어디에서 왔느냐?"고 묻지만, "여기 저기 떠돌아 다녔다"고만 답한다. 그러나 면접관은 개의치 않고 "술 취하지 않은 맑은 정신으로, 내일 아침(?) 5시까지 출근하라"면서, 그를 채용하게 된다. 화면에 비치는 탄광노동 장면들은 실제의 그것처럼 고역 그 자체이다. 채탄, 석탄 선적, 갱목 자르기와 운반 및 받치기, 갱도 확보 등을 위한 화약 폭발, 차량 운반, 그리고 노령자와 부녀자 및 아동들이 담당하는 선별작업 등이 그것

이다 [07]. 제임스도 어느덧 이곳에서 일을 한 지 일주일이 되었다. 일주일치 임금을 받기 위해 노동자들이 사무실 앞에 긴 줄을 서있다. 제임스 바로 앞의 고령노동자는 주당임금 3.85달러를 받고 돌아선다. 이제 제임스 차례다. 그는 앞서의 노인보다 훨씬 많은 9.24달러라는 말을 듣는다. 그러나 정작 그에게 주어진 금액은 24센트에 불과했다. 사측에서 온갖 명목을 다붙여 차 떼고, 포 떼고 한 결과였다(화약 2통 사용료=5달러, 기름 사용료=1.8달러, 드릴 수리비=30센트, 피켈+삽+모자와 랜턴 구입비=1.9달러. 총합=9달러). 이러한 임금지급 형태를 보면, 노동력을 제공하여 임금을 받는 자본주의적 노동자가 아니라, 자신의 생산도구로 직접 경작을 하여 영주 등에게 공납을 바치는 중세시대의 농노를 연상시킨다. 이 당시 교구 집사였던 맥앤드류스 조차 "광부라는 직업은 반노예제도와 다름없다"라는 기록을 남기고 있다.

이미 술집에서부터 의심의 눈초리를 보내고 있었던 잭은 작업현장에서 제임스를 만나게 된다. 그가 제임스에게 던지는 짤막한 세 마디의 질문에는 이 모든 의구심이 함축되어 있다. "너는 도대체 누구냐? 여기서 뭘 하는 거냐? 여긴 왜 왔느냐?"가 그것이다. 잭은 그의 동료들에게 제임스가 다치도록 일부러 사고를 꾸미지만, 이 사고는 자신이 제임스를 구해주는 것으로 이미 설정되어 있다. 즉 잭을 끌어들여 그 속내를 알아보기 위해 만든 사건이었던 것이다. 생각대로 잭과 제임스는 차츰 가까워진다. 이제 제임스도 잭에게 자신이 누구인지에 대해 말하기 시작한다. 예컨대 "나는 뉴욕 버팔로에서 여자 문제로 한 남자를 죽이고 여기 숨어 들어왔어"라고 그의 비밀을 밝히는 것 등이다(실제의 인물, 즉 제임스 맥팔란도 같은 사건을 저지른 것으로 기록되어 있

---

07 | 당시 슈일킬 탄광에서 일하고 있던 노동자는 모두 2만 2,800여 명이었다. 이 중에서 5,500명이 7살부터 16살 사이의 소년들이었다. 이들의 주당 임금은 1~3달러 정도였다(Boyer 등, 1996: 56). 참고로 탄광노동자들의 삶과 애환, 그리고 투쟁을 담고있는 영상자료들을 소개하면 다음과 같다. 허버트 비버만(1945)의 〈대지의 소금〉, 존 세일즈(1987)의 〈메이트원〉, 플로드 베리(1993)의 〈제르미날〉, 마크 허만(1997)의 〈브래스트 오프〉, 스티븐 달드리(2000)의 〈빌리 엘리어트〉, 니키 카로(2005)의 〈노스 컨츄리〉, 그리고 미카엘 글라보거(2005)의 〈노동자의 죽음〉 등.

다). 그러나 잭의 부인은 "용감한 것 말고 믿을 게 없는 사람"이라며 경계하라고 한다. 이제 잭의 패거리 속으로 들어간 제임스는 하숙집 주인인 메리와도 가까운 사이가 된다.

일터와 삶터가 이웃해 있는 초창기 노동자들의 삶을 보면, 특히 남성 노동자들의 경우 선술집(pub)에서의 술추렴, 동료 집에서의 카드놀이, 그리고 일요일의 경우 예배 후 운동경기 등을 통해 우애를 공고히 하고 있음을 알 수 있다. 대개 이러한 방식(몸과 몸의 직접적인 접촉)으로 일상적인 소통과 단합이 이루어졌던 것이다. 이 영화에서도 다른 마을 노동자와 풋볼 경기를 하는 장면이 등장한다. 그 경기는 부상의 위험에도 아랑곳하지 않고 매우 격렬하게 펼쳐진다. 잭의 팀이 우승한 후, 뒷풀이가 한창인 때 조직원인 도허티와 한 노동자간에 싸움이 나게 되고, 급기야 경찰들이 보고 있는 가운데 서로 총질까지 하게 된다. 잭 등이 나서서 이 소란을 정리하게 되지만, 잭은 "경찰이 있는 데서 총 쏘고 싸움질이냐"며 그를 엄히 문책한다. 이 와중에 도허티는 경찰로부터 심한 폭행을 당한다. 그날 밤, 경찰이 노동자들의 집을 순찰(!)하던 중, 누군가가 경찰을 폭행해버린다. 이는 잭의 명령으로 제임스가 저지른 일이다. 다음 날 작업현장으로 제임스를 찾아온 캡틴이, "어느 편에 서 있는 지 헷갈리지 말라"고 하자, 제임스는 "그들이 나를 여전히 의심하기 때문에 할 수 없었다"고 말한다. 그리고 "어느 편인지 잘 알고 있다"라고 덧붙인다.

그날 저녁 메리의 하숙집에서 AOH의 회원들이 모두 모여 정례모임을 가진 후(집집마다 돌아가며 정기적으로 모임) 일반(?) 회원들이 돌아가고 나자, 제임스와 핵심 '몰리스'들이 잭을 일단 AOH의 일원으로 받아들이는 의식을 행하게 된다. 이제 잭은 누구의 의심도 받지 않는 공동체의 일원이 된 셈이다(제임스는 웨일즈 출신이다). 영화에서는 이들 회원들이 남들 모르게 다른 회원들과 소통하는 비밀스런 수신호들이 소개된다. 예컨대 새끼 손가락으로 윗옷 깃을 살짝 잡아당기는 행위는 '나도 AOH'라는 것을 의미한다. 마치 KKK 단원들[08]이 상호간의 확인을 위해 손가락 세 개를 벨트부근에 갖다대는 것처럼… 그리고 타 지역이나 다른 술집 등에서는 '단결'(unity)이라는 말만 살짝 하면 된다. 한편 메리는 여전히 의구심을 품고 있지만 제임스에 대한 마음은 불안한 가운데서도 자꾸만 기울게 된다.

이들과 어울리면서 보다 구체적이고 정확한 정보를 접하게 되는 잭은, 캡틴을 만나 "아직 몰리스는 아니지만 AOH의 일원이 되었다"고 말하면서, 핵심적인 인물들의 이름을 건네주며(잭 키호, 도허티, 맥앤드류, 프레이져 등) 활동비와 자금을 받는다[09]. 한편 이 시절 광산과 철도산업은 동전의 양면처럼 굴러가는 것이었다. 즉 상품화된 석탄은 기차에 실려 전국으로 팔려나가는 것이었기 때문이다(앞서 말한 바 있지만 고웬은 탄광과 철도 모두를 소유한 자본가였다). 이러한 이유들로 인해 몰리스들은 석탄수송열차도 폭파하게 된다. 폭파 사건이 있던 그날 밤, 경찰들이 술집을 찾아와 제임스가 범인이라고 단정적으로 말한다. 그러나 제임스는 "나는 법과 질서를 지키는 사람"이라면서 부인하고, 캡틴은 "앞으로 지켜보겠다"고 으름장을 놓는다. 물론 이는 둘 사이의 짜고 치는 고스톱이다. 며칠 후 몰리스들은 작년부터 임금의 20%를 삭감한다든지, 노동조건의 후퇴에 앞장섰던 세난도어(Shenandoah) 탄광의 갱도 십장인 '존스'(John W. Jones)를 살해하기로 한다(실제 살해되었다는(?) 십장의 이름은 토마스 생거(Thomas Sanger)로 기록되어 있

08 │ 참고로 KKK(쿠 클럭스 클란)의 이념적 특징은 첫째, 노동조합을 공산주의의 다른 표현이라고 생각하고, 둘째, 가톨릭은 교황을 중심으로 음모를 실행하는 외국첩자들이며, 셋째, 유대인은 이러한 국제음모의 대리인이라고 비난 · 반대하는 것으로 요약된다(유대인들의 이러한 음모(?)를 막기 위해 헨리 포드는 수백만 달러를 지원하기도 했다). 1924년의 경우 회원은 약 450만 명이었다(Boyer 등, 1996 :260).
09 │ 그가 받은 돈은 주당 12달러의 기본 활동비와 기타 비용이었다. 그리고 맥팔란이 탄광지역에 침투한 것은 슈일킬이 벌써 두 번째이다.

다). 이 정보 역시 이미 새어나가 몰리스들은 곤경에 처하고(도허티 체포), 제임스는 이 와중에 한 동료(프레이져)를 구출(?)하기도 한다. 물론 그는 경찰들에게 헛 총질을 하거나 어느 경찰을 잠깐 기절 시키는 등, 동료들로부터 의심받을 행동은 하지 않는다.

다음 날 경찰은 이 사건의 혐의자들을 모두 연행하여 개별심문을 하게 된다. 개별 심문 도중 핀커턴 단원인 제임스는 자신을 포함해서 잭 키호와 프레이져 등이 범인들이라고 일러주나, 다른 몰리스들이나 기타 동료들 그리고 메리조차 "이들은 집에만 있었다"면서 알리바이를 꾸며준다. 심지어 메리는 제임스도 집에 있었다고 말한다. 이들의 부재증명에 아무런 반증을 찾지 못한 경찰은 할 수 없이 이들을 방면한다.

그러나 자경단원들의 복수가 뒤를 잇는다. 한밤중 프레이져의 집에 들이 닥친 복면 괴한들은 이들 부부를 난사·살해하고 만다. 이 일로 위협에 휩싸이게 되는 몰리스들이지만, 잭은 이 싸움에서 "도망치지 않을 것"이라고 다짐한다. 그러나 곁에 있던 제임스는 "이번만은 진심이야. 우리는 결코 이길 수 없을 거야"라면서 인간적인 갈등(?)을 잠깐 내비치기도 한다.

이 일 이후 몰리스들의 몇 차례 보복 활동들이 있게 되지만 번번이 사전 발각되거나 조직원들이 잡히게 되고, 마침내 잭은 피신하기에 이른다. 피신의 나날 중 진폐증(?)으로 그간 고생하고 있던, 메리의 아버지가 사망하게 된다. 마을의 신부는 메리 집으로 잭을 불러 그의 폭력적인 활동에 대해 여전히 깊은 우려를 표하면서, 얼마 전 도시로 볼 일 보러 나갔을 때 자신의 상관인 대주교로부터 듣게 된 중요한 사실을 들려준다. "너희들 가운데 밀고자가 있어. 그러나 그가 누군지 이름은 들을 수 없었어"라고…

메리 아버지의 장례식을 치룬 다음 날, 잭 일행(제임스, 맥앤드류)은 광산을 날려버리려 하나, 이미 매복중인 경찰들에게 모두 잡혀버리게 된다. 법정에 서게 된 이들 일행(먼저 붙잡혀 있던 도허티와 제임스를 포함한 잭, 맥앤드류 등)에게 검사는 범죄를 입증해 줄 증인을 신청하게 된다(자료에 따르면 프랭클린 고웬이 직접 검사로 활약한다) [10]. 첫 번째 증인은 제임스 멕켄나(!)이다. 피고석에 앉아있던 잭 일행과 방청객들 모두 아연실색한다. 증언대에선 제임스는 자신의 본명은 제임스 맥팔란이며 직업은 탐정이라고 밝힌다. 그의 증언으로 몰리스 모두에게 일급살인죄가 적용되어 교수형의 판결을 받는다. 어느 날 감옥에 갇힌  잭을 방문한 제임스는, "이제는 자유롭냐?"는 말을 던지나 잭은 "나는 후회하지 않는다"라고 말한다. 감방에서 잭과 다투고 난 제임스는, 교수대 준비에 분주한 감옥마당을 뒤로 한 채 무표정한 얼굴로 사라진다. 또 다른 노조파괴 공작을 위해… [11] (옆의 사진은 실제의 제임스 맥팔란이다)

지금까지가 이 영화의 시간적인 줄거리이다. 마틴 리트의 이 영화는 〈노마 레이〉만큼 잘 알려져 있지도 않고, 스타 연기자들이 대거 출연했음에도 불구하고 개봉 당시 흥행에서도 큰 참패를 기록하였다. 그러나 이러한 외형적인 부진보다 더 불행한 것은, 이 영화를 둘러싼 억측과 그릇된 평가, 즉 이들의 폭력적인 활동만을 집중적으로 부각시키는 논평들이다(이러한 논평자들을 일일이 거론하지 않겠다. 너무 많다!). 이러한 논평들은 다음과 같이 크게 세 가지 면으로 정리된다. 첫째, 이 영화는 역사적 사실에 기초했으나,

---

10 | 영화의 이 법정은 실제 당시의 법정이다. 당시 이 법정이 소재하고 있던 곳은 '모치 청크'(Mauch Chunk)라는 마을이었으나, 1953년 '짐 트로프'(Jim Thorpe)로 마을 이름이 바뀌었다.

11 | 맥팔란은 1903년 8월부터 1904년 12월까지 진행된 콜로라도주의 제련공과 광부들의 파업(8시간 노동제와 최저 3달러 요구) 와중 발생한 철도창고폭파사고(비노조원 14명 사망)의 책임을 '서부광부연맹'으로 조작하여 큰 성공을 거두기도 한다. 한편 그는 자신의 경험을 담은, 「빅 트러블」이라는 책을 내기도 한다.

역사적 진실을 보여주지 못했다(픽션의 면이 강하다는 것임). 둘째, 〈몰리 맥과이어스〉에 나타난 자본가의 모습은 실제로는 탐욕스럽지만 폭력적이진 않다. 그러나 몰리스들은 실제에서도 폭력적이고 노조설립에는 무관심하다. 셋째, 인종주의적 저항의 성격이 강하다.

정말 그럴까? 혹 일면적인 지적은 아닐까? 역사적인 자료들을 통해 이러한 주장들의 내용을 살펴볼 필요가 있겠다. 먼저 몰리스들의 운동이 계급적 특징보다는 인종차별을 지양하기 위한 것이었다는 주장에 대해 검토해보자. 이는 역사적 사실을 혼동한 데서 비롯된 것 같다. 이 영화의 배경이 된 1867년의 경우에는 인종간의 갈등으로 투쟁이 일어난 것이 아니었다. 앞서도 밝혔듯이 급격한 임금 삭감 등에 따른 저항이 그 원인으로 작용하였다(실제 파업은 1년 전인 1875년 1월 1일부터 시작되었다). 반면 1869-1870년 사이, AOH에 의해 일어난 아일랜드계와 영국계 광부 사이의 유혈사태(Davies, 1994: 47)에는 이러한 점이 현상적으로 나타난다. 그러나 이러한 인종적 갈등은 당시의 자본가들이 파업을 파괴하고 예방하기 위해 언어와 문화가 다른 이민자들을 끌어들인 데서 비롯되었다(Zinn, 2004: 422).

특히 영국은 아일랜드인의 철천지 원수가 아니던가?(이에 대해서는 닐 조던 감독의 〈마이클 콜린스〉(1996)를 참조)

둘째, 정말 이 당시의 자본가들은 탐욕스러웠지만 몰리스에 비해 폭력적이지는 않았을까?(이하는 Boyer 등(1996: 2장)을 참고할 것) 그러나 사실은 그렇지 않다. 예컨대 1877년경에 이르면 당시 존재했던 약 30개의 전국노동조합 가운데 단지 8-9개만이 살아남게 된다. 그나마 생존한 노동조합의 구성원들에게는 노동조합에 절대 참여하지 않겠다는 충성서약인 '황견 계약'(yellow-dog contract) 또는 '철갑 선서'(iron-clad oath)를 강요하는 일이 횡행하고 있었고, 이 밖에도 블랙리스트 작성, 음모사건으로 기소하는 일 등이 끊이질 않았다. 그리고 프랭클린 고웬은 지금까지 살펴본 '몰리스' 사건만으로 19명의 노동자들을 사지로 보냈다. 또한 1869년 펜실베이아주 루전 카운티의 아본데일 탄광에서는 179명의 광부들이 안전시설의 미비로 매몰사하였다. 슈일킬 카운티에서만 7년 동안 566명의 광부들이 죽었다. 자본의 이러한 횡포와는 달리 지금까지 살펴본 이 영화의 AOH는 슈일킬 카운티에서 1867년에 결성되었는데, 이들은 초창기부터 노동자들의 독자적인 정치활동(영화는 나오는 잭 키호의 주장이기도 하다)과 산별노조 건설을 주장하였다(대학살의 시기 때문에 비록 노조를 건설하지 못했지만, 이는 많은 사람들이 이야기를 하기도 전이다). 그리고 1869년의 대참사 이후 아일랜드계 광산노동자였던 존 씨니를 중심으로 노동조합이 결성된다. 이 결과 미국 역사상 최초의 조직된 광부노동자들과 자본가 사이에 공식적으로 문서화된 계약이 성사된다[12]. 그리고 1892년에는 마침내 산업별 노동조합인 '서부광부연맹'을 결성한다. 이러한 일들에 비추어볼 때, 탐욕과 폭력은 누구에게, 어느 집단에게 더 걸맞는가? 처음부터 이런 질문이 필요한가? 여담이지만 리딩 계곡의 왕이었던 프랭클린 고웬은 1889년 워싱턴의 어느 호텔 방에서 자살하고 만다.

셋째, 그러므로 이 영화는 역사적 사실에 기초해서 만들어지기도 했지만, 역사적 진실을 용기 있게 드러낸 것이라 할 수 있다. 오히려 좀 더 많이 드러내지 못한 것이 흠이라면 흠이랄까? 한편 1870년대의 광산 및 철도 파업 소식은 유럽에도 전해진 모양이다. 맑스가 엥겔스에게 보낸 편지 중에는 다음과 같은 내용이 있다. "자네는 미국의 노동자들을 어떻게 생각하나? 남북전쟁 이후 형성된 연합자본의 과두체제에 저항하는 이 최초의 폭발은 물론 다

---

12 | 그러나 노동조합은 임금을 석탄 값에 연동시키는 실수를 하게 된다. 석탄 값이 톤 당 3달러 이하로 떨어지자, 고웬은 최저임금규정에도 불구하고 계속해서 임금을 깎으려 했다. 조합이 계약서에 명기된 최저임금 이하로 임금을 삭감하는 데 항의하자 고웬은 노동조합을 없애버리기로 결심한다(Davies, 1994: 59).

시급 억압될 테지만, 중대한 노동자 정당의 출발점이 될 것이 틀림없네"(Zinn, 2004: 433). 맑스의 짐작이 맞든 어떻든, 미국의 노동자들은 이 시기 위대한 단결의 첫 걸음들을 내딛는다. 예컨대 1866년 최초의 전국적인 노동조합연합체인 전국노동연합(National Labor Union)의 창립, 1869년 노동기사단 창설(1877년 철도파업에 적극 가담함, 1886년에는 약 70만 명의 단원을 가지게 됨), 1877년 사회주의 노동당 결성 및 전국농민공제조합결성, 1886년 숙련공 중심의 미국노동총동맹(AFL) 창립, 그리고 1905년 세계산업노동자연맹(IWW)의 창설(15만 명의 조합원으로 출발) 등이 그것이다.

참고문헌

Boyer, Richard & Herbert Morais(1996), 이태섭 옮김, 「알려지지 않은 미국 노동운동 이야기」, 책갈피.
Davies, Mike(1994), 김영희 · 한기욱 옮김, 「미국의 꿈에 갇힌 사람들: 미국 노동계급사의 정치경제학」, 창작과비평사.
Huberman, Leo(2001), 박정원 옮김, 「가자, 아메리카로: 그리고 부자의 문전에 거지 나사로가 함께 살고 있었다」, 비봉출판사.
Zinn, Howard(2004), 유강은 옮김, 「미국민중사」, 시울.

노동운동의 위기는 왜 생기는가?

대니 드비토의 〈호파 Hoffa〉와
노먼 주이슨의 〈투쟁의 날들 F·I·S·T〉

Hoffa & F·I·S·T

노동운동의 위기는 왜 생기는가
대니 드비토의 〈호파 Hoffa〉와 노먼 주이슨의 〈투쟁의 날들 F·I·S·T〉

　　대니 드비토 감독의 〈호파 Hoffa〉(1992)(잭 니콜슨 주연)와 노먼 주이슨 감독의 〈투쟁의 날들 F·I·S·T〉(1978)(실버스터 스탤론 주연)은, 1930-40년대 미국 노동운동의 일면적 사실들을 보여주고 있다는 점에서 함께 살펴보아도 무방하다. 잘 알려져 있듯이 이 시기(특히 1933~1937년)는 미국 노동운동사에서 계급투쟁이 최고조에 달했던 때이고, 이 시기 동안 발생했던 파업 중 가장 큰 쟁점이 되었던 것은 임금과 노동시간이 아니라 노동조합의 조직과 승인에 관한 문제였다(Davies, 1994: 77; Huberman, 2001: 437). 왜 그런지에 대해서는 잠시 뒤 살펴보기로 하자.

　　한편 두 영화는 몇 가지 공통점이 있다. 첫째, 이 두 영화 모두 노동운동 지도자를 주요 소재로 삼고 있다. 즉 〈호파〉는 전미트럭운수노조(팀스터)[01]의 위원장이었던 지미 호파(1913~1975)의 일대기를 비교적 사실에 근접해서 그리고 있는 반면, 〈투쟁의 날들〉은 지미 호파를 연상시키는 인물

(쟈크 코백)이지만 정확히 그를 묘사하고 있는 것은 아니다. 그러나 지미 호파라고 생각해도 좋을 만큼 인물과 소속 노조, 그리고 시대의 배경이 거의 비슷하다. 둘째, 이 시기 대표적인 노동운동 지도자를 통해 미국의 노동운동이 겪었던 노-노 간의 어리석은 경쟁과 정체성을 잃어버린 조직의 관료주의화의 과정을 리얼하게 보여준다. 셋째, 이 영화들은 노동운동이 쇠락의 길을 걷게 되는 여러 이유들 중에서 지도자의 성격에 일단 초점을 맞춘 것임에는 틀림없지만, 영화의 행간을 읽다보면 노동진영 내의 보다 복잡한 요인들이 결부되어 있음을 알 수 있다(이 역시 뒤에서 살펴보도록 한다).

이와 같이 두 영화는 공통점을 지니고 있기 때문에 상호 보완하며 살펴보아도 큰 무리가 없다. 〈호파〉의 첫 장면은 한적한 국도변의 작은 식당 앞에 주차해 있는 승용차 안에서 시작된다. 불안하고 초조한 눈길로 뒷좌석에 앉아 담배를 피우고 있는 죽음 직전의 호파… 잠시 후 영화의 장면은 그의 젊은 시절로 플래시백(flashback)된다. 팀스터의 조직활동가(labor organizer)[02]인 호파는 조직원의 확대를 위해 밤낮을 가리지 않고 조직사업을 펼치고 있다. 실제의 호파 역시 1930년대 초반 식료품 체인업체의 창고관리인으로 일하다, 팀스터의 조직원으로 활동한다.

한편 〈투쟁의 날들〉에서 그리고 있는 호파(코백이지만 이하 호파로 통일하겠다))의 첫 직장은 해산물 창고 회사의 짐꾼으로 등장한다. 이 회사의

---

01 | 전미트럭운수노동자노동조합(Teamsters)의 정식명칭은 International Brotherhood of Teamsters이다. 1903년 창립되었으며, 2004년 현재 140만 명(은퇴자 50만 명)의 조합원을 둔 세계최대 노조 중의 하나이다(조합원 규모로는 〈빵과 장미〉에 소개되고 있는 SEIU가 약 190만 명, 그리고 독일금속노조(IG Metall)가 약 170만 명 정도이다). 현재의 총의장(한국식으로 표현하면 민주노총이나 한국노총의 위원장을 말함. 영어로는 General President로 표기함)은 이 영화의 주인공인 James R. Hoffa의 아들인 James P. Hoffa이다(www.teamsters.org,를 참조할 것).
02 | 미국의 노동조합 가입유무 유형은 다음과 같다. 클로즈드 숍(closed shop)은 특정 노동조합의 조합원인 것을 고용전제로 하는 것이며, 유니온 숍(Union shop)은 사용자가 노동자를 조합원 여부와 관계없이 자유롭게 고용할 수 있지만, 일정기간 안에 반드시 노동조합에 가입시킬 것을 전제로 한다. 반면 오픈 숍(open shop)은 사용자의 고용권한을 노동조합이 간섭할 수 없다. 그러므로 고용된 노동자가 노조에 가입하든 하지 않든 상관 없다. 이를 보다 세련된 용어로 표현한 것이 '일할 권리'(right to work)이다. 이러한 체제 등으로 인해 미국에서는 '조직활동가'의 역할이 상대적으로 중요하게 부각된다.

고용방식은 소위 '줄서기'(shape-up)이다. 이는 구직자들이 일감을 얻기 위해 이른 새벽부터 회사 정문 앞에 모여 관리자나 십장 등의 지목을 받아 당일 작업에만 임시로 고용되는 방식을 말한다. 이러한 까닭에 현장 책임자의 횡포가 잦은 문제가 되기도 한다. 비토리오 데 시카 감독의 〈자전거 도둑〉이나 찰리 채플린의 〈모던 타임즈〉, 그리고 한국의 일일새벽노동시장 등에서 흔히 볼 수 있는 임시직 고용방식이다.

호파는 이 회사의 부당한 노동조건(예컨대 하루 실제 노동시간인 14시간의 임금을 지불하지 않는다든지, 일감이 들어올 때까지 무한정 기다리게 한다든지, 그리고 동료의 일을 도와주면 해고를 시켜버리는 일 등)에 항의하던 도중, 팀스터의 조직활동가인 '마이크 모나한'(local 302 지부장)의 권유로 조직활동가의 길로 들어서게 된다. 두 영화에서 묘사되는 이 당시 조직활동가들의 수입구조가 특이하다. 팀스터의 노조원들은 조합비로 매달 10달러를 내고 있고(실제 당시의 AFL 가입비는 매우 많아서 조합원으로의 참여를 막으려는 사측에게 큰 빌미를 주기도 하였다), 이 중의 10%를 조직활동가들에게 일종의 커미션으로 지급하고 있다. 참고로 켄 로치 감독의 〈빵과 장미〉에 나오는 조직활동가의 경우는 정규직이다.

여기서 잠깐 팀스터 노조의 로고에 대해 설명할  필요가 있다. 1903년부터 사용되고 있는 로고는 옆의 그림과 같다. 팀스터 노조의 명칭과 로고를 보게 되면, 이 노조가 설립시부터 숙련 노동자 중심의 직능별 노조(craft union)였다는 것을 알 수 있다. 즉 그림에서 보듯 팀스터는 원래 말이나 노새들을 몰던 사람들을 의미했으나 지금은 트럭운수노동자들을 지칭하는 것으로 바뀌었다.

한편 〈투쟁의 날들 F·I·S·T〉에 나오는 '전미 주간 트럭운수노동자 조합'의 풀 네임은 Federation of Inter-State Truckers이고, 그 약자가 FIST이다. 이는 영어의 '주먹'을 의미하기도 한다. 즉 단결과 투쟁을 강조하기 위한 영화상의 조어라고 보면 된다. 다시 영화로 돌아간다.

그러던 어느 날 호파는 아직 팀스터 노조원이 아닌 어느 트럭운수노동자의 차에 올라탄다. 참고로 팀스터의 조직활동가들이 터미널과 터미널을 옮겨가며 조합원들을 규합하고 조직하는 전략을 '개구리 점프'(leapfrog) 조직전략이라 부른다. 개구리가 한 지점에서 다른 지점으로 점프하여 이동하는 모습에서 따온 말이다(임영일, 1996: 87).

그러나 이 노동자는 '활동가나 다른 사람을 태우면 자신이 해고 된다'고 말하지만, 호파는 아랑곳하지 않는다. 하는 수 없이 동승을 허락한 노동자였지만 호파의 노조가입 권유를 불안해한다.

그러나 호파는 '휴직이나 시간외 수당, 그리고 의료보험 등'은 우리들의 당연한 몫이라며 설득한다. 그럼에도 이 노동자는 '단체 협상시 노조에 들면 해고'를 당하게 되어 있다라고 말은 하면서도, 현재 받고 있는 임금으로는 집세를 내기도 힘들뿐만 아니라 차가 고장 나도 자신의 돈으로 해결할 수밖에 없다고 말한다. 이 말은 들은 호파는 '우리는 이런 문제들을 해결하기 위해 파업도 불사한다. 그러니 틈 날 때 지역노조사무실(local이라고 한다)에 들러달라'고 한다. 차에서 내리면서 노동자에게 건네는 호파의 명함 앞면에는 '팀스터 299지역노조, 조직활동가, 제임스 R. 호파'가 새겨져 있고, 뒷면에는 "이 사람의 소원을 다 들어주시오"라는 호파 자신의 메모가 보인다.

며칠 후, 이 노동자는 해고되고 만다. 누군가가 호파와의 접촉(?)을 일러바친 것이었다. 그는 호파 때문에 자신이 해고되었다며 칼로 위협을 한다. 호파는 '매우 유감스런 일이다'며 그에게 사과를 하고, '오늘 하루 밤 만이라도 함께 일을 해보자'라고 권한다. 오늘 밤의 일은 악질적인 사업장으로 이름 난 '디트로이트 휠 공장'을 급습하는 것이다. 호파와 그 일행들은 준비해 간 기름으로 심야의 공장 사무실을 태워버린다. 공격적이고 호전적인 호파의 이러한 해결 방식은 이제 새로운 경지에 이르게 된다. 즉 디트로이트 소재 '크레거 트럭회사(Kreger)'에서의 파업 사업이 그것이다. 파업이 한창인 와중, 이 지역 마피아 두 명이 호파를 찾아온다. 그러나 그는 이에 주눅 들지 않고 오히려 쇠파이프를 들어 이들과 맞서려고 한다. 그리고 "남의 일에 신경 쓰지 말라. 우리는 결국 이겨"라며 강력하게 항의한다.

그러나 이들 마피아는 호파 때문에 자신들의 사업(경영진과의 결탁 및 이권사업들)이 방해가 되고 돈도 더 많이 들고 있다며 '죽일 수도 있다'며 협박한다. 하지만 호파와 마피아간의 이러한 갈등은 결국 타협으로 기울게 된다. 즉 마피아의 도움으로 폭력적인 구사대와의 싸움에서 이기게 된 호파는, 모든 조합원이 환호하는 파업 승리를 얻게 되지만, 향후 팀스터 노조원이 수송하는 물량의 반을 마피아에게 상납하게 된다(디트로이트 뉴스에는 '크레거 팀스터에 굴복하다'라는 기사가 실린다). 마피아 보스(달리산드로 Carol D'Allesandro)[03]는 이를 두고 "대단한 친구야"라면서 혀를 내두르지만, 그의 절친한 친구는 파업 종료의 이유가 궁금하다. 그러나 호파는 "알면 짐이 될 건 묻지 마"라며 일축한다('알면 다친다?'). 이처럼 호파는 초창기 노조활동에서부터 그의 호전적인 정치력과 노조원들의 밑바닥 정서를 적절히(?) 배합하여, 사정을 모르는 일반인들에게 강력한 카리스마를 지닌 인물로 각인된

---

03 | 실제의 이름은 디트로이트 마피아 보스였던 토니 지아칼로이다.

다(옆의 사진은 실제의 지미 R. 호파. 영화의 잭 니콜
슨과 닮았다).

이제 세월이 흘러 호파는 팀스터의 노조 간부가 된
다(실제 1942년에는 팀스터의 미시건 지부 위원장이
된다). 그러나 여전히 곳곳에서 파업들이 벌어지고 있다. 예컨대 철도노조와
의 연합으로 6주간의 파업이 진행되고 있는 동안, 노-사-정 간의 분쟁조정위
원회가 열리지만, 호파는 이러한 조정을 거부하고 자리를 박차며 회의장을
나온다. 그러나 팀스터 총의장인 '댄 토빈'(실제의 풀 네임은 다니엘 J. 토빈)
은 시위를 취소하고 철도노조와 타협을 할 것을 종용한다. 댄 토빈은 〈투
쟁의 날들〉에서는 '맥스 그래함'이라는 인물로 등장한다. 그는 파업중인 노
동자들이 '자본주의'를 망치고 있다라고 질타하면서, 노사문제를 극복해서
회사 이익을 추구해야 한다고 역설한다.

즉 회사가 살지 못하면 우리도 망한다고 연설하지만 조합원들은 냉소만
날릴 뿐이다. 실제의 댄 토빈도 1935년의 AFL(미국노동총연맹: 숙련공 중
심의 직종별 노동조합임) 총회[04]에서 다음과 같이 말하고 있다(Huberman,
2001: 443). "우리에게는 헌장이 주어져 있습니다. AFL의 헌장이. 곰퍼즈, 맥
과이어, 던칸… 그리고 그 외의 모든 사람들은 말했습니다. '기능별 조합, 조
합 자율의 반석위에 노동운동의 전당을 세우자. 그리하면 지옥의 문도 산업
별 조합주의도 그것을 쳐 이기지 못할 것이다". 심지어 그는 미니애폴리스의

---

04 | 이 총회에서 산별로의 전환을 주장하던 소수파의 의견은 부결되고 만다(18,024대 10,933). 그러나 총회가 끝난 지 3주
일 후인 1935년 11월 10일, 존 L. 루이스(미국광산노조(UMW) 위원장)를 선두로 '산별 조직위원회'(Committee for Industrial
Organization)의 설립이 선포된다. 이에 AFL은 이들의 회원권을 정지시키고 연맹에서 추방하게 된다. 이 산별조직위원회는
1938년 피츠버그에서 열린 규약제정회의에서 그들의 명칭을 '산별 노동조합회의'로 바꾸게 된다. 이를 흔히 CIO(Congress
of Industrial Organization)라 부른다(Davies, 1994: 104).

트럭운전수 파업을 분쇄하기 위해 폭력단을 파견하기까지 한다(Davies, 1994: 104). 여기서 잠깐 당시의 노동운동 양상에 대해 살펴보도록 하자.

1934-1937년에는 미국노동운동사에서 주목할 만한 파업이 발생하는데 (1934년에만 전 산업에서 약 150만 명의 노동자가 파업에 들어갔다), 앞서 언급한 미니애폴리스의 화물트럭운전수 파업, 톨레도의 오토라이트 자동차 부품공장의 파업, 그리고 샌프란시스코 부두하역노동자들의 파업과 미시간 주 플린트 시의 제너럴모터스(GM) 공장의 연좌농성파업(sit-down strike, 1936년 12월~1937년 2월)이 그것이다(이하 Harman, 2004: 8장; Zinn, 2004: 15장을 참조) [05]. 특히 톨레도의 경우 조직활동가들은 신규 조합원을 대거 받아들이게 되고, 이전의 직종별 노동조합을 산별체제로 바꾸어야 한다고 요구하기 시작했다. 왜냐하면 자동차산업의 경우 헨리 포드가 도입한 대량생산 시스템 등으로 대량의 탈숙련노동자들이 발생하고 있었기 때문이다. 그리고 이들 파업들은 상층 지도부의 명령을 무시한 자생적으로 발생한 기층노동자들의 투쟁들이었다. 대부분의 파업들은 지도부로부터 승인받지 않은 '삵쾡이 파업'(wild-cat strike)이었다. 이 결과 1937년에 이르면 노동조합의 가입 인원은 1930년 초의 약 200만 명에서 500백만 명이 늘어난 700여만 명에 이르게 된다.

조합원 가입의 증대와 기층노동자들의 자발적 투쟁성 확대, 그리고 이에 따른 산별노조운동의 확산의 원인에 대해 여러 평가들이 있다. 첫째, 1935년에 제정된 '와그너 법'의 영향, 둘째, 포드주의의 확산 등에 따른 산업구조의 변화, 셋째 CIO의 조직적인 노력 등이 그것이다. 그러나 이러한 평가들은 객

05 | 연좌파업의 경우 1936년에는 48건이었으나, 1937년에는 477건에 이른다(Zinn, 2004: 84).

관적인 요인들일 뿐이다. 보다 중요한 것은 반노동자적 행보를 걷고 있던 '미국노동총연맹'(AFL)에 대한 일반 노동자들의 실망과 분노가 그것이다. 예컨대 대중노동자들의 염원과 정서에 반하는 노조 지도부들의 총파업 중지 결정, 미국노동총연맹의 '구애계약'(sweetheart contract)[06] 중시 관행과, 어용노조인 '회사노조'(company union)의 설립에 지도부들이 서명까지 해주는 등 반노동자적 행태가 극심한 지경에 이른 측면이 크게 작용하였기 때문이기도 하다. 그러나 이러한 기층노동자들의 자발적인 투쟁성은 1930년대 말에 이르면 180도 선회하게 된다. 이에 대해서는 뒤에서 살펴보도록 하겠다. 다시 영화로 돌아가자!

정부와 언론, 그리고 노조 본부의 비난에도 불구하고 팀스터 노조원들은 철도본부로의 행진을 멈추지 않는다. 이 와중에도 구사대와 경찰에 맞선 조합원들의 전투적 투쟁 양상이 끊이질 않는다. 결국 다수의 사망자가 발생하게 되고, 이들의 장례식장(미니애폴리스 파업당시 노동자 2명이 경찰에 의해 살해되고, 장례식장에는 약 5만 명이 참여함)에서 호파와 40년 지기(?)인 마피아 두목 '달리산드로' 조차 "폭력으로 해결되는 건 없어"라고 말하지만, 호파는 "투쟁에 희생이 따르지"라는 대답만 할 뿐이다.

그러던 어느 날 호파와 달리 일행들은 사냥터로 휴가를 떠나게 된다. 그러나 별장에서 나누는 이들의 대화가 수상하다. 노조원들의 연기금으로 네바다 주 카지노에 투자를 하려는 것인데, 문제는 연기금을 달리산드로(마피아)에게 빌려주려는 데 있다. 호파는 그에게 0.5%의 이자를 받기로 하고 2천만 불을 빌려주면 연간 백만 불의 이자 소득이 생기고, 그것도 복리로 받을 수 있기 때문에 대출을 해주기로 결정한다.

---

06 | 노조가 회사와 공모하여 노동자에게 낮은 임금을 주도록 합의하는 노동계약. 일종의 최악의 양보교섭인 셈이다.

그러나 이러한 일들이 누적되어 급기야 청문회가 열리게 된다. 실제의 청문회는 1957년 상원의 특별소위원회에 의해 시작된다. 존 맥클란(John McClellan) 아칸소 상원의원을 위원장으로 한 이 소위원회에는 메사추세츠 출신의 젊은 상원의원인 존 F. 케네디(훗날의 제35대 미국 대통령)가 수석 법률고문으로 일했다(이를 편의상 1기 청문회라고 해두자). 그러나 영화(특히 〈호파〉)에서의 청문회는 법무부 장관인 로버트 F. 케네디(존 F. 케네디 대통령의 동생, 보비 케네디)가 중심이 되어 전개된다(이를 2기 청문회라고 하자). 호파는 2기 청문회에 불참하면서 계속 이를 지연시키지만, 보비 케네디를 위시한 청문위원들의 조사와 추궁은 끈질기다. 마침내 청문회가 열린다. 청문회 석상에서 위원들은 "공산주의자들도 노조에 가입시킵니까? 공산당 핵심요원인 '골드블랫'은 지역노조 간부가 아닙니까?" 등의 배후 공세와 제3자 개입(?) 등을 집요하게 캐묻는다 [07].

그러나 호파는 "우리 조합원들 중에 공산주의자는 없다. 설령 있다하더라도 우리가 억지로 자격을 박탈할 수 없다. (공산주의와 공산당 문제는) 우리에게 중요한 문제가 아니다. 우리는 법에 따라 민주적으로 노조간부들을 선출하고 있다"라고 응수하며, 언론기사와 의사록에서도 공산주의 표현을 삭제하라고 요구한다. 호파의 강력한 항의에 일순간 당황하는 케네디이지만, 연기금의 부정한 사용 문제로 다시 기선을 잡으려 한다. 케네디는 조합원들의 연기금이 조직범죄 단체에 유입되고 있다며 호파의 독직을 추궁하지만, 그는 이 역시 근거 없는 중상모략이라며 혐의를 모두 부인한다. 그러나 케네디는 "당신이 무죄라면 난 의사당 지붕에서 뛰어내릴 거요"라면서 한 치도 물러서지 않는다.

07 | 실제로 1930년대의 노동운동에는 좌파활동가들이 긴밀히 결합되어 있었다. 예컨대 미니애폴리스에는 트로츠키주의자들이, 샌프란시스코에는 공산당원들이, 톨레도에는 전직 목사인 급진주의자 A. J. 머스트를 지지하는 사람들이 파업을 이끌었다(Harman, 2004: 652).

〈투쟁의 날들〉의 어느 한 장면(!), 즉 운수회사인 '콘솔리데이티드'(Consolidated)에서의 파업 장면 중, 회사 사장인 '탤벗'이 2층 창문에서 파업 노동자들을 내려다보며, "루즈벨트 갓 뎀! 우리에게 필요한 건 더글러스 맥아더야"라고 외치는 장면이 나온다. 이 장면만큼 당시의 반공산주의 정서를 잘 보여주는 것은 없다. 잘 알려져 있듯이 프랭클린 D. 루즈벨트는 탈급진화된 개혁정책으로 사회갈등을 체제 내로 제도화시킨 인물이다. 그의 뉴딜정책이 대표적인 예가 된다(와그너 법도 이 속에 포함). 그럼에도 불구하고 당시의 기득계층들은 루즈벨트를 공산주의자로 매도하고 자신의 이해관계를 대변해 줄 수 있는 인물로 더글러스 맥아더를 내세운다.

왜 그랬을까? 1932년 제1차 세계대전 참전용사들(그리고 재향군인 노동자연맹)은 1945년부터(즉 13년 후부터) 단계적으로 지급될 예정이었던 정부 보너스 증서 보상금(일종의 참전 보상금 증서)을 지금 당장 지급해달라는 요구를 의회에 제출한다. 그러나 의회와 후버 대통령이 이를 무시하자, 약 2만 명의 사람들이 워싱턴으로 모이게 된다. 이들의 철수명령을 받은 더글러스 맥아더(그의 부관은 아이젠하워였고, 지휘관 중 한 명은 패턴이었다)는 기병 4개 중대, 보병 4개 중대, 기관총 대대, 탱크 6대를 집결시켜 이들을 강제 해산시킨다. 이 과정에서 참전군인 2명이 사망하고, 경찰관 2명이 중상을 입게 되고, 참전군인과 그 가족 약 1,000여 명이 부상을 당하게 된다. 이것이 1932년 11월의 대통령 선거에서 루즈벨트가 당선되는 데 일조를 한다(Boyer et al, 1996: 302-305; Zinn, 2004: 66-68을 참조). 다시 영화 속으로!

이러한 청문회 과정은 오히려 호파를 전국적인 인물로 부상하게 만들고, 급기야 데이브 벡의 뒤를 이어 팀스터의 총의장에 선출되기에 이른다(1957년). 참고로 데이브 벡과 호파가 팀스터 노조 및 노동운동에 끼친 나쁜 영향들에 대해 잠깐 살펴보도록 하자.

지미 호파 직전의 팀스터 총의장이었던 데이브 벡은 미국의 첫 노조파괴 회사(1939년에 설립. 흔히 예방적 노동관계 회사라 불린다)인 '시카고 노동관계'(Labor Relations Associates of Chicago, Inc.) 컨설팅의 설립자였던 나단 쉐퍼만(Nathan Shefferman; 노동자-경영자 이론, 즉 노-경관계라는 교묘한 이중적 용어를 만든 사람이기도 하다)과 소득세 탈루를 공모한 혐의로 고소되어 5년형을 선고받고 30개월을 복역하였다. 이 일은 개인적인 비리 척결 차원으로만 끝난 것이 아니라, 이후 노조파괴자들이 가장 효과적으로 사용하는 법률의 탄생을 가져오게 된다. 즉 '랜드럼-그리핀'(Landrum-Griffin) 법(1959년)이 그것이다. 아이젠하워가 서명한 이 법은, 앞으로 노조는 노동부 장관에게 정관과 규약 사본 한 부와 매년 회계보고서를 제출해야 하며, 노조간부와 노동자들은 자신 혹은 자기 가족과 관련된 금융거래를 보고하게 되어 있다. 법 제정의 기본 취지는 노조자금의 민주적인 운영과 개방성 제고라고 하지만 노동조합의 기본적인 활동과 정체성을 흔드는 것이었다(Levitt 외, 2002: 64, 72, 74). 이후 이러한 부패와 독직 등의 책임을 물어 '미국노동총연맹 산별회의'(AFL-CIO)는 팀스터 노조를 추방하게 된다.

환호하는 조합원들의 인파 속에는 "호파를 대통령으로!"라는 피켓도 보인다. 그러나 보비 케네디의 의지도 꺾이지 않는다. 그는 호파의 측근들을 정부 측 증인으로 회유시키기도 하고, 범죄 혐의 면책 등도 제시하지만 대부분의 간부들은 이를 거절한다. 그러나 호파 측근 중의 한 명인 '코넬리'는 휴가지에서의 밀담 내용을 케네디에게 폭로하게 된다. 휴가지(사냥터)에서 '달리'가 쓴 것으로 밝혀지는 연기금에 대한 메모가 구체적인 증거로 제시된다. 결국 케네디는 호파 측근인 팀스터 노조간부들을 먼저 기소하게 된다(뇌물 및 사기죄). 그러나 호파는 "우리 노조는 미국의 노동자를 중산층으로 끌어올렸습니다. 옛날로 돌아갈 순 없습니다"라며 조합원들의 단결을 호소한다.

그리고 '누가 어떤 말을 하더라도 믿지 마라. 나는 단돈 1달러도 횡령한 적이 없다. 오직 조합의 이익만을 위해 일했다'고 말한다. 그러나 그 역시 혐의(배심원 조작 및 뇌물 수수 혐의 등)로부터 자유로울 수 없게 되어(8년 징역형) 최측근인 보비 챠로와 함께 연방교도소로 이송된다(1967년). 이 와중에 호파는 팀스터의 차기 총의장 직무대행으로 '프랭크 피츠'(실제의 이름은 '프랭크 피츠시몬즈(Frank Fitzsimmons)'이다)를 지명한다(즉 호파는 투옥 상태에서도 총의장이었다. 1971년까지 재임).

감옥에서도 호화생활을 하는 호파지만, 총의장으로의 복직을 매일 같이 꿈꾼다. 먼저 출감하게 된 보비 챠로는 '피츠'를 찾아가지만 그는 마중도 나오지 않을뿐더러 그와의 면회도 거절한다. 호파가 자신의 자리를 빼앗을 것 염려하고 있기 때문이다(그는 실제 총의장으로 선출되기도 한다). 그러나 챠로 등은 호파의 복직과 복권을 위해 노력한다. 그러던 어느 날 피츠로부터 호파가 리처드 닉슨 후보를 지지해주면 당선 뒤 사면될 것이라는 이야기를 듣게 된다. 그러나 이는 피츠의 호파 견제용일 뿐이다. 왜냐하면 이미 피츠는 닉슨 선거 캠프에 거액의 선거자금을 기부하였고, 향후 10년간(1980년까지) 호파가 노조관련 활동을 하지 못하도록 약속을 받아두었기 때문이다.

실제 이 당시의 동영상 자료를 보면(XTM을 참조할 것), 피츠가 전국대의원대회에서 "나는 노조간부가 되지 않을 것을 동의한다"는 호파의 메모를 낭독하는 것을 볼 수 있다[08]. 결국 호파는 닉슨 지지의 대가로 3년 만에 감옥문을 나서게 된다(1970년). 다시 팀스터로 돌아온 호파는 피츠에게 자신의 약속과는 달리 '복귀 하겠다'고 하지만 피츠는 이를 받아들이지 않는다. 이에

---

08 | 그러나 호파가 노조활동 금지령을 해제받는 조건으로 마피아의 팀스터 내 개입실태를 정부에 보고하기로 했다는 주장도 있다(Southwell, 2007: 138).

격분한 호파는 달리에게 피츠의 살해를 부탁하지만, 달리는 이를 거절한다. 이제 달리도 어쩌지 못할 만큼 호파가 너무 나가버린 것이다. 그러던 어느 날 미시건 주 팀스터 299지역노조 사무실 앞에서 피츠의 승용차가 폭발하고 만다(탑승자는 없음). 그러나 범인이 누구인지는 밝혀지지 않는다.

재출마 논의와 대의원 및 조합원 접촉 활동 등으로 바쁜 나날들이지만, 호파는 계속해서 달리의 도움을 요청한다. 그러나 달리는 자신마저 위험해질 수 있는 일을 하려고 하지 않는다. 이제 오히려 호파가 달리를 위협한다. "만나주지 않으면 (그간의 일을) 언론에 불어버리겠다"면서… 드디어 달리와의 약속이 잡힌다(참고로 실제의 토니 지아칼로는 훗날 증인심문에서 이러한 약속조차 없었다고 부인했다). 실제의 시기와 장소는 1975년 7월 30일 오후 2시 경, 미시건 주 디트로이트 근교의 식스 마일 로드에 있는 작은 레스토랑(Red Fox Dining)이다. 호파의 나이 62세 때이다.

이제 영화의 첫 장면으로 자연스럽게 다시 돌아온 셈이 되었다. 챠로와 함께 약속 장소로 나간 호파는 차 안에서 기다리고 있고, 챠로는 식당 안에서 커피 한잔을 마신다. 식당 안은 한산하고 웬 청년 한명만 이곳 저곳으로 불안하게 전화를 할 뿐이다. 챠로가 그에게 "왜 그러느냐"고 묻자, 자신은 '팀스터 노조원인데 배달해야할 물품들을 기다리고 있는데 왠지 늦다'고 말한다. 이에 챠로는 어느 곳의 전화번호를 일러주며 그 곳으로 전화를 해보라고 한다. 전화를 마친 청년은, "어떻게 사례하죠? 센 분이군요"라며 감사를 표한다. 챠로는 "그게 우리 팀스터지"하면서 "더 센 사람(즉 호파)이 밖에 있다"라고 말한다. 그리고 호파에게 커피 한잔을 가져다 줄 것을 부탁한다. 밖으로 두 잔의 커피를 들고 간 청년은 차량 지붕 위에 커피를 놓곤, "호파씨?"라고 불러본 뒤, 그에게 다짜고짜로 총질(!)을 해버린다. 뛰쳐나와 청년에 맞서 총을 쏘아보는 챠로이지만 그 역시 희생되고 만다. 곧이어 팀스터 소속(!)의 빈 트럭이 다가와 두 사람이 타고 왔던 승용차와 함께 그들을 담고(?) 어디론가 사라져버린다(참고로 〈투쟁의 날들〉에서 그려지는 암살 장면은 이와 전혀 다르다. 일견들 하시길).

지미 호파의 죽음을 둘러싼 수수께끼는 지금도 풀리지 않고 있다(참고로 공교롭게도 지미 호파의 실제 가운데 이름인 'Riddle'은 수수께끼라는 뜻이다. 그리고 영어의 관용구 중 하나인 'Jimmy Hoffa's suitcase'(지미 호파의 가방)는 의문의 실종을 뜻하기도 한다). 그의 재출마 문제를 부담스러워한 팀스터 내부의 소행설, 이 영화에서 묘사된 것처럼 암흑가와의 알력설, 그리고 케네디 가문과 불화를 겪고 있던 호파에 대한 CIA의 개입설 등 다양하다. 그러나 설만 무성하고 어느 것 하나 제대로 밝혀진 것은 없다. FBI도 그의 사망 원인을 규명하려 했지만, 무위에 그치고 1982년 법적으로 사망 처리된다. 그리고 1987년 호파의 가족들이 연방법원을 상대로 수사기록의 공개를 요구하였으나 거부되었고, 1995년 지미 호파의 아들인 제임스가 팀스터의 새로운 총의장이 된다(그의 딸 바바라 크랜커는 세인트 루이스 순회재판소 판사이다).

지금까지 미국노동운동사에서 가장 극적이고 계급투쟁의 파고가 넘실거렸던 1930년대 이후의 이야기를 〈호파〉와 〈투쟁의 날들〉을 중심으로 살펴보았다. 전자는 비교적 호파 일대기에 충실하게 만든 것이지만, 후자는 호파의 선정적인 일화들을 솜씨 좋게 뒤섞어 한 편의 갱스터 무비로 만든 것이다. 그러므로 두 영화 모두 호파를 중심으로 한 미국노동운동의 성격을 본질적으로 보여주지는 않는다. 왜냐하면 이들 모두 헐리우드의 메이저들에 의해 만들어진 것이기 때문에 흥미 위주의 소재와 장치들을 부각시킬 수밖에 없었기 때문이다.

그럼에도 불구하고 영화의 행간을 읽다보면 현재의 노동운동에 던지고 있는 숙제들을 찾아낼 수 있다. 어쩌면 역설적으로(!) 노동운동 상층부의 관료주의화와 부패, 그리고 독직 등은 오히려 중요한 것이 아닐지도 모른다. 이보다 더욱 중요한 것은 노동운동조직 또는 지도자들이 한 순간이라도 놓쳐서는 안될 운동의 숙제(즉 억압적 기구로서의 국가와 자본에 대한 대항)를 방기한 데서 비롯되는 노동운동의 엄청난 손실과 후퇴 등이 더 큰 문제일 것이다. 혹 현재 우리들은 이러한 문제들로부터 정말로 자유로울까? 이 영화에서 나타나는 회사노조(company union)의 등장은 없는가? 불황을 빌미로 비정규 노동자를 발판으로 자본 측과 구애계약(sweetheart contract)을 하고 있지는 않은가? 노동운동 진영에 보다 더 많이 필요한 일상과 조직의 관료제화가 혹 그릇된 관료주의화로 변질되고 있는 것은 아닐까? 이러한 의문들이 정말 사실이 아니길 바란다.

참고문헌

임영일(1996), "관료적 산별노조의 민주화: 미국 팀스터 I", 영남노동운동연구소, 「연대와 실천」, 통권 제24호.

Boyer, Richard & Herbert Morais(1996), 이태섭 옮김, 「알려지지 않은 미국 노동운동 이야기」, 책갈피.

Davies, Mike(1994), 김영희 · 한기욱 옮김, 「미국의 꿈에 갇힌 사람들: 미국 노동계급사의 정치경제학」, 창작과비평사.

Harman, Chris(2004), 천경록 옮김, 「민중의 세계사」, 책갈피.

Huberman, Leo(2001), 박정원 옮김, 「가자, 아메리카로: 그리고 부자의 문전에 거지 나사로가 함께 살고 있었다」, 비봉출판사.

Levitt, Martin & Terry Conrow(2002), 조용진 옮김, 「노동조합 파괴자의 양심선언」, 녹두.

Southwell, David(2007), 이종인 옮김, 「미궁에 빠진 세계사의 100대 음모론」, 이마고. XTM, 〈사라진 노조위원장, 지미 호파〉.

Zinn, Howard(2004), 유강은 옮김, 「미국민중사」, 시울.

누가 그녀를 죽음으로 내몰았나?

마이크 니콜스의 〈실크우드 Silkwood〉

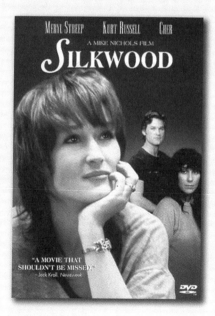

Silkwood

누가 그녀를 죽음으로 내몰았나?

마이크 니콜스의 〈실크우드 Silkwood〉

〈실크우드〉는 마이크 니콜스 감독의 1983년 작품의 제목이기도 하고, 오클라호마 주 크레센트(Crescent)에 소재한 커-멕기 플루토늄 공장(Kerr-McGee Plutonium Plant)에 근무하던 실제 여성 노동자의 이름이기도 하다. 그녀의 풀 네임은 캐런 게이 실크우드(Karen Gay Silkwood, 1946~1974)이다. 영화에서는 메릴 스트립이 28살의 캐런 역할을 맡고 있다. 한편 젊은 날의 스트립과 그녀의 남자 친구로 나오는 커트 러셀(드류)과 셰어(달리) 등도 볼 수 있다. 여담이지만 메릴 스트립의 연기는 나이가 들어도 여전히 빛을 발하고 있다. 예컨대 국내에서도 큰 인기를 끌었던 〈맘마미아〉와 〈악마는 프라다를 입는다〉에서 그녀의 내공과 농염함, 그리고 자연스럽게 발화되는 카리스마를 느낄 수 있을 것이다.

영화의 배경은 미국의 38대 대통령인 제럴드 포드의 재임 기간 중(1974-1977)이다. 잘 알려져 있듯이 포드는 1974년 8월 워터게이트 사건으로 사임하게 되는 닉슨에 의해 지명된 대통령이다. 참고로 워터게이트 사건은 1972년 6월 미국 대통령선거 기간에 도청기와 사진기를 지닌 도둑 5명이 워싱턴 D. C.의 워터게이트 아파트 단지 내에 있던 민주당 전국위원회 사무실에 침입하다가 현장에서 붙잡힘으로써 시작된다.

이들은 닉슨의 선거운동원이거나 닉슨 측근의 보좌관 등이었다. 대배심이 진행되면서, 이 일에 닉슨까지 연루되었다는 사실이 밝혀지자, 끝내 닉슨은 1974년 8월 사임하게 된다. 이 과정을 긴박하게 그리고 있는 영화가 알란 파큘라 감독의 〈대통령의 사람들 All The President's Men〉(1976)이다. 사건의 전모를 추적해 나간 사람은 워싱턴 포스트의 칼 번스타인과 밥 우드워드 두 기자였다. 영화에서는 더스틴 호프먼과 로버트 레드포드가 각각의 역할을 맡았다.

잠깐 이 당시 미국의 대내외적 상황을 간단히 살펴볼 필요가 있다. 닉슨 뒤를 이은 포드는 여전히 베트남전쟁을 이어가기 위해 의회에 막대한 군사원조를 요청하지만(1975년 4월 16일), 그의 전망과 바람과는 달리 베트남전은 불과 2주일 뒤에 끝나고 만다(1975년 4월 29일).

그리고 포드는 국민들의 여론과는 상관없이 닉슨의 모든 범죄 혐의들을 없던 것으로 해버린다. 론 하워드 감독(2008)의 〈프로스트/ 닉슨〉에 소개되고 있는 당시의 뉴스 화면에는 다음과 같은 내용이 소개되고 있다. "루즈벨트에게는 뉴딜(New Deal)이 있었고, 트루먼에게는 페어 딜(Fair Deal)이 있었지만, 포드에게는 '부정한 거래(딜)'(crooked Deal)만이 있었다"라는…. 또한 닉슨은 사임했지만 그의 공화당 정권의 대외정책 기조들은 여전히 변함 없었다. 예컨대 포드는 국무장관인 헨리 키신저를 유임시키면서, 특히 남미의 군사독재정권(예컨대 칠레의 피노체트 등)을 지원·용인하는 입장을 견지하는 것 등이 그것이다.

일련의 이러한 사건들 및 정책적인 판단들과 더불어, 1974년부터 시작된 세계경제의 침체(특히 1973년의 오일 쇼크 등)로 인한 실업률의 증가와 인플레이션의 악화는 공화당을 그로기 상태로 몰아버리게 된다. 이 당시 경제 위기를 설명하는 주류의 논지는 다음과 같은 것이었다. 첫째, 아랍-이스라엘의 전쟁과 이란-이라크 전쟁 등으로 인한 유가 인상, 그리고 노동자들의 과도한 임금인상에 따른 경제의 주름살 등이 그것이었다(지금도 많이 듣는 이야기들이지 않은가?). 그러나 유가가 하락하고 있던 1990년대 초에도 세계경제가 침체했었고, 2008년 약간의 고유가 시기를 겪은 이후 2009년 현재 배럴 당 30-40달러 수준으로 유가가 떨어진 시점에도 전세계적인 공황상태가 지속되고 있는 이유는 설명하지 못한다. 둘째, 이들의 주장과는 달리 1970년대 후반 이후 미국 노동자들의 임금수준은 오히려 하락하고 있었다. 소위 '황금기'가 '고철기'로 바뀌는 시대였다.

이제 영화의 구체적인 내용으로 들어가 보도록 하자. 캐런(메릴 스트립)이 근무하는 공장(커-멕기社)은 24시간 내내 플루토늄 연료봉을 만드는 곳이다. 노동자들은 마치 간호사들의 근무형태처럼 나이트(night)와 애프터(after)로 나뉘는 '더블 근무'를 하고 있다(소위 주야 맞교대). 캐런이 근무하는 부서는 이 공장에서도 핵심적인 곳이다. 즉 플루토늄과 우라늄의 산화물을 '핵반응연료 알갱이'(펠릿/ plutonium pellets for nuclear reactor)로 가공하는 공정이다. 이 작업과정에서 작업자들은 방사성 물질에 피폭될 가능성이 높다고 한다(주로 라돈 가스, 우라늄 먼지, 그리고 우라늄으로부터 방사되는 감마선 등). 전문가들은 이러한 작업과정을 '핵연료 성형가공'이라 부른다. 예컨대 농축된 6불화우라늄 기체는 담배 필터 크기의 이산화 우라늄 고체 연료 펠릿으로 만들어져 12피트 길이에 0.5인치 두께를 가진 지르코늄(Zirconium) 핵연료봉(fuel rod) 안에 들어간다. 각 봉은 최소 250개의 펠릿을 포함하며, 이러한 봉 약 5만 개가 14피트 높이와 직경 20피트인 원통형 공간 안에서 1,000메가와트 원자로의 핵심으로 봉해진다. 핵연료봉은 임계질량에 도달하여 막대한 양의 열을 발생시키는데, 이 열이 물을 끓인다. 원자로의 노심(core) 안에 있는 물속에는 이러한 우라늄 핵연료봉이 들어있다. 그러므로 원자력이란 물을 끓이는 매우 비싸고 복잡하며 위험한 에너지 창출방식이라 할 수 있을 것이다(칼디코트, 2007: 22, 30, 81). 전문 용어가 많아 내용을 파악하기가 쉽지 않다. 간단하고도 명료한 과정을 알아보려면 제임스 브리지스 감독(1979)의 영화 〈차이나 신드롬〉을 살펴보길 바란다. 그러나 굳이 이 영화를 보지않더라도 일본 후쿠시마 원전사고로 우리들 대부분은 이미 전문가가 되어있다.

회사의 관리자는 신입사원들에게, "이 작업에는 반드시 숙련노동자들만이 참여할 수 있다"라고 말한다. 그리고 "펠릿을 만들 때는 정확한 비율로 플루토늄과 우라늄을 혼합해야 하고, 반드시 불순물을 선별해야한다"고 말하면서, "방사능 문제는 조심만 하면 아무 문제가 없다"라고 안심을 시킨다. 한편 캐런의 작업동료는 약 7-8명으로 구성되어 있다. 작업 후에는 반드시 작업장 입구에서 방사능 측정을 한 후 드나들 수 있고, 작업 중에도 수시로 방사능의 오염 및 누출에 대비한 훈련이 불시에 이루어지기도 한다.

참고로 핵 관련 영화(특히 핵무기 관련 영화)의 제작 현황에 대해 살펴보도록 하자(제롬 샤피로의 분석). 1914년부터 2000년까지 핵무기 관련 영화는 연간 11.7편이 개봉되었다(총 1,015편). 특히 핵무기가 실전에 사용된 1945년부터 2000년까지 56년 동안에는 총 995편, 연평균 17.9편이 상영되었다. 이는 미국에서 개봉된 영화의 약 4% 정도에 해당된다고 한다.

그리고 사회적 이슈에 따른 개봉 편수를 보면, 1945년부터 2000년까지의 총 995편 가운데 미국의 핵무기 독점기에는 26편, 미·소의 핵무기개발 경쟁시대에는 370편, 데탕트기 151편, 냉전 말기 302편, 그리고 냉전 후 2000년까지 146편이 개봉된 것으로 분석된다(이상은 심기보, 2007: 29에서 재인용). 레이건 이후 신자유주의 시대에 미국의 일극체제를 반영한 영화인 〈람보〉 시리즈나 〈델타포스〉 등의 반베트남 또는 반아랍 영화 장르가 기승을 부렸다는 점을 감안해본다면, 영화 역시 사회적 상황으로부터 자유로울 수 없음을 알 수 있다. 아니 더욱 더 그 상황들을 즐겨 소재화한다. 다시 영화로 돌아가자.

캐런의 삶은 고단하다. 장시간 노동 등의 문제뿐만 아니라, 그녀는 자녀들(2녀 1남)을 모두 전 남편에게 둘 수밖에 없는 이혼녀이기도 하다. 같은 주(오클라호마)에 살고 있는 전 남편은 유전노동자다. 어느 날 드류(커트 러셀)와 달리(셰어) 등과 함께 아이들을 만나고 돌아오는 길에 캐런이 부르는 '어메이징 그레이스'(놀라운 은총)가 제목과는 달리 무척 애처롭다. '어메이징 그레이스'는 찬송가로 많이 알려져 있지만, 마이클 엡티드 감독(2007)의 〈어메이징 그레이스〉에 따르면, 20여 년간 노예선의 선장으로 일했던 이가 그의 삶을 참회하면서 부르게 되었다는 설명도 있다. 영화의 주요 장면마다 등장하는 이 노래는 메릴 스트립이 벤조의 가락에 맞춰 직접 부른 것이다. 필리다 로이드 감독의 〈맘마미아〉(2008)에서 그녀가 부르는 '아바'(ABBA)의 주옥같은 팝송들이 가슴에 와 닿는 이유가 괜한 것이 아님을 알게 될 것이다.

아이들과의 모처럼의 만남은 다른 동료의 근무시간 양보로 이루어지게 된 것이었다. 다시 새로운 한 주가 시작된다. 작업장에 들어서자 동료인 길다(Gilda)가, "방사능 오염 사고가 있었다"고 말하고, 주말에 쉬고 싶었던 캐런이 일부러 사고를 내었다는 소문이 돌고 있다고 귀띔을 해준다. 즉 누군 가가 캐런이 주말에 아이들을 만나기 위해 일부러 현장 오염 사고를 내었다 는 헛소문을 퍼뜨렸다는 것이다(참고로 방사능은 방사선을 내는 성질이며, 방사선을 내는 물질을 '방사성 물질'이라고 한다). 캐런은 이러한 소문에 아 랑곳하지 않고 동료들과 함께 방독 마스크를 쓰고 오염된 작업장의 청소에 열중한다. 이때 노조위원장인 퀸시가 들어서면서 이번 사고로 텔마가 오염되 었다는 소식을 전해준다. 텔마는 눈매가 지긋한 고령 여성 노동자이다. 소 금기가 섞인 물세례를 받으며 긴 솔로 온 몸을 빡빡 문질리며 오염 세척을 받 는 그녀는, 암의 발병 등을 염려하며 울부짖는다. 그러나 수의사(!) 출신인 회사 의사 얼(Earl)은 체내 오염이 아니라 약간의 체외오염(24 DPM)일 뿐이라 고 말하며, 그것도 인체 기준 이하라며 안심시키려 한다. 참고로 국제방사선 단위측정위원회(ICRU)에서 사용하는 방사선 강도를 측정하는 단위는 퀴리 (Ci), 뢴트겐(R), 래드(rd), 그리고 렘(rem) 등이 있다고 한다. 그리고 국제도 량형총회에서 결정한 이 단위는 각각 베크렐(Bq), 쿠롱(C/kg), 그레이(Gy), 그리고 시버트(Sv) 등이다(신부용, 2005: 97).

그러나 커-맥기 공장의 방사능 오염 사고는 그동안 철저히 외부로 알려 지지 않았다. 며칠 후 다시 일하러 나온 텔마에게 캐런은 "비즙검사(콧물검 사)를 받아보았느냐"고 묻자, 그녀는 받지 않았다고 말한다. 캐런은 검사 를 꼭 받고 그 수치도 정확하게 알아보라고 권한다. 마침 이 날은 동료인 길 다의 생일이라 모두 현장에서 조촐한 파티를 연다. 그러나 이 모습을 본 현 장감독 '헐리'는 핵연료봉의 생산이 많은 차질을 빚었다며 노동자들을 채근 한다. 그런데 다시 작업장으로 들어서는 캐런의 머리 위에서 오염 감지를 알 리는 비상등이 소란스럽게 웽웽거린다. 어떤 연유인지 모르나 캐런도 방사능 에 오염이 되어버린 것이다(!).

오염 사고 이후 황망했던 마음을 가다듬은 캐런은 워싱턴에 소재한 상급노조인 '석유, 화학, 원자력 노동조합 총연맹'(Oil, Chemical & Atomic Workers Union 이하 OCAW)에서 보내주고 있는 책자들을 통해 오염사고에 대한 공부를 하게 된다. 이에 따르면, 플루토늄은 암을 유발할 뿐 아니라, 유전자 손상과 신체와 정신의 약화를 가져오는 것으로 되어 있다(조절유전자가 방사선 노출에 의해 생화학적으로 변경되면, 세포는 2~6년간 지속되는 발암 잠복기 동안 암을 배양하기 시작한다고 한다(칼디코트, 2007: 69)). 이러한 나날을 보내는 가운데, 그녀의 남자 친구인 드류가 부서이동 소식을 전한다. 새롭게 배치전환될 부서는 '재료조직부'(metallography)이다. 이 부서는 생산된 제품들의 결함 여부를 촬영 및 검사를 통해 최종 출고를 결정짓는 매우 핵심적이며 비밀스런 곳이기도 하다. 그동안 이 부서에는 윈스턴이라는 관리자 한 명만이 근무하고 있던 곳이다. 윈스턴은 현장노동자들이 모두 싫어하는 인물이다(밥맛!). 이곳으로 캐런을 배치전환시킨 것은 윈스턴이 그녀의 활동을 잘 감시할 수 있도록 하기 위한 회사의 의도이기도 하다. 그러나 캐런이 기왕에 근무하고 있던 부서는 향후 석 달 동안의 잔업을 재조정해야할 정도로 일감이 너무 많아, 현장감독인 헐리가 생산을 채근하고 독려하던 곳이었다. 더구나 캐런은 이 모든 상황을 잘 대처할 수 있는 최고의 숙련노동자였다. 그럼에도 불구하고 그녀를 부서이동시킨 것이었다. 부당한 전보발령에 항의하는 캐런은 노동조합 지역지부(로컬)를 찾아가게 된다.

때마침 캐런의 사업장에는 회사 측에서 '노조인증철회투표'를 3주 전에 제출해놓은 상태이다. 이에 따라 '전국노동관계위원회'(NLRB) 지역위원 주관으로 곧 이 공장의 노동조합 존치여부를 인증하게(certify) 될 예정이다. 그러나 노조원들의 과반수이상 찬성이 있게 되면 노동조합은 유지된다. 만약 투표에서 패하게 되면 이 사업장의 노조(엄격히 말하면 지회 또는 분회에 해당한다)는 사라지고 만다. 참고로 캐런의 사업장과는 다른 예이지만, 처음 설립하게 되는 노동조합은 다음과 같은 절차를 따른다. 먼저 이 투표는 원칙적으로 전국노동관계위원회 지역위원이 요청한 날로부터 30일 이내에 치러져야 한다. 그러나 때로는 상황에 따라 그 기간이 연장되기도 한다. 1966년의 연방법에 따르면, 노동자의 30%가 노조가입에 서명함으로써 노조설립이 허용된다(마틴 리트 감독의 〈노마 레이〉가 이 과정을 잘 보여준다).

이 과정을 보다 자세히 살펴보면 다음과 같다(이하는 이병훈, 1994: 76을 참조할 것). 첫째, 사업장 내 30% 이상의 조합원들이 조합결성을 찬성하는 조합가입 카드를 작성하여 노조의 조직활동가를 통해 지역노동관계위원회(한국의 경우 지방노동위원회 쯤에 해당하는 기구)에 제출한다. 둘째, 이 기구에서 노조설립의 적법성을 검토한 후, 사측에 조합결성을 위한 찬반투표 실시 일을 통보한다. 셋째, 조합결성의 찬반투표를 실시한 결과 50% 이상의 종업원이 찬성할 경우 단체교섭단위로서 노조의 결성을 인정하게 된다. 이는 한국과 비교해볼 때, 매우 복잡한 절차라 할 수 있겠다.

이 제도의 원래 취지는 노동조합이 노조설립이 필요한 노동자들에게 보다 쉽게 접근할 수 있도록 한 것이었다. 예컨대 상급노조에서 파견된 조직활동가(union organizer)들이 특정 사업장의 노동자들을 조합원으로 조직하고 일정한 성과가 나타나면 투표를 통해 해당 사업장에 노동조합을 설립할 수 있는 제도였다. 물론 그동안 기업별 노동조합체제의 관행에 익숙했던 한국과는 달리, 산업별 노동조합체제 아래에서는 단위 사업장 내에 노동조합이 설립되는 것이 아니라 지역 내의 지역지부(local union) 사무실을 통해 노조활동이 이루어짐을 알고 있으면 좋을 것이다. 한편 역설적으로 이 제도는 노조파괴자들(union busters)의 훌륭한 길잡이가 되기도 한다. 이들은 이 법에 따라 심지어 '노조 반대 투표위원회'(Vote No Committee) 등을 조직하여 체계적으로 노조를 와해시키기도 한다(이상의 내용은 레빗 등, 2002를 참고할 것).

다시 영화로 돌아가자. 캐런의 회사 측이 이러한 시도를 할 수 있게 된 배경에는 작년의 파업이 지지부진했던 점과 현장 조합원이 감소하고 있다는 점 등이 작용한 탓이었다. 조합원들은 이러한 현안을 해결하기 위해 다운타운에 있는 크레센트 카페에 모이게 된다. 이 지역에는 아직 노동조합의 지역 사무실이 없기 때문에 여기로 모이게 된 것이다. 여기에서 커-멕기 사업장의 노조 지회장격인 퀸시는 자신들과 함께 일을 할 사람들을 모집한다. 이에 캐런이 자원하여 노조의 산업안전보건을 담당하는 교섭위원이 된다(bargaining committee). 참고로 지역지부(local union)의 대의기구 대표 또는 지부 산하 각종 위원회의 위원으로 지부운영에 참여하는 현장조직은 대개 '직장위원'(stewards)들이다. 한국의 지역 대의원 정도에 해당하는 이들은 사업장 단위에서 발생하는 고충의 처리와 단협의 감시 등의 역할을 맡고 있기도 하다. 달리 말하자면 현장노조간부의 성격을 지닌 조직이라 할 수 있을 것이다(이상은 임영일, 2001 을 참조할 것). 그러나 영화에서는 캐런이 직장위원인지 아닌지 분명하게 나타나지는 않는다.

남자 친구인 드류는 그녀를 만류하고, 회사 측에서는 휴식시간에도 노동조합 일을 하지 못하도록 하는 공고문을 내붙이기도 한다. 캐런의 삶이 안팎으로 서서히 달라지자, 그동안 함께 지내던 드류와 달리 등의 동거인들과도 갈등이 발생한다. 결국 달리는 마을의 장례미용사인 안젤라와 살림을 합치게 된다. 안젤라와 달리는 동성애 관계이다. 어느 날 안젤라가 드류에게 하는 말은 캐런이 일하고 있는 작업장의 성격을 단적으로 보여준다. 즉 "커-멕기 회사에서 일하다 죽은 사람을 다룰 때, 이들의 생전 모습이나 죽은 모습은 똑같다"는 말이 그것이다(하얗게 질려 있다는 의미임).

이제 캐런의 노조활동 일이 본격화 된다. 먼저 워싱턴의 연방노동관계위원회(NLRB), 원자력위원회(AEC: Atomic Energy Commission), 그리고 상급연맹 등과의 회합 때문에 지회장격인 퀸시와 동료 노동자인 모건 등과 함께 출장길에 나선다. 생전 처음 비행기를 타게 된 캐런은 기내에서 제공되는 식사가 부담스럽다. 도대체 식사 값이 얼마인지 궁금했던 것이다. 스튜어디스의 "식사비는 운임에 포함되어 있다"라는 말을 듣기 전까지…. 이들은 워싱턴의 OCAW 본부에서 연맹의 간부를 만나게 되지만, 이 간부는 캐런의 사업장 일에는 미온적인 태도를 보이며, 자신의 부하인 폴 스톤(론 실버 분)에게 모든 일을 맡겨 버린다. 폴은 노조의 조직활동가는 아니며, 연맹 산하 사업장의 애로사항들을 청취·조사·수합하여 이를 제도적으로 해결하려는 본부의 상근간부로 그려지고 있다.

미국 노조 상층간부들의 이러한 태도들을 개인적인 품성의 탓으로만 돌리기는 어렵다. 왜냐하면 여러 연구자들에 따르면 노조간부들의 관료주의화의 문제가 미국 노동운동을 약화시키는 주요 역사적 계기 중의 하나로 작용하고 있다고 지적한다. 잘 알려져 있다시피 관료제는 전문성과 독립성, 그리고 민주성이라는 특장점을 갖고 있는 조직유형이지만, 이와 동시에 동전의 양면처럼 복지부동, 현장제일주의가 아닌 문서제일주의, 상명하달식의 일방적인 의사전달체계, 그리고 관료제적 인성의 확산이라는 부정적인 측면의 발생 가능성을 동시에 갖고 있다. 문제는 관료제의 장점은 극대화하되 그 부정적인 특성, 즉 관료제화(bureaucratization)의 확산을 제어하는데 있다.

한편 1970-80년대 이후 미국의 노동운동과 노동조합활동이 위축되고 약화된 데는 다음과 같은 내부 요인들이 자리 잡고 있다(이하는 임영일, 1995; 1996을 참조할 것). 첫째는 노조지도부의 '실리주의적 조합주의'(business union-ism) 노선이다. 여기서 '실리'는 정치투쟁을 배제한 경제중심주의, 조합원의 일부인 백인 정규직 조합원의 배타적 보호, 나아가 노조간부의 개인적인 실리 추구 등이 모두 포함된 것이다. 둘째, 평조합원들의 아래로부터의 민주적 통제에 기초한 조직체계가 아닌 상층부 중심의 담합주의를 들 수 있다. 이러한 탓에 지역과 현장의 자율적인 활동과 역동성은 크게 제약 받는다. 셋째, 양보교섭으로 일관하는 협상우선주의를 들 수 있다. 그리고 독자적인 정당 건설 등을 통해 노동자 계급의 요구와 운동을 밀고나가려는 것보다는 상대적으로 진보적(?)이라고 믿고 있는 민주당에게 정치적으로 의탁하는 관행 등이 그것이다. 다시 영화로 돌아간다.

연맹 본부를 방문한 캐런 일행은 자신들의 사업장에서 발생하고 있는 각종 산재와 노동조건 등에 대해 설명하고, 폐기물을 운반하는 트럭의 오염문제와 연료봉의 온전함 여부를 살펴보는 X-레이 검사과정의 의혹 등에 대해서도 말하면서, 사업장의 이번 선거 쟁점은 사실상 '건강과 안전' 문제라고 강조한다. 특히 이 중에서도 X-레이 검사 건이 가장 큰 문제라고 이야기 한다. X-레이 검사는 용접한 연료봉의 횡단면을 재료조직부(앞서 말한 회사 측에 고분고분한 윈스턴이 근무하고 있는 곳이다)로 가져와 촬영을 한 후 제품의 결함 여부를 판단하는 핵심적인 과정이다. 그런데 커-맥기사에서는 하자가 발생한 연료봉을 폐기처분 하지 않고 필름의 원판에 나타난 흰 점(결함을 나타내는 것임)을 펜텔 펜(중성형 형광펜)으로 지워버리는 등 연료봉의 X-레이 사진을 조작하는 일이 자주 발생한다. 그런데 이러한 불량 연료봉을 증식로에 사용하게 되면 최악의 경우 주 전체가 쑥대밭이 될 정도로 위험한 일이다. 이러한 이야기를 듣게 된 연맹의 간부인 맥스는 캐런에게 증거가 될 만한 자료의 입수를 부탁하는 한편 이를 뉴욕 타임즈(NYT)에 제보하여, 회사 측을 협상 테이블로 끌어내리려는 전략을 세운다.

출장에서 돌아온 캐런에게 남자친구인 드류는 캐런의 행보 때문에 많은 사람들이 일자리를 잃게 될 것이라고 말한다. 특히 책임을 뒤집어쓰게 될 윈스턴이 해고될 것이라고 말하면서 노조활동을 관두고 자기와 함께 떠나자고 말한다. 자신은 이미 회사를 그만두었다고 하면서…. 캐런은 드류의 이러한 권유에 망설이지만 끝내 자신의 일을 마쳐보려고 한다. 이제 홀로 남은 캐런은 재료조직부에서 조작된 필름 원판을 찾기 시작한다. 와중에 윈스턴에게 들키기도 하지만 순간의 기지로 위험을 모면하기도 한다. 한편 커-멕기사는 신입사원뿐만 아니라 현업노동자들에게도 방사선과 암에 대한 교육을 시키지 않고 있다. 이에 현장의 직장위원들은 회사 측은 오염사고가 나면 인체 허용기준 이하라고 말하지만 사실상 정확한 기준은 아직 없다고 말한다. 이러한 건강과 안전에 대한 홍보 등이 진행되는 과정에 실시된 노조인증투표 결과 80대 61로 노조대표성이 다시 인증된다. 이러한 사실을 연맹간부인 폴스턴에게 알리는 캐런은 점점 잔기침이 심해진다. 그리고 노조활동 등으로 현장에서는 매우 바쁜 나날들을 보내지만, 정작 집으로 돌아오면 쓸쓸함만 엄습해올 뿐이다. 더구나 현장의 노동자들마저 캐런의 노조활동을 경계하기 시작하고, 오직 임금만 올려 받으면 된다는 생각으로 그녀를 왕따 시키기도 한다. 그러나 안젤라와 헤어진 달리는 캐런의 집으로 다시 들어선다. 남편에게 돌아간 안젤라는 아마 양성애자였던 모양이다.

현장에서는 또 다른 노출사고가 발생한다. 캐런은 이 사실을 전화로 폴에게 알린다. 폴은 그녀에게 X-레이 사진을 반드시 확보하라고 말하고, 이에 다시 증거를 찾고 있던 와중 출장을 함께 갔던 동료 노동자인 모건에게 들키고 만다. 그러나 모건은 매우 위험한 행동이니 조심하라고만 말한다. 한밤중 집으로 돌아오는 길에 캐런은 야생동물을 치어버리는 소위 로드 킬을 겪으면서 매우 당황하게 되나 드류가 이를 수습하고 그녀를 위로한다. 영화에서의 이 로드 킬 장면은 앞으로 캐런이 겪을 일을 암시하는 복선이기도 하다.

다음 날 아침, 공장에 들어서려는 캐런의 주위에서 적색오염경보가 울린다. 이제 그녀의 오염 정도가 매우 심각해진 것이다. 회사 측에서는 캐런의 집으로 역학조사를 나오게 된다. 집의 구석구석을 조사하던 중 세면대 근처에서 오염 반응이 나타난다. 이에 따라 회사 측에서는 집안의 모든 가구들을 바깥으로 옮겨버린다. 그러나 방금 전까지 캐런이 운전했던 차에서는 이러한 반응들이 전혀 나타나지 않고 오히려 매우 깨끗한 상태이다. 그런데 왜 집안과 자신의 몸에서 이러한 반응들이 나타나게 되었는가? 왜 회사 출근계 문 앞에서 오염경보가 울렸을까? 그녀의 차에는 아무런 오염 흔적이 없는데…. 함께 검사에 참여한 현장감독인 헐리 조차 의구심을 갖는다. "어떻게 플루토늄이 집에 있지?" 라면서….

앞서 살펴본 바와 같이 캐런은 이미 작업장에서 오염사고를 겪은 바가 있다. 이 일 이후 그녀는 매일 소변을 샘플 용기에 담아 회사 측에 제시해오고 있었다. 그동안 회사에서는 이를 근거로 오염의 정도를 파악해왔다. 이 과정에서 여태까지 아무런 일이 없었다. 그러나 캐런의 집 화장실 바닥에서 소변 샘플용기가 발견된다. 샘플용기를 누군가가 일부러 오염시키지 않았다면 있을 수 없는 일이 발생한 것이다. 사실 출근하기 전 캐런은 세면대 앞에서 샘플용기를 실수로 떨어뜨려 용기가 깨어지는 일이 있었지만, 평소의 검사 결과에 비추어본다면 이는 심각한 정도의 수치가 아니어야 한다. 그런데 이 사고 후 받은 비즙검사 결과 캐런의 오염수치는 텔마의 24 DPM 보다 무려 1,875배나 많은 45,000 DPM 에 이른다. 영화에서는 분명하게 보여주지 않지만 캐런의 오염과 관련해서 그녀의 친구인 달리의 행동이 수상하다. 한편 모든 수습이 끝난 뒤 텅빈 캐런의 집을 찾은 드류는 때마침 만나게 된 윈스턴을 흠씬 두들겨 버린다.

드류를 만난 캐런은 누군가가 자신을 오염시킨 것 같다고 말하며, 현재의 오염상태에 대해 크게 걱정한다. 회사 측에서는 함께 살았던 캐런과 드류, 그리고 달리 등을 큰 도시(Los Alamos National Laboratory)로 보내 보다 정밀한 검사를 받게 한다. 드류와 달리는 최소량으로 나타나지만 캐런은 아메리슘이 폐와 유방 등에서 발견된다. 의사와 전문가들은 그 수치가 플루토늄 6 나노큐리 정도라고 말하며, 이는 인체 허용기준인 40 나노큐리 이하이므로 안전하다고 말한다. 그리고 옆에 있던 다른 의사는 아무리 정밀한 검사 기구라도 오차범위가 ±300% 정도 된다고 말하면서, 그래도 캐런의 경우는 최대 허용치 이하라면서 그녀를 안심시키려고 한다.

그녀는 연맹 간부인 폴에게 뉴욕타임스 기자와 함께 오클라호마시티로 내려왔다고 전화로 알리는 한편, 밤에 있을 지역노조 회합에 필요한 서류를 가지러 병가중임에도 불구하고 출근을 하게 된다. 이 모임에는 폴과 뉴욕타임스 기자도 참석할 예정이다. 출근 하는 그녀의 차량 뒤로 '어메이징 그레이스'가 구슬프게 흐른다. 그리고 황량한 들판에 서있는 긴 전봇대들은 마치 그녀가 짊어지게 될 십자가처럼 보인다. 이제 오늘 저녁부터의 노조 모임에서는 회사의 산업안전 문제 등이 본격적으로 논의될 것이다. 이제 시작인 셈이다. 그러나(!) 이 날 저녁 모임 이후 캐런은 더 이상 동료들의 곁에 있지 못한다. 지역노조 모임 후 늦은 밤, 집으로 돌아가는 캐런을 뒤따르는 차 한 대가 있다. 한참을 뒤따르던 뒷 차의 헤드 라이트가 확대되는 순간을 전후로 그녀의 차는 길 아래로 처박혀 검은 연기를 피어올린다. 무언가를 알고 있는 듯한 절친한 친구 달리의 회한 가득한 눈물이 겹치면서…. 영화의 엔딩 크레디트가 올라가기 전 화면에는 다음과 같은 사실(?)들이 소개된다. "캐런의 사인은 명확히 알려지지 않았다. 서류의 존재도 불명확하다. 아무 것도 발견되지 않았다. 검시 결과 혈액 속에서 다량의 진정제 성분과 소량의 알코올이 검출되었다. 오클라호마시티 경찰은 단순 교통사고로 처리했다. 1년 후 공장은 폐쇄되었다."

　말 만들기를 좋아하는 어떤 이들은 인류의 최대 과제가 핵과 노동조합이라고 말한다. 그러나 이 말은 일리(一理)는 있지만 나머지 구리(九理)는 없다. 왜냐하면 노동조합과 핵산업 노동자는 오히려 핵이 가져올 일상적인 문제와 커다란 파국을 막기 위해 온 몸으로 저항해 왔기 때문이다. 그러므로 여전히 인류최대의 과제는 핵과 자본-국가인 셈이다. 예컨대 후쿠시마 핵발전소 복구작업에 지금도 수 많은 (비정규)노동자들이 투입되어 있음이 이를 웅변한다. 한편 1986년 캐런의 유족이 낸 소송에서 연방대법원은 커-멕기사는 실크우드 유족에게만 1,000만 달러 이상의 위자료를 지급하라고 판결하였다.

　끝으로 영화 중간 중간에 캐런이 부르는 '어메이징 그레이스'(Amaging Grace, 놀라운 은총)의 가사를 소개한다. 이 노래는 그녀의 삶 그 자체이기도 하다. 틈 나실 때 직접 들어보시길... 아니면 직접 불러보시길....놀라운 은총이 무엇일지 궁금해하면서.....

　　놀라운 은총이여
　　그 아름다운 소리
　　날 구해주었네, 불행한 삶에서
　　한때 길을 잃었으나
　　이제는 찾았네
　　멀었던 눈이
　　이제는 보이네
　　은총이 내게 일러주었네
　　내 마음 속의 두려움을

이제 그 두려움은 사라졌네
내게 얼마나 소중한 은총인가
내가 처음 믿게 된 그 시간
위험과 수고와 유혹을 헤치고
이제 여기 다다랐으니
은총으로 무사히 여기까지 왔네
이제는 나를 안식처로 인도하니
그곳은 만년을 머무를 곳
태양은 밝게 빛나고
날을 헤아리지 않으며
찬양의 노래를 부르리라
처음 알았던 그 순간처럼

놀라운 은총이여
그 아름다운 소리
날 구해주었네, 불행한 삶에서
한때 길을 잃었으나
이제는 찾았네
묶였던 몸이 이제는 자유롭네

참고문헌

신부용(2005), 「원자력 발전대안 없는 대안」, (주)생각의나무.
심기보(2007), 「원자력의 유혹」, 한솜미디어.
이병훈(1994), "미국 노동법 개정의 쟁점들", 영남노동운동연구소, 「연대와 실천」, 통권 제3호.
임영일(1995), "금속산별노조와 전미자동차노조UAW와 CAW의 사례를 중심으로", 「연대와 실천」, 통권 제12호.
임영일(1996), "관료적 산별노조의 민주화미국 화물운송노련(팀스터) II", 「연대와 실천」, 통권 제25호.
임영일(2001), "미국의 노사관계와 단체교섭구조", 영남노동운동연구소, 「연대와 실천」, 통권 제85호.
칼디코트, 헬렌(2007), 이영수 옮김, 「원자력은 아니다」, (주)양문.

여성노동자와 조직 활동가

마틴 리트의 〈노마 레이 Norma Rae〉

Norma Rae

여성노동자와 조직활동가

마틴 리트의 〈노마 레이 Norma Rae〉

노동문제와 직·간접적으로 관련된 영화들이 많은 것은 아니나, 진지한 접근으로 빼어난 예술성과 대중성, 그리고 사실성 등을 갖춰 많은 사람들로부터 사랑을 받고 있는 것들도 어렵지 않게 찾아볼 수 있다. 또한 다큐멘터리 형식의 국내외 노동관련 영상물들도 많이 소개되어 있다. 국내에서는 노동자뉴스제작단(www.lnp89.org) 등에서 직접 작업한 작품들을 상영·판매하고 있을 뿐만 아니라, 해외의 잘 알려진 노동관련 작품들을 보급하고 있기도 하다. 그리고 노동영화제 등을 통해서도 귀한 자료들이 소개되기도 한다. 문제는 우리들이 이러한 자료들에 쉽게 접근하지 못하고 있다는 점이 아닐까? 대개 이러한 접근의 어려움들은 중앙 중심의 상영 방식, 작품 대여체제의 문제점, 그리고 구입해서 보기에는 상대적으로 비싼 값 등에서 비롯된다고들 말한다.

그러나 이러한 문제점들에 더해 노동문제에 대한 우리들이 관심이 어느 날부터 잦아든 것은 아닐까? 즉 자본은 날로 유연해져 가는데 노동은 여전히 팍팍한 오늘날의 현실을 외면하게 만드는 원인들은, '신자유주의적인 역사적 블록' 문제를 중심으로 수없이 많이 논의될 수 있을 것이다. 하지만 우리 자신의 문제로 돌아온다면 어느새 노동문제에 대한 사회의 큰 이야기들에 지쳐 있다든지, '참을 수 있을 만한 존재의 가벼움'에 점차 익숙해져 가는 살림살이의 면모 탓은 없을까? 그러나 '길은 멀어도 마음만은' 뿐만 아니라, 여전히 올곧은 일들을 해야('Do the right thing')할 숙제들이 엄연히 놓여있는 오늘이 아니겠는가?[01]

문화재청장을 지낸 유홍준 교수가 네 번째로 낸, 「나의 문화유산 답사기」는 주로 북한의 문화유산에 관한 이야기들로 채워져 있다. 이 책에서 유교수는 자신의 일화를 하나 소개하고 있다. 평양 박물관에서 구석기시대의 유물을 모두 둘러본 뒤에, 안내하던 지도원에게 이 유물들이 출토된 지역(검은 모루 동굴)을 직접 보고 싶다고 말한다. 지도원은 "지금 가봐야 발굴이 모두 끝나 볼 것이 하나도 없다"라고 하지만, 고집 끝에 찾아가게 된다.

지도원의 말 대로 아무 것도 없는 평범한 언덕에 불과한 곳이었다. 그 언덕에 앉아 잠시 상념에 젖어있는데, 옆에 있던 지도원이 발밑의 평범한 돌 하나를 주워들어, "이 돌하고 박물관에 전시되어 있는 돌하고 무슨 차이가 있습니까?"라고 묻는다. 꾀 많은(?) 유 교수는 이렇게 답을 했다고 한다. "지도원이 들고 있는 돌은 '깨진 돌'이고, 저 박물관에 있는 돌은 '깬 돌'입니다"라고…

'깨진 돌'은 원래 그저 그렇게 생겨먹은 돌이고, '깬 돌'은 간 돌(마제석기)이거나 아니면 용도에 맞게 일부러 부러뜨린 돌(타제석기)일 것이다. 필자는 이 일화를 읽으면서 문득 이런 생각이 들었다. '깨진 돌'에서 '깬 돌'까지의 시간 속에는 과연 무엇이 들어있을까? 그것은 바로 우리들의 '노동'이었다. 이

---

01 │ 필립 카우프만 감독(1989), 〈프라하의 봄〉(밀란 쿤데라의 소설, 「참을 수 없는 존재의 가벼움」을 영화화), 루이스 루시아 감독(1960), 〈길은 멀어도 마음만은〉, 스파이크 리 감독(1989), 〈똑바로 살아라〉.

처럼 노동은 역사를 움직이는 원동력이자 우리 삶의 전부, 그 자체가 아니겠는가? 기업 친화적인 것에서부터 미친 소 프렌들리까지, 온갖 '프렌들리'가 횡행하는 바람에 노동친화적인 환경이 급속히 악화되고 있는 현실이지만, 아름다운 것들은 이루기가 까다롭고, 좋은 일은 실현되기가 다소 어렵지 않았던가?(칼레파 타 칼라 [02], χαλεπα τα καλα). 누구나 할 수 있는 말이지만 그래도 홉스봄(2007: 672)에 기대어 말해본다면, "세상은 저절로 좋아지지 않는다." 일상의 작은 움직임들 속에 큰 일들이 준비되어 있다고도 하고, '내가 춤출 수 없으면 혁명이 아니다'라고도 하지 않는가 [03]. '누가 내 치즈를 옮겼을까' 따위에 고민하지 말고 '만사형통'의 그날까지 명랑하게 이겨내자 [04]. 영화도 가끔 보면서… . 이제 〈노마 레이〉로 돌아가자.

먼저 국내에서도 여전히 많은 인기를 끌고 있는 미국 시트콤 〈프렌즈 Friends : 시즌 9〉의 어느 한 꼭지(The One Where Rachel Goes Back to Work: 일터로 돌아간 레이첼)를 살펴보자. 레이첼(제니퍼 애니스톤)은 산후 조리 후 갖게 된 2주간의 출산휴가를 떠나기 전, 아기 자랑을 하기 위해 회사에 잠깐 들렀다가, 자기 자리에 경쟁자가 임시로 앉아 있는 것을 보고 자리 걱정 때문에 그녀와 다투게 된다. 왜냐하면 새로운 경쟁자 때문에 휴가 뒤 자신의 일자리가 없어질 것으로 생각하였기 때문이다. 레이첼이 옥신각신 하는 중 아이의 아빠인 로스(데이빗 쉼머)가 경쟁자에게 '만일 당신이 일자리를 차지하게 되면 노동부에 고발'할거라고 하자, 레이첼이 "가만 있어요, 이 노동운동가야"라고 하며, 로스에게 면박과 핀잔을 던진다.

그런데 이 대사의 원래 내용은 "Calm down, Norma Rae!"이다. 군이

---

02 | 이문열(!)의 소설 제목이기도 하다.

03 | 최세진(2006), 「내가 춤출 수 없으면 혁명이 아니다: 감춰진 것들과 좌파의 상상력」, 도서출판 메이데이.

04 | 베스트셀러가 된 「누가 내 치즈를 옮겼을까」는 대표적인 자본-프렌들리 책이다. 〈만사형통〉은 장 뤽 고다르 감독 등 (1972)의 노동영화이다.

직역 하자면 "가만 있어요, 노마 레이" 쯤이 된다. 〈노마 레이〉는 마틴 리트(Martin Ritt, 1914-1990) 감독[05]의 영화(1979년)이기도 하고, 이 영화의 여주인공(샐리 필드) 이름이기도 하다. 다시 말하자면 번역자가 고유명사인 노마 레이를 미국 노동운동가의 대표인 것처럼 의역한 것이라 할 수 있다. 드라마의 문맥상 노동운동가로 번역한 것이 매우 적절하였다고 생각한다. 그런데 왜 미국에서 대중적으로 가장 인기 있는 드라마에서, 노마 레이=노동운동가로 자연스럽게 표현되었을까? 웹 기반 작가들의 노조설립 열풍을 보도한 AP통신의 기사(2007년 8월) 제목도, "블로거에게도 노마 레이가 필요한가?"인 것을 보면 적어도 미국사회에서는 좌파성향의 노동운동 또는 활동가를 노마 레이와 등치시키는 관행이 자리 잡고 있는 모양이다.

그리고 〈노마 레이〉의 제작과정에 얽힌 일화도 이러한 판단을 뒷받침하고 있다(김진희·이재광, 2000: 124-125를 참조). 이 영화의 제작자들이 여러 영화 스튜디오를 방문하여 지원을 요청하였지만, 영화가 안고 있는 노동문제라는 주제의식 때문에 계속 거절을 당한다. 제작자들은 이러한 문제들을 우회하기 위해 〈노마 레이〉가 결코 노동영화가 아니며 오히려 여성영화라는 점을 강조하기도 하고, 1976년에 큰 성공을 거둔 〈록키〉에 빗대어, 이 영화도 하층민의 인간승리를 다룬 영화라는 점에서 '여성 록키'와 같은 영화가 될 것이라고 설득하였다고 한다. 이상의 사례들은 미국인들의 일상에서 노마 레이가 가장 과격한(?) 노동운동가의 대표로서 은연중에 각인되어 있다는 점을 보여준다.

---

05 | 마틴 리트 감독의 대표작으로는 문맹 노동자의 희망기를 담은 〈스탠리와 아이리스(1990)〉, 매카시 광풍기의 '빨갱이 사냥'을 소재로 한 〈프론트(1976)〉 등을 들 수 있다. 마틴 리트 감독 자신도 공산주의자 블랙리스트에 올라 마녀사냥을 당한 경험이 있다. 이러한 경험이 배어 있는 영화가 바로 〈프론트〉(우디 알렌 주연)이다. 1950년대 매카시 선풍이 불 때, 미국 배우조합의 몇몇 인물들은 동료들을 빨갱이로 고발하는 일을 일삼기도 한다(대표적인 인물이 로널드 레이건과 월트 디즈니 등이다). 한편 1940~50년대 CIO(미국 산별노조협의회) 내부의 공산주의자 색출작업은 이후의 노동조합운동에 악영향을 끼치기도 한다. 참고로 2006년에 상영된 〈굿 나잇 앤 굿 럭〉(조지 클루니 감독)은 매카시 광풍 시기, 미국 CBS의 양심적인 뉴스 팀과 조셉 매카시 상원의원과의 맞대결을 그리고 있는 수작이다. 한편 1979년에 만들어진 〈노마 레이〉는 당시 한국에서는 상영되지 못했다.

잘 알려져 있다시피 미국의 노동운동사를 보게 되면, 이 나라는 노동당과 노동절을 세계 최초로 창시했던 나라이기도 하지만[06], 이상하게도 유럽 사회와 비교해보면 사회주의적인 전통이나 계급정당의 활동, 노동운동의 모범적인 사례들이 일상적으로 거의 언급되지 않거나 매우 위축되어 있다는 인상을 받게 된다. 왜 그럴까? 토그빌이나 좀바르트 등의 자유주의- 형이상학적 관점 이래로, 현재까지 대부분의 연구자들은 이러한 현상을 '미국적 예외주의'(American exceptionalism)에서 찾고 있다.

미국의 노동사학자인 마이크 데이비스(1994: 16-73)에 따르면, 노동운동 부문에 있어서의 미국적 예외성은 다음과 같이 제시된다.

첫째, 전자본제적인 계급구조나 사회구조의 부재, 둘째, 영국자본에 대항한 미국 토착 부르조아지의 자본주의적인 민족해방, 셋째, 사적 소유의 신성함과 자본축적의 미덕을 찬미하는 소자본가와 농민계급의 독특한 계급동맹, 넷째, 민족적·종교적·인종적 분열에 따른 노동계급의 정치력 희석, 다섯째, 양키 소자본가 층에 기반한 공화당과 가톨릭 이민자 층을 토대로 한 미국의 양당 제도에 흡수된 노동자 정당, 그리고 끝으로 산업화 초기부터 불거진 토박이 숙련기능공과 이민 노동자 대중 사이의 적대와, 대공황 시기 오히려 강화된 지배계급 정치체제의 헤게모니 등이 그것이다.

요컨대 노동문제와 관련된 미국적 예외주의는, 미국의 노동자들이 유럽의 노동운동처럼 사회주의적 목표와 계급에 기반한 정당을 창출하지 못하고 있는 현상을 총칭하는 말이 될 것이다. 그리고 또 다른 한편에서는 역설적으로 미국의 우월성을 은연중에 강조하는 이론이 되기도 한다.

아이러니하게도 이러한 연유들 탓에 마틴 리트의 〈노마 레이〉는 현재

---

06 | 미국 노동당(Workingmen's Party, 1828-1832)의 경우, 1828년 필라델피아주의 일군의 장인들에 의해 세계 역사상 최초로 조직되었다. 이 운동은 여러 사회 층이 혼합된 가장 초보적인 정치의식화 움직임이었다. 즉 이들(Workies)은 이념상으로 장인문화와 프로테스탄트적-민주주의적 민족주의의 전통에 기반하고 있었다(Davies, 1994: 15, 28, 35).

까지 꾸준한 생명력을 지니며, 미국노동영화의 대표작으로 소개되고 있다. 이제 이 영화의 내용들을 살펴보도록 하자[07]. 이 영화에는 우리들에게 비교적 잘 알려져 있는 샐리 필드(Sally Field)가 노마 레이 웹스터 역으로 등장하고, 그녀의 새로운 남편(소니) 역으로는 보 브릿지스(Beau Bridges)가, 그리고 노마가 일하고 있는 작업장에서 노조원을 조직하려는 활동가(labor organizer) [08] 루벤으로는 론 라이브먼(Ron Leibman)이 출연하고 있다[09].

남매를 둔 31살의 이혼녀 노마는 미국 남부 노스캐롤라이나주 작은 마을의 방직공장(O. P. 헨리 방직공장) 노동자이다. 그녀는 휴일의 대부분을 남자들과 모텔을 전전하면서 보내곤 한다. 이 영화의 시대적 배경은 1978년의 여름이다. 즉 감세, 정부지출 삭감, 시장중심주의, 그리고 복지부문의 축소 등을 골자로 하는 레이거노믹스가 막 시작되는 시기이다. 영화의 첫 장면은 그녀가 일하고 있는 방직공장의 노동과정을 리얼하게 보여주고 있다. 서로간의 이야기도 힘들만큼의 엄청난 소음과, 환기가 잘 되지 않는 작업장, 그리고 솜 등의 원자재에서 날리는 분진 등에서 작업환경이 매우 열악함을 짐작할 수 있다. 그녀의 엄마도 같은 공장에서 일을 하고 있는 노동자이지만, 작업장의 소음 때문에 난청병을 얻게 된다. 그러나 회사 내에 상주(!)하고 있는 의사는 일상적인 증상이라며, 정 힘들면 다른 일자리를 알아보면 되지 않느냐고 대수롭지 않게 대한다. 그러나 노마는 "이 도시에 일자리가 어디 있어요. 이 공장뿐인데"라면서 거칠게 대든다.

---

07 | 이 영화는 미국 남부 소재 한 섬유노조(Local 527_S)의 노동쟁의를 지원했던 크리스탈 리 서튼(Crystal Lee Sutton)의 경험에 기초하여 만들어졌다. 그녀에 대한 보다 자세한 내용은 The Washington Post의 1980년 6월 11일자 영화 리뷰 기사에서 찾아볼 수 있다. 참고로 크리스탈 보다는 이전 세대이지만 여성노동운동가로 잘 알려져 있는 이는 '마더 존스'이다(엘리옷 고온(2002)을 참조할 것).

08 | 조직활동가를 소재로 다룬 영화로는 켄 로치 감독의 〈빵과 장미〉와, 〈식코〉, 〈볼링 포 콜롬바인〉, 그리고 〈로저와 나〉 등으로 잘 알려진 마이클 무어 감독의 다큐멘터리 〈The Big One〉을 들 수 있다.

09 | 샐리 필드는 이 영화로 전미비평가협회 여우주연상, 미국 아카데미 여우주연상, 골든 글로브 여우주연상, LA 비평가협회 여우주연상, 뉴욕 비평가협회 여우주연상, 칸 영화제 여우주연상 등을 휩쓸었다. 비교적 쉽게 구해볼 수 있는 그녀의 대표작은 〈마음의 고향(1984)〉, 〈철목련(1989)〉, 〈포레스트 검프(1994)〉 등이 있다.

어느 날 미국방직노조(TWUA)[10]에서 파견된 루벤 워쇼브스키가 노마의 집으로 찾아온다. 노조원들을 효과적으로 조직하기 위해 노동자들과 가까운 곳에 거처를 마련해야 했기 때문에, 노마의 집을 찾게 된 것이다. 그러나 노마의 아버지(노마와 같은 공장의 직조기 담당 노동자)는 "내가 아는 한 당신들은 공산주의자거나 선동가거나 사기꾼이거나 유태인이거나, 아니면 모두 해당하는 놈들"일거라며 하숙을 거절한다[11]. 근처 모텔로 숙소를 정한 루벤은 다음 날부터 공장 정문 앞에서 유인물을 나눠주며 조합원 가입활동을 하게 된다.

한편 노마는 관리자로부터 시간당 1달러 50센트를 더 받게 되는 작업량 검사원(spot checker)으로 승진시켜주겠다는 제안을 받는다. 검사원은 작업자 옆에 붙어 서서, 단위 시간당 생산량이 얼마나 되는 지를 일일이 체크하고 작업속도를 채근하는 등의 노동통제를 하게 된다. 이 제안을 받게 되면 동료들로부터 따돌림 받게 될 것이 분명한데도, 그녀는 이를 받아들이게 된다. 실제로 동료들로부터 따돌림을 당하는 날들을 보내던 중, 어느 날 루벤의 특별강연을 들으러 가게 된다. 루벤은 자신의 할아버지 이야기를 곁들여 노동자들의 가족과 같은 동지애에 대해 차분하게 설명한다. 이를 통해 '차별 없는 하나'로서의 노동조합을 강조한다. 당시까지만 하더라도 이 지역의 방직산업체는 미국 내에서 유일하게 노조가 결성되어 있지 않은 곳이었다. 루벤은 참석자들에게 방직산업의 열악한 노동실태를 예로 들면서, 자신이 머물고 있는 골든 체리 모텔 13호로 와서 노조가입원서를 작성해달라고 호소한다.

잘 아는 내용들이겠지만 산별노조체제를 갖고 있는 대부분의 나라들에

---

10 | 실제의 정식 명칭은 ACTWU(Amalgamated Clothing and Textile Workers Union)이다.
11 | 미국의 많은 토박이 노동자들이 근거 없이 가장 경계하고 싫어하는 대상이 압축적으로 표출되고 있는 장면이다. 흔히 "초창기 미국 맑스주의의 언어는 독일어와 이디시어였다"고 말할 때, 이 속에는 유럽에서 건너온 이민급진주의자와 이디시어를 사용하는 사회주의적인 유태인이 포함되어 있다(Davies, 1994: 64-65).

서는 사업장 내에 노동조합 사무실이 따로 없다. 그래서 지역 내에 노조사무실을 두든지(미국에서는 이를 '로컬'(local)이라고 부른다), 아니면 지역 내에 노조 사무실이 없을 경우 루벤처럼 자신의 숙소 등에서 노조가입 작업을 직접 하게 된다. 앞서 말한 바처럼 루벤이 공장 밖에서 가입 운동을 하는 것도 이러한 이유에서이다. 참고로 독일의 경우 역시 사업장 내에 노조 사무실이 없기는 마찬가지이다. 그러나 현장에서 발생하는 조합원들의 일상적인 문제들을 해결하기 위해 노조 신임자회 등을 두고 있다.

이 강연에서 무언가를 느낀 노마였지만, 시간이 없다는 핑계로 가입을 거절한다. 참석자들의 냉담한 반응들에도 좌절하지 않고, 다음 날 루벤은 공장시찰을 하게 된다. 왜냐하면 미연방법원의 칙령 7778조에 근거하여 노조는 1주일에 한 번씩 노조 전단지가 제대로 붙어 있는 지를 알아보기 위해, 공장 내의 게시판을 시찰할 권리가 있기 때문이다. 그러나 공장 내 게시판의 노조 관련 유인물들은 노동자들이 도저히 읽을 수 없는 높은 위치에 부착되어 있거나, 원료 더미 뒤에 감추어져 있는 등 회사의 노조 기피 전략이 드러나게 된다. 루벤의 이러한 '현장 휘젓기'를 생전 처음 보게 된 노동자들은 이 일 이후 노조가입을 서서히 시작하게 된다. 노마 역시 루벤의 숙소를 찾아가 가입을 하게 되고, 노조 자원봉사 활동을 하게 된다. 예컨대 가입원서를 돌린다든지, 작업장 내에서 '노조에 가입하자'(Join TWUA)라는 뱃지를 달자는 권유 등이 그것이다

회사 측의 반대와 방해 등이 집요하지만, 노마는 더욱 열심을 내개 된다 (이 와중에 루벤과의 애정이 싹트기도 하고, 새로운 남편이 된 소니와도 불화를 겪게 된다). 그러던 어느 날 작업장에서 일을 하시던 아버지가 과로로 쓰러져 끝내 사망에 이르게 된다. 이러한 일들은 그동안 노마에게 잠재되어 있던 투쟁의 기운을 폭발시키게 된다. 그러나 회사는 노동자들을 더욱 감시

하고, 일자리를 위협한다. 노마는 이러한 압박과 방해를 무릅쓰고 공장의 기계 위에 올라서서 침묵시위를 벌이게 된다. '노동조합' 또는 '연대'로도 읽힐 수 있는, 'UNION'이 적힌 허름한 골판지 팻말을 들고서… 이 장면은 영화에서 가장 압도적인 힘을 뿜어낸다(그리고 이 장면은 앞서 언급한 크리스탈의 실제 운동방식을 화면에 옮겨 놓은 것이기도 하다). 많은 곡절 끝에 마침내 회사는 노조가입 물결을 인정할 수 밖에 없게 되고, 노동자들의 찬반 투표를 통해(찬성 427표(54.6%), 반대 373표) 공식적으로 노조가 출범하게 된다.

　참고로 미국의 경우, 노동조합이 어떠한 과정을 거쳐 설립 되는 지에 대해 잠깐 살펴보도록 하자. 미연방법에 따르면 노동자의 30%가 노조가입에 서명을 하게 되면 노조설립이 허용된다. 그리고 미국의 노조 설립이 법적으로 명실상부하게 승인이 된 때는, '전국노동관계법'(National Labor Relations Act)이 의회에서 통과된 1935년이다(단결권과 단체교섭권의 인정). 와그너법(Wagner Act)이라고도 불리는 이 법은 비교적 노동자의 권리를 옹호하고, 사용자의 부당행위를 제한하는 내용을 담고 있지만, '노동조합'이라는 용어는 실제로 이 법에 등장하지는 않는다(Davies, 1994: 91, 153을 참조할 것). 그러나 프랭클린 루즈벨트의 뉴딜 정책의 노동관련 정책을 담고 있는 이 법에는, 아직까지 노조를 와해할 수 있는 사용자측의 방해공작을 허용하지 않고 있었다. 그러나 1947년에 제정된 '태프트-하틀리법'(Taft-Hartley)은 거의 모든 면에서 노조를 공격할 수 있는 내용으로 채워져 있다. 미국의 노조 지도자들은 오늘날까지도 이 법 때문에 노조 결성이 어렵다고 말하고 있다(Levitt et al., 2002: 67) [12].

　이 모든 일이 끝난 후, 루벤은 노마와의 아쉬움을 뒤로 남긴 채 또 다른 조직사업을 위해 노마의 마을과 공장을 떠나게 된다. 노마에 대한 애틋한 마음은 묻어두고, 더욱 단단한 삶이 되길 기원하면서… 여담이지만 이 장면은 마치 서부영화의 라스트 씬처럼 느껴졌다. 그래서 마틴 리트 감독의 필모그래피를 살펴보았더니, 아니나 다를까 그가 만든 서부 영화가 한편 있었다. 〈허드〉(1963)가 그것이다. 영화의 마지막 장면에서는 시작 때와 마찬가지로 애잔하지만 따뜻한, 제니퍼 원스(Jennifer Warnes)가 부른 주제곡 'It goes like it goes'가 흐른다. 이 노래는 항상 베스트 영화 주제곡 중의 하나로 선정되곤 한다. 아카데미 영화제에서 주제가 상을 받기도 한 노래이다.

노동자의 아이에게 축복을
아이는 자신이 누구인지 아주 빨리 알아차리죠
노동자의 손에 축복을
노동자는 자신의 영혼이 자신의 것임을 알아요
그러니 무엇이든
흐르는 강물처럼
순리대로 흐르는 법이죠…[13]

---

12 | 대표적인 내용은 다음과 같다. 노조 설립 운동기간에 경영자가 이용할 수 있는 '고용자 권리', 노조 가입이 고용의 전제조건인 '클로즈드 숍'의 금지, '일할 권리법'('right to work' law)에 따른 조합비 의무화 금지 등이 그것이다. 이 법에 따라 노조 파괴자들이 지금까지 합법적으로 그들의 작업을 수행하고 있다. 이들의 활약상(?)에 대해서는 레빗 등(2002)이 쓴 「노동조합 파괴자의 양심선언」(도서출판 녹두)를 참고할 것. 노조파괴자들의 별칭은 '핑커턴'(Pinkerton)이다. 이는 폭력적인 청부 구사대 역할을 했던 사설 흥신소장의 이름(Allan Pinkerton)에서 비롯된다(Murray, 1998: 140–141). 한국의 경우에는 1989년 현대그룹 노동자 피습사건을 저지른 '제임스 리'로 통칭된다. 제임스 리는 〈파업전야〉(1990)에도 노조파괴자로 등장한다.

13 | 노래는 아래의 주소에서 감상할 수 있다. (cafe.naver.com/kty1234kty12.cafe?iframe_url=/ArticleRead.nhn%3Farticleid=18923)

참고문헌

김진희 · 이재광(2000), "노동영화와 노동의 역사", 「미국사 연구」, 12, 한국 미국사학회, 99-135쪽.

Davies, Mike(1994), 김영희 · 한기욱 옮김, 「미국의 꿈에 갇힌 사람들: 미국 노동계급사의 정치경제학」, 창작과비평사.

Gorn, Elliott(2002), 이건일 옮김, 「마더 존스: 미국에서 가장 위험한 여성」, 녹두.

Hobsbawm, Eric(2007), 이희재 옮김, 「미완의 시대: 에릭 홉스봄 자서전」, 민음사.

Levitt, Martin & Terry Conrow(2002), 조용진 옮김, 「노동조합 파괴자의 양심선언」, 녹두.

Murray, Emmett(1998), 「The Lexicon of Labor」, N. Y.: The New Press.

서비스 비정규 노동자들의 조직화사업

켄 로치의 〈빵과 장미 Bread And Roses〉

Bread And Roses

서비스 비정규 노동자들의 조직화사업

켄 로치의 〈빵과 장미 Bread And Roses〉

켄 로치(Kenneth Loach) 감독의 필모그래피를 살펴보면, 영화 속의 주된 장소는 대개 아일랜드, 영국, 스코틀랜드, 그리고 유럽 등이다.

〈빵과 장미〉의 감독 Ken Loach

그런데 〈빵과 장미〉(2000년)는 그의 다른 영화와는 달리 미국의 로스엔젤리스가 배경이다[01]. 여기에는 몇 가지 이유가 있는 것 같다. 뒤에서 살펴보겠지만 무엇보다 첫째로는 '빵과 장미'에 얽힌 미국의 한 노동운동이 주된 소재로 사용된 탓이고, 둘째로는 영-미형 자본주의의 특징이 북대서양을 사이에 두고서도 큰 차이를 보이지 않기 때문에 굳이 미국을 다루더라도 노동현실의 보편성을 담을 수

---

01 | 예컨대 아일랜드가 배경인 영화들은 〈히든 아젠다〉, 〈보리밭을 흔드는 바람〉, 〈케스〉 등을 들 수 있고, 영국의 경우는 〈자유로운 세계〉, 〈네비게이터〉, 〈다정한 입맞춤〉, 〈내 이름은 조〉를, 스코틀랜드는 〈달콤한 열여섯〉, 그리고 유럽의 경우는 옴니버스 영화인 〈티켓〉을 들 수 있다.

있다고 생각하였기 때문일 것이다. 한편 로스엔젤리스(Los Angeles)는 이름 그대로 '천사들'을 의미하는 스페인 말이다. 이 지역은 스페인-멕시코-미국으로 이어지는 식민의 역사과정을 압축적으로 보여주는 곳이고, 이러한 역사적 배경 탓에 영화의 주인공들인 멕시코인들을 비롯한 라틴계들이 많이 사는 곳이기도 하다(물론 한인들도 많음). 실제의 영화에서도 영어 못지않게 라틴계의 언어들이 무수히 발화되고 있다.

영화는 멕시코로부터 미국으로 밀입국하는 장면에서부터 시작된다[02]. 참고로 이러한 장면은 여러 다큐나 영화들에서 거의 비슷한 형태로 나타나고 있는데, 이는 영상의 내용들이 실제상황 못지않은 것임을 반증하는 것이라 할 수 있다. 이제 영화의 내용들을 통해 노동이 어떻게 이와 결합되는 지에 대해 살펴보도록 한다. 밀입국에는 성공하였으나 치러야 할 밀입국 비용이 부족한 마야(엘피디아 칼리로)는 밀입국꾼들에 의해 감금과 폭행의 위협에 놓이나, 기지를 발휘하여 이미 미국으로 건너와 살고 있는 로사 언니의 집으로 가게 된다. 로사 언니는 시내의 한 대

형 빌딩에서 미화원(janitor)으로 일하고 있고, 그의 남편은 심한 당뇨로 실명의 위기에 처해 있어 한시라도 생계비를 충당하지 않으면 가족 전체가 붕괴될 지경에 놓여 있다. 언니 집에 도착한 마야 역시 잠시 쉴 틈도 없이 언니가 소개한 술집에 취직을 하

---

02 | 파트리샤 릭겐 감독(2007)의 〈같은 달 아래서〉의 첫 장면도 매우 비슷하다. 이 영화는 4년 전에 멕시코에서 LA로 밀입국한 엄마를 찾으러 나선 9살 난 아들 칼리토스의 〈엄마 찾아 삼만리〉이다. 한편 밀입국이 주된 소재는 아니지만 멕시코 국경지대에 조성된 티후아나 지역(국제적인 보세가공업체가 밀집되어 있음) 여성 노동자들의 위기에 처한 실제 삶을 묘사하고 있는 조지 나바 감독(2007)의 〈보더 타운〉도 눈여겨 볼만하다.

나, 얼마 지나지 않아 언니와 함께 일하게 된다. 나중 언니와의 큰 말다툼 속에서 밝혀지지만, 이 일자리는 언니의 차마 밝힐 수 없는 큰 희생을 통해 얻게 된 것이었다.

마야를 비롯한 미화노동자들이 일하고 있는 곳은 시내 중심가에 자리한 대형 빌딩이며, 이들 노동자들을 파견·관리하는 회사는 도시 이름에도 걸맞게 '엔젤'이다. 이 회사는 미국 내에서 가장 큰 청소용역업체이며, 싼 값으로 경쟁입찰하여 일감을 확보하기 때문에 보험도 없으며 저임금을 지급하는 것으로 묘사되고 있다. 한편 인력 도급이 중심인 파견회사 엔젤에는 페레즈라는 현장주임이 상주하면서, 자본의 사관 노릇을 충실히 수행하고 있다. 마야가 입사한 첫날 페레즈는 채용의 조건으로 첫 달 월급을 자신에게 줘야한다고 말한다. 참고로 이 영화의 시대적인 배경은 1999년이다. 영화에 소개되고 있는 이들의 시간당 임금은 5. 7불만이 전부이며[03], 기타 복지관련 비용 등은 전혀 없으며 노사협의 조차 없는 곳이기도 하다. 현장주임 또는 반장 등이 노동자들의 임금을 중간 편취하는 이런 일들은 우리의 노동운동사에서도 찾아볼 수 있다. 예컨대 1903년 목포 부두노동자들의 '反십장 운동'이 그 것이다. 당시 십장들은 그들의 관행(?)대로, 일자리의 알선 대가로 임금의 10%를 소개비로 뜯어 왔는데, 이를 20%로 올리겠다고 한 것 때문에 발생한 것이었다(박준성, 2003을 참조).

이런 요구가 매우 불만스럽지만 마야는 일단 참기로 한다. 왜냐하면 페레즈가 많은 노동자들(특히 고령 노동자)이 곧 해고될 것이라고 협박하였기 때문이다. 비로소 안정적인(?) 일자리를 얻게 된 마야는 동료 노동자들과도

---

03 | 1999년 6월 30일을 기준으로 환율을 조회(외환은행)해보니 1불은 1,179원이었다. 외환 위기 이후임을 감안해야 할 것이다.

곧잘 어울리게 되고, 작업 역시 빠르게 익혀 나간다. 그런데 이 일을 한 지 석 달 정도 되던 어느 날, 청소 중인 사무실 복도에서 신나게(?) 쫓겨 다니는 샘(에이드리언 브로디)을 자신의 커다란 청소 도구함에 숨겨주게 됨으로써 노동운동과 만나게 된다(영화 포스터의 광고 문구는 이렇다. "내 휴지통 속으로 그 남자가 들어왔다"). 그는 이 회사의 게시판에서 미화노동자들의 명단을 몰래 입수한 일이 발각되어 사내 경비들로부터 쫓기고 있었던 것이었다. 샘은 SEIU(국제서비스노조: Service Employees International Union의 약자임[04]) 산하 1877지부(Local 1877)에서 활동하고 있는 전문적인 노조활동가(labor organizer)이다. 언젠가 샘과의 계급적 차이를 느낀 마야가 그에게 연봉을 묻는 장면이 나온다. 그는 연봉은 22,250불이고 로컬에서 숙식을 해결하고 있다고 말한다(정규직). 샘이 입고 있는 티셔츠의 앞면에는 '미화노동자들에게 정의를'(Justice for Janitors: J4J)이라는 구호와 그림이 새겨져 있고, '정의 1877지부'(Justicia Local 1877)라는 자신의 소속 지역지부도 소개되어 있다.

여기서 잠깐 SEIU에 대해 살펴보기로 하자. 영화에 나타나고 있는 LA 지역 미화노동자 조직화 사업은 실제의 사실에서 비롯된다. 즉 1991년 SEIU 388지부에 의해 시작된 이 사업의 캠페인 명칭 역시 "미화노동자들에게 정의를"이었고, LA에서 가장 큰 용역업체이자 국제적인 용역업체인 덴마크 국적의 ISS 용역회사를 대상으로 일구어낸 비정규직 노동자 조직화의 전범적인 사례이다(이일재, 2006). 이들의 조직화 전략은 '사회운동적 노동운동'(social

---

04 | 참고로 미국의 상급 노조단체 이름 중 'International'이 붙은 노조는 미국과 캐나다를 포함한 노조들이 대부분이다. 그러므로 미국 지역 내의 노조만을 지칭하는 것이 아니다. SEIU도 캐나다를 아우르고 있다.

movement unionism)[05]에 기반하고 있다(미국 서비스노조 수석 부위원장인 톰 우드러프의 인터뷰 기사 중에서 인용. 매일노동뉴스, 2004. 12. 13). 한편 미국의 SEIU는 공공서비스와 보건의료, 건물관리 등의 부문에 종사하는 노동자를 조합원으로 포괄하는 최대 노동조합이다(2004년 현재 취업 노동자 170만명+퇴직 노동자 12만명). 이 중에서 캘리포니아 지부의 경우 조합원이 약 70만명에 이르며, 최근 보도에 따르면 이 지부의 사무국장은 한인 3세인 코트니 선주 퓨(여, 37세)라고 한다(연합뉴스, 2008. 6. 13). 한편 미국의 최대 노조인 SEIU와 전미트럭운수노동조합인 팀스터(TEAMSTERS)는 2005년 미국노총(AFL-CIO)를 탈퇴하여 '승리를 위한 개혁 연합'(The Change to Win Coalition)을 결성한다(총 7개 노조단체). 그리고 SEIU는 1996년 앤드류 스턴(Andrew Stern)이 위원장이 되면서 부터 매면 10만명씩 조합원이 늘고 있다(그 이유에 대해서는 이근원(2009)을 참고할 것). 당시 미국노총의장이었던 존 스위니(John Sweeney)는 공교롭게도 SEIU의 전 의장이었다. 한국의 경우 SEIU에 근접하는 노조는 지역일반노조가 될 것이다. 다시 영화로 돌아가자.

이 일이 있은 후, 샘은 마야가 머물고 있는 언니의 집을 방문하게 된다. 물론 미화노동자들의 조직화(비정규 노동자들의 조직화 사업인 셈이다)를 위해 방문한 것이다. 이 장면과 집안에서 펼쳐지는 언쟁은 마틴 리트 감독의 〈노마 레이〉의 한 장면과 매우 흡사하다. 샘은 로사의 가족들에게 17년 전인 1982년도의 미화노동자 임금표를 보여주며, 당시의 시간당 임금은 8.5불이었으며[06] 유급병가와 휴가, 그리고 건강보험까지 모두 있었다며 앞서 말한 현재의 노동조건과 견주어 설명한다. 언니 로사로부터 냉대를 받는 샘이지

---

05 │ 이에 대해서는 킴 무디(1999), 피터 워터만(2000)을 참고하고, 이들에 대한 비판으로는 에릭 러너(2000)을 참고할 것.
06 │ 외환은행의 환율조회 서비스 연도는 2008년 6월 30일 현재, 1986부터 제공된다. 1982년의 자료를 찾을 수 없어 1986년 6월 30일 기준으로 살펴본 결과, 1불은 899.9원이었다.

만, 회사에 가서 신뢰할 만한 몇 몇을 모아주면 보다 자세한 정보와 사정들에 대해 이야기를 나눌 수 있다고 말한다. 그러나 블랙 리스트에 오르거나 해고의 걱정이 당연히 앞서는 로사는 이를 거절하고, 동생인 마야에게도 이에 휩쓸리지 않도록 주의를 준다.

언니의 말을 새겨들은 마야는 한
동안 이 문제에 큰 관심을 두지 않는
다. 그러던 어느 날, 버스 때문에 늦
게 출근할 수밖에 없었던 고령의 여성
노동자 테레사가 현장주임 페레즈로
부터 즉각적인 해고 통지를 받는 모습을 보고[07], 마야는 샘에게 전화를 하게 된다. 이 일로 1877 지부에 몇 몇의 노동자들이 모이게 되나, 샘이 들려주는 노동운동전략은 아직 생소하기만 하고 여전히 해고에 대한 불안감 등으로 동참을 주저한다. 샘의 전략은 다음과 같은 것이었다. 즉 이들이 일하고 있는 작업장의 구조를 먼저 이야기 하는데, 작업장은 건물주-용역업체-세입자 등의 고리로 연결되어 있기 때문에 이 중에서 가장 약한 고리를 건드리면 조직화가 쉬울 것이라고 말한다.

특히 세입자들 중에는 금융회사, 미디어 회사, 유명 연예인들을 관리하는 변호사업체(로펌) 등이 있어, 사회적 평판을 중시하는 이들은 자신들의 사업장 또는 건물에서 말썽이 일어나는 것을 꺼리기 때문에 이들을 효과적으로 압박하면 용역업체가 노조를 허용할 수밖에 없을 것으로 판단하고 있다 (이 전략은 앞서 말한 바와 같이 실제 성공한 사례이다).

---

07 | 테레사를 해고할 때 페레즈가 사용한 말은 'fired'이다. 이는 회사 경영상의 사정 등으로 일시적으로 해고하는 'lay-off' 와는 다른 개념이다. 그러나 일시적 해고자의 경우에도 원직으로 복직되는 비율은 실제 높지 않다.

한편 이러한 모임을 알게 된 현장주임 페레즈는 다양한 방법으로 노조결성을 저지하려고 한다. 예컨대 노조에 가입하게 되면 월급의 20%를 노조가 공제할 것이고, 관계당국에서는 입국비자를 검사해 불법 이민자들을 강제 귀국 시킬 것이라고 말한다. 즉 "노조에 가입하게 되면 인생이 고달파질 것이다"라고 협박을 한다. 또 다른 한편으로는 17년간 이 회사에서 근무하고 있는 엘살바도르 출신 여성노동자인 베르타에게 주임직을 제의하면서(시간당 임금 12.5불, 1주간의 유급휴가와 보험가입 등을 함께 제시), 이 모임의 주동자 발설을 요구하나, 그녀가 이를 거부하자 즉각 해고시켜버리고 만다. 그러나 이러한 일들은 촛불을 오히려 횃불로 만들어버리게 된다.

즉 같은 지역 내에 있는 타사업장의 투쟁 현장에 결합하여 찬조연설과 피켓 시위 등의 경험을 쌓으면서 노동자로서의 정체성을 깨쳐가게 된다(가랑비에 속옷이 젖게된 것이다). 한 노동자는 "우리는 생각보다 큰 힘을 갖고 있다"라고 말한다. 문학평론가인 테리 이글턴은 어느 글에선가 이렇게 말한 적이 있다. "사자와 조련사, 그리고 이를 지켜보는 관중들 중에서 누가 가장 힘이 센가?" 그의 정답은 '사자'였다. 그러면서 덧붙이는 말은, "그러나 가장 힘센 사자는 정작 그 사실을 모르고 있다"…

이러한 과정들이 진전되면서 마야의 언니인 로사도 적극 참여하게 된다. 노동자들이 자신의 사업장 조직화를 위해 준비하는 일들은 위에서 든 연대활동 이외에도, 실제 1990년에 있었던 'LA Century City' 미화노동자들의 투쟁 및 탄압 장면이 담긴 다큐멘터리 감상, 점심시간을 이용한 건물 관리인 항의 방문, 기금 모금을 위한 댄스 파티(마야의 형부는 파티장에서 쓰러져 병원으로 이송된다), 그리고 건물지분의 15%를 소유하고 있는 로펌의 파티장 휘젓기 등을 병행하게 된다(여담이지만 이 파티장에는 실제 유명 연예인들이 다수 등장하고 있다).

그리고 이 일들은 이후 3주간에 걸친 파업시위로 이어지게 된다. 또한 이 파업은 언론 등을 통해 사회적 쟁점으로 환기되는 한편, 샘과 마야의 애정이 깊어지는 계기가 되기도 한다 [08]. 그러나 페레즈는 이러한 파업에 참여한 노동자 중 일부를 선별하여 해고하고 대체 인력을 투입하는 한편, 남편의 입원으로 가계사정이 딱하게 된 로사를 회유하게 된다. 앞서 말한 바와 같이 로사는 건강보험에 들 수 없었다 [09]. 남편의 입원으로 로사는 하루 16시간이나 일을 할 수밖에 없는 지경이고, 엄청난 치료비를 도저히 감당할 수 없어 페레즈의 제의를 고민 끝에 받아들이게 된 것이다.

투쟁의 대열에서 이탈하여 노조활동의 주요정보를 페레즈에게 일러주는 장면들을 보게 된 마야는 주임이 된 언니와 심한 말다툼을 벌이게 된다. 그러나 로사는 "언젠가는 잘릴 사람들이야. (나는 이러한 일을) 또 할 수 있어. 늘 이길 줄 알지? 저 놈들은 우리보다 훨씬 강해, 항상"이라면서, "내가 식구들을 먹여 살렸는데, 내가 배신자야?"라고 되묻는다.

그리고 그녀는 미국으로 오기 전 티후아나에서 가족들의 생계를 책임지기 위해 아무도 모르게 5년간 매매춘을 할 수밖에 없었노라고 동생에게 밝히게 된다. 그리고 "너에게 이 일자리를 얻어주기 위해 내가 페레즈에게 어떤 일을 겪었는지 아느냐"고 비탄에 잠겨 울부짖는다. 언니와 다투고 집을 나선 마야는 어느 주유소 슈퍼에 들러 작심한 듯 돈을 훔쳐 나오게 된다. 마야와 함께 일하는 멕시코 청년 루벤의 법학대학 등록금 부족분을 채워주기 위해 이러한 일을 저지르게 된 것이다. 루벤에게는 "최고의 변호사가 되어달라"

<hr>

08 | 2004년 한국을 방문한 미국 SEIU 수석부위원장(톰 우드러프)은, "영화 속의 활동가가 조합원과 연애관계에 빠지거나 대중 앞에서 욕설을 하는 장면, 정치 연설의 내용 등은 영화의 장치일 뿐, 우리의 원칙이나 사실과는 차이가 있다"라고 말했다(매일노동뉴스, 2004. 12. 13).
09 | 미국에도 영세민을 위한 의료보호체계인 '메디-케어'(medi-care)가 있다. 그러나 영세하지만 일정한 소득이 나 재산이 있어, 이러한 피구휼 의보시스템에조차 들지 못하는 인구가 약 4,000만명이나 된다. 이 영화에서도 이러한 사정이 소개되고 있지만, 마이클 무어 감독의 〈식코〉가 이를 잘 보여준다.

는 말을 남긴다.

다시 현장으로 돌아온 마야는 동료 노동자와 타사업장 동지들과 함께 가두시위에 나선다. 시위의 피켓에는 '가족건강보호'(family health care), '즉각 복직!'(reinstate now!), 그리고 '1877 지부'(SEIU Local 1877) 등이 적혀 있고, 시위대의 물결 속에는 "우리는 빵을 원한다. 그리고 장미 역시 필요하다"(We want Bread But want Roses Too)라는 플래카드가 펼쳐진다. 시위대는 사업장에 돌입하여 "노조와 함께 착취를 몰아내자"라고 외치면서, 사회제도개선 요구투쟁, 전원 복직시까지 투쟁 등을 결의하기에 이른다. 건물 밖에서는 이들을 진압하려는 경찰들이 서서히 들어서게 되고… 시위 중 부르는 노동가요는 우리가 익히 들어 알고 있는 '흔들리지 않게'이다. "우리는 강철같이 단결했으니/ 우리를 막을 수 없다"(조안 대쉬의 노래 'We shall not be moved'로도 알려져 있다).

여기서 잠깐 '빵과 장미'의 파업으로 알려진 미국의 한 노동운동에 대해 살펴볼 필요가 있다(이하의 내용들은 특별한 언급이 없는 한, 보이어 등(1996), 데이비스(1994), 그  리고 위키피디아의 여러 자료들을 검색하여 정리한 것임을 밝혀둔다). 먼저 영화의 파업장면에 등장하는 이 구절은 미국 시인 제임스 오펜하임(James Oppenheim)의 시, 'Bread for all, and Roses, too: a slogan of the women of the west'에서 비롯된다(1911년 발표). 이 시는 1900년대초 섬유산업부문에 종사하던 여성노동자들의 일련의 시위와 파업에서 그 소재를 따온 것이다

(시의 부제에 쓰인 '서부여성노동자들의 슬로건'이라는 표현이 그것이다). 그리고 이 시와 연결된 이후의 대표적인 노동운동은 1912년 미국의 매사추세츠주 로렌스에서 발생한 섬유산업 여성 노동자들의 파업이다(대부분 이민 노동자들임). 이 파업은 1912년 3월 14일부터 5월까지 지속된 것으로, 미국 노동운동사에서는 이를 흔히 '빵과 장미의 파업'이라고 부른다(우리가 잘 알고 있는 헬렌 켈러 역시 이 파업에 동참하게 된다. 파업기금의 모집 등의 방법으로). 혹자들은 세계여성의 날의 시발점이 된 1908년 3월 8일의 뉴욕 방직공장 여성노동자들의 슬로건에서 그 연원을 찾기도 한다. 한편 「힘의 예술」, 「정글」, 그리고 최근 영화화된 「오일」(영화 제목은 〈데어 윌 비 블러드: 폴 토마스 앤더슨 감독(2008)〉이다)의 원작자인 업튼 싱클레어(Upton Sinclair)의 「정의를 향한 외침」(1915)에서 소개되기도 한다.

로렌스 파업이 발생한 이 시점에서부터 1913년까지 약 1년 넘게 미국 내에는 수많은 파업이 발생하는데, 이러한 파업들 중에서 로렌스 파업을 비롯해 약 150여건의 파업에 적극적으로 관여한 조직이 IWW(세계산업노동자동맹: Industrial Workers of the World)이다. 잘 알려져 있다시피 이 조직은 빌 헤이우드, 그리고 유진 뎁스 등에 의해 1905년에 설립되었으나, 지금은 그 명맥 정도만 유지하고 있다[10]. 여성노동운동가인 마더 존스(Mary Harris Jones)도 한때 동참하기도 하였다. 이 조직의 운동 기조는 다음과 같은 한 마디에 함축되어 있다. 즉 "한 사람에게라도 상처를 입히는 것은 우리 모두에게 위해를 가하는 것과 같다"(An injury to one is an injury to all). 이는 이전의 노동기사단의 운동방침이었던, "한 사람에게라도 상처를 입히는 것은 우리 모두의 관심이 된다"(An injury to one is the concern of all)를 보다 전투적으로 변용한 것이다(전투적 조합주의(?)). 그리고 조직의 대상자는 '임시노동자부터 카우

11 | IWW의 활동가였던 '프랭크 리틀'의 암살 사건을 다룬, 수잔 핑크(2000)의 〈어느 운동가를 위한 노래〉를 참고하길 바란다.

보이까지'를 망라하고 있으며, 세계적인 단일 노조(one big industrial union)의 건설을 목표로 한다. 또한 숙련공 중심의 AFL(미국노동총동맹: American Federation of Labor)에 대해 반대하고, 파업과 사보타지만이 노동자들의 단결을 가져온다는 신념으로 운동을 전개하는 급진적 사회주의자들이 근간을 이루고 있었다. 이 조직의 활동가들을 흔히 '와블리'(the Wobblies)라고 한다 (Murry, 1998: 91-92). 그러나 1918년 워싱턴주 센트럴리아에서 발생한 대학살 사건 이후 이제 이 조직은 그 명맥만을 잇고 있다(이에 대해서는 하워드 진의 '미국 민중사'를 참고할 것). 또 다시 영화로 돌아가자.

경찰의 폭력적인 진압으로 대부분의 시위 참가자들은 수갑에 채워져 경찰서로 이송된다. 그러나 유치장에 갇히게 된 노동자들은 더 이상 병든 닭이 아니라 싱그러운 향기들

을 얼굴 가득히 품고 있는 '진짜 노동자'로 변해 있다. 경찰관이 잡혀온 노동자들의 신원을 한명 한명 파악하는 장면이 이를 단적으로 보여준다. 어떤 노동자는 자신의 이름이 '에밀리아노 사빠따'라고 말하고, 어떤 이들은 '아우구스또 산디노', 그리고 '판초 비야 주니어' 등으로 답을 하나, 경찰관은 이러한 가명들이 어떤 의미를 지니는 지도 모르고 그대로 받아쓰고 있다. 이 일등으로 일순간 '즐거운 유치장'이 되어버린다. 잘 아시겠지만 사빠따는 현존하는 멕시코 투사를, 산디노는 니카라구아 산디니스타 반군을, 그리고 판초 비야는 전설적인 멕시코 혁명가를 지칭하는 것이다. 그런데도 경찰관은 이를 노동자들의 본명인 줄 알고 그대로 기재하고 있는 것이다. 리영희 선생의 자서전에, 자신을 취조하던 어느 검사가 "자본론이 뭐요?, 마르크스가 누구요?"라고 했다던 장면이 겹쳐진다. 이러한 일들이 진행되는 동안 용역업체인

엔젤은 이들 전원을 복직시키게 되고, 의료보험과 유급휴가를 보장하게 된다. 노동자들의 염원이 이루어지게 된 것이다.

그러나 마야는 주유소 슈퍼 절도건이 감시 카메라에 잡힘으로써, 다른 동지들과는 달리 멕시코 국경으로 추방당하게 된다. "재입국하면 형법 47조의 절도 혐의로 기소되어 최고 3년 형"을 받을 것이라는 말과 함께… 수송버스 안에서 먼발치에 서 있는 로사 언니와 따뜻한 화해의 눈길을 나누면서… 샘과의 일들은 또 다른 성장의 원동력으로 간직한 채…

우리의 노동운동이 지금 기로에 서있다. 이랜드 노동자, KTX 여승무원, 그리고 기룡전자 노동자들의 외침이 왜 날이 갈수록 잦아드는 것처럼 들릴까? 노동운동의 관료주의화는 이제 충분히 되었지 않나? 민주적인 의사소통과 효율적인 조직운영을 위해 가장 기본적으로만 필요한 관료주의화가 오히려 운동의 바리케이드로 작용하게 된다면, 노동운동의 걸음걸이는 한동안 그리고 한참을 우회할 수밖에 없을 것이다. SEIU는 재정의 절반 가까이를 조직화 사업에 투입하고 있다. 노조활동가에는 샘과 같은 훈련받은 전문 활동가뿐만 아니라 현장출신, 사회운동가, 지역운동 출신자 등이 결합되어 있다. 그러나 우리나라의 경우 민주노총 지역본부 조직가 및 조직사업비 현황은 조사된 지역본부에 따라 3~10% 등으로 편차가 심하기도 하고(이강익, 2006:16), 현실을 감당하기에는 너무나 소략한 노력들이라 하지 않을 수 없다.

끝으로 진영종 성공회대 교수(대학강사노조 초창기 멤버로 기억한다)가 번역한 제임스 오펜하임의 시를 소개한다.

우리가 환한 아름다운 대낮에 행진, 행진을 하자,
헤아릴 수 없이 많은 컴컴한 부엌과 잿빛 공장 다락이
갑작스런 태양이 드러낸 광채를 받았네.
사람들이 우리가 노래하는 '빵과 장미를'을 들었기 때문에.

우리들이 행진하고 또 행진할 땐 남자를 위해서도 싸우네,
왜냐하면 남자는 여성의 자식이고, 우린 그들을 다시 돌보네.
태어나서 죽을 때까지 우린 착취당하지 말아야만 하는데,
마음과 몸이 모두 굶주리네: 빵을 달라, 장미를 달라.

우리가 행진하고 행진할 때 수많은 여성이 죽어갔네,
그 옛날 빵을 달라던 여성들의 노래로 울부짖으며,
고된 노동을 하는 여성의 영혼은 예술과 사랑과 아름다움을 잘 알지 못하지만,
그래, 우리가 싸우는 것은 빵을 위한 것 - 또 장미를 위해 싸우기도 하지.

우리들이 행진을 계속하기에 위대한 날들이 온다네…
여성이 떨쳐 일어서면 인류가 떨쳐 일어서는 것…
한 사람의 안락을 위해 열 사람이 혹사당하는 고된 노동과 게으름이 더 이상 없네.
그러나 삶의 영광을 함께 나누네: 빵과 장미를, 빵과 장미를 함께 나누네.

참고문헌

박준성(2003), "일제 목포 부두노동자 투쟁", 민주노총, 「노동과 세계」.

이근원(2009), "매년 조합원이 10만명 늘어나는 노조", 「레디앙」, 1월 4일 기사.

이강익(2006), "노동조합 전략유형으로서의 조직화 모델의 형성 요인: 지역일반노동조합의 사례를 중심으로", 강원대학교 사회과학연구소, 「사회과학연구」, 제45집 2호.

이일재(2006), "신자유주의 고용유연화와 불안정 고용: 비정규직 노동자에 관한 제문제", http://cafe.naver.com/3win/2518.

Boyer, Richard & Hebert Morais(1996), 이태섭 옮김, 「알려지지 않은 미국 노동운동 이야기」, 책갈피.

Davies, Mike(1994), 김영희·한기욱 옮김, 「미국의 꿈에 갇힌 사람들」, 창작과 비평사.

Lerner, Eric(2000), 최형익 옮김, "킴 무디의 사회운동적 노조주의 비판", 「진보평론」, 제2호.

Moody, Kim(1999), 사회진보연대 옮김, 「신자유주의와 세계의 노동자」, 문화과학사.

Murry, Emmet(1998), 「The Lexicon of Labor」, N. Y. : The New Press.

Waterman, Peter(2000), 국제연대정책정보센터 옮김, 「지구화시대의 전세계 노동자」, 문화과학사.

Zinn, Howard(2006), 유강은 옮김, 「미국 민중사」, 시울.

68혁명과 노동운동

장 뤽 고다르의 〈만사형통 TOUT VA BIEN〉

TOUT VA BIEN

68혁명과 노동운동

만사형통이란 모든 일이 근심이나 장애 없이 술술 잘 풀리는 것을 의미한다. 그런데 우리들의 살림살이가 이러한 사전적인 의미처럼 잘 굴러가는 때가 그렇게 많을까? 장-뤽 고다르와 장-피에르 고랭이 공동 감독·각본(1972)으로 만든 이 영화의 타이틀 〈만사형통〉은 사전적인 '일물일어'(一物一語)에 머물지 않는 중의적 의미를 지니고 있다. 왜냐하면 이 영화는 과거와 현재라는 시간적 배치를 통해, 등장인물들의 삶이 정말 '만사 OK'인지를 점검하고 있기 때문이다. 그러므로 이 영화에서 제시되는 두 시대(68혁명기와 1972년의 프랑스)는, 단순히 '과거는 흘러갔다'라거나 '영광이여 다시 한번' 또는 '죽은 자식 고추 만지기' 식의 연대기적 펼침이 아니라 과거와 현재간의 끊임없는 교호 아니면 과거를 잊어버렸거나 잃어버렸거나, 혹은 외면해 온 우리 자신들의 화석화된 현재 삶을 성찰하려는 장치로 작동되고 있다.

영화의 등장인물들은 모두 각자의 방식대로 68혁명의 한 가운데를 지나,

1972년 현재 드 골에 이어 퐁피두가 집권하고 있는 우익의 시대에 살고 있다. 예를 들면 가끔 광고를 찍는 영화감독으로(쟈크: 이브 몽땅 분), 미국의 ABS에서 파견된 프랑스 특파원으로(수잔: 제인 폰다 분), 이태리 출신의 공장장으로(토토: 비토리오 카프리올리 분), 그리고 노동자로… 이들 모두의 삶은 정말 '모든 것이 괜찮을까?'(Tout Va Vien). 이들에게 68혁명은 도대체 무엇이었을까? 경험은 신체와 의식에 각인된다고 하지 않던가? 이런 면에서 잠깐 프랑스의 68혁명의 내용에 대해 살펴보도록 한다. 1968년 5월부터 6월까지 펼쳐졌던 이 운동은 사실상 누구의 계획도 없이 시작되었다(카치아피카스, 1999: 212; EBS 지식채널e, 2007. 11. 26)[01]. 그러나 5월혁명의 전조는 이미 3월에 점화되고 있었다. 즉 같은 해 3월 베트남전[02] 반대를 외치며 파리의 아메리칸 익스프레스 사무실을 습격하다 체포된 8명의 대학생들의 석방을 요구하며 학장실을 점거한 몇 명의 소르본느 대학생들에 대한 정부의 강공책에서부터 비롯된다[03]. 나찌 점령기를 제외하면 프랑스에서 경찰 투입 등과 같은 대학의 자율성 침범은 20세기 들어 처음 있는 일이었다.

이들에 대한 강제 진압과 이후 거리에서 전개된 학생과 경찰과의 대치국면이 급기야 폭력적인 진압으로 치닫게 되자, 많은 국민들이 지지하며 거리로 쏟아져 나오게 된다[04]. 그러던 어느 날(5월 10일), 프랑스인들의 '해방정신'을 상징하는 바리케이드가 세워지게 된다(이 날은 흔히 '바리케이드의 밤'이라고 불린다. 그리고 이러한 바리케이드는 은폐·엄폐를 위한 도구적인 성

---

01 | 그러나 68혁명의 국제적 요인을 거론할 수 있다. 예컨대 볼리비아에서 살해된 체 게바라의 추모사에서 피델 카스트로가 이 해를 '영웅적 게릴라의 해'로 선포한 것, 중국의 문화혁명(1965~1969), 베트콩의 구정공세, 버트란트 러셀 평화재단의 국제전범재판소 운영과정 등이 그것이다. 보다 자세한 내용들에 대해서는 제프 일리(2008: 618~619)를 참고할 것.

02 | 참고로 베트남전은 1965년 미국의 존슨 대통령의 베트남 파병으로 시작되었다. 그리고 공교롭게도 미국과 베트남의 파리 평화 회담이 1968년 5월 초부터 시작되고 있었다.

03 | 1968년 당시 프랑스의 대학생 수는 51만 4천 명 가량이었다.

04 | 프랑스 여론조사기관인 IFOP는 파리시민의 5분의 4가 봉기를 일으킨 학생에게 공감하고 있다고 발표하였다(카치아피카스, 1999: 214).

격의 것이 아니라 압제에 저항하는 표현적인 성격을 띤다). 잘 알려져 있듯이 프랑스인들의 이러한 바리케이드는 1844년의 군주정을 몰락시킨 노동자 혁명, 1871년의 '파리 코뮌', 그리고 1944년 독일 점령군에 맞선 파리 봉기 때에도 어김없이 솟아올랐다. 운동의 진행과정에서 1천만 명에 가까운 노동자들이 파업을 벌였고, 거의 한달 동안 일상 업무가 마비되었으며, 파리에서는 시를 통제하려는 경찰과 수만 명의 시민들 사이에서 격렬한 격돌이 일어났다(카치아피카스, 1999: 213).

이후 이를 둘러싼 지식인들의 논쟁도 가열되었다. 레이몽 아롱은 "1968 운동은 억눌린 감정을 왕창 토해낸 것에 불과하기 때문에, 이는 가두에서 벌어진 집단극, 사이코 드라마 또는 언어 치매"로 이해하였다. 반면 알랭 투렌은 "젊은이들이 암묵적으로 추구한 것은 1848년 이전의 유토피아 이념으로 되돌아가는 것"이라고 하였다(홉스봄, 2002: 412). 그때도 이문열과 진중권이 있었던 셈이다. 그러므로 해 아래 새로운 것은 없다. 다만 새로운 것만 찾다가 중요한 근본을 잃어버리는 일은 더러 볼 수 있어도… 이제 영화로 돌아가자.

68혁명의 문화적 영향력들은 사회의 각 부문에서 찾아볼 수 있지만, 특히 영화부문에서는 고다르의 작품들이 전범이 된다. 예컨대 그의 〈주말〉(1967)은 68혁명 당시 학생들의 심정을 가장 잘 대변했던 '상황주의자'들[05]과 비슷한 메시지를 전하고 있다(카치아피카스, 1999: 68-69; 홉스봄, 2002: 411). 예컨대 상황주의의 주요 표어중의 하나였던, "우리는 굶어 죽을 가능성이 있는 세계일지라도, 권태로움으로 죽을 가능성이 있는 세계와는 바꾸고 싶지 않다"라는 그것인데, 고다르는 〈주말〉을 통해 이 표어를 거꾸로 세워 어느 부르주아지 부부의 권태와 허위의식을 '노골적으로 발칙하게' 벗겨내고 있다(주관적이겠지만, 영화는 정말 지루하다!). 한편 〈만사형통〉에서는 68혁명을 겪은 사회의 다양한 계급들, 예컨대 노동자, 농민, 프티 부르주아지, 그리고 부르주아지 계급 사이에 두 주인공(쟈크와 수잔)을 어디에 또는 어떻게 배치시킬지를 고민하고 있다. 즉 이들 두 사람이 '엘리뜨'가 될 것인가 '이리떼'가 될 것인가, 아니면 '자본 없는 자본가'가 될 것인가, 그것도 아니면 하층계급과 연대하는 진정한 '유기적 지식인'이 될 것인가 등을 배치하는 과정이라 할 수 있을 것이다. 또 달리 말하자면 쟈크를 통해 고다르 자신의 계급·정치적 입장을 고민하고 그 해법을 모색하는 작품이라 할 수 있다. 이는 68혁명을 겪은 지식인들의 현재적 문제이기도 하다.

영화의 대부분은 마치 무대 위의 연극처럼 전개된다. 앞의 스틸에서도 볼 수 있듯이 수평적으로는 1층과 2층으로, 세로로는 6개의 방들로 분할된 공간(기타 공간들도 있음) 내에서 이루어지는 상황들을 '돌리'(dolly: 이동식 촬영기 대(臺))를 활용해서 왼쪽에서 오른쪽으로, 또는 그 역으로 왕복하면

---

05 | 상황주의자들은 다다이즘, 초현실주의 등에 의해 영향을 받은 아방가르드 예술가 및 지식인들의 소규모 모임에 기원을 두고 있다. 그들은 사람들이 아니라 상상력이 권력을 장악하기를 원했고, 모든 이들이 시와 예술을 창작할 수 있기를 원했다. 68혁명 당시 이러한 테제에 기초하여 쏟아져 나온 이들의 구호는 다음과 같은 것들이었다. "노동 하지 말라", "열정을 해방하라", 그리고 "죽은 시간 없이 살라" 등이었다(Marshall, 1996: 176-180).

서 등장인물들의 갈등 장면을 보여준다[06]. 앞서 밝혔듯이 영화의 시대적 배경은 드 골 재임시 외무부 장관과 총리를 역임했던 퐁피두가 프랑스 대통령으로 집권하고 있는 때이다. 첫 장면은 소시지 가공업체인 '살루미'(Salumi) 회사 노동자들의 파업 장면에서 시작된다. 회사 옥상에는 "사장을 감금한 우리의 행동은 정당하다! 무기한 총파업!"이라는 펼침막이 걸려있다[07]. 그리고 파업현장의 여러 피켓들 중에는 프랑스의 '노동총연합'(CGT: '쎄제떼'로 읽는다)의 그것도 보인다. 살루미 노동자들의 대부분은 CGT에 속한 조합원들이지만, 조합원이 아니거나 다른 총연맹 소속 조합원들도 있다. 이처럼 산별노조체제를 갖춘 대부분의 유럽 국가들의 사업장에는 여러 총연맹 소속 노조원들이 섞여있다. 물론 비조합원들이나 미조직 노동자들도 함께… 여기서 잠깐 프랑스 노동조합의 특징에 대해 살펴보도록 한다(이하 이성철(2001)을 참고할 것).

프랑스의 '총연맹'은 10여 개나 된다. 한국의 경우는 2개이다(민주노총과 한국노총). 그리고 독일은 1개뿐이다(DGB). 모두 각 나라의 특수한 노동운동의 발전과정을 반영하고 있는 셈이다. 10여 개나 되는 총연맹은 정치정당과의 관계정도와 이념적인 다양성을 그 특징으로 한다(다원주의적 노조). 2001년 현재 10여개의 총연맹 중 5개 총연맹만이 대표노조로 법에 명시되어 있다(이 영화에 등장하는 CGT를 위시해서, 프랑스민주노동연합(CFDT), 프랑스관리직연합(CGC), 프랑스기독교노동자연합(CFTC), 노동총연합-노동자의 힘(CGT-FO) 등이 그것이다)[08]. 한편 비대표 노조로는

---

06 | 이러한 세트 장치는 제리 루이스가 주연 · 감독(1961)한 미국 코미디 영화인 〈The Ladies Man〉의 영향을 받았다고 한다.
07 | 68혁명 당시 파업이 일어난 공장의 대다수 경영진들은 노동자들에 의해 자기 사무실에 잡혀있었다(카치아피카스, 1999: 244).
08 | 프랑스의 경우 정당에 대한 노동조합의 자율성은 높은 편이다. 그러나 각 대표노조의 정파적 속성은 있다. 예컨대 CGT는 공산당 정파노조이고, CFDT와 FO는 중립성을 표방하는 사회주의 정파 노조이고, CFTC는 자유주의-기독교 정파노조이다(Groppo, 1994: 147). 참고로 필자가 2001년 CGT 본부를 방문했을 때, 국제부 아태 담당자는 "CGT는 지난 20년 전부터 공산당과 일정 거리를 두고 있으며, 독자적인 행보를 걸으려고 한다"고 말했다(이성철, 2001).

CFDT의 우경화에 반대하여 1988년에 따로 조직을 꾸린 쉬드(SUD)가 대표적이다. 우편노조와 프랑스 텔레콤노조가 쉬드의 주요 부문을 이루고 있다. 이와 같은 프랑스의 노동조합체계를 정리하면 다음과 같다.

총연맹(confederation) → 산별연맹(federations) → 단위노조(syndicat; 지역 단위) → 노조지부(section syndicale; 사업장 단위). 참고로 사업장 단위의 노조지부는, 법으로 보장된 대표노조들만 설치할 수 있다(50인 이상의 사업장에 설치). 이 영화에 등장하는 CGT는 대표노조이기 때문에 사업장에 노조지부가 있다. 노조지부에는 상위노조(즉 산별연맹)에서 지명하는 대의원과 평조합원들이 있다. 그리고 노조지부는 사업장이나 기업 단위에서의 교섭주체가 된다. 그러나 이 영화의 CGT 노조지부는 노동자들로부터 비난을 받고 배척되기 일쑤이다. 대신 한시적으로 꾸려진 '파업위원회'가 현재의 사태를 장악하고 있다. 이는 미국식으로 표현한다면 상위노조의 방침을 거스르는 일종의 '삵쾡이 파업'(wild-cat strike)인 셈이다. 한편 1972년 현재 살루미 회사에서 벌어지고 있는 이러한 장면들은 68혁명 당시의 당과 노동조합, 그리고 노동자와의 관계를 그대로 재현해 낸 것이다. 다시 영화 속으로 들어가 자세히 살펴보도록 하자.

미국 ABS의 프랑스 특파원인 수잔은 얼마 전 살루미의 공장장 비서가 잡아준 인터뷰를 위해 남편 쟈크와 함께 회사를 방문한다. 그러나 파업의 소용돌이에 휘말리면서 공장장과 함께 그의 방에 감금되고 만다. 공장장(토토)은 이미 4시간 째 갇혀 있고 외부와의 전화선도 끊겨 있는 상태이다. 그러나 1층의 노동자들은 수잔과 쟈크의 감금 여부를 두고 토론을 벌이고 있다. 예컨대 "공장장은 몰라도 다른 두 명은 잡아둘 필요가 있어? 맞는 말이지만 이건 계급투쟁이야. 사소한 것까지 신경 쓰지 마" 등이 그것이다. 그러나 두 주인공은 즐기는(?) 기분으로 스스로들을 기꺼이 감금하기로 한다. 1층과 2층으로 나누어진 사무실의 각 방에는 노동자들이 쉴 새 없이 들락거리고 있다. 오랜 시간 감금되어 있는 공장장은 오히려 이 사태를 즐기고 있는 듯이 보인다. 본명이 마르코 귀도트(토토)인 공장장은 담배를 꼬나물고 의기양양해 하면서 자신은 1967년 9월 15일 이후 지금까지 이 공장을 담당하고 있는 이탈리아 사람이며, 프랑스 여권도 가지고 있다고 말한다. 그는 두 주인공들에게, "이번과 같은 사태는 처음이며, 우린 여태 68년 5월 혁명에 물들지 않았었다"고 말한다. 그리고 "이번 파업은 그리 심각한 일은 아닙니다. 아직까진 오히려 재미있네요. 산업 내에 존재하는 소수의 부적응자들이 뭔가 주장해보려는 거죠. (그것도) 맹목적으로 힘을 써서요. 하지만 다수의 지지도 없고 노조의 방침과도 위배되죠. 아무 의미가 없어요" 라면서 이번 파업의 의미를 다소 우스꽝스런 몸짓으로 깎아내린다. 자연스럽게 수잔과의 인터뷰가 진행되어버린 꼴이 되었다.

그런데 드골주의자인(?) 공장장 토토는 한 발 더 나아가, "이 사태가 계급투쟁과 무슨 관계가 있어요? 마르크스와 엥겔스가 비판한 시대는 이제 갔어요. 지난 25년의 역사가, 소비사회를 비판해오던 마르크스주의자를 깨우친 것만으로도 명백히 드러나는 사실이잖아요. 그리고 지난 15년 동안 마르크스주의와 집산주의는 아무것도 보장하지 못했어요… 지금은 계급간의 협력을 통해 점진적인 개혁을 꾀하는 시대입니다"라면서 되려 수잔을 설득하려 든다. 이 말을 듣고 있던 쟈크가 수잔에게, "경영진은 항상 (현실과) 동떨어져 있어"라고 하자, 수잔은 "(그들에게) 뭘 (크게) 기대해요?"라고 맞장구를 친다. 그런데 공장장의 이 말에는 일말의 사실과 진실이 담겨있다. 왜냐하면 프랑스판 박정희였던 드 골은 번영의 약속이 담긴, '위대한 프랑스'의 기치아래 경제의 괄목할만한 성장을 가져왔기 때문이다. 이는 비단 프랑스만이 아니라 1960년대 초의 대부분의 유럽 국가들에서도 발견된다. 예컨대 영국에서는 1952년에서 1964년 사이에 소비지출이 45% 증가했고, 가구예산에서 내구소비재가 차지하는 비중이 두 배 이상 증가했다. 이탈리아에서는 1958년에서 1965년 사이에 가정용 냉장고의 보급률이 13%에서 55%로, 세탁기와 텔레비전의 보급률은 각각 3%와 12%에서 23%와 49%로 증가했다. 서독 역시 1968년에 이르면 거의 모든 가구에 냉장고가 보급되었다(Eley, 2008: 639-640). 소위 새로운 소비주의가 사회구조적인 모순보다는 개인의 욕망을 자극하는 시대가 된 셈이다. 흔히 이를 노동자계급의 부르주아지화(embourgeoisiement) 또는 '노동자계급이여 안녕~'이라고 한다('안녕학파' 등장의 계기가 된다). 이러한 의미에서 공장장의 말은 그리 틀린 것이 아니었다. 이러한 물적 기반에 근거를 둔 공장장의 의식은 너무나도 강고한 것이어서, "제가 갇힌 것을 알면 분명 노조가 난감해 할 겁니다. 제가 폭력의 위협 때문에 협상할 사람이 아니라는 것도 아니까요"라면서 강한 자신감을 내비친다.

잠시 후 살루미 노조지부(CGT 소속) 대의원들과 수잔과의 인터뷰가 이어진다. 참고로 이번 파업의 주요 발단은 회사의 수당 착취에서 비롯되었다(살루미 노동자의 시간당 임금은 다음과 같다. 비숙련공=3.45 프랑, 준숙련공=3.94 프랑, 숙련공= 4.45 프랑, 고급숙련공= 5.37 프랑 등). 한 고령 노동자의 말에 따르면, 일관공정 작업의 성격상 일이 자주 꼬여버리는 경우가 많다고 한다. 그럼에도 불구하고 회사는 이러한 일을 예방한다는 명목으로, 수당의 10%를 미리 묶어버려 한 달 수당의 80%를 받지 못하는 경우도 있다고 말한다. 그러나 노조 대의원 중의 한 명이 "(우리는 이 문제를 시정하기 위해) 한 시간 작업중단을 계획했는데 (이런 식의 파업은) 아니죠. 모든 노동자의 권익보호를 위해 노조연합이 막 결성되었고, 노동자가 정당하게 뽑은 대표들이 경영진과 협상을 시작하려는 그 순간에 경솔한 소식들이 심각한 퇴보를 불러 일으켰습니다. CGT는 이번 배신행위를 밝혀낼 것입니다"라는 현장 노동자들의 정서와는 매우 동떨어진 답변을 한다. 이어 그는 살루미를 포함한 프랑스 식품산업의 현황에 대해 각종 수치들을 인용하면서 식품업계의 임금이 68년 5월의 성과에도 불구하고 프랑스에서 가장 낮은 수준이라고 말한다. 그래서 CGT에서도 이 문제를 풀기 위해 총체적인 전략을 가지고 접근하고 있다고 말한다. 그가 말한 총체적 전략은 산업별 협약과 기업별 협약을 버무려 놓은 것이다[09]. 그러면서 "오늘 같은 일은 총체적 전략을 난항에 빠뜨리게 할 것이고, 오직 CGT의 이러한 전략만이 경영진들을 굴복시킬 수 있다"고 강변한다.

그렇다면 영화를 떠나 실제 당시의 노동조합과 노동자들은 어떤 의견 차이를 보이고 있었을까? 5월 13일부터 학생들과 결합한 노동자들은 도처의 공장을 점거하고 파업에 돌입하고 있었다. 퐁피두 수상은 이러한 거센 파도를 잠재우기 위해 CGT의 주요 간부(총서기인 조르쥬 세기, 총재이자 마띠뇽 협약 서명자였던 베노아 프라숑) 등과 협상을 진행한다. 이를 흔히 '1968년의 그르넬 협약'이라고 한다[10]. 이 협약안의 내용에는 최저 임금 35% 증가, 주당 노동시간의 단축, 연금수혜가능 연령의 단축, 가족수당과 노인수당의 증액, 보다 확장된 노조의 권리, 파업 기간 중 임금의 절반 지급 등 매우 진전된 것이었다. 그러나(!) 파업노동자들은 이러한 협상의 결과를 거부했다. 왜냐하면 자신들의 노동조합이 노동자들이 **더 많이 가지도록** 돕는 차원을 넘어서서, 사회적으로 **더욱 중요해지도록** 돕기를 바랐기 때문이었다(카치아피

---

[09] | 최근 프랑스에서는 산별체제의 기조를 부정하는 기업 단위의 협약이 증가하고 있는 추세이다(이성철, 2001).
[10] | 그르넬 협약은 1936년의 마띠뇽 협약을 좀 더 진전시킨 것이다. 마띠뇽 협약을 통해 노동자들은 단체교섭권, 단결권, 조합대표 선거권 등의 최소한의 권리를 보장받게 된다.

카스, 1999:214-215, 231).

　영화의 노동자들 발언 속에서도 그 이유를 알 수 있다. 노동자들은 다음과 같이 말한다. "CGT는 유령과 싸운다는 생각이 들어요. 노조 사람들은 세상에 공장만 존재하는 양 행동해요. 하루 8시간씩 공장에서 일할 땐 노조에 의해 노동자로만 취급받고, 공장 밖의 시민일 땐 또 당에 맞춰 살아가죠. 결국 항상 좌파를 위해 기도하는 식인 셈입니다. 노조는 한 문제에만 집착하곤 해요. 숫자를 대면서 일방적으로 말하죠. 텔레비전에서 재무장관이 말하는 것과 같아요. 이런 수치의 결과가 조업중단이나 노동절 시위로 이어지는 걸 보면서 슬슬 진저리가 나고, 스스로 무언가 꾸미기 시작하죠. 수치는 행동에 방해만 된다는 걸 알게 되는 거죠". 이에 덧붙여 파업위원회의 한 사람은 "꼭 극단적 좌파가 아니어도 그런 생각을 하게 되요. 노조가 모두를 벌벌 떨게 만들던 때가 있었죠. 누군가를 '모택동주의자'라고 지적하면 끝이 없어요. 지금 생각하면 우습지만 전 마오주의자가 뭔지 모르겠어요. 하지만 제 말이 거기 해당된다면 여긴 그런 사람 천지예요"라면서 노동자들의 의견에 동의한다[11]. 바야흐로 현장의 노동자 및 파업위원회와 대표노조인 CGT간의 갈등이 표출되는 장면이다.

　여기서 잠깐 68혁명 이후 CGT 등의 성격에 대해 살펴볼 필요가 있다. CGT는 현재 프랑스 최대의 조직이다(조합원 약 70만 명). 68혁명 당시 노동계는 뒤늦게 노-학 연대를 하게 된다(5월 13일부터 합류). 그러나 대학생들이 5월 17일에, 전 날부터 파업을 벌이고 있던 빠리 근교 불로뉴의 비앙쿠르

---

11 | 68혁명 당시 다양한 학생운동조직들이 있었다. 예컨대 '공산주의 학생연합'(UEC)에서 분리되어 나온 트로츠키 그룹인 '혁명적 공산주의 청년'(JCR), 소련공산당과 중국공산당의 긴장 때문에 역시 UEC에서 갈라져 나온 모택동주의 성향의 조직인 '공산주의청년연합–맑스 · 레닌주의'(HJC–ml) 등이 그것이다(길혀–홀타이, 2005: 66).

에 있는 르노 자동차공장으로 찾아갔을 때 이 공장의 문은 CGT에 의해 굳게 잠겨 있었다. 즉 CGT는 노동자들에게 '학생들과 협력하지 말라'는 리플렛을 이미 발간하고 있었고, 공산당(PCF: CGT를 지도하고 있었음)은 오히려 운동의 고양을 두려워하고 있었다. 왜냐하면 당은 총파업이 봉기적 상황으로 바뀐다면 드 골 정권이 여전히 군대를 장악하고 있기 때문에 당이 분쇄될 것이라고 믿고 있었기 때문이다. 참고로 CGT 내 공산당원의 비율은 조직 상부로 갈수록 높으며 특히 의사결정을 담당하는 주요 부문에서의 비중은 더욱 높다(Groppo, 1994: 152). 이러한 기조가 CGT에 그대로 전달되어 르노 노동자들의 의사와 관계없이 파업과 연대활동을 봉쇄하려 했던 것이다. 즉 당과 CGT는 부르주아 국가를 위협하지 않는 '정상적인' 경제적 노동조합의 요구(예컨대 임금 인상) 수준으로 되돌리려 했다(Fraser, 2000: 300; Eley, 2008: 630). 영화의 내용과 정확하게 일치하지 않는가? 당과 노조 상층부의 이러한 행태가 노동운동에 끼치는 해악에 대해서는 노동사회교육원의 임영일 이사장이 「연대와 소통」(2008년 7·8월호)의 칼럼에서 촛불집회와 관련해 이 사건을 언급한 바도 있다. 다시 백 투 더 씨네마!

공권력의 투입[12]으로 살루미는 조업을 재개하게 된다. 5일간 감금되어 있던 공장장은 집으로 돌아가게 되나, 이내 그 자신도 해고되고 만다. 한편 함께 인질로 잡혀 있던(?) 수잔과 쟈크도 밖으로 나오게 된다. 영화에서 두 주인공의 감금은 노동자들에 의한 강제 감금의 성격보다는 이들 스스로가 자신들의 목적(인터뷰 등)을 위해 적극적으로 머문 감이 강하다. 그러나 파업 종결을 알리는 라디오 뉴스에서는 노동자들의 폭력성만 강조하는 아나운서의 목소리가 넘쳐나고, 곧 이어 "베트남에서 공산군이 록닌(Loc Ninh)

---

12 | 1947년의 노동자 파업 이후 조직된 '공화국 기동대'(CRS)는 그 폭력적인 진압방식 때문에 국민들의 분노를 사고 있었다. 이들의 진압방식이 5월 혁명의 한 도화선이 되기도 한다. 이들은 한국판 백골단(경찰 기동대)이다.

을 공격했습니다"는 뉴스가 이어진다. 즉 1972년 현재 우파의 이데올로기들이 사람들을 호명하고 있는 것이다. 이제 각자의 직장으로 복귀한 수잔과 쟈크는, 살루미 공장에서의 경험을 어떻게 받아들이고 있을까? 이제부터 영화는 이들 부부의 인터뷰와 회상으로 넘어간다.

먼저 쟈크의 인터뷰 내용을 살펴보자. 인터뷰어가 누구인지는 명확하지 않다. 어쩌면 스스로가 자신에게 던지는 질문과 답변일 수도 있다. 아니면 감독인 고다르 자신의 생각들을 이들에게 투영하고 있는 지도 모른다(그러므로 카메라의 앵글은 감독의 관점이다). 쟈크는 자신이 하고 있는 광고 산업이 바보 같고 혐오스런 일이라고 생각하고 있다. 그는 누벨바그 당시 영화판에서 시나리오 작가로 데뷔했다. 그는 다음과 같이 말한다. "68년 5월이 오기 전부터 예술영화를 만드는데 신물이 났습니다. 5월의 기회가 무르익으면서 제 가슴이 따라간 거죠. 르노 공장에 가보기도 했고 근교의 공단에서 몇 주를 보내기도 했습니다[13]. 친구의 동료인 맑스-레닌주의자들(참고로 이들 대부분은 마오주의자들이다)은 공장의 파업 노동자들과 동맹·연결되어 있었어요. 수잔과는 5월 혁명을 함께 겪었죠. 혁명의 열기가 가라앉은 후 영화 연출 의뢰를 받았어요. 미국의 데이비드 구디스의 탐정소설을 각색한 것이었는데 거절했어요[14]. 브레히트가 40년 전에 지적한 것들을 저는 이제야 알아차리고 있습니다(이는 브레히트(1930)의 「마하고니 시(市)의 흥망성쇠에 대한 주석」을 말함. 이 글의 주요 입장은 '철저하게 직접적으로 정치적 목적을

---

13 | 68혁명 이후 학생들과 지식인들 중 일부는 직접 공장에 뛰어들어 노동자계급적 체험을 하게 된다. 모택동 식으로 말하자면 일종의 '하방'(下放)인 셈이다. 한국의 경우 이를 '학출들의 현장투신'이라 불렀다. 참고로 프랑스에서는 이러한 하방자들을 '에따블리'(L'Etabii)라고 부른다. 르노 자동차 공장에서의 자신의 경험을 동명의 책으로 펴낸 로베르 린아르뜨(1999)는 68혁명 당시 앞서 말한 마오주의 학생조직인 '공산주의청년연합−맑스·레닌주의'(HJC-ml)의 창시자이자 리더였다.
14 | 이 소설가의 작품은 영화화가 많이 되어 있다. 예컨대 앙리 베르뉴유 감독(1971), 장 폴 벨몽도, 오마 샤리프 주연의 〈대도적/ The Burglars〉, 그리고 프랑소아 트뤼포(1960)의 〈피아니스트를 쏴라〉, 프랑시스 지로드 감독(1986), 소피 마르소 주연의 〈지옥에 빠진 육체〉, 사무엘 풀러 감독(1989)의 〈마담 엠마〉 등이 그것이다.

거냥하면서, 계몽을 하기 보다는 선동적으로 설득하고 감정을 불러일으키려는 것'으로 소개되고 있다. 국내에도 출간되어 있음)". 그리고 쟈크는 그동안 자신이 지녀왔던 정치적 입장에 대해 말한다. 즉 자신은 오랫동안 즉각적이고 반사적인 신념으로만 공산당에 투표를 하였고, 이 때문에 좌파 혁명가들의 눈에는 자신이 자유주의자로 비쳤을 것이라고 말한다. 그리고 마오주의자들의 '하방' 또는 '에따블리'로 표현되는, '지식인의 재교육'은 항상 소름끼치는 것이었다고 덧붙인다.

그러나 위와 같은 쟈크의 토로는 오히려 68정신의 상실을 자각하게 만든다. 즉 68정신은 끝난 것이 아니라 이제 시작이라는 각오가 그것이다. "4년이 지난 지금(우파가 지배하고 있는 1972년 5월을 말함)에야 확실히 보여. 투쟁의 의지를 지닌 자와 위선적인 나머지들이… 내 문제가 시작된 건 진보 지식인의 명분으로 하던 일을 그만두면서 부터야. 브라질과 베트남을 위한 경솔한 서명, 단식투쟁 하는 곳에 잠시 들른 일, 그리고 노조회관에서의 약식 회의 등등의 행위들… 그들에게서 얻은 게 뭔지 모른 채 난 좌파를 떠났지. (사실) 그건 지식인의 역할을 알아가는 방법이었어. 내 일은 영화를 만드는 거야. 새로운 내용을 담을 새 형식을 찾는 거지".

이제 수잔의 회상이다. 앞에서도 밝힌 바처럼, 그녀는 미국 ABS 방송사의 빠리 특파원이다. 5월 혁명의 발발 전에는 문화부에서 근무했으나, 이후 정치부로 자리를 옮겨 일을 했다고 한다. 5월 혁명 와중에 다니엘 콩방디(Daniel Cohn-Bendit: 5월 혁명의 학생 주역 중 한명. 다니엘 콘벤디트라고도 한다) 등을 인터뷰함으로써 일약 좌파 전문기자로 알려지게 된다. 그러나 1972년 현재 그녀는 글도 잘 쓰지 못하고 쓰는 기사(주로 공장에 대한 기사) 마다 퇴짜를 맞기 일쑤이다. 그녀가 일하는 방송사의 논조가 슬그머니오른 쪽으로 기울어져 있기 때문이다. 미국으로 돌아갈까 등으로 심각한 고민 중이다. 어느 날 수잔과 쟈크는 큰 다툼을 하게 된다. 다툼의 이유는 두 사람간의 소통부재와 이해부족이다. 즉 일상의 68정신이 실종됨으로써 생긴 불화이다. 이러한 나날을 보내던 중, 그녀는 대형 마트(까르푸)를 찾는다. 이 장면은 롱 테이크로 진행된다. 잘 알다시피 롱 테이크는 한 장면을 끊지 않고 길게 찍는 촬영기법이다. 임권택 감독의 〈서편제〉에 나오는 세 가족(?)이 진도아리랑을 부르는 장면을 생각해보라. 이러한 미쟝센 기법은 화면을 정적인 회화 작품처럼 구성하면서 관객 스스로 관찰하고 해석할 수 있는 자유를 부여함으로써, 영화에 동참하도록 유도한다(남경태, 2006: 152). 길게 이어지는 이 장면은 쟝 보드리야르가 말한 '예루살렘'으로서의 백화점이다. 예루살렘은 무엇인가? 그 의미는 중의적이다. 먼저 성서의 그곳은 '젖과 꿀이 흐르는 땅', 즉 희망과 풍요가 있는 땅이다. 그러나 현실의 이곳은 피비린내 나는 전장이다. 아랍과 이스라엘 간의 전쟁을 생각해 보라. 그렇다면 백화점은 젖과 꿀이 흐르는 곳임과 동시에 전장인가? 그렇다. 노동자를 포함한 민중들에게 있어 이곳은 전자인가 후자인가? 후자다. 수잔은 그만 〈수퍼마켓에서 길을 잃어버린다〉[15].

잠시 뒤 한 무리의 청년들(대학생으로 보인다)이 이곳에 들어선다. 청년들은 즐겁게(?) 구호를 외친다. "모든 걸 바꾸려면 어디서부터 시작해? 모든 곳에서!" 라면서 "공짜!"를 외친다. 꼭 일치하는 것은 아니지만 이는 마치 알랭 타네 감독(1996)의 〈2000년에 25살이 되는 조나〉에 나오는 슈퍼마켓 계산원인 마리의 이상한 셈법과도 일맥상통하는 내용이다. 그런데 이들 청년들의 즐거운 구호가 낯익지 않은가? 바로 68혁명 당시 학생들의 구호와 닮았

---

15 | 이남희의 소설 제목(「수퍼마켓에서 길을 잃다」)이기도 하고, 언젠가 KBS의 신TV문학관에 방영된 드라마 타이틀이기도 하다.

다는 것을 알 수 있다. 예컨대 '네 멋대로 해라', '오르가즘을 멈추지 마라', '만인에게 마약을!', '상상력에게 권력을!' 등이 그것이다. 이는 소비자본주의가 촉진시킨 불평등의 심화와 일방적인 노동윤리의 강요를 거부하기 위한 그들의 '욕망의 문화정치'였다. 그러나 여기까지 뿐이다. 홉스봄(2002: 414)은 이러한 문화현상의 긍정적인 측면을 인정하면서도 다음과 같이 말한다. "(68혁명 당시의-필자 주) 문화적 저항과 문화적 항거는 어디까지나 징후이지 그 자체가 혁명의 원동력은 아니었다. 미국에서처럼 그런 일이 두드러져 보이면 보일수록 정말 큰 일은 일어나지 않는다고 장담할 수 있다". 안토니오 그람시는 이렇게 말한다. "국민들의 양식(good sense)이란 존재하지만, 그것은 정치의 시작에 불과하지 끝이 아니다. 그것은 어떤 것도 보장해 주지 않는다. 실제로 대중계급 사이에서 새로운 관념은 대단히 불안정한 위치를 차지한다 (Hall, 2007 :331에서 재인용).

끝으로 이제 한결 성숙해진(?) 수잔과 쟈크는 이렇게 말한다. "우린 역사적인 관점으로 세상을 새롭게 보기 시작했다고 봐…" 철로위의 기차는 어딘가로 달려가고, 엔딩 크레디트에는 고다르의 당부가 이어진다. (이 영화는) "이야기에 집착하지 않는 사람들의 이야기"라는… 한국 남자들의 3대 이야기! 군대 이야기, 축구 이야기, 그리고 군대에서 축구한 이야기! 이런 이야기들은 즐겁겠지만 고통을 미화하고 개인화할 뿐이다[16]. 고다르는 우리들에게 말만 하지말자고 이야기하는 것은 아닐까? 아니면(?)…말고(!)

---

16 | 윤종빈 감독(2005)은 〈용서받지 못한 자〉를 통해, 전혀 새로운 군대 이야기를 들려준다. 일견들 하시길.

참고문헌

남경태(2006), 「개념어 사전」, 들녘.

이성철(2001), "연대와 실천은 어떻게 가능한가?", 영남노동운동연구소, 「연대와 실천」,
　　　　제88호: 87-110쪽.

EBS 지식채널e(2007. 11. 26), "1부: 주동자 없는 시위".

EBS 지식채널e(2007. 12. 10), "2부: 실패한 혁명".

Eley, Geoff(2008), 유강은 옮김, 「The Left: 1848~2000」, 뿌리와 이파리.

Fraser, Ronald(2000), 「1968년의 목소리: 불가능한 것을 요구하라」, 박종철 출판사.

Gilcher-Holtey, Ingrid(2005), 정대성 옮김, 「68운동: 독일 · 서유럽 · 미국」, 들녘.

Groppo, Bruno(1994), "좌파정당과 노동조합의 관계: 프랑스", Grebing, Helga &
　　　　Thomas Meyer 지음, 정병기 옮김, 「유럽 노동운동은 끝났는가」, 주간노
　　　　동자신문.

Hall, Stuart(2007), 임영호 옮김, 「대처리즘의 문화정치」, 한나래.

Hobsbawm, Eric(2002), 이희재 옮김, 「미완의 시대: 에릭 홉스봄 자서전」, 민음사.

Katsiaficas, George(1999), 이재원 · 이종태 옮김, 「신좌파의 상상력: 세계적 차원에서
　　　　본 1968」, 이후.

Linhart, Robert(1999), 김수경 옮김, 「에따블리」, 백의.

Marshall, Peter(1996), "기 드보르와 상황주의자들", Guy Debord 지음, 이경숙 옮김,
　　　　「스펙타클의 사회」, 현실문화연구, 176-186쪽.

직원에서 노동자로, 직업에서 계급으로

엘리오 페트리의
〈노동자계급 천국으로 가다 La Classe Operaia Va In Paradiso〉

La Classe Operaia Va In Paradiso

직원에서 노동자로, 직업에서 계급으로

엘리오 페트리의 〈노동자계급 천국으로 가다 La Classe Operaia Va In Paradiso〉

〈노동자계급 천국으로 가다〉는 이탈리아의 엘리오 페트리[01](Elio Petri, 1929-1982) 감독의 1971년 작품이다. 페트리 감독은 최초의 정치관련 장편영화 중의 하나인 〈암살〉(1961)을 만들기도 한다 (그의 첫 번째 작품이다). 평자들에 따르면 그의 영화는 격한 논조의 신문이나 팸플릿처럼 선언적이기  도 하고 과격하지만, 또 다른 한편으로는 (예술)작품으로서의 가치와 품격도 지니고 있는 것으로 평가되기도 한다(Predal, 1999: 257). 그리고 혹자는 그의 영화를 '표현주의 영화이자 제어되지 않은 과장법'으로 점철된 것으로 평

---

01 | 그의 주요 작품은 다음과 같다. 〈제10의 도망자〉(1965), 젊은 시절의 프랑코 네로와 바네사 레드그레이브가 주연을 한 〈남과 여(Un coin tranquille à la campagne)〉(1969), 칸 영화제 대상과 아카데미 외국어영화상을 수상한 〈완전범죄〉(1971), 그리고 칸영화제 황금종려상(1972)을 받은 〈노동자계급 천국으로 가다〉 등이 그것이다. 여담이지만 〈남과 여〉에서 공동 주연을 한 프랑코 네로와 바네사 레드그레이브는 실제 부부이기도 하고, 게리 위닉 감독(2010)의 〈레터스 투 줄리엣〉에서 둘 모두 여전히 노익장을 과시하고 있다. 그리고 EBS에서는 페트리의 정치스릴러물인 〈시칠리아의 음모〉(1967)를 방영하기도 했다. 일견들 하시길…

가하기도 한다. 이러한 평에 해당하는 대표적인 3부작은, 이 글에서 다루는 〈노동자계급 천국으로 가다〉를 비롯해 〈완전범죄〉, 〈소유는 이제 도둑질이 아니다 〉 등이다(Schifano, 2001: 154). 또한 그는 영국의 카렐 라이츠(Karel Reisz, 1926-2002) 감독과 동시대에 살았던 인물이기도 하다. 페트리와 라이츠를 함께 소개하는 이유는 다음과 같다. 예컨대 라이츠는 50년대 말과 60년대에 걸친 영국의 '성난 젊은이 그룹'(the angry young men group)의 영화부문에서 선두주자였다[02].

라이츠의 대표작은 〈토요일 밤과 일요일 아침〉이다. 참고로 소설가이자 번역가인 안정효(1988: 333) 선생은 로버트 트레슬(Robert Tressell, 1870-1911)의 「누더기 바지 박애주의자들」이라는 책의 번역본 서문에서 카렐 라이츠의 이 영화에 대한 자신의 추억을 다음과 같이 소개하고 있다.

"거의 30년 전의 일이 되어버렸지만 내가 고등학교를 다니던 시절, 지금은 술집으로 바뀐 우미관(優美館)[03]에서 〈토요일 밤과 일요일 아침〉이라는 영화를 본 적이 있었다. 너무 오래전 작품이어서 이제는 줄거리도 다 잊어버렸고, 주연이 앨버트 휘니[04](Albert Finney)이며 영국의 흑백영화였다는 것 밖에는 기억나는 게 없지만, 어쨌든 공장생활을 하는 젊은이들의 삶을 그린 우중충한 줄거리였는데도 무척 감명이 깊었었다는 것만은 사실이었다.

바로 그 〈토요일 밤과 일요일 아침〉이 영국 노동소설의 대표적 작가인 알란 실리토(Alan Sillitoe, 1928-2010)의 소설을 영화로 만든 것이었다. 우리나라에도 「장거리 주자의 고독」이라는 그의 단편집이 이미 오래전에 번역되어 있는데, 어쨌든 그 실리토가 감탄한 노동소설이 「누더기 바지 박애주의자들」

---

02 | 알란 실리토의 〈장거리 주자의 고독〉을 영화화한 토니 리처드슨 감독, 그리고 〈만약에.... IF....〉를 연출한 린제이 앤더슨 감독 등이 이 그룹에 속한다.
03 | 1910년 일본인에 의해 세워진 한국 최초의 상설영화관.
04 | 그는 지금도 왕성한 활동을 하고 있다. 웹상에서 그의 필모그래피들을 일별해보시길 바란다. 백문이 불여일견일 것이다.

이다. 이 작품은 인류 역사상 가장 중요한 투쟁이라고 할 핍박받는 자들과 억압하는 자들 사이에서 벌어지는 투쟁을 그 큰 주제로 삼는다.” 이처럼 이 두 감독은 태어난 곳도 다르고 소재들도 상이하지만, 영화를 매개로 자신들의 관점을 드러내는 방식은 대동소이하다. 그러나 보다 엄밀히 말하면 페트리의 작품들은 2차대전 이후의 이탈리아 네오 리얼리즘의 영향을 보다 강하게 받았다. 심지어 프랑스의 누벨바그의 영향을 받기도 한 것이었다. 그리고 이탈리아 네오 리얼리즘 영화의 역사적 특수성은 파시즘에 대한 저항에서 비롯된다 [05]. 이 계열의 대표적인 작품들은 다음과 같다.

로베르토 로셀리니(1945)의 〈무방비 도시〉, 비토리오 데 시카의 3부작인 〈구두닦이〉(1946), 〈자전거도둑〉(1948), 〈움베르토 디〉(1952), 그리고 비스콘티(1948)의 〈흔들리는 대지〉, 에르마노 올미의 〈직업〉(1961), 〈우든 크로그〉(1978) 등 [06]. 이제 영화로 돌아가자.

먼저 이 영화의 제목에 나타난 핵심 낱말(key-words)에 대해 살펴보도록 하자. 원제는 〈La Classe Operaia Va In Paradiso〉이다. 이를 영어로 표현하면, 〈The Working Class Goes to Heaven〉쯤이 된다. 여기서 오페라이아(Operaia)와 Work는 모두 '노동'을 의미한다. 이들 모두 어원상으로는 힘들고 벅찬 육체노동을 뜻한다. 프랑스 옛말인 'Travail' 역시 고된 노동을 의미한다. 심지어 '고문하다' 또는 '고문도구'의 내용도 지니고 있다. 그리고 우리가 흔히 사용하는 로봇(robot)이라는 말도, 체코어 'robota'(노동), robot-

---

[05] | 네오 리얼리즘의 등대가 되는 영화는 장 르누아르 감독의 제자인 루키노 비스콘티(1943)의 〈강박관념〉이다. 이 영화는 비스콘티, 데 산티스, 피에트란젤리의 연출과, 비스콘티의 혁명적 스타일을 '네오레알리스토'라는 용어로 명명했다고 알려져 있는 편집자 마리오 세란드레이 등이 모여서 만든 것이다(Schifano, 2001: 16). 한편 피에트란젤리는 이탈리아 영화 잡지 「치네마」(Cinema)에서 처음으로 레오 리얼리즘이라는 용어를 사용하였다고 한다. 그리고 이들 영화들은 안토니오 그람시의 흔적이 명백히 찍혀있는 작품이다(Schifano, 2001: 12). 필자는 타비아니 형제와 에르마노 올미의 것들도 같다고 생각한다. 왜 그런지에 대해서는 이성철(2009b)를 참고할 것.

[06] | 참고로 비토리오 데 시카 감독이 1973년에 연출한 〈짧은 휴가〉 역시 그의 초창기 작품이 지니고 있는 아우라를 여전히 뿜어내고 있다. 여성노동자의 잠깐의 쉼과 회복, 그리고 그 와중에 드러나는 가족과 남성, 그리고 사회로부터 차별받는 이중 삼중의 고충이 담담하게(?) 묘사되고 있다. 틈나실 때 일견들 하시길…

nik(노예)에서 비롯된 것이다. 영화 장면 내내 펼쳐지는 노동의 모습을 보면 이 단어들이 지니는 사전적 의미(텍스트적 의미)를 충분히 짐작할 수 있을 것이다. 그러나 이 영화의 제목에는 또 다른 단어, 즉 '천국'(Paradiso/ Paradise)이 들어 있다. 필자가 생각하기에 '천국'은 '노동' 개념의 맞짝이다. 즉 노동의 텍스트적 의미를 넘어서는 맥락적·관계적 개념이다(이를 노동의 콘텍스트적 의미라 부르겠다). 영화 속에 나타난 천국의 의미에 대해서는 이 글의 끝머리에 소개할 것이다. 한편 이 영화의 음악감독은 엔니오 모리꼬네(Ennio Morricone, 1928~)이다.

그의 영화음악들은 이미 세계적으로도 잘 알려져 있기도 하지만, 2010년 KBS2의 〈남자의 자격〉 '하모니' 편에서 그의 '넬라 판타지아' (영화 〈미션〉의 오보에 연주곡임)가 소개되면서 국내에서 다시 대중적 인기를 얻고 있다. 그는 〈일 페데달로〉(1961년) 라는 영화에서 영화음악가로 첫발을 내딛지만, 대중적으로 처음 널리 알려진 곡은, 세르지오 레오네 감독, 클린트 이스트우드 주연의 〈황야의 무법자〉(1964년)에서 부터이다. (그 유명한 휘파람 소리가 기억나시는가?)[06] . 이 〈황야의 무법자〉에는 〈노동자계급 천국으로 가다〉의 주인공인 지안 마리아 볼론테(Gian Maria Volonte)가 주요 인물로 등장한다. 찾아들 보시길…

모리꼬네는 2007년 한국에서 첫 공연을 가지기도 한다. 이 공연에서 다양한 곡들이 연주되었는데, 〈노동자계급 천국으로 가다〉의 주제곡도 함께 소개되었다. 그러나 이 주제곡은 그의 다른 음악들과 사뭇 다르다. 박신영(2005: 7, 20)에 따르면, 그의 음악은 대개, "사운드트랙을 통해 일정한 멜로디 라인을 패턴으로 서정성과 온화한 이미지를 표현하는데 주력한다." 앞서 소

---

[06] | 참고로 세르지오 레오네 감독의 서부극들은 수정주의 서부극(마카로니 웨스턴)의 장르에 포함된다. 그의 주요 작품들을 살펴보면 그 이유를 금방 알 수 있다. 〈비바 자파타〉, 〈석양의 갱들〉, 〈황야의 무법자〉 등에는 판초 비야(빌라)도 배경으로 깔리고 마오의 혁명이론도 소개되고, 아나키스트들의 책들도 은근 슬쩍 들어있다. 서부극을 새롭게 보는 재미가 있다…

개한 '넬라 판타지아'를 떠올려보라. 그러나 〈노동자계급 천국으로 가다〉
에 삽입된 곡은 전혀 그렇지 않다. 즉 여타의 것들과는 달리 이 음악은 영화
속의 다른 음향에 비해 좀 더 과장된 소리로 들린다. 심지어 소음처럼 들리는
때도 있다. 이러한 영화음악적 기법을 '오버 스코어링'(over scoring)이라 부
른다[07]. 각설하고 이제 본격적으로 영화의 내용으로 들어간다.

　　아직 캄캄한 새벽, '루루'(Lulu, 32세, 스위스 인접의 롬바르디아 출생,
본명은 마사 루도비코이다. 동료들은 가끔 '마사'라고도 부른다. Gian
Maria Volonte [08]분)는 시끄러운 소리에 잠이 깼다. 동거녀(리디아, 31세,
미용사)의 아들인 아투로가 벌써 일어나 장난감을 갖고 노는 소리에 눈을
뜬 것이다. 그러나 그의 머리는 깨질 듯이 아프다. 그의 방안에는 축구팀 '밀
란'(Milan)의 펜던트가 걸려 있고(이탈리아 총리인 베를루스코니가 구단주이
다[09]), 탁자 위에는 스포츠 신문(Tuttosport)이 놓여있다. 그리고 라디오와
TV도 눈에 띈다. 노동자들의 일상에 가장 큰 영향을 끼치고 있는 것들이 영
화 속 소품으로 배치되어 있는 셈이다. 유럽의 경우 축구가 일상생활에 끼치
는 영향은 아주 크다. 한국 남자들의 군대이야기, 군대에서 축구한 이야기,
심지어 비올 때(!) 군대에서 축구한 이야기보다 더 큰 영향력을 갖고 있다[10].
　　루루는 침대 끝에 앉아 자신의 오른쪽 이마를 두드린다. 마지못해 따라
일어난 리디아에게 커피 한 잔을 건네며, 밑도 끝도 없는 말을 널어놓는다.
"모두 머리에 달려 있지. 뇌에 있는 수뇌부에서 결정해. 계획과 설계를 하고

07 | 영화음악을 흔히 OST(Original Sound Track), 또는 사운드 트랙이라 부른다. 기존의 곡을 사용할 경우 이를 '삽입곡'
이라 부르고, 창작곡은 '스코어'(Score)라 말한다(박신영, 2005: 6). 예컨대 전도연 주연의 〈접속〉에 소개되는 '벨벳 언더그
라운드'(The Velvet Underground)의 'Pale Blue Eyes'는 삽입곡의 대표적인 예가 될 것이다.
08 | 그는 엘리오 페트리의 주요 작품에 모두 참여한다. 〈제10의 도망자〉, 〈완전범죄〉 등이 그것이다.
09 | 베를루스코니의 소속 정당은 '포르자 이탈리아'(Forza Italia, 1994년 창당)이다. 이 당의 당원들은 '아주리'(Azzurri)라
불린다. 잘 알다시피 이탈리아 축구대표팀은 흔히 '아주리 군단'으로 불린다. 정치와 스포츠의 일상적인 융합이라 할 수 있
을까?
10 | 축구와 노동운동과의 관련성을 코믹하게 풀어낸 켄 로치 감독(2009)의 〈룩킹 포 에릭〉을 강추함!

작동 지시를 해. 그렇게 기계가 움직이기 시작하지. 그렇게 움직이려면 음식을 섭취해야지. 원료 말이야…" 이에 리디아는 "무슨 소리야?"하며 잠에서 덜 깬 목소리로 짜증을 낸다. 루루는 "공장 일도 똑같잖아"라고 말하며, 출근 준비를 한다. 영화의 이 첫 장면은 루루가 일하는 공장의 모습과 그곳에서 이루어지는 노동과정의 특징을 압축해서 보여준다. 잘 알려져 있듯이 노동과정에는 두 가지 유형이 있다. 첫째는 양적인 노동과정이다. 자본의 입장에서 볼 때, 노동과정은 최소의 투입을 통해 최대의 산출을 가져오려는 목적으로 진행된다. 그러나 이 과정에서 노동(자)은 지배, 포섭 당하기도 하지만, 자본의 양적 노동과정 운용이 자신들의 노동력 재생산을 위협할 때. 이를 넘어서려는 다양한 저항을 하게 된다. 이러한 저항은 비단 작업장에서만 그치는 것이 아니라, 일터를 넘어 삶터로까지 확장된다는 점에 주목해야 할 것이다. 이런 점에서 노동과정은 자본과 노동의 '경쟁적 장'(contested terrain)이 되기도 한다. 이를 노동과정의 질적 측면 또는 관계적 측면이라 할 수 있을 것이다. 영화 속에서 이를 생생히 볼 수 있을 것이다.

작업은 아침 8시에 시작된다. 루루의 공장(B.A.N)은 기계의 모터에 들어가는 부품을 생산하는 금속 가공업체이다. 그런데 공장 정문 옆 경비실 앞마당에서는 노학연대위원회 소속의 학생들이 나와 출근하는 노동자들을 향해 선전활동에 열중이다(이 장면은 영화 내내 나타난다), 마오주의자들(Maoist)의 인민복과 모자를 쓴, 대표쯤으로 보이는 학생은 핸드 마이크를 들고 다음과 같이 목청껏 외치고 있다. "노동자 여러분! 우리 학생들은 여러분의 동지입니다! (늦게 퇴근하는 여러분들은) 오늘도 빛나는 태양을 보지 못합니다. 여러분은 성과급(piecework 또는 piece-rate system. 흔히 개수임금제라 부른다)을 하고 있습니다. 8시간 노동을 마치고 기진맥진해 퇴근합니다. 일당을 번다고 자신하겠지만, 아닙니다. 강탈당하는 겁니다! 8시간 성과급제로 더 많은 돈을 버는 게 아닙니다. 여러분 동참하십시오. 우리는 노동자와 학생들 간의 혁명적 연대를 제안합니다. 임금인상! 시간 단축!" 루루의 공장에서 실시되고 있는 일종의 '돈내기' 작업의 부당성에 대해 선전활동을 하고 있는 셈이지만, 유인물을 받아든 노동자들은 "(쟤네들) 누가 보낸 거야? 학교로 돌아가 공부나 해!"라고 말하며 이를 팽개쳐버리고 묵묵히 공장 안으로 들어설 뿐이다. 참고로 당시 유럽 학생운동의 성격과 이념, 그리고 노선 등은 프랑스의 68혁명으로부터 큰 영향을 받았다. 그리고 다양한 이념적 스펙트럼 중에서도 마오쩌둥 사상의 영향력도 일정 정도 작용하였던 것으로 보인다. 이는 앞서 살펴본 고다르 등의 〈만사형통〉에서도 엿볼 수 있다. 이 당시 마오주의자들은 '하방' 또는 '에따블리'로 표현되는, '지식인의 재교육'을 강조하였다.

　　작업장으로 들어서는 노동자들의 머리 위에서는 작업주의 사항을 알리는 확성기 소리가 요란하다. "안녕하십니까, 여러분! 오늘도 보람찬 하루를 보냅시다. 자신이 맡은 기계를 소중히 다룹시다. 공장에서 정한 안전규칙을 엄수해 여러분의 안전을 지킵시다. 여러분의 건강은 기계를 어떻게 다루느냐에 달렸습니다. 기계가 항상 원활하게 작동하도록 합시다. 보람찬 하루를!" 루루의 작업대 옆에는 공정표가 붙어 있다. 루루는 일당 750리라를 받는 숙련공이다. 능숙하게 일하고 있는 루루 옆으로 신참 둘을 데리고 반장이 다가온다. 그는 신참들에게 간단하게 작업 설명을 해주고 내일부터 공정에 투입시킬 수 있도록 하라고 말한다. 왠지 불량기가 가득한 신참 노동자들(이들의 이름은 각각 '멘네'와 '콰란타'이다)은 모두 만프레도니아 (Manfredonia: 이탈리아의 발꿈

치(중동부)에 해당하는 살렌티나 반도에 위치) 출신이다. 그러나 이들의 등장으로 작업 리듬을 잃어버린 루루는 짜증을 낸다. "부품 하나 당 30리라야! 원숭이도 할 수 있는 일이야. 너희라고 못하겠어?"라며… 참고로 영화 전체에 나타나는 작업장의 공정은 테일러주의와 포드주의가 결합되어 있는 모습을 보여준다. 테일러는 자신의 「과학적 관리방법」에서 단순 반복 작업을 하는 노동자들을 동물에 비유하고 있다. "선철(銑鐵: 주물의 원료로 쓰는 철) 다루는 일에 적합한 사람의 일차적 요건은 의식구조가 소(牛)에 가까울 정도로 우둔하고 멍청해야 한다는 점이다. 이런 이유로, 민감하고 지적인 사람은 이런 종류의 단조롭고 힘든 일을 하는 데 전혀 적합하지 않다. 그러므로 선철을 다루는데 적합한 노동자는 이 일이 실제로 어떻게 돌아가는지 이해하지 못하는 사람이다."(Ritzer, 2004: 200에서 재인용) 또한 그는 노동자들이 자신의 일에서 '창의성'을 발휘하지 않기를 바랐다. 왜냐하면 이러한 것들은 (관리자들의) 효과적인 노동통제를 방해한다고 믿었기 때문이다(Braverman, 1987: 96). 거대한 톱니바퀴의 한 부품으로만 노동자를 인식하는 극단적인 경제주의적 사고가 담긴 내용이라 할 수 있을 것이다(찰리 채플린(1936))의 〈모던 타임즈〉도 참고할 것).

멘네는 루루에게, "어떻게 일을 그렇게 빨리해요?"라며 신기해한다. 이에 루루는 으스대며 말한다. "공장 일이 지겨우면 불량이 나오지. 어떻게 일해야 하는지 알려줘? 이런 식으로 생각해. '인생은 육상 경기다. 결승점을 향해 가는 거다. 다들 함께 달리는 거야.' 난 좀 앞섰지. 이 공장에는 시칠리 동부 출신 촌놈들도 있지. (이 놈들은) 교외 통근자들이기 때문에 출근하면 벌써 지쳐버려 내 (작업) 리듬을 못 따라오지. 난 한 달에 25일을 일해. 2만 5천 리라의 성과급을 벌지! 나는 집중하고 또 집중해. 요령이 있지. 궁둥이를 생각하거든. 여자 궁둥이를…. 일하러 왔으니까 일하는 거야. 한 눈 팔지 말고!"

15년째 이 공장에서 일하고 있는 루루의 말에는 남부 출신 노동자에 대한 멸시와 남들 두 배 이상 일하고 있는 자신에 대한 자부심(?)이 대단하다.

이때 작업속도를 검사하는 관리자가 루루에게 다가와 신참과 주위 노동자들에게 작업 시범을 보여주라고 말한다. 이에 그는 뻐기면서, 자신의 숙련을 과시한다. 이 모습을 지켜본 작업반장은 옆에서 일하고 있는 시칠리 출신의 노동자에게 달려가, 현재 시간 당 115개 생산하는 것을 320개(!)로 늘리라고 말한다. 이 노동자는 피아 구분도 못하는 루루에게 '개자식!'이라 욕을 해버린다[11]. 심지어 전체 공정을 잘 알고 있는 루루는 동료들의 생산성이 낮은 이유를 관리자들에게 일러버리기도 한다. 소위 현장 노동자들의 '개기기' 사례[12]를 알려 결과적으로 자신을 포함한 모두의 노동강도를 강화시키는 꼴이 되지만, 그는 그저 이 일이 즐거울 뿐이다. 이러한 행동 때문에 그는 동료들로부터 '앞잡이 루루'(Lulu, the tool)라는 비난을 받는다. "이봐 루루, 넌 집에서 고이 못 죽을 거야. 여기 기계 위에서 뒈지겠지"라는 말과 함께… 그러나 루루는 "무슨 차이야?"라며 대수롭지 않게 넘겨버린다. 그러나 이 일 이후 노동자와 관리자들 사이에는 성과급제를 두고 격렬한 말싸움이 일어난다.

집으로 돌아온 루루는 리디아에게 "내가 알랑방귀 뀌는 놈 같나? (내 동료들이) 사장한테 알랑대서 (나를) 알랑방귀래"라고 하자, 그녀는 "오늘 밤도 아파?"라고 묻는다. 이에 루루가 "위궤양 재발이야"라고 하자, 그녀는 "오늘 밤은 위궤양이군. 어제는 두통, 그제는 요통. 핑계 한번 좋군. 석 달 동안 수면제나 먹으면서…"라며 최근의 잠자리 불만을 드러낸다. 루루는 미안해

11 | 이탈리아는 지역간 불평등이 심각하다. 예컨대 1990년대 중반 남부의 실업률은 20%였던 반면, 북부는 6.5%였다. 그리고 남부의 22%의 가계가 빈곤선 이하이다. 평균은 10% 정도임(박영범, 1999: 58). 남부출신에 대한 사회적 차별은 〈시네마 천국〉, 〈형사〉, 그리고 〈그리스도는 에볼리에서 멈추었다〉 등의 영화 속에서도 찾아볼 수 있다. 여담이지만 〈형사〉의 주제곡은 그 유명한 '죽도록 사랑해서'(Sino Me More)이다. 들어보시면 압니다^^;;
12 | 부라보이(Burawoy)에 따르면, 이는 강자에 의해 수립된 질서 내에서의 약자의 현명한 속임수이기도 하다. 그리고 드 세르토(de Certeau)는 이를 '라 페루크'(La Perruque)라 한다(이성철a, 2009: 31). 한편 이러한 '개기기'는 노조의 현장권력 정도와 비례한다.

하면서도 화를 낸다. "망할! 한 달에 20일 이상 뼈 빠져라 출근하는데! 다들 뭐라 그러지. 놀리고 을러댄다구. 고생바가지야. 개처럼!" 이에 리디아는 그를 위로할 수밖에 없다. 다음 날 아침, 공장 문 앞에는 3개의 연합노조 대표들과 학생들이 모여 출근하는 노동자들을 향해 선전전을 펼치고 있다. 학생들의 선전 내용은 매우 급진적이다. "노동자 여러분! 노조에 혁명적 강령을 요구합시다! 성과급 계약을 하지 맙시다! 공장은 감옥입니다. 감옥에서 탈출합시다. 회사 측에 우리의 힘을 보여줍시다!" 그러나 이에 반해 연합노조 대표들은, "노동자 여러분! 3개 연합노조가 투쟁을 촉구합니다. (학생들의) 선동에 맞서서, 정치성에 맞서서 복지와 더 많은 임금을 위해 투쟁합시다. 회사는 수백만의 이익을 더 벌어들입니다. 물가는 계속 오릅니다. 우리는 헐값 노동을 하고 있습니다. 성과급을 더 올려야 합니다. 처자와 더 많은 시간을 갖기 위해!"라고 외친다. 이들의 주장은 학생들과는 달리 경제주의적 모습을 담고 있다. 노동조합의 선전용 차량의 보닛 위에는 「FIM FIOM UILM」이라 쓰인 금속노조들의 붉은 깃발이 놓여 있다.

참고로 FIM은 이탈리아 노동조합동맹(CISL) 산하의 금속노조연맹을 말하고, FIOM은 이탈리아 노동총동맹(CGIL) 산하의 금속연맹을, 그리고 UILM은 이탈리아 노동자연맹(UIL) 산하의 그것을 말한다. 그리고 영화 속 년도는 아니지만, 1977년 현재 이탈리아의 노동조합 조직률은 약 40%이다(연금생활자를 포함하면 약 50%.). 남유럽에서는 최고의 조직률인 셈이다(조효래, 1980: 254). 아무튼 영화 속 두 조직(학생운동과 노조)의 운동 이념과 방법이 극명한 차이를 보이고 있음을 볼 수 있다.

여기서 잠깐 1970년대 당시 신좌파 집단(학생운동권도 포함)의 성격에 대해 살펴보도록 하자. 이 당시 노동조합이 노동자운동을 확고히 통제해나가게 되자, 수많은 신좌파 정당과 집단은 점차로 공장 밖에서, 특히 노동자계급의 집단 거주지에서 활동하기 시작했다 [13].

　대표적인 혁명적 전위 세력들은(1969년경에 등장), 〈노동자의 힘〉, 〈계속적인 투쟁〉, 그리고 〈선언〉 그룹 등이었다. 〈노동자의 힘〉은 네그리(Antonio Negri) 등의 주도로 조직되었는데, 이들은 당시 학생들이 잡고 있던 헤게모니를 프롤레타리아에게 돌려주려고 노력했으며, 노동자의 자율 권력을 주장했다(1973년 해산) [14]. 〈계속적인 투쟁〉 그룹은 공장, 감옥, 군대 등에서의 반란을 이끌어내려고 노력했다. 끝으로 〈선언〉 그룹은 이탈리아 공산당에 대한 좌파적 비난을 수행했다(Katsiaficas, 1999: 148). 이 분류에 비춰보면 영화 속 학생운동 집단은 〈계속적인 투쟁〉 그룹의 성향과 비슷하게 나타나고 있다. 다시 영화로 돌아간다.

　루루는 여성 노동자에게 허튼 수작을 부리면서도 여전히 자기 일에 열심이다. 곁의 동료가 다음과 같이 말한다. "천천히 하라구. 못 버는 돈은 우리가 모아서 줄테니. 늙을 때를 생각해봐. 허리도 못쓰고… 관절염에… 병원에 있을 걸. 친구 하나 없이…" 그러나 루루는 "씨부렁거려봐, 마음대로!"라며 그의 말을 무시해버린다. 화면은 점점 땀에 젖은 루루의 얼굴을 클로즈업 시킨다. 이때 외마디 비명과 함께 루루의 선반 기계에서 피가 흘러내린다. 루루는 그만 오른손 엄지를 잃어버리게 되었다. 이 모습을 본 신참 노동자인 멘네는 "마사(루루)가 다쳤다! 작업 중지해. 사고야! 파업! 파업! 성과급 하다 이 지경이야. 모두 파업 하자!"고 외친다. 이에 노동자들이 운집한다. 동료 노동자들은, "모이자!! 성과급 하다 이 모양이야! 시간을 토막내더니, 우리

---

13 | 이탈리아 노동조합운동의 특징은 다음과 같이 요약된다. 노동조합간의 통일성 유지, 정당으로부터의 상대적인 자율성, 강력한 노동자계급 동원능력 등(조효래, 1980: 254).
14 | "〈노동자의 힘〉은 이탈리아의 1969년의 혁명적 소요('뜨거운 가을' 혹은 프랑스보다 늦게 발생한 혁명이라는 의미에서 '늦게 온 기차' 등으로 불린다) 속에서 태어난 전형적인 노동자주의 조직이었다. 이들은 '보다 많은 임금, 보다 적은 노동, 보다 낮은 생산성'을 요구하는 노동자들의 독자적 전략을 지지했다. 그리고 대공장 노조들에 의해 대부분 무시되었던 정치목표들. 즉 안전문제, 라인 속도의 축소 등에 집중되었다."(조정환, 2003: 30, 440) 영화에서도 이들의 영향력을 짐작할 수 있다.

손가락이 토막났어"라고 분노하며 관리자들에게 집단 항의를 한다. 한편 부상을 당해서야 겨우 짬이 생긴 루루는 별거 중인 아내(지네브라)와 자신의 아들 알만도를 만나러 '바시'(Bassi)의 집을 찾아간다. 바시는 루루와 앙숙인 동료 노동자이자 노사협조주의자이며, 지금은 루루의 아내와 그의 아들과 함께 살고 있다. '바시'는 루루에게 알만도의 양육비도 주지 않는 몹쓸 놈이라 생각하고 있다. 바시는 식구들이 걱정할까봐 루루의 사고 소식을 알려주지 않은 상태이다. 이에 루루는 "아빠가 손가락을 잃었는데 적어도 아들 애는 알아야 할 것 아닌가. 어?"라며 그에게 험하게 따진다. 그러나 지네브라는, "아빠가 손가락이 아홉 개라도 애 돌볼 돈을 둬야지"하며 냉대한다. 바시는 조합 사무실로 가버리고, 루루는 아내와 다투고 스산하게 되돌아설 뿐이다. 집으로 돌아와서도 리디아와 돈 문제로 싸우게 되고, 심지어 제 자식처럼 아끼는 아투로에게도 손찌검을 하고 만다.

일터와 삶터의 모두로부터 외톨이가 된 듯한 기분이 든 루루는, 정신병원에 갇혀 있는 선배 노동자를 찾아간다. 그의 이름은 밝혀지진 않지만, 많은 사람들이 '밀리티나'(Militina: 투사)라 부르고 있다. 루루는 그가 일전에 부탁한 책과 임금명세표를 건네준다. "나 손가락 잘렸어요…"라고 말하지만, 밀리티나는 못 들은 체 하며 오려든 신문기사를 루루에게 보여준다. "보게, 스톡홀름에서 온 침팬지 '조'야… 자기가 사람인 줄 아는 침팬지…" 동문서답이지만 왠지 현자의 포스가 느껴진다(즉 밀리티나는 앞서 설명한 테일러주의가 가져온 노동소외를 잘 알고 있는 셈이다). 루루는 그에게 물어볼 게 있다고 말한다. "어떻게… 그러니까… 어떻게 미쳐가는 줄 알았어요?" 최근 그의 절박한 심경이 담겨 있는 질문인 셈이다. 밀리티나의 대답은 의미심장하다. "미치고 안 미치고는 남이 정하는 거지. 그런데 솔직히 내가 한발 앞서 왔지… 속인 거야… 낌새가 그래서 이런 거야, 여우처럼 교활해지고, 비뚤어지고, 비열해지고, 반대로 나가고, 자꾸 이상한 짓을 하는 거야… 어느 날 공장장 멱살을 잡고 외쳤지. 우리가 공장에서 뭘 만드는 거야? 대체 뭘… 죽여 버리겠어, 죽일 거야!" 루루는 광기어린 모습으로 고함을 치는 밀리티나에게, "좀 진정해요. 이게 무슨 짓이에요"라며 그를 벤치에 앉히려고 한다.

그러나 밀리티나의 말은 봇물 터지듯 흘러나온다. "사람들이 나를 안 데려갔으면 정말 목 졸라 버렸을 거야. 뭐, 자네는 안 미치겠군. 자기가 하는 일이… 뭔지는 아니까. 어디에 쓰고… 안 그런가? 맞지? 여기(정신병원을 말함)에는 노동자, 농민들 밖에 없어. 진짜 미치광이는 여기 없어. 사설 요양원에 가 있지. (그러나) 부자들도 미친다는 걸 알아야 할 걸… 우리들은 너무 없어서 미치고 부자들은 너무 가져서 미치지. 그래 이 땅이 바로 지옥이지. 온통 병원에 정신병 수용소… 묘지에 공원… 막사에 버스들… 뇌가 조금씩… 맛이 가지. 또 보세…" 루루는 밀리티나의 말을 도무지 이해할 수 없다. 병원을 나서는 그의 등 뒤로 밀리티나의 부탁이 들린다. "다음에 올 때는 폭탄(!)을 가져와…"

다시 공장 앞. "동지들! 회사 측이 궐기를 선동했다고 여섯 명의 노동자를 정직 처분했습니다. 반복 노동의 희생자, '마사'(즉 루루)의 사고 때 말입니다. 단결합시다!" 이에 노학연대위원회 소속의 학생들도, "노동자 여러분! 공장주를 타도합시다. 노동자 탄압에 맞섭시다. 노조단결!"을 외치나, 출근하는 대다수의 노동자들은 여전히 큰 동요 없이 공장 안으로 들어선다. 루루는 학생들에게, "맨 날 떠들어 대기는… 한 가지 물어보겠는데, 누가 정직당했다는 거야?" 이에 정직된 노동자들이 나서서 "자네 때문에, 자네를 위해"라고 말한다. 루루는 이 말을 듣고 깊은 생각에 잠겨 작업장으로 향한다. 더구나 루루를 만난 공장장은 다음과 같이 말한다. "그 안 좋은 일이 생기는 바람에 생산량이 7%나 떨어졌어(그는 루루의 손가락 절단에는 관심조차 없다). 노동자와 자본가는 합심단결 해야지. 나도 자네들처럼 노동자야! 내가 내 속만 차리겠나? 쓸모없는 성과급제 토론은 다 그만 둬야하네. 정직당한 친구들은 안됐지만 (나는) 물러서지 않을 거야… 어떤 대가를 치르더라도… 동의하나? 자네도 우리와 함께 하겠지?" 그러나 공장장의 이 말에 루루는 동의도 부인도 하지 않는다. 시나브로 루루의 생각은 이전과 달라지고 있다. 자신의 기계 앞에 선 루루는 갑자기 미친 듯이 노래를 불러 제낀다(정신병자(?) 밀리타나로부터 배운 방식이다). 모두들 의아해하며 그를 쳐다본다. 작업속도 검사원이 그에게 달려와, "루루, 뭐하는 거야? 생산량이 너무 낮잖아!" 이에 루루는 계속 노래를 부르며 그에게 항의한다. "내 머리 속엔 딴 생각 뿐이야. 다 원상복구 하라구! 내 손가락까지!" 급기야 루루는 의사로부터 정신감정을 받기에 이른다. 그는 일부러 틀린 답을 하며 미친 척 한다. 의사는 다음과 같이 진단한다. "사고 이후 뚜렷한 이상 징후가 보여. 작업과 돈에 따르는 문제에서… 검사에 따르면… 손가락을 잃어 거세감을 느끼는 것 같군." 그러나 루루는, "사고 난 뒤로 정력이 더 세졌는데요. 밤새 세 번씩이나 하는데. 그건 그렇고 내가 어떻게 보여요? 남들이 뭐라고 해요?"라며 의사의 말을 간단히 무시해버린다.

야간작업이 이루어지는 어느 날, 3개 연합노조의 대표(그는 노사협조주의적 성향을 지닌 인물이다. 바시도 항상 그의 뜻에 동의한다)가 나서서, 성과급에 대한 토론을 제안한다. 난상토론 끝에 찬반투표를 하기로 한다. 그런데 그의 회의진행 방식이 수상하다(!). '성과급 **즉각** 철회'에 동의하는 사람 손드시오(12명이 손을 듦). '**협상**을 통한 **설득** 투쟁. 대표가 나서 **점차적으로** 상황에 맞게 하자는 사람' 손드시오(대다수). '**궁극적인 파업**에 찬성'하는 사람 손드시오(역시 12명). '사리에 맞게 월요일 아침 2시간의 부분파업에 찬성'하는 사람 손드시오(역시 대다수). 필자가 강조해 둔 부분을 유심히 살펴보기 바란다. 사회적으로 바람직한(socially desirable) 말들만 골라서 교묘하게 자신들에게 유리한 결과를 도출하고 있음을 알 수 있을 것이다. 그리고 부정적인 말은 짧고 강하게, 긍정적인 말은 길고 부드럽게 하고 있음도 볼 수 있을 것이다. 옆에 있던 바시도 말을 보탠다. "이게 극단주의에 대한 응답이요! 대다수의 민주적인 의사결정이요. 알겠소? 이 회의에서 결정된 대로 (앞으로) 태업행동은 삼갑시다!" 참고로 이러한 여론조사 방법을 '강요 여론조사'(push poll)라고 한다. 이 방법은 대체로 다음과 같은 의도를 갖고 진행된다(Babbie, 2002: 306). "강요 여론조사는 잠재적인 유권자들에게 표를 부탁하기 위해 사용하는 마케팅 기법으로써, 어떤 정보가 투표자의 선호에 어떻게 영향을 미치는가를 알아보기 위해 여론조사를 하는 척하면서 잘못되고 그릇된 정보를 유권자에게 제공한다. 사실, 의도는 여론을 알아보는 것이 아니라 조작하는 것이다. 이러한 여론조사는 선정된 의제들에 관한 그릇된 정보들을 퍼뜨리면서 반대 의제를 중상 모략한다. 의도는 정당한 여론조사를 수행하고 있는 것처럼 가장하면서 선전을 유포하는 것이다." 각설하고…

이 때 루루(!)가 나선다. "여러분을 뭐라고 해야 할지 모르겠는데… 공원인지, 동지인지, 노동자인지… 모르겠소. 밖의 대학생들이 그렇다. 사는 게 그게 뭐냐고? 쉴 틈 없이 지내요. 돈 때문에, 죽을 때까지! 이런 게 지옥이에요! 우리는 그동안 노조정책에 따랐어요. 생산성과 제품을 늘리기 위해… 그런데 지금 어떻게 됐어? 난 짐승이 됐어, 짐승이… 밖의 한 학생이 그렇다. 우리가 기계 같다고. 알아요? 그래, 난 기계요! 그런데 이 기계가 나갔어. 이제 고칠 수도 없어요. 당장 작업장을 떠납시다. 모두가! 지금 당장 떠나지 않는 사람은 쫄짜요! 떨거지요!" 노조를 공격하는 루루의 울부짖음에 많은 노동자들이 호응하지만, 막상 그를 따라 나서는 사람은 10여 명에 불과하다. 화가 난 노조대표는 다음과 같이 내뱉는다. "이건 노조의 단결을 깨는 거요. 그토록 애써 이룩한… 정치성을 내세우면 회사 측에 놀아나요. 다 함께 단결해야지." 영화의 이 대목에서 루루가 외치는 공원(직원)과 노동자 (계급)의 의미에 대해 잠깐 살펴보도록 하자. 잘 알려져 있듯이 서구 유럽의 경우 1970년대부터 '안녕학파'(Farewell to the working Class)들은, 계급적대는 더 이상 사회의 근본적인 분할선이 될 수 없다는 주장을 펼친다. 즉 노동자계급은 더 이상 사회변혁의 담당자가 될 수 없을 뿐만 아니라 사회적 모순의 핵심에 서있지도 않다는 내용이 그것이다. 정말 그럴까? 비정규직의 일상화, 양극화의 심화, 신자유주의의 확장 등이 폭풍처럼 진행되는 이 시점에서 정말 그럴까? 당연히 그렇지 않지만 이들의 '의제 설정 능력'은 매우 교묘하다. 왜냐하면 직업과 계급 개념을 뭉뚱그려 동일시 해버리기 때문이다. 예컨대 직업(더 나아가 신분)에 대한 강조는 사람들의 생활 스타일과 소비 패턴을 가장 중요한 관심사로 여기게 만들기 쉽고, 소비에 초점을 맞춘 계급 정의는 노동자계급과 중간계층이 융합되고 있다는 신념을 낳기 십상이다. 나아가 직업에 따른 노동의 분류는 자본주의 사회의 근본적 갈등을 애매하게 만드는 잠재적 효과도 지니고 있다. 그러나 이에 반해 계급 개념은 관계적이며, 생산의 과정에서 형성된다(Callinicos, 2001: 20-41을 참고할 것). 바야흐로 이제 루루는 자신이 노동자계급임을 각성해 나가는 중이다.

그러나 이런 와중에도 루루의 바람기는 잘 날이 없다. 공장의 여성노동자와 함께 이전에 자신이 일했던 골재공장(폐업)의 창고 안에서 밀애를 나누기도 한다. 그  가 하는 말들은 여전히 가부장적이고 남성우월적인 것들 일색이다. 한편 그가 몰고 다니는 차는 '피아트'(Fiat)에서 생산된 소형차이다. 여기서 잠깐 쓸 데 적은(?) 상식 하나를 소개한다. 피아트

사는 조반니 아넬리(G. Agnelli, 1866-1945)에 의해 1906년에 설립되었다(영화 속의 리디아는 신분 상승의 꿈을 꾸며, 아넬리 사진 모으기에 여념이 없다). 주된 업종은 자동차 제조이다(페라리, 란치아 등이 대표 차종). 그는 무솔리니(1883-1945)의 지지자였고, 1923년에는 상원의원이 되기도 한다. 그러나 1921년 피아트 본사가 있는 토리노의 공장에서 노동자들의 공장 점거가 일어나고, 자주관리제도가 시행되기도 한다. 그리고 피아트 자동차는 무엇보다 1969년 가을에 발생한 '뜨거운 가을'(Autunno caldo)과 관계 깊다 (이하의 내용에 대해서는 김종법(2004: 81-82)을 참고할 것). 이 해 피아트사는 노동자들의 파업이 끝나자마자, 3만 5천 명의 노동자들을 정직시켜버린다.

사태수습을 위해 여러 차례의 협상이 진행되었지만 금속노조들에서 제시한 주요 제안들은 산업경영자협회[15](Confindustria)에 의해 거부된다. 이에 10만 명의 노동자들이 토리노에 모여 파업을 전개한다. 이 파업과 집회들은 이탈리아 전역으로 확산된다. 이 결과 같은 해 12월 19일 극적인 합의에 이르게 된다[16](주당 40시간 노동, 일정 시간의 유급집회 허용, 그리고 1970년에 통과되는 '노동자 지위에 관한 법률' 등). 한국의 경우 1965년에 설립된 아세아 자동차가 피아트사와 기술제휴로 자동차 생산에 참여한 인연이 있다. 또 각설하고 영화로 돌아가자…

월요일 아침, 공장 앞에서는 2시간의 부분파업이 진행 중이다. 그러나 학생들은 노조의 부분파업은 기만술책이라 말한다. "노동자 여러분! 2시간 파업으로 성과급의 문제가 해결되지 않습니다. 여러분은 기만당하고 있습니

---

15 | '산업경영자협회'는 제조업과 건설업 부문의 대기업조직을 대표한다. 이 조직은 전국협약의 조정에 큰 역할을 수행하며. 전국적으로 일률적으로 적용되는 협약을 위해 3개 대표노조들과의 교섭에 직접 참여한다(박영범, 1999: 60).
16 | '뜨거운 가을'이 가져온 가장 중요한 변화는 공장위원회의 발전, 공장 내 조합조직의 형성, 그리고 세 노조 간의 통일연맹의 형성이었다(조효래, 1980: 259). 참고로 1968 운동 이전에 전개된 노동자계급의 독자성, 자주성을 강조하는 운동의 흐름들을 '노동자주의'(operaismo, workerism)라 부른다. 이 운동은 1970년대 들어 아우토노미아(Autonomia, 자율주의) 운동으로 확산된다(윤수종, 2010 및 1996: 67을 참조할 것).

다." 무장 경찰들도 출동해 있다. 루루에게 다가온 노조대표는 "회의에서 결정한 건 파업이야. 혁명이 아니야! 이런 선동은 그만해!"라고 말하며, 공장 안으로 들어서려는 루루를 제지한다. 루루는 출근하는 공장장 차의 보닛에 올라탄다. 이 와중에 정직된 노동자들과 여타 노동자들이 뒤섞여 공장으로 들어온다. 이를 막으려는 회사 측과 경찰들, 그리고 노동자들 사이에는 난투극이 벌어진다. 공장장의 차는 파괴되고 방화된다. 루루는 경찰의 곤봉세례를 받는다. 이날 저녁, 루루는 모처럼 일찍 귀가하는 리디아를 맞는다. 그녀는 평소 미용실에서 12시간씩 일하고 있다. 상처투성이의 루루 얼굴을 보고 놀라는 리디아지만, 집에 들어서자 한번 더 놀라게 된다. 경찰로부터 도망친 노동자들이 집안에 가득 들어차 있기 때문이다. 곧 이어 굶주린 대학생들마저 침구 등을 들고 찾아온다. 루루는 이들이 2~3일 정도 머무를 것이라고 말한다. 리디아로서는 점입가경이다.

오늘 아침에 있었던 이 사건은 신문과 TV의 톱 뉴스가 되어있다. 학생들은 스스로 고무되어 다음과 같이 말한다. "조합주의자들은 고립됐어… 깨진 거야! 이론이 맞았어. 전면 투쟁이야. 강한 혁명당이 있으면, 몇 달 안에 정점에 이르러! 노동자들이 권력으로 나가야 해. 성과급 따윈 잊고" 리디아는 이론에만 빠삭한(?) 학생들의 치기어린 말을 어처구니없어 하며, "노동자들이? 노동자들이? 이 사람들 순 날건달이네! 공산주의는 치워!"라며 화를 낸다. 그리고 공산주의자들과 어울린다며 루루와도 다툰다. 급기야 리디아는 아투로를 데리고 집을 나가버린다. 자신이 가져온 TV를 들고… 머쓱해진 루루는 학생들에게 "기민당에 투표했지만, 좋은 여자야"라는 엉뚱한 말만 할 뿐이다. 다음 날 루루를 기다리고 있는 것은 해고통지이다. 참고로 이탈리아 기민당(기독민주당, Democrazia Cristiana)은 온건적인 정당으로서 1945년 이후 지속적으로 정부를 구성해왔다. 기민당은 이탈리아에서 두 번째 큰 노조인 이탈리아 노동조합동맹(CISL)의 가장 중요한 부분을 구성하고 있다.

한편 이탈리아는 유럽에서 우파와 좌파 간의 정파적 정권교체가 이루어지지 못한 유일한 국가이다(Grebing et. al., 1994: 160).

공장으로 출근하는 루루지만, 경비들에게 제지당하거나 끌려갈 뿐이다. "동지들 파업합시다! 나 해고 당했어. 난 어쩌라구? 학교로 가? 극장에? 묘지? 엄마한테? 어디로 가? 어디로?" 그러나 그의 절규는 공허하기만 하다. 바시 마저 그를 조롱하며 부아만 돋울 뿐이다. "루루, 지금 상황은 성과급 조정기야. 여기서는 혁명 같은 건 없다구, (너는) 어째 맨날 공중제비야?" 이에 노조대표도 말을 거든다. "외톨이 못난 루루, 몸 조심해." 갑자기 고립무원이 된 루루는 지푸라기라도 잡을 심정으로 노학연대위원회 소속의 학생대표를 만나보려 하지만, 오늘따라 그 학생마저 보이지 않는다. 옆의 다른 학생이 "그는 '피자카'에 있는 개방대학으로 갔다"고 일러준다. 개방대학(open university) 안에서는 정치토론들이 한창이다. 참고로 1967년 11월 27일 대학의 권위주의적 권력에 반대하면서 학생들이 튜린(Turin, 토리노로 쓰이기도 한다: 필자 주)대학을 점거했다. 여기서 자주관리라는 급진적인 요구가 처음 제안된다. 튜린의 학생들은 교과과정과 교실, 그리고 대학생활에 대한 완전한 통제권을 요구했다. 이후 확산된 사회운동의 여파에 의해 알도 모로[17](Aldo Moro) 수상과 그의 각료들은 사임할 수밖에 없는 정치적 위기를 맞는다(Katsiaficas, 1999: 146-147). 여기서 잠깐 알도 모로 수상과 엘리오 페트리 감독과의 '우연한 연관성'에 대해 소개하도록 한다.

페트리가 만든 〈토도 모도 Todo Modo〉라는 영화(1976)는, 한 수도원에

---

17 | 알도 모로 수상은 1978년 납치·살해당한다. 당시의 정부는 '붉은 여단'(Brigate Rosso)의 소행이라고 발표하지만, 오늘 날 까지 그 실상은 풀리지 않는 의혹으로 남아있다. 이러한 까닭에 홉스봄(2007: 577)은 당시의 정치상황을 다음과 같이 말하고 있다. "1970~1980년대 이탈리아 정치는 르네상스기에 음모와 암살로 권력과 재력을 한 손에 거머쥐었던 보르쟈(Cesare Borgia: 마키아벨리의 '군주론'의 모델이 된 인물임) 가문의 전성시대처럼 무수한 억측에 휘말렸다." 한편 모로를 소재로 한 영화들로는, 마르코 벨로키오(2006) 감독의 〈굿모닝, 나잇〉과 주세페 페라라(1986) 감독의 〈모로 사건(IL Caso Moro)〉 등이 있다.

영성수련을 위해 모인 국가원로들의 몰살을 다룬 것이다. 이 영화에는 당시 기민당 당수였던 알도 모로로 충분히 짐작되는 인물도 등장한다(그의 이름도 모로이다. 역시 지아 마리아 볼론테 분). 그러나 공교롭게도 그의 죽음은 현실이 되고 만다. 왜냐하면 약 2년 후 실제의 알도 모로 수상이 납치·살해되기 때문이다. 다시 영화로 돌아가자.

루루는 학생을 찾아 이리 저리 다닌다. 건물의 복도 내에는 대자보들이 어지럽게 붙어 있다. '맑스, 레닌, 마오쩌뚱'의 이름이 보이는가 하면, '민주주의 오케이, 권위주의 반대!'라는 구호도 눈에 띤다(Democrazia Si, Autoritrismo No). 가까스로 바닥에 누워 자고 있는 학생(그의 나이는 서른 살이다. 전업 활동가 생활을 해온 탓이다)을 만나 자신의 해고 사실을 알리고 앞으로 어떻게 하면 좋겠냐고 묻는다. "너희들이 날 바꿔놓았는데 해고 당했어"라고 말하지만 돌아오는 대답은 냉혹하다. "당신 일은 개인적인 사정이지. 우린 관심 없어, 우리가 원하는 건 기본계급의 이야기지. 개인 사정을 들어달라구? 하고 싶으면 전업 활동가로 나서든지…" 학생의 이 말에 큰 실망을 한 루루는, "그냥 아무 소리 않는 건데. 페달이나 밟으면서… 누가 내 사정 들어 달랬어? 내가 결정할 문제지"라며 돌아선다.

다음 날 루루는 리디아의 소식도 알 겸해서 아투로의 학교로 찾아간다. 줄지어 학교를 빠져나오는 학생들을 보며, '꼬마 노동자들' 같다고 생각한다(세대간 계급재생산?). 아투로는 루루의 아들 아만도의 안부를 묻는다. 루루는 안 본지 오래 되었다며, 언제 셋이서 여행을 가자고 말한다. 그리고 리디아의 안부를 묻자, '(엄마는) 망신살이 뻗쳤다며 매일 운다'는 대답만이 돌아온다.

루루는 다시 밀리타나를 찾아간다. 밀리타나는 루루에게, "그래도 나만큼 미치려면… 공장에 복직해야 해. 나는 공장에서 미친 거야"라 말한다. 그리곤 갑자기 "무너져라 벽아… 벽아" 하면서 절박하게 벽에 주먹질을 해댄다. 도무지 종잡을 수 없는 밀리티나의 행동이다. 이 모습을 본 루루는, "(일전에 부탁한) 그거 가져 왔어요"라며 붉은 포장지로 감싼 것을 건네주며 뒤돌아서 나온다. 집으로 돌아와 보니 갑자기 모든 상황이 변해있다. 학생들과 정직 처분을 받은 노동자들이 찾아와, "마사, 첫 승리야. 공장장이 전출됐어. 자넨 이제 상징이 되었어. 나와! 오늘 35%가 파업에 찬성했다구. 복직해서 투쟁해야지." 그러나 루루는 그들에게 문을 열어주지 않는다. 모두들 돌아간 한밤중 홀로 남은 루루는 의관을 제대로 갖추고, 살림살이들을 정리하고 있다. 모두 팔아치울 생각이다. 이 중에는 만초니(A. Manzoni, 1785-1873)의 소설 「약혼자들[18] I Promessi Sposi」 전집(3권)도 있다. 술에 취해 비닐을 덮고 소파에서 잠들어 버린 루루는 잠꼬대를 한다. 이때 아투로와 리디아가 돌아온다. 겨우 눈을 뜬 루루는 아투로를 꼭 안으며, "벽… 벽…"이라고 중얼거린다. 이제 식구들과 함께 다시 잠자리에 들지만, 한밤중 노조대표와 바시, 그리고 자신이 그동안 멸시했던 시칠리 출신의 노동자가 찾아온다. "루루, 우리가 해냈어! 자네가 복직 됐어. 다시 일하는 거야! 새벽 2시에 서명했어. 다 얻어냈어. 성과급제도! 루루, 자네만 결정하면 돼." 곁에서 이를 지켜보던 리디아는 모두에게 '그라파'[19](Grappa) 한 잔씩을 권한다. 술들을 마시며 모두 한껏 고무된다. 의뭉스럽게도 노조대표는, "우리가 이긴다고 했잖아. 노조의 단결력으로 이룬 거야. 지방에서 정치적 이유로 해고된 노동자가 복직되긴 처음이야"라고 말하지만, 루루는 쓴 웃음을 지으며 "처음이라고? (그렇다면) 밀리티나는?"이라고 되묻는다. 이에 노조대표는 "그건 예전 이야

---

18 | 알렉산드로 만초니의 「약혼자들」은 1825년부터 1827년까지 약 3년간에 걸쳐 저술한 작품이다. 이 소설은 폰키엘리(A. Ponchielli, 1834-1886)에 의해 오페라로 각색되어 공연되기도 하였다. 이탈리아 국민들은 이 소설을 단테의 「신곡」이래 가장 소중한 작품으로 여기고 있다고 한다. 한편 안토니오 그람시는 만초니의 이 작품을 이탈리아의 언어문제(특히 방언)와 관련하여 연구하였다(Holub, 2000: 78). 그람시의 언어연구에 대해서는 이성철(2009b)를 참고할 것.

19 | 포도에서 즙을 짜낸 찌꺼기를 증류해서 만든 브랜디. 숙성시키지 않은 자극적인 맛을 지니고 있다.

기지… 이젠 더 강해져야지…"라며 말끝을 흐리고 만다. 앞서 살펴본 바처럼 이탈리아에는 3개의 정파노조가 있다. 첫째, 공산주의.사회주의 정파노조로서 이탈리아 공산당(PCI)과 긴밀한 관계를 지닌 '이탈리아 노동총동맹'(CGIL), 둘째, 자유주의.기독교 정파노조로서 기독민주당(DC)과 연결된 '이탈리아 노동조합동맹'(CISL, 반공노조의 기조를 지니고 있음). 셋째, 사민주의.사회주의 정파노조로서 사민당.사회당 계열의 '이탈리아 노동자연맹'(UIL) 등이 그것이다. 그러나 1973년 이래 이들 간에는 '동맹협약'(Patto federativo)이 체결되어 있어 자본 및 정부와의 단체협상시 행동통일을 하는 독특한 문화를 지니고 있다(Grebing et. al., 1994: 162-164). 그리고 서로 입장이 다른 금속노조연맹들의 경우(영화 속의 FIM, FIOM, UILM 등을 말함), 이미 1960년부터 공동으로 조직하고 연대하여 투쟁하였다(조효래, 1980: 255; 김종법, 2004: 75).

다시 공장으로 출근하게 된 날, 정문 앞에서는 여전히 학생들의 목소리가 드높다. "여러분의 시급한 문제를 모두 한 번에 당장 이뤄냅시다. 한 번에 당장!" 그러나 노동자들은 여전히 이들의 말을 무시하고 지나쳐버린다. 루루는 이전 보다 일이 쉬운 조립 라인으로 배치되었다. 루루는 동료들에게 '벽' 꿈을 꿨다고 말한다. "산 채 묻혔는데… 밀리타나는 가버리고…"라고 하자, 동료들은 "개꿈이네…"라며 놀린다. 그러나 루루의 꿈 이야기는 사뭇 진지하다. "밀리타나가 그랬어… 외쳤어… 다 부수고 안으로 들어가자고! 다 부수고 천국을 차지하자고! 모르겠어. 벽 안은… 저쪽의 천국은… 그랬다구… 다 부수고 안으로 들어가자… 말로는 못하겠어… 아무튼… 굉장한 걸 봤지! 이 벽을 부수자! … 그래 벽이 무너졌어!" 이에 바시가 "그래, 거기에 뭐가 있던가? 뭐가 있었냐구?"라며 몹시 궁금해 한다. "벽 안쪽에? 안개였어! 처음엔 아무 것도 없었어. 그러다 잘 보니까 밀리타나(투사: 이 대목에서 밀리타나는 더 이상 고유명사가 아니라, 보통명사로 읽힌다)가 있었어. 그리곤

한 육체노동자를 봤는데 손가락이 잘린 멍청이였어. 생각해 보니까… 바로 나잖아! 염병! 우리 모두 거기 있었어… 벽 속에… 먼지와 안개 속에…" 애가 탄 바시가 다시 묻는다. "그게 무슨 뜻이야?" 루루는 껄껄거리며 다음과 같이 말한다.

"그건… 무너뜨릴 벽이 있다면 우리가 무너뜨려야 한다는 거였어. 참 못 알아듣는군! 참… 안개 속 천국!" 다시 컨베이어는 열심히 돌아간다.

이 글의 처음에 본 영화의 제목과 관련된 두 가지 핵심 용어에 대해 말한 바 있다. 노동과 천국이 그것이다. 이미 노동에 대해서는 전술한 바와 같다. 끝으로 천국의 의미에 대해 토론해보자. 루루에게 있어, 아니 노동자계급에게 있어 천국은 무엇일까? 영어의 천국은 흔히 파라다이스(Paradise), 유토피아(Utopia) 등으로 표현된다. 어떤 이들은 이를 'Nowhere'로 말하기도 한다. 여러분들은 이 단어가 어떻게 읽히시는가? 'No-where'(그 어느 곳에도 없다)로? 아니면 'Now-here'(지금 여기에)로? 루루에게는 천국이 전자일까, 후자일 것인가?

참고문헌

김종법(2004), 「이탈리아 노동운동의 이해」, 한국노동사회연구소.

박신영(2005), 「영화음악: 불멸의 사운드트랙 이야기」, 살림.

박영범(1999), "90년대 이탈리아 노사정합의와 구조조정: 우리나라의 노사정협조에 주는 시사점", 한국노사관계학회, 「하계정기학술대회 자료집」, 57-85쪽.

이성철(2009a), 「노동자계급과 문화실천」, 인간사랑.

이성철(2009b), 「안토니오 그람시와 문화정치의 지형학」, 호밀밭.

윤수종(2010), "이탈리아의 자유라디오운동", 「지중해지역연구」, 제12권 제2호, 49-94쪽.

윤수종(1996), "이탈리아의 아우토노미아 운동", 진보평론, 「이론」, 통권14호, 63-94쪽.

조정환(2003), 「아우또노미아」, 갈무리.

조효래(1980), "노동조합과 정당: 프랑스, 이탈리아를 중심으로", 한국사회과학연구소, 「동향과 전망」, 통권 제9호, 238-268쪽.

Babbie, Earl(2002), 고성호 외 옮김, 「사회조사방법론」, 서울: 그린.

Callinicos, Alex & Chris Harman(2001), 이원영 옮김, 「노동자계급에게 안녕을 말할 때인가」, 책갈피.

Braverman, Harry(1987), 이한주·강남훈 옮김, 「노동과 독점자본: 20세기에서의 노동의 쇠퇴」, 까치.

Grebing, Helga & Thomas Meyer(1994), 정병기 옮김, 「유럽 노동운동은 끝났는가」, 주간노동자신문.

Hobsbawm, Eric(2003), 김동택·김정한·정철수 옮김, 「저항과 반역, 그리고 재즈」, 영림카디널.

Hobsbawm, Eric(2007), 이희재 옮김, 「미완의 시대」, 민음사.

Holub, Renate(2000), 정철수 외 옮김, 「그람시의 여백」, 이후.

Katsiaficas, George(1999), 이재원·이종태 옮김, 「신좌파의 상상력: 세계적 차원에서 본 1968」, 이후.

Predal, Rene(1999), 김희균 옮김, 「세계영화사 100년」, 이론과실천.

Ritzer, George(2004), 김종덕 옮김, 「맥도날드 그리고 맥도날드화: 유토피아인가, 디스토피아인가?」, 서울: 시유시.

Schifano, Laurence(2001), 이주현 옮김, 「이탈리아 영화사:1945년 이후」, 동문선.

Tressell, Robert(1988), 안정효 옮김, 「누더기 바지 박애주의자들」, 실천문학사.

철도 민영화와 비정규직 노동자

켄 로치의 〈네비게이터 The Navigators〉

The Navigators

철도 민영화와 비정규직 노동자

켄 로치의 〈네비게이터 Navigators〉

켄 로치(Kenneth Loach, 1936~) 감독의 이름을 떠올리면, '미꾸라지'가 생각난다. 영어의 '로치'가 그것이기 때문이다. 그리고 2008년 어느 날(5월 6일), '시사기획 쌈'(KBS1)의 〈중국이라는 거짓말〉이라는 탐사보도에서 잠깐 몇 꼭지가 소개된, 중국의 양야우저(杨亚洲) 감독(2005)의 〈미꾸라지도 물고기다 泥鳅也是鱼〉[01]가 연상된다. 중국에서는 미꾸라지가 신분이 낮은 사람들(Riff-Raf f: 켄 로치의 〈하층민들〉 제목이기도 함)을 의미한다고도 한다. 이 영화는 대도시의 건설현장에서 아이들을 키우면서 일하고 있는 농민공들의 척박한 현실(심지어 매혈을 하면서까지)을 그리고 있는 것으로 알려져 있다. 양 감독은 인터뷰에서 중국의 새로운 '불가촉천민'인 이들 농민공[02]들 역시, 인간으로서의 '자존심과 존엄성'을 가지고 있다는 것을 보여주려 했다고 말한다. 이러한 점은 켄 로치의 전 작품에서도 관통되고 있는 주제이기

---

01 | 제18회 도쿄국제영화제 최고 예술 공헌상 수상작.

도하다. 그래서인지 켄 로치와 미꾸라지가 함께 생각되었던 모양이다.

켄 로치는 1936년 영국 중부의 뉴니튼(Nuneaton)에서, 숙련 전기공의 아들로 태어났다. 영국공군을 제대한 후, 옥스퍼드대학에서 법학을 공부하기도 했다. 앞서 말한 바처럼 그는 사회적인 약자들(미꾸라지들)에 대한 관심과 지원을 영화의 주된 소재로 삼고 있다. 예컨대 빈곤여성 〈레이디버드 레이디버드〉, 〈캐시 집으로 돌아오다〉, (이주)노동자 〈레이닝 스톤〉, 〈빵과 장미〉, 〈네비게이터〉, 〈칼라송〉, 〈자유로운 세계〉, 결손가정에서의 소년의 성장 〈케스〉, 〈달콤한 열여섯〉, 그리고 아일랜드인 및 기타 지역민들의 투쟁들 〈숨겨진 계략〉, 〈보리밭을 흔드는 바람〉, 〈랜드 앤드 프리덤〉이 그것이다. 그러나 필자가 보기에 로치 감독의 작품(60여 편의 영화, 17편의 연극, 그 외 수많은 드라마와 다큐 등)은 국내에 아직 충분하게 번역·소개되어 있지 않다. 그 이유는 여러 가지 있겠으나(하층민들에 대한 관심 미미, 정권 및 이익집단들의 검열, 워낙 많은 수의 작품 등), 번역자의 입장에서 보면 무엇보다 극중 대사들이 총알같이 빠르거나, 서민층의 속어와 아일랜드 전통어들이 많이 들어있어 번역의 어려움이 큰 데서도 비롯된다고 생각한다.

로치의 영화이력을 잠깐 살펴볼 필요가 있겠다. 결론부터 이야기하자면 1960년대 초부터 시작되어 최근까지 이어지는 그의 작품세계의 본질은 크게 변한 것이 없다[03]. 그는 영국 BBC의 대중적인 드라마에서부터 작품 활동을 시작하는데, 1962년부터 1978년까지 16년간 방영된 영국경찰 이야기인,

---

02 | 농민공들은 농촌으로부터 일자리를 구하기 위해 대도시로 나온 사람들을 말한다. 대개 일용직들이다. 이들은 2008년 현재, 약 1억 5천만 명으로 추산되고 있다.

03 | 조지 맥나이트(George McKnight)는 로치의 작품세계를 '도전과 저항의 촉매'로 비평한 바가 있다.

〈Z-Cars〉 시리즈[04]의 초기 에피소드에의 참여(1964년에 참여하여 세편을 만듦)가 그것이다. 그리고 다큐 형식을 빌린 TV 영화인 〈캐시 집으로 돌아오다〉[05]를 통해 그의 본격적인 '사회적 리얼리즘'이 전개된다. 이러한 TV부문에서의 연출은 단속적으로 80년대 말까지 이어지나, 최초의 극장용 영화작품은 〈불쌍한 암소〉(1967)이다. 한편 그의 전체 경력에서 1970-80년대는 자의반 타의반의 슬럼프 기간으로 기록된다. 왜냐하면 그가 발표한 작품들이 정치적인 검열과 반대 집단들의 사회적 탄압을 집중적으로 받았던 시기였기 때문이다[06]. 예컨대 영국의 민영방송 중의 하나인 '채널4'에서 만든, 대처정부에 맞선 영국노동조합운동을 다룬 〈리더십의 문제 A Question of Leadership〉 시리즈물이 검열 등으로 방영 불발이 된다든지, 광산노동자들의 파업문제를 다룬 〈당신은 어느 편에 서 있느냐? Which Side Are You On?〉역시 방영되지 못하는 등 로치에 대한 사회적 격리와 동결이 집중화된 시기였기 때문이다. 특히 〈리더십의 문제〉는 노동조합 지도자들의 탄압과 검열을 받았던 작품이다. 이 작품은 노조지도자들에 관한 다큐인데, 이들이 대처 정권에 대항하는데 실패한 내용을 주되게 담고 있다. 즉 노조 지도자들은 엄청난 실업률을 양산하고 있던 대처정부에 맞서기보다는 저항을 조직하지도 않고, 투쟁도 포기한다. 반면 평조합원들은 싸우기를 원했다. 이러한 내용 때문에 정치적 권력을 갖고 있었고, 힘 있는 정치 권력자들을 많이 알고 있던 노조지도자들이 광범위한 압력과 검열을 하였다[07]. 그래서인지 켄 로치는 이 시기를, "영화를 만드는 만큼의 많은 시간을 영화를 방어하는 데 보냈다"고 술

---

04 | 여기서 Z-Car는 대표적인 영국 순찰차인 '제퍼스'(Zephyrs)를 말한다(포드사 제품임). 이 드라마는 사회적인 문제의식을 담고 있으며, 북부 공장지대를 배경으로 하지만 정작 로치 자신은 "(연출은) 유용한 경험이었으나, 기본적으로 경찰을 PR하는 형식이라 내가 할 수 있는 것은 제한적이었다"고 말한다(이 영, 2007: 7). 참고로 1980년대 국내 TV에 시리즈물로 방영된 데이빗 하셀호프 주연의 〈전격 Z작전〉과는 아무런 상관이 없다.
05 | 홈리스 문제를 다룬 이 작품은 사회적으로 큰 충격을 가져오게 되었다. 이 결과 영국에서는 이들을 지원하기 위한 '쉘터'(shelter)를 만들게 된다. 우리 식으로 표현한다면 '쉼터' 쯤이 될 것이다. 이 영화는 TV용이었지만 16밀리로 촬영되었다.
06 | 참고로 켄 로치(1997)의 다큐멘터리, 〈명멸하는 불빛〉은 노동자뉴스제작단에서 배포·판매하고 있다. 이 다큐는 1995년 영국 리버풀 항만노동자들의 파업과정을 카메라에 담은 것이다.

회한다(Robins, 2007:3; 이 영, 2007: 11).

그러나 1990년대에 접어들면서부터 그
와 그의 작품들은 화려하게 부활(?)하게 되
고 사회적인 관심을 모으게 된다. 여러 영화
제에서 '정치적으로 올바른 평가'를 받게 된
것이 그것이다. 사족이겠지만 여기서의 '정치
적'이란 의회나 국회에서의 속 좁은(?) 정치
를 말하는 것이 아니라, 생활이 곧 정치고 정

치가 곧 생활인 관점을 말하는 것이다(안토니오 그람시의 '정치사회' 개념을
생각하면 좋을 듯하다). 예컨대 1990년대에 걸쳐 깐느 영화제에서만 3번의
수상을 하게 되고 (〈숨겨진 계략〉, 〈레이닝 스톤〉, 〈랜드 앤드 프리덤
〉[08]), 2006년의 깐느 영화제에서는 〈보리밭을 흔드는 바람〉으로 마침내
황금종려상을 받게 된다.

그리고 2007년의 베니스 영화제에서는 〈자유로운 세계〉가 각본상을
받는다. 그러나 공교롭게도 로치가 국제적인 영화제들에서 이러한 각종 영예
를 얻게 되는 시기는, 전 세계적으로 신자유주의의 폐해가 구체적으로 작동
하여 많은 노동자와 서민들에게 심대한 고통을 주고 있는 때와 일치한다.

켄 로치의 작품들은 소위 'kitchen-sink realism'(부엌 개수대 사실주
의?)라 불리는 '사회적 리얼리즘'의 경향에 속한다. 이는 1950-60년대 영국
문화운동의 특성을 말하는 것인데, 연극·영화·드라마·소설 등에서 나타

---

07 | 켄 로치는 "노동계급의 선거권 박탈과 배반은 항상 자신의 이익과 보호를 지지하는 사람들로부터 나온다"고 말한다
(Robins, 2007: 4). 이러한 그의 판단은 노동문제를 다루는 영화는 아니지만, 스페인 인민전선을 궁극적으로 붕괴시키는 스
탈린(주의)의 그릇된 지도력을 담고 있는 〈랜드 앤드 프리덤〉에서도 찾아볼 수 있다.

08 | 각각 심사위원특별상(1990), 심사위원특별상(1993), 에큐메니컬상(1995)을 수상함.

난 이러한 운동을 '성난 젊은이 운동'(Angry Young Men Movement)이라고도 한다. 또 어떤 이들은 이를 영국의 '누벨바그'[09] (Nouvelle Vage/ New Wave) 운동이라고도 한다. 대표적인 인물과 작품으로는 존 오스본의 연극 「성난 얼굴로 돌아보라 Look Back in Anger」, 로버트 트레슬의 소설 「누더기 바지 박애주의자들」[10], 알란 실리토의 소설들로 영화를 만든 카렐 라이츠의 <토요일 밤과 일요일 아침>과 토니 리처드슨[11]의 <장거리 주자의 고독>, 그리고 <만약에…>의 린제이 앤더슨 감독 등을 들 수 있다. 이들 작품의 공통된 특징은 무정부주의적 또는 래디컬한 정치적 관점에서, 선술집(pub) 등에 모여 사회적 · 정치적 이슈에 대해 논쟁하는 노동자들, 열악한 공장지대, 그리고 하층민들의 생활과 언어 등을 주된 소재로 삼는 데 있다. 그러므로 'kitchen-sink realism'이란, 부엌의 싱크대처럼 온갖 생활의 찌꺼기들(정신적인 것과 물질적인 것 모두)이 모여서 하수도(즉 사회의 저변)로 내려가는 곳이라는 메타포를 차용한 것이라 할 수 있을 것이다. 그러나 이들의 작품 속에는 하층민들의 핍진한 삶만이 단순히 묘사되고 있는 것이 아니라, 이들이 지니고 있는 펄떡이며 숨 쉬는 날 것 그대로의 싱싱함과, 건강한 땀과 근육, 그리고 내일을 도모하는 새로운 걸음들이 감동적으로 그려진다.

이러한 시대적 배경을 소재 삼아 펼쳐지는 로치의 작품들을 두고, 흔히 좌파 감독의 좌파 영화라는 레이블을 붙이곤 한다. 그러나 '좌파'라는 개념 때문에 쓸데 적은(?) 편견을 가질 필요는 전혀 없다. 왜냐하면 '카메라의 앵

---

09 | '누벨바그'(새로운 물결) 라는 용어는 프랑스의 장 뤽 고다르, 프랑소와 트뤼포 감독 등의 작품에 처음 적용된 것이다. 켄 로치 자신도 이들의 영화와 이탈리아의 비토리오 데 시카, 로셀리니 그리고 체코의 밀로스 포먼, 이리 멘젤 등의 영향을 많이 받았다고 한다. 그러나 특히 프랑스의 누벨바그에 대한 그의 평가는 엄격하다. 왜냐하면 누벨바그는 화려하고 인위적인 반면, 인간에 대한 따뜻함 보다는 스타일에 치중한 느낌이 강하다고 생각하기 때문이다(이 영: 2007: 9).
10 | 로버트 트레슬 지음, 안정효 옮김(1988), 「누더기 바지 박애주의자」, 실천문학사. 이 책은 현재 절판이 되어 구하기가 쉽지 않다. 인터넷 헌 책방을 뒤지는 수고가 따라야 할 듯.
11 | 토니 리처드슨은 오스본의 연극 <성난 얼굴로 돌아보라>도 영화화 하였다.

글은 사회를 바라보는 감독의 시선'이기 때문이다. 오히려 사회에 대한 객관적인 시각을 지닌다는 것은 애초부터 불가능한 것일 뿐만 아니라, 나아가 객관성만을 강조하는 것은 스스로 자신의 특정한 관점으로부터 벗어나는 것을 의미하는 것이다(즉 자기 말이 없는 사람이 된다). 그러므로 사회를 바라보는 우리들의 시선은 기본적으로 주관적일 수밖에 없다. 그러나 이때의 주관성은 한 개인이 갖고 있는 개인적인 시각, 자신이 속해 있는 집단의 성격, 그리고 그 사회의 속성 등이 모두 포함되어 있는 구성물이다. 필자는 평소 로치의 작품이 단순한 좌파 이념물 이상의 것이라고 생각해왔다. 즉 이데올로기보다는 캐릭터를 강조함으로써 그의 정치적 관점은 자연스럽게 감정과 상황에 어우러지기 때문이다(Robins, 2007: 4). 다시 말하자면 극우보수들이 주장하는 '좌빨' 이상의 것이다.

여담이지만 맑스가 자신의 「자본(론)」을 저술하던 무렵, 엥겔스에게 보낸 편지들(1865년 7월~8월) 중에 다음과 같은 내용이 있다. 즉 자기 책이 지니고 있는 결점이 무엇이든 간에 이 책은 '예술적 통일을 이룬 장점'이 있으며, 마무리가 더딘 이유는 '예술적 고려 때문이다'라고 쓴 부분이 그것이다. 실제로도 맑스의 글을 읽다보면, 문학적 향취가 흠씬 배어나오는 장면들이 많다는 것을 느끼게 된다. 이러한 까닭에 에드먼드 윌슨은 맑스를 '상품의 시인'이라고 부르기도 한다(Wilson, 2007: 411-412). 이는 켄 로치의 작품에서도 마찬가지다. 그래서 일부 평론가들은 그를 두고 '영화의 맑스주의자'라고 부르는지도 모르겠다. 왜냐하면 상품으로서의 노동력이 갖고 있는 특수한 성격을 그려내는 자신의 작품들 속에서, 단지 분개와 의협, 폭력과 좌절, 그리고 모험주의 등만을 나타내는 것이 아니라 이러한 요소들의 예술적 배치를 통해 더 큰 감동과 숙제들을 던져주고 있기 때문이다. 그의 대부분의 작품들이 이러한 특징을 지니고 있지만, 이하에서는 그의 다른 작품(특히 극

영화)들과는 달리 가장 큰 '비탄과 비극'의 정조를 지니고 있다고 판단되는, 〈네비게이터〉(2001년도 작품)에 대해 살펴보기로 한다.

요즘의 차들에는 '네비게이션'이 많이 장착되어 있다. 목적지는 정해두었지만 그 과정에 이르는 길들의 물색을 위해 장치해 놓은 것들이다. 여행의 동반자이자 길잡이인 셈이다. 영화의 제목인 〈네비게이터〉 역시 '항법사' 또는 '길을 안내하는 사람'이라는 사전적인 의미를 갖고 있다. 그리고 영국에서는 네비게이터를 '내비'(Navvy)로 약칭하면서, 철도 및 도로건설 등에 종사하는 노동자들을 일컫는 말로 사용하기도 한다. 그러나 켄 로치는 네비게이터의 의미를 열차를 직접 운전하는 기관사들의 길라잡이 역할에 두기보다는, 오히려 이들이 운행하는 열차가 안전하게, 그리고 제 시간에 출발·도착할 수 있도록 도와주는 선로보수 노동자들의 의미로 사용하고 있다. 그러므로 가장 기초적이면서도 중요한 '네비게이터'로서의 이들 주변부 노동자들에게 초점을 맞춘 타이틀이라 할 수 있겠다. 한편 이 영화는 프랑스에서 〈라 쾨들릴라〉(La Cuadrilla)라는 이름으로 개봉되었다. 이는 '(술집 등을 함께 가는) 친한 친구들(주로 남성)'을 의미한다고 한다. 그리고 스페인에서는 '투우사를 돕는 조수단'을 뜻하기도 하고, 일단의 현역 스페인 영화감독 그룹 이름이기도 하다. 여하튼 프랑스판 영화제목에도 이 영화의 주요한 내용들이 담겨있다. 왜냐하면 이 영화는 영국의 철도산업 민영화에 직면한 '5명의 세필드인'(하픽, 폴, 렌, 제리, 그리고 짐)과 그 동료들의 이야기이기 때문이다.

이 영화는 로치의 몇몇 다른 작품들처럼 실제 사건에 기초해서 만들어진 것이다[12]. 보다 구체적으로 살펴보면, 1996년부터 2001년까지 영국의 철도

---

12 | 영화에서는 'Trackside' 사례에 기초해서 만들어졌다고 밝히고 있다.

산업의 주요 부분을 맡았던 '코넥스 그룹'(Connex Group) 산하의 'Connex South Central'과 'Connex South Eastern' 사업장의 경영실패 사례에 기초한 것이다. 여객 수송 사업을 근간으로 했던 이 회사(train operating company)는 민영화 이전부터 근무하던 현장 노동자들을 급속히 줄이거나, 비정규직화함으로써 일견 사업성과가 높아지는 듯 했으나, 정비불량·차량사고·잦은 연착 등으로 결국 2001년 중반 실질적인 프랜차이즈를 잃어버리게 되고, 이후 Govia(Go-Ahead Group)로 경영권이 넘어갔다(20년 계약권)[13]. 그러므로 이러한 배경에서도 짐작할 수 있듯이 이 영화는 민영화의 광풍에 휩쓸려버리는 철도노동자들의 애환을 어둡게 그려내고 있다. 사족이지만 '(공기업의) 민영화'가 뭘까? 사전적인 의미는 "국가 및 공공단체가 특정기업에 대해 갖는 법적 소유권을 주식매각 등의 방법을 통해 민간부문으로 이전하는 것"을 말한다. 그런데 대부분의 사람들은 이러한 사전적인 의미보다는 '민영화'라는 말이 지니고 있는 부드러움이나 정부나 공공기관에 대해 갖고 있는 막연한(?) 불신감 등 때문에, 그 내용은 차치하고 이 단어를 긍정적인 것으로 받아들이는 경향이 그동안 많았었다.

민영화의 장단점에 관한 여러 논의들이 있으나, 이글의 내용을 벗어난다. 그러나 민영화의 속성을 한마디로 표현한다면, 대자본으로의 소유 및 경영 집중이 될 것이다. 일본은 이를 '사사화'(私事化)라 하고 영어권 국가들에서는 '사유화'(privatization)라고 한다. 보다 엄밀한 표현이라 할 수 있겠다. 그런데 한국의 경우 유독 '민영화'로 사용한다. 그 이유는 노동·임금·기술·

---

13 | 영국은 세계 최초로 철도가 태동한 나라이다. 1830년경 민간기업에 의해 처음 등장하였을 때는, 지역노선별로 수많은 철도회사들이 난립하였으나, 1948년부터는 국영으로 전환되었다. 그러나 1992년의 총선에서 보수당이 다시 승리함에 따라, 영국철도공사는 1994년에 민영화 예비조직으로 전환되고 이듬해부터 민간기업에 팔리기 시작했다. 그리고 마침내 1997년 4월에 민영화가 완료되었다. 그러나 이후 막대한 국고보조금 투입, 레일트랙(영국철도선로 시설회사)의 독점이윤, 증대하는 철도사고, 악화된 서비스와 요금 등의 문제가 커다란 사회문제로 불거지면서, 2002년 10월 레일트랙이 다시 공공소유로 전환되었다(Network Rail이라는 이름으로)(오건호, 2003: 26–43을 참조).

경영 등의 '유연성'을 강조하기 위해서이다. 그러므로 이 개념들은 모두 자본-프렌들리한 것들이다. 한편 2MB 정부에서는 이를 '선진화'라고 발표하였었다. 그러므로 민영화-유연화-선진화로 이어지는 개념의 확장에서 보듯이 모두 긍정적이고 바람직한 내용들만 들어있는 것으로 생각하기 쉽다.

그러나 모든 언어는 계급적 속성을 지닌다(이에 대해서는 박해광(2003)의 글을 참고할 것). 왜냐하면 민영화로 인해 자본은 유연해진 반면, 노동은 더욱 고단해졌기 때문이다. 원래 '유연성'(Flexibility)이라는 단어는 15세기 무렵 영어로 들어왔다고 한다. 원래의 뜻은 '나무가 바람을 맞고 휘어졌다가도 탄력에 의해 다시 제자리로 돌아온다'는 단순한 관찰에서 유래되었다고 한다(Sennet, 2001: 60). 그러므로 이 어원에 따른다면 유연성은 구부러졌다가도 다시 돌아오는 힘, 다시 말하자면 '바람보다 먼저 눕고 바람보다 먼저 일어나는'(김수영 시인) 두 가지 능력 모두를 갖고 있는 것이다. 그런데 현실은 어떠한가? 구부러졌다가 다시 복원되는 힘보다는, 그냥 부러지는 경우들이 많지 않은가?

다시 영화로 돌아가자. 영화는 1995년 영국의 요크서 남부지방 '이스트미들랜즈 철도회사'(East Midlands Infrastructure)에서 팀별 작업을 하고 있는 철로보수 노동자들의 위험천만한 현장에서 시작된다(소위 '대처리즘'이라는 신자유주의의 영향력이 강력한 시기임). 참고로 선로보수 노동자들의 경우 수리작업을 위해 일시적으로 선로를 폐쇄하는 구간인 '그린 존'의 설치가 필수적이나, 많은 일감을 주지 않으려는 레일트랙의 경영방침 때문에(즉 근본적인 유지보수가 아니라 땜질식 수리에 만족하는 회사방침 때문에) 잠재적으로 사고의 위험에 노출되어 있다. 한편 이들 노동자들은 그동안 공기업인 영국철도공사 소속이었으나 어느 날 회사에 출근해보니 상기의 회사로 자신들의 소속이 바뀌어버린 것을 보게 된다(1995년은 영국철도공사가 민간기업으로 매각되기 시작하는 때이다). 회사 휴게실에 모인 노동자들은 인력도급 파견업체 사장인 잭슨(별명은 하픽(Harpic)). '하픽'은 유럽에서 가장 인기 있는 화장실 세정제품이라고 한다. 본사의 비위만 맞추려드는 잭슨에게 노동자들이 붙인 별명이다)으로부터 회사의 바뀐 방침들에 대해 듣게 된다.

그 내용은 작업경쟁을 부추기는 것과, 1년에 2명의 산재 사망만을 허용(?)한다는 것, 그리고 노던 인프라회사에서 파견되어 4개월간 함께 일해 왔던 노동자들을 배제하는 것(즉 이제는 적은 수로 같은 작업량을 하라는 것), 그리고 명예퇴직을 신청하라는 것들이다. 논란 뒤에 많은 노동자들이 목돈 마련의 이유 등으로 명퇴신청서를 작성하게 된다. "절벽에서 밀리기 전에 먼저 점프하는 거지"라는 말과 함께… 한편 휴게실에는 청소를 담당하는 노동자가 한 명 있는데(잭), 그도 민영화의 바람에서 자유로울 수가 없게 된다. 즉 그동안 철도청 소속으로 일을 해왔지만 이제는 새로운 회사가 이 업무를 외부업체 하청으로 돌려버렸다(spin-off). 이 때문에 이 노동자는 일감을 얻기 위해 6개월 마다 개인적으로 입찰을 해야만 한다. 더구나 앞으로는 개인 청소도구 마저 직접 구입해서 작업을 해야 한다. 이러한 와중에서도 회사의 전무는 홍보 동영상에서 고객지향의 서비스 향상, 무한경쟁에 놓인 시장경제의 상황 등을 설명한다. 그리고 진보(?)를 위한 변혁이 필요하다고 역설하면서, 앞으로는 평생직장의 개념은 사라질 것이라고 덧붙인다.

이제 다섯 명의 주요 등장인물들을 간단히 살펴보도록 하자. 이들 모두 같은 회사에 소속되어 있지만 이력들은 다소 다르다. 비교적 젊은 축에 드는 폴은 아내와 어린 딸이 있는 짐의 집  에 얹혀 살고 있다. 폴은 그의 아내였던 리사와 다시 결합하려고 하나 그녀는 무능력한 폴을 다신 만나고 싶지 않다. 그의 두 딸들은 리사가 데리고 있고, 폴은 양육비 부담마저 안고 있다. 그리고 렌은 반장으로 은퇴하게 되는 고령노동자(25년간 근무)이다. 휴게실에서 후배 노동자들에게 이전의 좋았던 시절을 들려주며 잠깐 즐거워하지만 오늘은 그의 마지막 출근이다. 한편 제리는 현재 노조위원장을 맡고 있다. 끝으로 하픽은 앞서 말한 바처럼 이들을 관리·감독하는 파견업체 사장이다.

그러던 어느 날 이들의 회사는 또 다시 '길크리스트'(Gilchrist Engineering) 라는 새로운 회사에 팔려버린다. 참고로 민영화 이후 영국철도 산업은 시설과 운영의 분리뿐만이 아니라 철도산업을 수없이 많은 외주 하청기업들로 채워버리게 된다. 예컨대 120여 개의 민간기업 아래에 수백 개의 소규모 하청 기업들이 계약을 맺고 있었다. 2000년 현재 이들 하청업체는 2,000개에 이를 것으로 추산하고 있다(Murray, 2003: 15). 한편 하픽이 휴게실 벽에다 붙여놓은 이 회사의 새로운 방침에는, "전 직원은 퇴근시 타임 카드를 기록할 것"이라고 되어 있다. 그러나 변경된 지침은 노조와 먼저 협의되어야 하나 회사가 일방적으로 공고해버린 것이었다. 이에 노조위원장인 제리는 공고문을 찢어들고 하픽을 만나러 간다. 제리는 하픽을 만나, "우리는 벌써 몇 년 전에 퇴근 시간을 찍을 필요가 없다고 합의를 했지 않았느냐"면서 항의를 한다. 그러나 하픽은 "단지 끝나는 시간을 체크"하기 위해서일 뿐이라고만 대답한다. 그리고 사측에서는 과거의 합의사항들은 모두 무시하고 백지상태에서 변혁을 추진해야한다고 덧붙인다. 또한 이 회사의 전무는 그간의 관행이었던 '일요일 출근 도장을 찍지 않는 것', '승진과 퇴직에 관한 사항' 등 이전의 합의사항 모두를 무효화하려고 한다. 제리는 이전의 근거서류들로 하픽에게 항의를 해보지만 소사장인 하픽도 어쩔 수가 없다. 새로운 회사는 노동자들이 지니고 있던 작업공구마저 모두 부수어서 파기하도록 한다. 왜냐하면 회사가 새로운 안전기준을 채택함으로써 이에 걸맞는 새로운 장비들이 필요하다고 하였기 때문이다. 노동자들은 이를 두고 "(마치) 우리 미래를 보는 것 같네"라면서도 마지못해 이에 따른다.

그러던 어느 날, '도어'에서의 철로 이완으로 인한 열차 탈선사고를 수습하는 일감이 생긴다[14]. 하픽은 이 일감을 다른 에이전시보다 먼저 따내기 위해 휘하의 노동자들을 채근하여 이 지역에 파견하게 된다(그러나 에이전시들은 모두 길크리스트와 계약관계에 있다). 소위 경쟁적인 작업구역인 셈이다. 그러나 다른 에이전시 소속의 노동자들도 이미 현장에 도착해 있다. 이 무리들 속에는 엊그제 퇴직한 '렌'의 모습이 보인다. 렌은 다른 퇴직숙련노동자들을 중심으로 작업반을 구성해서 이 일을 하러 나온 것이었다. 이번 사고같이 긴박한 일이 생겼을 때, 사측에서는 이미 퇴직한 전직 노동자들을 '유연하게'(!) 활용하고 있는 것이다.

렌 일행이 받는 임금은 숙련도 등의 차이에 따라 시간당 12-15 파운드이고, 법정근로시간의 적용을 받지 못한다. 한편 현업노동자의 시간당 임금은 15파운드이다. 이미 한 시간 전부터 일을 시작한 렌의 작업팀이지만, 일감이 워낙 방대하여 작업구간을 나누어 함께 일하게 된다. 작업 후 휴게실로 돌아와 임금을 받게 된 폴은, 짐의 집을 나와 방을 구하고 가구도 들여놓아야 되기 때문에, "이 돈으론 도저히 살수 없다"며 사무실을 찾아가 명퇴신청을 하고 9,670 파운드의 퇴직금을 받으려고 한다. 그러나 사무실의 여성 사무노동자인 피오나(로즈라는 딸을 데리고 사는 이혼녀)의 만류로 이를 보류하게 되고, 이 일로 그녀와 가까워지게 된다.

그러던 어느 날 하픽은 더욱 나쁜 소식을 가져온다. 즉 자신의 작업구역

---

14 | 민영화 이후 선로상태가 악화된 이유 중의 하나는, 민영화 과정에서 시설관리인력이 절반 이상 감축된 것에서도 기인한다(Murray, 2003: 139).

이 곧 폐쇄될 것이라면서, 12주 안에 명예퇴직을 하라는 것이다. 이에 렌은 "명예퇴직을 하지 않으면 우린 그냥 자원봉사자가 되는 거요"라면서 하픽을 힐난하지만, 그 역시 이제 파견사업을 할 수 없는 처지에 놓여 있다. 그러면서 하픽은 노팅햄으로 가면 일자리가 있을 거라고 말하지만, 그곳은 현재 거주 지에서 너무 먼 곳이고 회사의 방침에 따라 이미 작업공구마저 폐기해버린 상 태이다. 이제 이들이 선택할 수 있는 것은 비정규직의 삶 밖에 없다. 지금까 지 하픽이 운영하는 파견회사에서는 그나마 정규직이었지만, 이제는 이마저 도 날아가 버리게 된 것이다[15]. 이는 모두 길크리스트 회사의 '고용의 유연화' 를 통한 생산성 향상 방침에서 비롯된 것이다. 이제 비정규 노동자들이 된 이 들은 직업소개소 등을 찾아다니면서 새로운 일자리를 물색해보지만 사정은 녹록치 않다.

그러던 어느 날 5명의 세필드인과 동료였던 '믹'(관리자의 입장에서 볼 때 믹은 항상 트러블 메이커였다)에게 철로 일감 하나가 생긴다. 시멘트로 된 침 목교체 작업이 그것이다. 원래 이 일은 10명이 한 조가 되어 해야 할 일이다. 왜냐하면 기차가 다니고 있는 위험한 야외 작업장이기 때문에 침목운반자 8 명 이외에도 위험을 경고해줄 신호수가 필요하기 때문이다. 그럼에도 불구하 고 회사에서 파견된 작업반장은 이러한 작업규칙을 위반하면서까지 6명만 현장에 보내게 된다. 그런데 이 중에서도 2명은 철로 일을 한 번도 해보지 않 은 일용직 건설노동자들이다. 실제로 한 선로보수 노동자의 증언에 따르면, 유지보수인력은 더 이상 전문인력이 아니라고 한다(철도 현장에서 제대로 일 을 처리하기 위해서는 10년 이상이 걸린다). 예컨대 술집에서 추려오거나 빵

---

15 │ 한국의 경우 철도산업의 비정규직은 직접고용 비정규직이 3,113명, 간접고용 비정규직이 7,000명(추산)으로 전체 총 정원의 약 24.3%를 차지하고 있다. 나아가 철도공사는 2006년 9월에 작성한 조직진단 및 직무분석 최종보고서에서 외주인 원을 향후 정원의 40%인 14,819명으로 늘릴 계획을 밝힌 바 있다(이영수, 2008: 36).

집, 푸줏간 등에서 일하는 사람들까지 투입되고 있다고 한다(Murray, 2003: 165, 179). 이들이 해본 일이라고는 지하철 바닥에 블록을 까는 일 밖에 없었으며, 심지어 자신들이 거주하는 에섹스에서 작업현장까지는 차로 3시간이나 걸리는 곳이다(3시간 운전하고 12시간 작업, 시간당 19파운드. 실제로도 통근시간은 노동시간으로 계산하지 않는다고 한다). 그렇지만 이들은 "현금이 들어오지 않느냐"면서 별 군소리가 없다.

우리의 주인공들이 할 일 없어 집에서 구박받거나, 직업 소개소를 들락거리는 나날을 보내던 중 피오나는 제리에게 '홈즈'에서의 철로 정리 일감을 소개한다. 산사태로 무너진 철로에서 케이블 선을 꺼내어 복구하는 작업이다. 다음 날 제리는 에이전시에서 파견된 노동자들과 이전의 동료들을 규합하여 현장으로 나서게 된다. 마치 속칭 '노가다'처럼 '비 오는 날은 공치는 날'과 같은 비정기적인 일감만 해야 할 처지에 놓이게 된 셈이다. 지나가는 기차에서 버린 오물을 뒤집어쓰는 등, 고된 하루의 노동을 모두 마친 후 이들 4명(짐, 폴, 믹, 그리고 렌)은 선술집에 들린다(앞서 말한 '라 콰들릴라'인 셈이다). 그간의 실직생활에 대한 한담 등을 나누면서… 며칠 후 이들에게 또 다시 일감이 들어온다. 철로 옆에 표지판을 설치하는 작업이다. 반장은 "이번 일만 잘 하면 앞으로 많은 일감이 들어올 것"이라고 말한다. 작업은 한 밤중까지 이어진다. 그러나 작업 중 기차가 지나가도 아무 소리도 듣지 못한다. 신호수를 배치해둘 수 없어 작업환경이 매우 위험해진 것이다. 그러던 와중 멀리서 폴의 고함 소리가 들려온다. 짐이 기차에 치였다는…

황망하게 달려가는 동료들, 그렇지만 아직 도대체 무슨 일이 벌어졌는지 알 수 없다. 램프를 가져온 후에야 짐이 기차에 달린 그 무엇에 받쳐 중상을 입은 것을 알게 된다. 존이 2분 안에 도착할 수 있는 구급차를 부르려고 하지만 "사람들이 우리가 안전하게 일하지 않았다고 생각"할 것을 염려한 믹이 "우리가 안전수칙을 지키지 않은 것 때문에 책임을 뒤집어 쓰게 될 것"이라고 말한다(실상은 너무 적은 인원이어서 신호수마저 세워둘 수 없었다). 그러나 존은 "그딴 안전수칙보다 이 녀석이 더 중요해"라고 말하지만, 지난 6주 동안이나 일을 하지 못했고, 이 일자리마저 잃게 될 것을 두려워하는 믹과 심한 언쟁만 하게 된다. 짐은 점점 더 위중해지고… 결국 짐을 철로 위 다리로 옮겨 그가 자동차 사고를 당한 것으로 하게 된다. 그러나 짐은 이내 사망에 이르고, 그의 죽음은 뺑소니 사고로만 처리되고 만다. 다음 날 현장 사무소 앞마당에서 만난 렌은 "뭐, 뺑소니 사고였다고? 너희들은 뭐하고 있었어?"라며 믿을 수 없다는 표정을 짓지만, 이들은 "다리 아래서 일하고 있었어. 짐은 시멘트를 섞으면서 다리 위에 있었어"라고 말할 수밖에 없다.

돌아오는 화요일, 짐의 장례식장에서 렌 등과 다시 만나기로 하고 이들 세 사람은 현장 사무실 마당을 처연히 빠져나가게 된다. '살아남은 자의 슬픔'과 '거세된 희망'(영국 비정규직 여성노동자들의 실상을 직접 체험을 통해 고발한 폴리 토인비의 책 제목이기도 하다. 일견을 권한다)만을 안고… 여담(?)이지만 영국 총리였던 마거릿 대처는 철도공사 경영진과의 어느 회합에서 이들 철도노동자들에 대해 다음과 같은 말을 하였다고 한다. "조금이라도 괜찮은 사람이라면 이런 곳에서 일할 리가 없겠죠"(Murray, 2003: 137). 민영화에 임하는 대처만의 대처방식의 일단을 엿볼 수 있는 발언이라 할 수 있겠다.

참고문헌

박해광(2003), 「계급, 문화, 언어: 기업공간에서의 의미의 정치」, 한울 아카데미.

오건호(2003), "옮긴이의 말", Murray, Andrew, 「탈선: 영국철도대란의 원인, 결과 그리고 해법」, 이소출판사, 26-43쪽.

이 영(2007), "결코 내리지 않는 깃발: 켄 로치, 싸우는 작가주의에 대하여", 시네마테크 부산, 「켄 로치 특별전(2006. 11. 10~26) 자료집」, 7-15쪽.

이영수(2008), "철도부문 구조조정에 대한 노동조합의 대응방안 연구", 「한국산업노동학회 2008년도 상반기 학술발표회 자료집」, 34-56쪽.

Murray, Andrew(2003), 오건호 옮김, 「탈선: 영국철도대란의 원인, 결과 그리고 해법」, 이소출판사.

Robins, Mike(2007), "켄 로치 그 유쾌한 사회주의자", 시네마테크 부산, 「켄 로치 특별전 (2006. 11. 10~26) 자료집」, 2-4쪽.

Sennet, Richard(2001), 조 용 옮김, 「신자유주의와 인간성의 파괴」, 문예출판사.

Toynbee, Polly(2004), 이창신 옮김, 「거세된 희망」, 개마고원.

Wilson, Edmund(2007), 유강은 옮김, 「핀란드 역으로」, 이매진.

노동자의 예수

박광수의 〈아름다운 청년 전태일〉

아름다운 청년 전태일

노동자의 예수

박광수의 〈아름다운 청년 전태일〉

2010년은 전태일(1948-1970) 서거 40주년 되는 해이다. 기념일을 의미하는 영어의 '애니버서리'(Anniversary)는 원래 가톨릭에서 성자들을 기릴 때 처음으로 사용한 용어라고 한다. 전태일은 흔히 '노동자의 예수'로 불린다. 이는 예수에 대한 불경한 용법이 아니라 더 낮은 곳으로 임했던 예수의 삶을 전태일 자신이 온전히 뒤따랐다는 점에서 자연스럽게 사용된 것이라 생각한다[01]. 한편 우리들에게 있어 기념일이란 '절정 경험'(peak experience)의 반추 또는 현재와의 대화를 의미한다. 즉 단순하고 반복적인 일상의 호수에 파문을 일으키는 하나의 돌멩이 또는 피어오르는 한 떨기 불꽃(A Single Spark: 전태일 평전의 영문판 제목이기도 하다. 지은이는 전태일의 여동생인 전순옥이다[02])의 의미를 되새기는 날이 되기도 한다. 이러한 까닭에 기념일은 일상에서의 사건이고 사태이며, 끊임없이 현재를 불러내는 역사가 되기도 한다. 그

01 | 1970년대 빈민목회를 하고 있던 김동완 목사는 전태일을 "작은 예수와 같은 존재"라고 말한다.
02 | 「A Single Spark – The Biography of Chun Tae-il」.

러므로 그 누구의 근사한 말처럼 "과거는 햇볕에 바래면 역사가 되고, 달빛에 물들면 신화가 되는" 것이 아니다 [03]. 일상(everyday life)은 시간적으로는 '지금'을, 공간적으로는 '여기'를 말하는 우리 생활의 기본 단위이다. 그러므로 일상의 시간성-공간성인 '지금'과 '여기'를 따로 떼어놓아서는 곤란하다. 왜냐하면 '여기'에 머물면 과거로부터 배우는 것이 없게 될 뿐만 아니라 아주 사소한 기득권이라도 고수하게 되고, 이 결과 미래를 전망할 수도 없기 때문이다. 그리고 '지금'은 사회적 진공상태의 시간이 아니라 오늘 지금의 심층에는 역사가 만들어낸 거대한 모순들이 복류(伏流)하고 있기 때문이다. 예컨대 한자인 '지금'(조(이를 지) 수(이제 금))을 생각해보라. 이는 '오늘에까지 도달한 (모든) 시간'을 의미한다. 이는 영어의 '투데이'(to-day)의 의미와도 같다. 그러므로 일상을 조망하기 위해서는 역설적으로(!) 현학적인 '사상'보다 깨어 있는 '정신'이 더욱 필요하다 [04]. 이러한 의미에서 전태일 평전에서 묘사된 '사상'의 의미는 곧 '정신'에 다름 아닐 것이다 [05].

우리는 자신의 생각이나 이념들을 조리 있고 체계적으로 전개한 사람들을 사상가라 부른다. 그리고 이들의 이론들이 하나 또는 다양한 흐름을 이루고 있는 것을 '사상'(Thoughts)이라 말한다. 예컨대 마르크스 사상이나 마오쩌뚱의 사상 등이 그것이다. 그러나 이러한 사상보다 더 큰 울림을 갖고 있는 것은 '정신'(Mind)이다. 베트남 사람들은 그들의 국부인 호치민(胡志明)의 생각과 실천들을 사상이라 부르지 않고 '호치민 정신'이라 부른다. 이는 그가 얼마나 많은 책을 썼는가의 문제보다 그의 말과 글과 얼이 민중들의 삶에 매우 깊이 녹아들어 있음을 반증하는 것이다. 필자는 전태일의 삶과 행동

---

03 | 소설가 이병주의 대하소설 「산하」에 나오는 말이다.
04 | 일상생활의 사회학적 의미들에 대해서는 이성철(2009b), 그리고 Harootunian(2006) 등을 참고할 것.
05 | 전태일기념관건립위원회(1983)의 「전태일 평전: 어느 청년노동자의 삶과 죽음」의 제4장의 제목은 '전태일 사상'으로 되어 있다.

도 이러한 의미에서 사상이라 하지 않고 정신이라 말하고 싶다. 이러한 전태일의 정신을 기리고자 최초로 열렸던 전국노동자대회(1987년 11월)의 공식 명칭 역시 '전태일 열사 **정신** 계승 전국노동자대회'(5만여 명의 노동자들이 연세대에서 결집함)였다. 프랑스의 소설가 로맹 롤랑이 쓴 「장 크리스토프」(베토벤의 일대기를 소재로 한 소설임)의 서문에서 '정신'의 의미를 살펴볼 수 있다. "사상 또는 힘에 의해서 승리한 자들에게 나는 영웅이라는 이름을 붙이는 것을 거부한다. '심정'에 의해서 위대했던 이들만을 나는 영웅이라 부른다"(Rolland, 2002: 12). 롤랑이 말한 '심정'은 '정신'으로 바꾸어 읽어도 좋을 것이다.

박장현(2010: 28)은 이렇게 말한다. "전태일은 철학자가 아니었다. 그는 초등학교도 변변하게 다니지 못한 '무식한 노동자'였다. 그러나 그의 철학적 성찰은 직업철학자의 그것보다 더 진지하였고, 그의 철학적 통찰력은 전문철학자의 그것보다 더 날카로웠다. 그가 우리 노동자들에게 남긴 철학적 유산은 아마 우리나라 먹물철학자들의 유산을 모두 합친 것보다 더 클 것이다. 그는 철학자들이 새까맣게 까먹어버린 철학의 근본문제를 깜깜한 어둠 속에서 다시 캐내어 우리 눈 앞에 살려내었다. 그것은 '인간'이었다."

이제 영화로 돌아가자! 박광수 감독(1995)의 〈아름다운 청년 전태일〉은 (주)기획시대와 전태일기념사업회(http://www.chuntaeil.org, 현 (재)전태일재단)가 공동으로 제작한 장편영화이다. 이 영화는 제작비의 일부를 충당하기 위해 2만 원 이상을 내면 영화제작자가 될 수 있다는 홍보를 통해 약 7천 명 이상의 후원자를 모으기도 하였다(영화가 끝난 후 엔딩 크레디트가 올라갈 때 이들의 이름들이 소개된다).

박광수 감독은 〈칠수와 만수〉(1988), 〈그들도 우리처럼〉(1990), 〈베를린 리포트〉(1991), 그리고 〈그 섬에 가고 싶다〉(1993) 등으로 잘 알려진 한국 뉴 웨이브의 대표적인 주자이다[06]. 그는 대학시절 '얄라셩'이라는 영화 동아리에 가입하여 영화에 대한 토론과 단편영화들을 연출하며 내공을 쌓기 시작한다. 그의 영화를 관통하는 일관된 주제는 장기수, 탄광촌, 노동자, 입양아, 분단 등의 소재 활용에서 볼 수 있듯, 한국사회의 구조적인 문제에 대한 서사적인 접근과 사회적 약자들에 대한 사실적 묘사 등으로 요약될 수 있다. 이효인(1996: 228)은 얄라셩 출신 영화감독들(이후 이들이 주도가 되어 '서울영화집단'을 만든다. 대표적인 인물로는 박광수, 김홍준, 황규덕, 홍기선, 김동빈 등이 있다)의 작품주제는 대체로 '사회'와 '역사'에 관한 것이었다고 평가하고 있다. 이 영화의 각본에 참여한 이들은 이창동, 김정환, 이효인, 허진호, 박광수 등이다.

영화는 서울 도심에서 펼쳐지고 있는 노학연대의 장면에서 시작된다. 노학연대 등의 지식인 참여운동은 전태일의 죽음 이후 더욱 확산된다. 풍물놀이와 구호 속에는 '민주노총 건설하고 사회개혁 쟁취하자'라는 펼침막도 눈에 띤다[07](참고로 영화에 사용된 기록 사진들은 한국민족사진가협의회의 것들이다). 장면은 곧 흑백으로 전환되어 평화시장 재단사 전태일(홍경인 분)이 석유에 흠뻑 젖은 채 손에 들고 있던 근로기준법 책자에 지포 라이터로 천천히 불을 댕기는 모습이 클로즈업된다(전태일 평전에 서술되어 있는 내용은 영화적 장치와는 다르다는 점을 밝혀둔다. 참고로 영화는 전태일의 삶은 흑백으로, 김영수의 그것은 컬러로 교차시켜 보여준다). 이 장면으로부터 다시 플래시-백 되어 야간통행금지 사이렌이 울리는 가운데 김영수(문성근 분)는 낮은 촉수의 전등만을 켠 채 앉은뱅이 책상에 앉아 무언가를 쓰고 있다가 불을

---

06 | 한국 뉴 웨이브의 전개과정에 대해서는 김소연(2006)을 참고할 것.
07 | 참고로 민주노총의 창립일은 1995년 11월 11일이다.

끈 후 창가로 나와 깊은 상념에 잠긴다. 그는 전태일의 분신사망(1970)이후 5년이 지난 뒤에도 여전히 희망 없는 한국사회에 대해 절망하고 분개한다(민청학련과 인혁당 사건 등이 소개된다). 그러나 그는 '멀리 있는 봄을 기다리듯' 5년 전 산화한 전태일을 생각하고 있다. 그는 학생운동 수배자로 몸을 숨긴 채 전태일의 전기를 쓰고 있던 중이었다. 영화 속의 김영수는 전태일 평전을 직접 쓴 고 조영래 변호사로 생각해도 좋을 것이다.

실제로도 조영래 변호사는 1974년의 민청학련 사건으로 장기표 등과 함께 수배자 생활을 하고 있었고, 이 기간 동안 이소선 여사와 청계천 노동자들을 몰래 만나면서 평전작업 등을 시작한다. 또한 그는 서울대생 내란음모 사건으로 1년 6개월 간 감옥생활을 하기도 하였다. 국내에서 출간되지 못한 그의 전태일 평전은 1977년 가을 일본의 '한국민주통일연합'으로 보내져, 일어판 「불꽃이여 나를 둘러싸라」가 출간된다(1978년). 이 책에도 조영래 변호사의 실명은 숨겨지고 김영기(金英基)라는 가명만 소개된다. 일본으로 보낸 원고는 진본이 아니라 사진으로 찍은 일종의 복사본(?)이었다. 공안당국의 눈을 피하기 위해 외국인 신부를 통해 전달되었다. '한국민주통일연합'은 같은 해에 〈어머니〉라는 제목의 전태일 관련 영화를 제작.발표하기도 한다. 이러한 우여곡절 끝에 전태일 평전은 1983년에야 국내에 소개된다(「전태일 평전: 어느 청년노동자의 삶과 죽음」). 그러나 지은이는 여전히 알려지지 않았고, 다만 전태일기념관건립위원회 엮음이라고만 소개된다. (이상의 내용은 KBS1, 인물현대사, 〈진실은 감옥에 가둘 수 없다: 조영래〉를 참고한 것임을 밝혀둔다).

다시 영화로 돌아간다. 영수는 임신한 그의 연인 정순이(김선재 분)가 "선생님은 전태일만 생각하시죠?"하자, 그는 "정순이가 전태일이야"라며 그녀를

일본어판 전태일 평전과 영화 〈어머니〉

따뜻하게 감싸 안는다. 고 문익환 목사(1983)는 그의 시 '전태일'에서 다음
과 같이 말한다.

> 한국의 하늘이여
>
> 그대의 이름은 무엇인가
>
> 나의 이름은 전태일이라네
>
> 한국의 산이여 강이여 들판이여 마을이여
>
> 그대들의 이름은 무엇인가
>
> 우리의 이름은 전태일이라네
>
> (중략)
>
> 평화시장 피복 공장에서 죽음과 맞서 싸우는
>
> 미싱사 시다들의 숨소리들이여
>
> 그대들의 이름이야 물론 전태일이지
>
> (후략)

정순이는 임신 중임에도 공장에 나가 일을 하며 위태한 도바리[08] 생활을

---

08 | 도망을 뜻하는 은어(slang)이다. '잠수를 탔다'는 말로도 불렸다. 박광수의 또 다른 영화인 〈그들도 우리처럼〉에서도 문
성근은 도바리로 나온다.

하고 있는 영수를 지켜주고 있다. 영화 속에서 이들 둘은 야학에서 선생님과 제자로 만난다. 이후 정순은 자신의 공장에서 어용노조를 몰아내고 민주노조를 다시 세우려고 하나 어용노조 간부의 장난으로 노동부로부터 노조설립신고서를 반려 당하게 된다.

그리고 매일같이 공장장과 주임 등의 회유와 폭력에 시달리기도 한다. 심지어 농성중인 노동자들을 구사대들이 폭행하고 한밤중 교외의 쓰레기장에 정순 등을 투기해버리기도 한다. 그러나 결국 정순은 형사들에 의해 끌려가고 만다. 참고로 이 시기(1970년)의 노동쟁의에 대한 정확한 자료는 없지만, 한국노총의 사업보고에 따르면 165건으로 집계되고 있다(이태호, 1983: 159에서 재인용).

여기서 잠깐 영화 속의 김영수가 언급했던 1975년의 사건에 대해 살펴보자. 인혁당 사건의 주요 골자는, 1972년 유신헌법이 공포된 후 유신반대투쟁을 주도하던 민청학련의 배후로 인혁당 재건위를 지목하여 23명을 구속하고, 이 중 사형선고를 받은 8명을 대법원 확정판결이 내려진 지 불과 18시간 만인 1975년 4월 9일 전격적으로 형을 집행한 것이다. 이를 흔히 '사법살인'이라고 말한다. 2005년 12월 27일 서울중앙지법 형사합의 23부는 '인민혁명당 재건위원회' 사건에 대해 재심 개시 결정을 내린 후, 재심청구 사건 재판장은 이미 사형당한 8명과 관련해, "이 재판의 가장 중요한 당사자인 피고인들이 없다는 게 가장 가슴 아프다"며, "이러한 사정들은 이 재판의 역사적 위치와 함께, 재심을 통한 피고인들의 권리구제 한계를 말해주는 것이어서 더욱 마음이 무겁다"고 말했다. 이 사건은 2007년 무죄로 다시 판결된다. 그리고 2009년 9월 이용훈 대법원장은 "불행한 과거가 사법부의 권위와 사법부에 대한 국민의 신뢰에 적지 않은 손상을 줬음을 잘 알고 있다"며 사과하기에 이른다(이상에 대해서는 김용철(2010: 406-410)을 참조할 것).

평화시장 봉제공장 작업장을 다시 찾은 영수는 태일이 때와 별 다를 바 없는 노동조건에 놓여 있는 어린 여공들을 만나게 된다. 아래의 사진은 당시 평화시장 봉제공장의 다락방의 모습이다. 어린 여공들조차 일어서서 작업을 할 수 없을 정도의 좁은 공간이다. 그리고 옷감의 원단에서 풍기는 참을 수 없는 염료의 냄새와 먼지들은 열악한 노동조건의 덤이었다. 1992년 MBC에서 방영되었던 드라마 〈아들과 딸〉의 여주인공 김희애(후남)가 일했던 봉제공장의 작업 공간을 연상해도 좋을 것이다. 재단사[09] 보조로 일하게 된 태일이는 어린 여동생들과 함께 특유의 밝은 모습으로 열심히 노동의 나날들을 이어간다. 봉제공장의 노동과정은 대략 다음과 같은 시스템으로 움직인다. 즉 재단사(숙련공)-재단사 보조-미싱사(숙련공)-미싱사 보조-시다 등이 그것이다. 이들이 한 팀이 되어 움직이는 일종의 '블록 시스템'(bloc system)인 셈이다. 그러므로 이러한 '한 덩어리' 시스템에 약간의 지체만 생겨도 전체 공정에는 큰 지장을 주게 된다(특히 생산량). 이러한 이유 때문에 재단사는 사장과 함께 노동자들의 화장실 출입시간 통제 등과 같은 '대면적 통제'(face-to-face control)를 하게 된다. 최민식·옥소리 주연의 〈구로 아리랑[10]〉과 박중훈·최명길 주연의 〈우묵배미의 사랑〉 등에서도 이를 살펴볼 수 있을 것이다.

영화 속에서 태일이는 삼일사에서 한미사로 직장을 옮긴다. 이틀 밤을

1960년대 봉제공장과 평화시장의 모습, 그리고 작업장의 조건

09 | 영화에서 재단사로 나오는 배우는 〈파업전야〉의 재필(홍석연 분)이다.
10 | 〈구로아리랑〉에 대해서는 이성철(2009a)를 참고할 것(http://hannae.org).

샌 어린 여공들은 잠을 쫓기 위해 자칭 군위생병 출신이라는 사장으로부터 각성제인 듯한 주사를 맞기도 하고, 원단의 먼지와 폐쇄된 작업공간 때문에 폐결핵을 얻어 각혈을 하기도 한다. 이 어린 여공 중에는 태일의 여동생 순옥 또래도 있다. 태일은 그날 저녁 어머니(이소선 여사, 이주실 분)에게 이날의 사건에 대해 말씀 드린다. 어머니께서 "먼지 구덩이에서 일을 하니 몸들이 성하겠니?"라고 하시자, 태일이는 "근데 그 애가 공장에서 쫓겨났어요. 공장에서는 아무도 신경 쓰지 않아요"라며 안타까워한다. 함께 저녁밥을 드시던 아버지(영화 속에서는 뒷모습만 잠시 보인다. 실제 태일이는 아버지(전상수)로부터 노동운동에 대한 이야기를 많이 듣는다. 아버지는 젊은 시절 대구의 방직공장에 근무하면서 총파업에 참여한 적도 있다(전태일기념관건립위원회, 1983: 117-118))는 "노동자들을 위한 노동법이라는 것이 있다"라며 지나가듯이 말씀하신다. 이에 태일이의 눈매는 어떤 한 생각에 사로잡혀 더욱 깊어만 간다. 며칠 뒤 헌 책방에 들른 태일은 근로기준법을 산다(1967년의 일이며, 책의 저자는 심태섭이다). 훗날 어머니 이소선 여사는 다음과 같이 회상한다. "내 예감에 그 책을 보고 저렇게 환장하고, 저 집에 가서 물어보고 저거만 들여다보니까 내 예감에 저 책이 정말 보면 불안하고, 일을 낼 책 같다 그 생각이 많이 오더라구요."

영화는 다시 1975년으로 돌아온다. 전태일 평전의 준비를 위해 어머니를 만난 영수는 어머니로부터, 요즘 태일이가 며칠째 새벽이 되어서야 집에 들어온다는 이야기를 듣게 된다. 어머니도 나중 알게 된 사실이지만 어머니가 차비하라고 준 돈으로, 점심까지 굶고 있는 어린 시다 여동생들을 위해 풀빵을 사주느라 돈을 다 써버려 통금시간대에 파출소에서 자고 오느라 새벽에야 오게 되었다는 것이다(당시 풀빵 한 개는 1원이었고, 시다들의 일당은 50원이었다. 이는 당시 커피 한 잔 값이다). 이 말을 들은 어머니는 "속은 쓰린데

할 말은 없더라"며, "태일이의 그 버릇은 죽을 때 까지 계속 되었다"고 영수에게 말한다. 전태일 기념식이 열리는 날이면 태일이가 걸었던 새벽녘의 그 길을 우리도 매년 걸어보았으면 한다. 아니, 이미 걷고 있나(?).

　어느 일요일, 모처럼의 휴일을 얻은 태일이와 그 동료들은 야유회를 가게 된다. 태일은 모닥불 가에 둘러앉은 동료들에게 비로소 근로기준법의 주요 내용과 인간다운 삶에 대해 이야기를 한다. 그동안 이를 몰랐던 재단사들은 모두 바보들이었다며 자연스럽게 '바보회'를 결성하게 되고 태일은 이 모임의 제일 큰 바보, 즉 회장이 된다. 회장 취임 축하곡은 영화 〈맨발의 청춘〉 주제곡이다. "눈물도 한숨도 나 혼자 씹어 삼키며/ 밤거리의 뒷골목을 누비고 다녀도/ 사랑만은 단 하나의 목숨을 걸었다/ 거리의 자식이라 욕하지 말라/ 그대를 태양처럼 우러러 보는/ 사나이 이 가슴을/ 알아줄 날 있으리." 태일이는 바보회의 이름으로 평화시장 노동실태를 조사한 결과를 들고 노동청을 찾는다. 그러나 태일이가 근로기준법을 언급함에도 불구하고 근로감독관은 "읽어보고 연락 할 테니 그만 가보라"고만 할 뿐이다. 태일이가 나간 후 실태조사서는 내팽겨쳐진다. 노동청을 나서는 태일에게 기다리고 있는 것은 천둥번개와 앞을 가로막는 세찬 빗줄기뿐이다.

　실제 당시의 노동청 근로기준국장은 한 인터뷰에서 태일이를 면담했던 기억을 다음과 같이 말한다. "어이, 자네 이거(근로기준법 책자를 말함) 읽을 수 있나? 니 학교는 어디까지 다녔노? (전태일의 대답) 국민학교도 다 못나왔습니다. (근로기준국장의 기억) 내 생각에 근로기준법이 (전태일의) 표준이 되어버렸어요. 바이블이 되어버렸어요." 이 일로 태일과 바보회 회원 몇 명은 직장에서 해고가 되기도 한다. 조정래(2007)는 그의 소설 「한강」에서 이를 다음과 같이 묘사한다. "그런데 그 실태조사라는 것이 정반대의 결과로 나타났다. 근로조건을 개선하라는 노동청의 지시는 한 마디도 없는 채 평화시장 일대에 '위험분자 전태일'이라는 소문이 삽시간에 퍼졌다." 이후 바보회는 해체된다(69년 가을 해고). 참고로 어느 심리학자는 노동자의 해고 또는 실직으로 인한 마음고생을 '배우자의 사망'으로 겪는 심리적 고통과 비슷한 수준이라고 말한 바 있다. 이에 태일은 "올해와 같은 내년을 남기지 않기 위해 결단코 투쟁해야겠다"고 결심을 하기에 이른다.

직장을 잃은 태일은 삼각산의 노동현장에서 약 4개월간 기숙을 하며 노가다 생활을 하게 된다(임마뉴엘 기도원 교회신축공사장). 비오는 어느 날 현장 바닥에 누워 태일은 다시 다짐한다. "나는 돌아가야 한다. 꼭 돌아가야 한다. 불쌍한 내 형제의 곁으로… 나를 버리고, 나를 죽이고 가마. 너희들의 곁을 떠나지 않기 위하여 나약한 나를 다 바치마. 너희들 내 마음의 고향이로다…(1970년 8월 9일의 일기 중에서)" 마치 광야에서 다시 저자거리로 나선 예수처럼… 다시 돌아온 태일은 더 이상 이전의 그가 아니다(1970년 9월). 바보회를 '삼동(三棟)친목회'(평화시장, 동화시장, 통일상가 세 건물을 지칭하는 것임)로 재조직하기도 하고(1970년 9월 16일), 보다 체계적인 조사를 통해 평화시장 노동자들의 노동실태조사를 하고, 분석결과들을 다시 한번 노동청에 제출하게 된다. 그러나 근로감독관은 태일이를 기억조차 못한다. 그리고 마치 더러운 벌레를 대하듯 그를 무시해버린다. 그런데 마침 이 사무실에는 신문기자들이 한담을 나누고 있다. 얼마 후 사무실을 나와 복도로 나서는 태일이의 앞에 기자들이 지나간다. 이에 태일은 청계피복 노동자들의 노동실태에 대해 이야기 하려하자, 한 기자가 "나 경향신문 기자야. 나가서 이야기 할까?"라며 태일이를 데리고 밖을 나선다.

다시 조정래의 소설「한강」에 따르면, 이 기자는 "이거 정말 좋은 기삿거리가 될 수 있고. 그런데 한 가지 문제가 있소. 공원들이 3만이나 되는데 30

장 정도의 앙케이트로 자료가 충분하지 못해요. 그러니까 여러 사람들이 힘을 합쳐서 더 많은 자료를 모으고, 많은 사람 이름으로 진정서를 작성해 정식으로 제출하시오. 그럼 우리도 기사화하겠고…"라며 태일이에게 조언을 한다. 이후 태일이는 설문을 추가 조사하여 126부로 늘리고 94명의 서명도 함께 받아 1970년 10월 6일 노동청장 앞으로 '평화시장 피복제품상 종업원 근로개선 진정서'를 제출하게 된다[11]. 이 진정서의 주요 내용은 10월 7일자 경향신문 사회면 톱으로 기사화되기에 이른다.

설문의 항목은 모두 13개였으며 주로, 노동시간, 임금, 휴일, 건강상태 등의 내용을 담고 있다. 진정서에 담긴 노동실태는 다음과 같다(이하에 대해서는 김금수(1991: 7)를 참고하고, 보다 자세한 내용은 전태일기념관건립위원회(1983)를 참고할 것).

직종별로 보면, 재단사는 대부분 남자로서 연령은 23-50세 층이며, 인원수는 1천 2백명이고 평균 월급은 3만원이다. 미싱사는 전체가 여성이며 연령은 18-23세의 분포를 이룬다. 총 인원 수는 1만 2천명이고 월평균 급여는 1만 5천이다. 시다는 전체가 어린 소녀이며 연령은 13-17세이다. 총인원 수는 1만 2천명이며 평균 월급은 3천원이다. 한달 평균 작업시간은 평균 28일, 3백 36시간으로 집계되고 있다. 그리고 하루 평균 작업시간은 오전 8시부터 오후 9시까지이다[12]. 이 조사결과는 한동안 매우 큰 사회적 파급력을 갖고 확산된다. 김금수(1991: 8-9)는 전태일 등의 이러한 조사활동이 갖는 실천적 의미들에 대해 설명하며, "조사 없이 발언권 없다"는 레닌의 유명한 경구로 그 의미를 압축적으로 제시하고 있다. 한편 전태일의 대학노트에 소개된 이

---

11 | 전태일 등은 설문조사만 한 것이 아니다. 설문조사결과에 나타나지 않은 자료에 대해서는 평화시장 일대를 직접 돌아다니며 조사하였다(전태일기념관건립위원회, 1983: 197). 영화에서도 이러한 면접조사방법이 나온다.
12 | 당시 평화시장 내 여성노동자들의 생산과정, 노동조건, 노동관리 방식, 임금체계, 직업병 등의 소상한 실태에 대해서는 전순옥(2004: 6장)을 참고할 것. 그리고 1970년대의 여공 담론에 대해서는 김 원(2005)을 참고할 것.

들의 노동실태의 일단은 다음과 같다(전태일기념관건립위원회, 1983: 198). 95%가 하루 14-16시간 노동, 77%가 폐결핵 등 기관지계통 질환 보유, 81%가 신경성 위장병 등을 앓고 있는 것으로 되어 있다. 그러나 노동청은 "진정 내용을 실현시키려고 노력해보았으나 현실적으로는 도저히 불가능하다"는 답변만 되풀이 할 뿐이었다. 이에 삼동회 회원들이 주축이 되어 시위를 계획하게 되고(10월 20일, 10월 24일), 두어 차례의 곡절 있는 무산 끝에 11월 13일 또 다른 디-데이를 잡게 된다.

1970년 11월 13일. 경비원들은 전보다 더 불어나 있었고 출동한 경찰대는 이곳 저곳을 삼엄하게 지키고 있었다(참고로 1년 뒤인 1971년 봄에는 대통령선거가 예정되어 있었다). 오후 1시 30분 경. "우리는 기계가 아니다!"라고 쓰인 종이로 만든 펼침막을 들고 나설 때, 이를 두고 실랑이가 벌어지고 펼침막은 찢어져 버린다. 태일은 삼동회 회원들에게 "너네들 먼저 내려가서 담뱃가게 옆에서 기다려라. 난 좀 있다 갈테니…"라고 말한다. 친구들은 태일의 심각한 이 말에 의아함을 느끼면서도 그의 말을 듣기로 한다. 10분 후 쯤에 내려온 태일은 친구 김개남(가명)에게, "아무래도 누가 한 사람 죽어야 될 모양이다"라며 김개남에게 성냥불을 갖다 대어 달라고 무심하게 말한다. '설마(?)'하는 생각은 있었지만 김개남의 성냥불은 전태일의 옷 위로 확 치솟고 말았다. 태일은 이미 윗 층에서 석유를 온 몸에 끼얹고 내려왔던 것이다(전태일기념관건립위원회, 1983: 226-227).

"근로기준법을 준수하라!"

"우리는 기계가 아니다!"

"노동자들을 혹사시키지 말라!"

…

"내 죽음을 헛되이 하지 말라!…!…!"

영화 내내 전태일의 삶을 흑백으로만 보여주던 것이 이 마지막 장면에서는 서서히 컬러로 전환된다. 그의 삶이 오늘로 전화(轉化)되어야 함을 보여주는 것이리라 생각한다. 어머니 이소선 여사는 아들의 마지막을 다음과 같이 회상한다(KBS1, 〈꺼지지 않는 불꽃: 전태일〉 편과 '어머니의 힘: 이소선' 편을 참조할 것).

"(태일) 엄마, 똑바로 들어라. (엄마) 그래 똑바로 듣는다. 할 말 다해라. (태일) 내 목숨 하나 바쳐서 창구멍 하나 내놓고 있을 테니까 노동자와 학생들이 저 창구멍을 보고 막 소리를 지르면서 '군부독재 물러가라' 그렇게 소리를 지르고 갈 때 엄마는 앞장서서 같이 소리를 질러줘야 된다는 거다" 이에 엄마는 "이 몸이 다 닳도록 내 몸이 가루가 되도 너하고 약속한 것은 절대로 지킬 거다"라며 아들의 마지막을 단장(斷腸)의 마음으로 들으며 약속한다.

1988년 11월 '전태일 열사 정신계승 전국노동자대회'의 단상에 올라선 어머니는 "우리는 절대로 죽지 말고 싸워야 된다는 것을 당부하고 싶습니다"라고 말씀 하신다. 최근에 어머니를 가장 가슴 아프게 만든 사람들은 기륭전자와 쌍용자동차 노동자들이었다. 노동자들이 단식을 중단할 때까지 어머니는 기륭전자를 열한 번 찾아갔다.

"죽으면 당사자야 괜찮겠지만 그 부모들은 남은 인생을 어떻게 살아. 죽지 말아야지. 내가 몸을 움직여서 젊은이를 하나라도 살릴 수만 있다면 죽는 날까지 꿈적거려야지"(방현석, 2010. 1. 1. 8면).

"1960년대를 4·19가 열었다면, 1970년대는 전태일이 열었다"라는 말이 있다. 앞서 언급한 바와 같이 전태일의 희생은 그후 노학연대의 전개와 지식인의 사회 참여를 더욱 촉진시키는 계기가 되었고 민주노조운동의 들불이 된다. 최초의 민주노조인 청계피복노조[13](1970년 11월 27일)를 필두로 원풍모방

(1972), 동일방직(1972), 반도상사(1974), 그리고 YH무역(1975) 등의 사례만 살펴보아도 그 역사적 의미를 충분히 짐작할 수 있을 것이다. 한편 1970-80년대의 노동운동은 한국사회의 민주화운동과 불가분의 관계를 갖고 있다. 즉 노동운동 그 자체가 보다 더 깊고 더 넓은 민주주의의 신장과 맞닿아 있었던 것이다. 사소한 일일지 모르나 2010년 1월 민주화운동기념사업회의 기관지인 「희망세상」 신년호의 여는 말에는 다음과 같은 역사적 사건을 기억하자고 말한다(오도엽, 2010에서 재인용).

"3월 26일 안중근 의사 순국 100주년, 2월 28일 대구학생의거와 3월 15일 마산 3·15 의거, 그리고 4월 19일 4·19 민주혁명 50주년, 5월 18일 광주민중항쟁 30주년, 5월 24일 김재규 부장 희생 30주년, 6월 15일 남북공동선언 10주년, 6월 25일 민족상잔의 비극 60주년, 8월 29일 국치 100주년…" 그러나 여기에 전태일은 없다(!). 그러나 전태일의 정신은 이러한 상찬 없이도 스스로 진화한다.

앞서 밝힌 바처럼 그의 평전은 영어로도 발간되었고, 몽골어와 인도네시아어판으로도 발행되었다. 그리고 만화책 「태일이」도 출간되었다. 어린이용 도서 「전태일: 불꽃이 된 노동자」(오동엽 글, 이상규 그림)도 있다. 민주화운동기념사업회에서 펴내는 학술지의 이름은 「기억과 전망」이다. 이 잡지의 제목처럼 정말 '기억 없이는 전망도 없다'.

KBS1의 인물현대사 중 '진실은 감옥에 가둘 수 없다: 조영래' 편의 말미에는 이소선 여사가 변호사가 된 조영래를 그의 광화문 사무소에서 만나는 장면이 소개된다. "(어머니) 변호사 앉는 자리에 나를 앉으라는 거야. 내가 거길 어떻게 앉냐고 변호사 자린데 왜 내가 거길 앉냐고. (조영래) 엄마 그

---

13 | 보다 상세한 청계피복노조의 역사에 대해서는 전국연합노조 청계피복지부(1986: 238-342)와 유경순(2005: 100-106)을 참고할 것.

자리 한번 앉아보세요. 내가 엄마를 쳐다볼 테니까. (어머니) 자기 보고 한 번 웃어보래. 그래서 내가 웃으며 막 눈물이 나더라고… 그러면서 자기가(조영래 변호사를 말함) 사진을 찍었어요…". 조영래는 법을 배운 전태일이었던 것이다. 그리고 〈어머니의 힘: 이소선〉편의 말미에 어머니는, 국회의원이 되어 경기도 모란공원 민주열사 묘역을 찾은 권영길, 단병호 의원 등과 반갑게 만나면서 다음과 같이 말씀하신다(2004년 4월 19일).

"너무 고생했어요. 우리 태일이도 얼마나 기뻐하겠어요. 정말 기뻐할 겁니다. 혹시 꿈이 아닌가 싶어요. 35년 동안 이 날을 기다렸어요…". 어머니는 스무 세 살의 나이로 봉인된 〈아름다운 청년 전태일〉을, 아니 더 많은 아름다운 아들과 딸들을 자꾸 만나고 싶으신 것 아닐까… 그러실 것이다 (!). 끝으로 아름다운 청년 태일이가 오래 전 우리에게 띄운 편지를 다시 한 번 전한다(전태일기념관건립위원회, 1983: 233-234). 꼭 읽고 답장을 주길 바란다.

사랑하는 친우여, 받아 읽어 주게.
친구여, 나를 아는 모든 나여.
나를 모르는 모든 나여.
부탁이 있네. 나를, 지금 이 순간의 나를 영원히 잊지 말아 주게.
그리고 바라네. 그대들 소중한 추억의 서재에 간직하여 주게.
뇌성 번개가 이 작은 육신을 태우고 꺾어 버린다고 해도,
하늘이 나에게만 꺼져 내려온다 해도,
그대 소중한 추억에 간직된 나는 조금도 두렵지 않을 걸세
그리고 만약 또 두려움이 남는다면 나는 나를 영원히 버릴 걸세.
그대들이 아는, 그대 영역의 일부인 나
그대들의 앉은 좌석에 보이지 않게 참석했네.
미안하네. 용서하게. 테이블 중간에 나의 좌석을 마련하여 주게.

원섭이와 재철이 중간이면 더욱 좋겠네.

좌석을 마련했으면 내 말을 들어주게.

그대들이 아는, 그대들의 전체의 일부인 나.

힘에 겨워 힘에 겨워 굴리다 다 못 굴린, 그리고 또 굴려야 할 덩이를

나의 나인 그대들에게 맡긴 채,

잠시 다니러 간다네. 잠시 쉬러 간다네.

어쩌면 반지의 무게와 총칼의 질타에 구애되지

않을지도 모르는, 않기를 바라는, 이 순간 이후의 세계에서,

내 생애 다 못 굴린 덩이를, 덩이를, 목적지까지 굴리려 하네.

이 순간 이후의 세계에서 또 다시 추방당한다 하더라도, 굴리는데, 굴리
는데,

도울 수만 있다면,

이룰 수만 있다면…

참고문헌

김금수(1991), "전태일의 조사활동과 그 실천적 의미", 「노동운동연구」, 창간호: 5-10, 현장문학사.

김소연(2006), "민족영화론의 변이와 '코리안 뉴 웨이브' 영화담론의 형성", 「대중서사연구」, 제15호: 287-318.

김　원(2005), 「그녀들의 反역사: 여공 1970」, 이매진.

김용철(2010), 「삼성을 생각한다」, 사회평론.

문익환(1983), "전태일", 「실천문학」, 제4권: 18-20.

박장현(2010), 「노동자와 철학: 인간·노동·사회·역사」, 노동의 지평.

방현석(2010), "사람이 사람대접 받는 세상, 그게 전태일 정신", 한겨레, 1월 1일, 8면.

전태일기념관건립위원회 엮음(조영래 지음)(1983), 「전태일 평전: 어느 청년노동자의 삶과 죽음」, 돌베개.

오도엽(2010), "전태일은 민주주의와 관계없다?: 전태일 정신이 절실한 2010년", 오마이뉴스, 3. 8.

오도엽 글·이상규 그림(2010), 「전태일: 불꽃이 된 노동자」, 한겨레아이들.

이성철(2009a), "구로아리랑", http://hannae.org

이성철(2009b), 「안토니오 그람시와 문화정치의 지형학: 일상생활의 사회학적 조망을 위하여」, 호밀밭.

이태호(1983), "1970년대 노동운동의 궤적", 「실천문학」, 제4권: 157-194.

이효인(1996), "얄라셩과 영화아카데미 출신", 「말」, 3월호: 226-231.

유경순(2005), "노동자, 스스로를 말하다: 구술로 살펴본 청계노조의 역사", 역사학연구소, 「노동자, 자기 역사를 말하다」, 서해문집, 97-172쪽.

전국연합노조 청계피복지부(1986), "노동자의 불꽃 전태일 동지의 뜻으로 뭉쳐", 이태호 엮음, 「최근 노동운동 기록」, 청사, 239-342쪽.

조정래(2007), 「한강」, 해냄출판사.

전순옥(2004), 「끝나지 않은 시다의 노래: 1970년대 한국 여성노동운동에 대한 새로운 자리매김」, 한겨레신문사.

Harootunian, Harry(2006), 윤영실·서정은 옮김, 「역사의 요동: 근대성, 문화 그리고 일상 생활」, 휴머니스트.

Rolland, Romain(2002), 김창석 옮김, 「장 크리스토프」, 범우사.

강철은 어떻게 단련되는가?

장산곶매의 〈파업전야〉

파업전야

강철은 어떻게 단련되는가?

장산곶매의 〈파업전야〉

한국영화학회와 한국영상자료원에서 선정한 100대 한국영화 리스트를 살펴보았다. 한국영화학회에서는 2008년 발굴된 안종화 감독의 1933년 작품인 〈청춘의 십자로〉에서부터 전수일 감독의 2007년 작품인 〈검은 땅의 소녀와〉 사이에서 100편을 선정하였고, 한국영상자료원에서는 1936년 양주남 감독의 〈미몽〉부터 1996년 박광수 감독의 〈축제〉 사이에서 100편을 추린 것으로 나타난다. 두 기관에서 100편을 선정한 기준이 무엇인지 그 속사정을 알 수는 없으나 기간의 차이가 다소 다르다는 점만 염두에 두면 영화들은 큰 변이 없이 선정되어 있다. 그런데 이들 목록에서 유심히 살펴볼 내용이 있다. 무엇보다 1970년도부터 1990년대에 이르기까지 사회적 약자들이나 노동자들을 소재로 한 영화들이 상당 정도 선정되어 있다는 점이다. 예컨대 이장호(1974)의 〈별들의 고향〉, 김호선(1975)의 〈영자의 전성시대〉, 이만희(1975)의 〈삼포 가는 길〉, 이장호(1980)의 〈바람 불어 좋은 날〉, 이원세(1981)의 〈난장이가 쏘아올린 작은 공〉, 배창호(1982)의 〈꼬방동네 사람들〉, 박광수(1988; 1999)의 〈칠수와 만수〉와 〈그들도 우리처럼〉, 장선우(1990)의 〈우묵배미의 사랑〉, 그리고 박광수(1995)의 〈아름다운 청년 전태일〉 등이 그것이다. 이러한 선정 목록에서 알수 있듯이 영화매체도 당시의 시대상황과 그 정신으로부터 자유로울 수 없음을 재차 확인 할 수 있다.

2008년 8월 또 한편의 노동영화인 〈안녕? 허대짜수짜님!〉(감독 정호중)이 노동자뉴스제작단에 의해 세상에 나왔다(이에 대해서는 기회가 닿는 대로 따로 소개를 하겠다). 언론 등에서는 이를 두고 〈파업전야〉 이후 20년 만에 노동문제를 정통으로 다루는 영화가 나왔다고 해서 많은 관심들을 표하기도 했다. 그러나 제작자의 염원이나 의도와는 상관없이 이러한 관심들은 "희한한(?) 영화 한 편이 나왔네"라는 정도에 머물고 만 느낌이 강하게 든다. 왜냐하면 이 영화가 현대자동차라는 공간을 활용하면서 현재 한국사회의 가장 큰 쟁점 중의 하나인 비정규직 문제를 다루고 있음에도 불구하고, 주위에서는 이 영화가 담고 있는 노동의 현실에 대한 참여와 관심보다는, 그저 모처럼 등장한 노동영화 한 편 정도로만 치부하고 있기 때문이다. 제작자 측에서는 애초부터 개봉관 상영(인디 스페이스)뿐만 아니라 현장이나 학교, 또는 수요처를 '찾아가서 상영'하는 방식을 내걸고 있지만 같은 시기에 상영된 여타 영화들을 이미 여러 편 본 관객들의 마음과 발길은 이 영화에 닿질 않았다.

왜 그럴까? 명쾌한 답을 내놓을 수 없지만 20년 전 〈파업전야〉가 상영되었을 때의 상황과 비교해보면 여러 유추들을 해볼 수 있을 것 같다. 예컨대 2009년의 노동환경은 영화 속의 1987년과 크게 달라진 점이 있는가? 만약 달라진 점이 없다면 노동과 노동자를 바라보면 우리의 관심이 사위어버린 것은 아닐까? 그 이유들은 어디에서 비롯되는 것일까? 현장과 지역, 총연맹과 활동가 등 모든 수준에서 현재의 노동운동이 안고 있는 문제점들을 진지하게 고민하고, 재활성화 전략들을 시급히 마련해야 되지 않을까?[01]

한편 장산곶매[02]의 〈파업전야〉(이은, 장동홍, 장윤현, 이재구 공동연출, 1990)는 한국영화학회의 선정 리스트에는 오르지 못하고, 한국영상자료원의 그것에는 선정되어 있다(참고로 1990년 제1회 민족예술상 수상, 1992년 페사로 국제영화제 한국영화부분 초청). 그 이유는(?) 글쎄다(!). 각설하고… 1990년 대학가와 현장 등의 다양한 장소에서 상영된 〈파업전야〉는 2006년 11월 'KBS 독립영화관'에서 방영된 후, 2007년 인디 스페이스 개관 기념 상영, 그리고 2008년에는 DVD로 또 다시 세상에 등장하게 된다. 돌이켜보면 1990년 당시의 〈파업전야〉 상영투쟁은 반독재민주화와 노동해방을 지향하는 운동이었고, 노-학연대의 자연스런 공간이었으며, 좁게는 영화매체를 통한 문화운동이었다고 할 수 있을 것이다. 그리고 〈파업전야〉가 지니고 있는 역사적인 의의에 대해서도 덧붙일 필요가 있다. 아래의 사진은 필자가 장기임대하고 있는(^^;;) 비디오의 앞면이다[03]. "전노협 원년 세계노동절 101주년 기념영화/ 젊은 영화모임 장산곶매/ 우리는 그 얼마나 진실한 삶이 승리하는 새 날을 기다렸던가!/ 영화악법 철폐하고 영화진흥법 쟁취하자!/ 비매품(회원용)/ 런닝타임 110분/ '파업전야' 탄압분쇄를 위한 공동투쟁위원회" 등이 적힌 레이블이 붙어있다. 좀 과장해서

01 │ 한국노동운동연구소(2009)에서는 이들 각 수준에서의 노동운동의 위기와 진단, 그리고 노동운동의 재활성화를 위한 진지한 토론과 대안들을 제시하고 있다. 일독들 하시길 바란다.
02 │ 장산곶매에서 만든 주요 작품은 〈오! 꿈의 나라〉, 〈87에서 89로 전진하는 노동자〉, 그리고 〈닫힌 교문을 열며〉 등이 있다. 한편 〈파업전야〉에 공동으로 참여한 장윤현은 〈접속〉의 감독으로, 이은은 〈공동경비구역 JSA〉의 제작자로, 장동홍은 〈크리스마스에 눈이 내리면〉의 감독으로, 이용배는 애니메이션 감독이자 계원조형대 교수 등으로 잘 알려져 있다.
03 │ 이 비디오는 이전의 영남노동운동연구소 김영희 부소장(전 부산시의원)으로부터 빌린 것이다. 아직 돌려주지 못하고 있다. 소주 한잔의 이자가 붙어 있는 셈이다.

(?) 말한다면 이 레이블 속에 당시의 시대상황과 노동환경, 그리고 역사적인 의미가 모두 녹아있다고 해도 지나치지 않을 것이다.

우리는 '더 이상 쪼갤 수 없는 문화의 가장 기본적인 단위'를 '문화특질'(cultural traits)이라 부른다. 예컨대 흑백간의 인종문제와 성 불평등 문제 등을 아우르고 있는 스티븐 스필버그 감독(1985)의 〈칼라 퍼플〉을 생각해보자. 이 영화의 주인공들은 흑인(the Black)들이다. 그런데 영화의 제목에는 그 색깔을 왜 퍼플(purple: 진자주빛)로 표현했을까? 혹 기회가 닿는다만 실례가 되지 않도록 조심하면서 그 분들의 얼굴색을 살펴보시라. 정말 검정인가? 아니면 진자주빛인가? 아마 후자에 가까울 것이다. 그러므로 '칼라 퍼플'은 흑인들의 진정한 색깔 또는 자주성, 정체성이 아닐까? 3시간이 넘는 〈칼라 퍼플〉을 보고 있노라면, 이 영화는 흑인들의 진정한 자아 찾기와 인정투쟁에 관한 것임을 알게 될 것이다. 그러므로 혹 우리들이 영화의 내용을 잘 모르더라도 이 두 마디의 제목 속에 영화의 내용이 모두 녹아있다는 것을 쉽게 짐작할 수 있을 것이다. 이처럼 문화특질은 더 이상 쪼갤 수 없는 가장 기본적인 단위이지만, 그 속에 풍부한 의미들이 이미 들어있지 않은가? 이런 의미에서 〈파업전야〉 비디오에 붙어 있는 레이블의 의미를 따라가 볼 필요가 있을 것이다.

이제 비디오의 레이블에 나타난 주요 내용들(즉 1980년대 노동운동 및 사회운동의 문화특질)에 대해 추적해보기로 하자. 첫째, '전노협 원년 세계노동절 101주년 기념 영화'라는 문구의 의미를 살펴본다. 잘 알려져 있듯이 1987년은 훗날 '87년 노동체제'(1987~1997)로 불리는 기간의 첫 해이다. 그리고 1987년에서 1990년은 한국 노조운동에 있어 사상 최고의 조직화 수준을 보여주는 때이기도 했다(이하 주요 상황 및 자료들은 임영일(1998: 97-107)을 참고할 것). 예컨대 1989년의 노동조합 조직률은 19.8%로 1980년 이래 최고였으며, 노동운동의 형태는 자발적 파업 투쟁에 이은 민주노조의 결성이라는 양상을 띠고 들불처럼 확산되고 있었다. 밑으로부터의 이러한 진전은 민주노조 진영의 독자적인 전국 조직의 결성 노력으로 이어진다. 마침내 이러한 노력은 '전노협'(전국노동조합협의회)으로 결실된다(1990년, 초대 위원장은 단병호 현 한국노동운동연구소 상임이사).

이 시기 노동조합운동은 한편으로는 지역을 중심으로('마창노련', '대구노련' 등 16개의 지노협과 '전국사무전문직노동조합협의회' 등), 또 다른 한편으로는 재벌 그룹별 연대의 형태(예컨대 '현대그룹노동조합총연합회')로 전개되었으며, 투쟁의 과정에서 지리적으로 인접한 노동조합간의 교류와 연대의 경험이 자연스럽게 축적되어갔다(〈파업전야〉에서도 이러한 모습이 등장한다). 그리고 〈파업전야〉의 동성금속처럼, 이 시기(1987~1990) 중소영세사업장(100인 미만의 사업장)에서 발생한 파업은 전체 파업발생 건수(3,494)의 약 36.6%를 차지하고 있다. 지면 관계상 레이블에 등장하는 '세계노동절 101주년 기념영화'와 관련된 '메이데이' 이야기는 또 다른 기회에 자세히 소개하도록 하겠다[04].

둘째, "영화악법 철폐하고 영화진흥법 쟁취하자!"는 구호 속에 담긴 당시의 상황을 살펴보도록 하자(이하의 주요 내용은 이효인(1990: 275)을 참고할 것). 당시 전국에서 절찬리에(!) 상영(30만 명 관람, 관람료 1,500원을 내는 경우도 있었음)되고 있던 〈파업전야〉는 신군부의 집중적인 탄압을 받게 된다. 우선 이 영화가 당시의 「영화법」 제 2장 7조에서 규정한 영화제작 신고

---

04 | 메이데이의 역사적인 성립과 왜곡. 그리고 현재적 계승에 대해서는 임영일(2006)을 참고할 것.

를 하지 않았다는 것과 제 3장 12조에서 규정한 「공연법」에 의해 설치된 공연윤리위원회의 상영전 심의(사실상의 검열)을 거치지 않았다는 것을 빌미 삼아 필름을 강탈하고, 장산곶매의 대표(이용배)를 수배하고, 영화가 상영 중인 대학 교정에 전경들을 난입시키는 등의 일을 저지르고 있었다. 그러나 이는 〈파업전야〉가 지니고 있는 파괴력을 조기에 진화시키려는 나쁜 의도에 불과한 것이었다. 왜냐하면 영화제작 신고와 상영전 심의는 상업용 또는 제도권 영화에 제한적으로 적용되어야 하는 것이었고, 실제 오래 전부터 독립영화의 형태로 제작되어온 각종 16밀리 영화들에 대해서는 이러한 법조항을 들이댄 적이 없었기 때문이다. 무엇보다 이 조항들은 예술의 자유를 보장하고 있는 헌법의 정신과 정면으로 충돌되는 위헌적인 요소를 안고 있는 것이었기 때문에 각계의 강력한 반발을 불러일으키고 있었다.

이처럼 〈파업전야〉는 1980년대의 사회문제와 모순을 한 몸에 담고 있는 것이기도 했다.

이러한 배경들을 밑자락 삼아 이제 영화 속으로 들어가 보자! 이 영화는 2천만 원의 기금을 종자돈으로 삼아 경인지역 노동현장을 공동 취재한 대본(각본 공수창 05, 김은채, 민경철)을 가지고 실제 당시 파업 중이던(정상조업 재개 투쟁) 인천 남동공단의 한독금속 사업장에서 이루어졌다(영화에서는 (주)동성금속으로 나타남). 이 과정에서 민주노조 사수를 위해 싸우고 있던 실제의 현장 노동자들인 한독금속노조 조합원들이 결합하기도 하였다(최도은, 2008). 영화는 1987년의 가을에서 시작된다. 1987년의 가을은 한국노동운동사에서 이미 고유명사가 된 노동자대투쟁기이다. 앞서 잠깐 밝힌 바처럼 이 시기 노동운동의 특징은 다음과 같이 정리된다. 첫째 민주노조 건설운

---

05 | 공수창 감독은 〈알 포인트〉(2004), 〈GP506〉(2007) 등의 각본·감독이다. 감독 활동 이전 여러 편의 시나리오 작업을 한 바 있다.

동, 둘째, 현행 실정법의 테두리를 넘어서는 비합법 투쟁(전투적 노동조합주의의 출발), 셋째, 업종과 지역을 아우르는 연대와 실천 등이 그것이다. 한편 영화 속의 동성금속은 단조가 주업종인 사업장이다. 잘 알다시피 단조 작업(forging)은 금속재료를 밑에 놓고 단단하고 무거운 틀로 찍어 제품을 성형하는 것을 말한다. 영화의 작업 장면을 보면 프레스 단조인 것처럼 보인다.

1987년 어느 가을 날, 동성금속의 점심 식사 시간 절단반에서 일하는 김정민은 식판을 테이블에 엎으며, "이게 대한민국의 주역, 산업역군, 수출전사가 먹는 밥입니까? 우리가 노옙니까? 아니면 기계입니까? 우리는 매일 매일을 잔업과 철야 특근으로 보내고 있습니다. 얼마나 물건이 잘 팔리면 그렇겠습니까? 동성금속 노동자 여러분! 더 이상 당하고 살지 맙시다"라고 외치며 동료 노동자들의 동참을 호소한다. 그러나 이 날의 거사는 사측의 관리자와 반장, 주임들에 의해 간단히(?) 진압되어버리고, 현장 노동자들은 마치 아무 일도 없었다는 듯 다시 평소의 작업으로 돌아간다. 그렇게 일 년이라는 세월이 흐른다. 영화는 다시 1988년의 겨울로 넘어간다. 작업현장에는 부정적인 의미의 대면적 노동통제 또는 노무관리(personal touch, face-to-face control)가 난무한다. 대개 중소 영세 사업장이나 적은 수가 함께 일하는 작업팀의 노동과정 등에서 볼 수 있는 대면적 통제는 친권주의적 노사관계(parental labor relationship)의 특징을 지니고 있기 때문에, 온정주의적 관리 형태로 나타나든지 아니면 〈파업전야〉에서처럼 부정적 양상으로 드러나기도 한다. 예컨대 전자의 형태는 〈우묵배미의 사랑〉, 〈아름다운 청년 전태일〉 등에서 후자는 〈구로 아리랑〉에서 확인할 수 있다.

반장은 오늘 처리해야 할 물량이 많다면서 일하면서 담배를 핀다든지 현장에서 개기지말라고 경고한다. 이 와중 단조반의 재만이가 지각을 하자

반장은 현황판으로 그의 머리를 갈겨버린다. "지금 몇 시야. 이 새끼! 이거 일을 제대로 하나, 그 따위로 하려면 때려 치워 새꺄!"라면서 모멸감을 주자 옆에 있는 석구는 "피곤해서 늦잠 잤나 본데 그만 합시다"라며 반장을 만류한다. 마지못해 반장은 마침 뜨거운 물을 받으러 간 유원기를 찾는 시늉을 한다. 담배를 물고 주전자를 들고 들어오는 원기를 본 반장은 "그런 거 조회 좀 끝나고 하든지 하지 거 사람… 담배나 끄슈. 조회하는데"라며 핀잔을 주나, 원기는 "몇 모금 빨다 끄죠 뭐. 지금 막 부쳤는데… 어이고 춥다"라며 반장의 말을 무시한다. 원기에게서 풍기는 왠지 모를 포스(?)를 항상 느끼고 있는 반장은 그저 째려만 볼 뿐이다(유원기는 나중 동성금속의 민주노조 위원장이 된다).

여러모로 뻘쭘해진(?) 반장은 이제야 자기 일이 생각났다는 듯 오늘 새로 프레스반에 입사한 사람을 소개한다. 그는 22살의 주완익으로 소개되지만 나중 밝혀지는 것처럼 학출 취업자이다[06]. 서울대 원자핵공학과 3년 제적생으로 본명은 김권익이다. 퀴즈! 영화에서 김권익의 출신 학과가 그 많은 학과 중에서 왜 원자핵공학과로 설정되어 있는지 짐작해보길 바란다. 정답(?) 폭발력이 강하니까(^^;;).

하루의 고된 노동을 정리하고 일어서는 단조반원 중 최고참인 동업은 곁의 석구에게 "오늘 신입 신고식을 가져야제. 어때?"라고 하자, 석구는 "아! 당연히 전주집이죠"한다. 전주집에 모인 이들은 신입인 완익과 단조반원(춘섭, 동업, 재필, 한수, 재만, 석구, 원기 등)들이다. 회식 도중 춘섭은 완익에게 "네가 있었다는 마치꼬바가 오거리에 있는 공장 맞지?" 물으며 그 공장의 노동

---

06 | 이의 구체적인 내용에 대해서는, 오하나(2010)의 「학출: 80년대, 공장으로 간 대학생들」을 참조 바람.

조건을 잘 알고 있다는 듯이 진저리를 친다. 참고로 마치꼬바(町工場)는 중소영세공장을 통칭하는 말이다. 일본의 경우 이러한 마치꼬바(종업원 10인 이하 정도)는 독자적인 가공 및 금형기술을 바탕으로 장인정신을 자랑하는 긍정적인 의미로 많이 사용되고 있으나, 한국의 경우 원생적 노사관계의 문제점이 집중된 사업장의 의미로 사용되기도 한다. 영화 속의 동성금속도 동성철 공소라는 마치꼬바에서 출발했다. 젓가락 장단에 맞춰 돌아가며 노래 한 자락씩 불러보는데, 신입인 완익은 대중가수 홍세민(1973)의 '흙에 살리라'를 부른다. 그리고 해병대 출신의 부산 싸나이 재필은 완익에게 "니 누나 있나?"라며 익살을 떤다. 그리고 한수는 "자, 한잔 들어. 허구 많은 데 중에 이 좃같은 동성금속에 왔어? 어쨌든 빽이쳐 보자구"라며 입사 축하주(?)를 건넨다.

여기서 잠깐 재필씨의 실제 이력을 소개한다. 영화 속의 재필은 본명이 홍석연(1961년생)이다. 그는 상업영화와 단편영화 등 350여 편에 출연하였다. 우리에게 낯익은 〈넘버 3〉, 〈친구〉, 〈주먹이 운다〉 등이 그의 대표 출연작이다. 2010년에는 SBS드라마 〈대물〉에도 출연했다. 그리고 그가 영화계에 처음 입문할 때 사용한 예명은 '광복동'이었다고 한다(본명이 김광일인 배우 '남포동'도 있다. 부산의 원도심 지명이 모두 배우들의 예명으로 사용되었네요… ^^;;). 이후 〈파업전야〉에서는 본명인 홍석연으로 돌아왔으나, 최근 다시 '홍석유'라는 예명으로 바꾸었다.

그 이유를 묻는 기자에게 그는, "내가 무명이긴 하지만 우리나라에서 꼭 필요한 석유처럼 영원히 필요로 하는 배우가 되겠다는 뜻으로 지었다"고 말한다. 그리고 〈파업전야〉는 자기 연기 인생 최고의 작품이었으며, 이 영화 때문에 연기를 잘하지 못했음에도 불구하고 '노동자답다'라는 평과 함께 주목을 받을 수 있었다고 회고하고 있다(경제 투데이, 2009. 1. 28). 옆의 사진은 홍석유(!)

이다. 기억들 하시고 많은 성원 보내주시길… 백 투 더 씨네마!

여러 순배의 술이 돌고, 모두들 거나해지자 석구는 최고참인 동업에게 노래 한곡을 채근한다. 동업은 동성철공소 시절부터 지금까지 17년 간 근무하고 있는 동성금속의 터줏대감이다. 재만이의 익살스런 소개에 따르면 그의 연봉(!)은 27만 5천 원, 특기는 철야 때 판피린 먹기, 그리고 18번 노래는 '백마강'이다. 참고로 같은 시대(1988년 겨울)를 배경으로 봉제공장 여성 노동자들의 노동조합운동 과정을 그린 박종원 감독(1989)의 〈구로 아리랑〉에도 1주 90시간의 장시간 노동에 시달리는 노동자들이 '타이밍'을 먹으며 철야를 하는 장면이 나온다. 타이밍은 카페인 성분이 함유된 각성제이다. 이 시절 대입을 앞둔 수험생들도 잠을 쫓기 위해 먹곤 하던 것이다. 동업이 먹는 감기약인 판피린도 타이밍처럼 카페인 성분이 들어있다. 한편 타이밍은 김민기의 '공장의 불빛'이라는 노래에도 등장한다.

술자리가 막판에 이르렀지만 재필은 완익에게, "야, 신입! 노래 한곡 더 해봐라"고 주문을 하고, 원기도 "그래. 한 곡으로 끝낼라 한 것은 아니지?"라면서 추임새를 넣는다. 머뭇거리며 일어난 완익은 이 영화의 주제가들 중의 하나인 '노동자의 길'을 부른다. 앞서 불렀던 '흙에 살리라'와는 사뭇 다른 민중가요이다. 이 노래는 〈파업전야〉 음악을 담당한 안치환(조성욱과 공동)의 그것이기도 하다. 1절만 소개하면 다음과 같다. "그리운 내 고향 내 부모 떠난 지 언제더냐/ 그 하 세월에 묻혀 살아온 이 몸은 노동자로다/ 허나 주눅들지 마라 외로워도 마라/ 그 모든 슬픔 털어버려라/ 노동자의 길 참 세상의 길/ 그 길을 우린 알잖아/ 가련다 너도 나도 하나 되어/ 자랑스런 노동자의 길…" 〈파업전야〉에 삽입된 노래들은 지금까지도 많은 사람들에게 사랑을 받고 있는 명곡들이다. 노동사회교육원의 김하경 이사님은 우울하거나 힘이 빠졌을 때나 고된 집안일을 할 때면, 이러한 노동가요들을 크게 틀어놓고 들으며 기운을 내신다고 한다. 이는 이들 노래가 지니고 있는 행진곡 풍의 힘찬 노래 형식 때문만이 아니라, 그 노래 속에 담긴 노동자들의 피땀어린 역사를 만날 수 있기 때문이리라 생각한다.

한편 이 영화의 노래들 중에는 '님을 위한 행진곡'(김종률 작곡)도 있다. 민민운동 진영의 애국가로도 알려진 이 노래에는 많은 일화들이 얽혀 있다(보다 자세한 내용에 대해서는 장현필(2010)을 참고할 것). 예컨대 MBC 라디오 프로그램 중 하나인 '정은임의 FM 영화음악'(애청자들은 이를 줄여 '정영음'이라 부르기도 했다)의 진행자였던 정은임 아나운서는 어느 날 새벽 3시에 '임을 위한 행진곡'을 공중파로 틀어버린다. 정은임 아나운서는 문화방송 입사 시 노조포기각서를 거부한 바가 있고, 자신의 프로그램을 통해 '인터내셔널가'를 방송하는가하면, 〈식코〉로 널리 알려진 마이클 무어 감독(1989)의 〈로저와 나〉(GM 자동차 회장인 로저를 찾아 나선 무어의 이야기. 미시건주 플린트시의 GM 자동차공장 폐업에 따른 노동자들의 참상이 그려져 있다), 비전향 장기수의 삶을 담은 홍기선 감독(2003)의 〈선택〉, 그리고 한진중공업의 김주익 열사 소개 등을 주위의 걱정이나 만류에도 아랑곳하지 않고 특유의 감성 짙은 목소리로 청취자들에게 전달한 바 있다. 김주익은 현재진행형이다. 왜냐하면 곽재규를 거쳐, 「소금꽃 나무」의 김진숙에까지 이어져 있기 때문이다. 한진노동자들과 함께…. 한 때는 MBC 아나운서 노조 여성부장을 맡기도 한 그녀였지만, 2004년 불의의 교통사고로 우리 곁을 잠시(!) 떠나 있다. 다시 영화로 돌아가자.

회식 술자리가 파할 무렵 한수는 재만에게만 귀띔을 하고 먼저 자리를 뜬다. 미자를 만나기 위해서다. 미자 역시 (남동)공단의 노동자이고 한수와는 결혼을 약속한 사이다. 그러나 아직 이 둘만의 '지상의 방 한 칸'(참고로 안타깝게도 역시 일찍 떠나버린 소설가 박영한의 작품집 제목이기도 하다)이 없다(허름한 여인숙에서 만나 사랑을 나눈다). 애틋한 청춘남녀는 폴란드의 작가 마렉 플라스코의 소설 「제8요일」에 나오는 두 주인공들처럼 자신들을 보호해주고 꿈을 담을 공간을 희망한다. 미자는 한수에게 3년만 고생하면 양품점이나 선물의 집을 열 수 있다고 말하며 행복해 한다. 지금도 그러하지만 당시 노동자들의 장래 희망 중 으뜸을 차지한 것은 자영업이었다. 미자의 이러한 꿈을 함께 기뻐하는 한수이지만, 그에게는 대학교에 보낼 동생 정수가 있다. 그리고 여인숙을 나서려고 준비하는 와중에, TV에서는 법질서를 문란케 하는 행위에 대해서는 강력한 공권력의 집행이 있을 것이라는 노태우의 연설이 방송되고 있다.

이후 영화는 당분간 노동자들의 일상적인 삶과 공장에서의 점심시간과 휴식시간, 동료 여성 노동자에 대한 농담 등의 장면을 편안하게 보여준다. 예컨대 공장 마당에서 담배를 피우며 한담을 나누고 있는 한수와 재만 사이로 포장반의 숙희가 다가오자 재만은 장난스럽게 숙희의 발을 걸려고 하다가, 오히려 숙희로부터 타박만 듣게 된다. 한수에 따르면 숙희는 야학에 반년 다니는 동안 '말빨만 쎄진' 여성 노동자다. 숙희는 나중 민주노조 설립과정에서 해고가 되고 최후까지 민주노조를 사수하는 강인한 인물 중의 하나이다. 다시 노동의 나날이 이어진다. 어느 날 철야작업을 하던 중 밤 12시 45분이 되자 원기는 자신의 기계를 끄고 동료들에게 식사(야식)하러가자고 말한다. 그러나 이를 지켜보던 반장은 "당신 지금 어디가? 도루 가 작업해 씨팔놈아"하면서 눈을 부라린다. 반장의 이러한 모습을 본 노동자들은 움찔하나 원기의 표정은 서서히 성난 얼굴로 변해간다. 그러나 일단 참기로 하고 다시 자신의 기계에 전원을 넣는다. 원기의 이러한 표정 변화와 절단반 사람들의 식사 움직임 등을 본 반장은 "유원기씨 식사하러 가쇼"라며 선심을 베푸는 척한다. 그러나 원기는 들은 체 하지 않고 작업에만 열중한다. 이에 반장이 다가와 원기의 기계를 끄자, 원기는 "한 번만 더 내 기계에 손대면 골통을 부셔버리겠어"라며 이글거리는 눈빛을 던진다. 이에 놀란 반장은 주눅이 들어버리고 원기는 새벽 1시가 되어서야 동료들과 함께 식당으로 간다.

식사 후 작업장 바닥에 나란히 누운 반원들 중 일부는 잠깐의 선잠을 청하기도 하지만, 한수와 원기는 좀 전에 있었던 일에 대해 이야기를 나눈다. "아까는 정말 시원했어요"라고 한수가 말하자, 원기는 "반장도 그러고 싶어 그러겠냐. 다 위에서 시키니까…"라며 대수롭지 않게 생각하려고 한다. 두 사람의 대화는 자연스럽게 입사 시의 혹독했던 노무관리와 노동과정에 대한 이야기로 이어진다. 그러나 10년 이상 근무한 원기는 모아 둔 돈이 없다. 실상은 돈을 모을 수 없을 정도의 저임금 생활이었던 것이다. 〈파업전야〉의 시나리오를 보면 영화 속의 (주)동성금속 소속 노동자는 약 200명 정도인 것으로 소개된다. 대규모 금속사업장의 일부를 제외하면 이들의 임금수준은 매우 열악한 것이었다. 이는 1980년 이후 상대적 노동소득 분배율의 추이에서도 확인할 수 있고, 노동쟁의시 노동자들의 첫 번째 요구사항이 임금인상이었다는 점에서도 알 수 있다(김동춘, 1995: 215). 그리고 작업장에서의 인간적인 대우 요구도 매우 큰 비중을 차지하고 있었다.

어느 날 회사 사장인 김칠복이 작업장을 둘러보다가 고참 노동자인 동업을 보고, "동업이, 잘되냐? 하! 이놈. 너도 꽤 오래 되었지?"라며 아는 체를 한다. 동업은 자신도 모르게 고개를 조아리며 "예. 한 15년 됐습니다"라고 말하자, 사장은 갑자기 자신의 코를 싸쥐며 "휴, 술 냄새. 짜식아, 술 좀 작작 마셔"라며 어깨를 치고 지나간다. 그러면서 사장은 자신의 뒤를 따라

오는 부장에게 "야, 저 애 일 잘하니?"하고 묻자, 부장은 "알아봐서 보고 드리겠습니다"라고 답한다. 그러나 사장의 반응은 전혀 뜻밖이다. "보고는 무슨 보고. 늙은 놈을 뭐하러 데리고 있어. 시원찮으면 잘라 버리라구!"… 그날 오후 사장의 아들인 전무는 자신의 방에서 사장 및 부장과 함께 노무관리 대책회의를 연다. 회의석상에서 전무는 부장에게 노조설립 움직임을 막기 위한 대책이 서있느냐고 묻는다. 이에 송부장은 반장과 주임을 중심으로 노사협의회가 꾸려져 있고, 각 파트마다 비상시 구사대 발전대원으로 가동될 수 있는 인원을 지금 짜고 있는 중이라고 말한다. 이 말을 듣고 있던 사장 김칠복은 "내 항상 얘기하지만 노조는 절대 안돼. 요새 한창 끗발 올라가는 판에. 좌우지간 확실히들 해. 노조 생기는 날엔 국물도 없어. 다 팔아서 땅을 사든가 증권을 사버릴 거야"라며 엄중한 단속 명령을 내린다.

앞서 언급한 바 있지만 영화 속의 (주)동성금속은 인천 남동구의 논현동·남천동일대에 조성된 남동공단에 위치하고 있다. 네이버에 따르면 이 공단은 1985년 1단계 조성공사에 착공, 1989년에 완공되었고 1992년에는 2단계 조성사업이 준공되었으며, 1997년 1월 한국산업단지공단으로 통합되었다. 공단의 조성 이후 주된 업종은 조립금속업종이었으나, 1999년 현재 영상음향·정보·통신·의료·정밀·광학기계·전기전자·컴퓨터주변기기 등 첨단 벤처기업 등이 주도하고 있다고 한다. 한편 동성금속은 현재 반월공단에 제3공장을 건설 중인, 그래서 사장의 말대로 한창 끗발이 올라가고 있는 사업체이다.

여기서 잠깐 당시의 반월공단의 개황에 대해서 살펴보도록 하자. 반월은 현재의 안산이다. 1976년 공단 유치가 결정되면서 반월이라 불리게 되다가 향토사학자들의 이의제기에 따라 고려시대부터 사용되어오던 안산이란 명칭으로 정정되어(1986년 1월) 현재에 이르고 있다(여기서는 영화 속의 명칭에 따라 편의상 반월공단으로 부르겠다). 1977년의 경우 인구 2만 명이 채 되지 않던 곳이 2003년 현재 64만여 명의 중소도시가 된 곳이다. 이는 공단 조성과 함께 인구가 급격히 유입된 탓이다. 애초 반월공단은 중소기업 협동화 전문단지로 출발했으나, 이러한 계획과는 달리 열악한 기업환경과 노동조건 등의 문제점이 집중된 곳으로 알려지게 된다. 예컨대 1989년 현재 주력업종은 조립, 금속, 기계(47%) 〉 전자, 전기(18%) 등의 순으로 나타나고, 300인 이하의 중소영세 사업장이 전체의 97%를 차지하고 있다. 또한 연평균 산업재해율이 전국에서 가장 높았던 곳이기도 하다(1987년 현재 연평균 20-30건). 그리고 이 지역 노동자들은 대기업 중심의 공단에 비해 약 35% 정도 낮은 임금을 받고 있었다. 이러한 노동조건 탓에 노동운동이 급성장하고 있었다. 예컨대 당시의 노동조합 조직건수를 보면, 1987년 10여 개, 1988년 150여 개, 그리고 1989년 상반기에만 230여 개로 급속하게 증가하고 있다(이상은 채수홍, 2003: 41-50을 참고할 것). 다시 영화로 돌아간다.

어느 날 한낮, 한수는 주임의 호출을 받고 노사협의회실로 들어선다. 주임과 한수는 동향 선후배 사이이고, 주임은 한수의 집안 사정까지 훤하게 알고 있다. 주임은 평소 한수가 근무실적도 뛰어나고 해서 좋은 자리 하나를 추천하려고 불렀다고 말한다. 그 자리란 사장의 지시로 부장이 만든 일종의 상조회 같은 것이라면서, 자신이 한수를 추천했고 향후 이 자리는 간부후보를 추려내는 일종의 징검다리라면서 가입원서를 작성하게 하고, 한수 어머니께 쇠고기라도 사다드리라며 만 원짜리 한 장을 건넨다. 그러나 주임이 말하는 이 조직은 나중 구사대로 밝혀진다. 다시 장면은 바뀌어 석구의 방이다. 석구와 원기는 라면을 끓이며 회사의 열악한 노동조건에 대해 이야기를 나누고 있다. 석구는 "동성금속하면 5공단에서도 호구로 유명"하다면서, "우리

공장에는 하다못해 위장 취업자도 하나 안 들어와요"라며 답답해한다(그러나 앞서 본 바처럼 이미 완익이 들어와 있다). 이 말을 듣고 있던 원기가 대뜸, "우리 한번 노동조합을 만들어 보자"고 제안한다. 석구 역시 오래 전부터 노동조합 결성을 염두에 두고 있었던 듯, "노동조합? 야 이거 나보다 먼저 선수 친 사람이 있었구만, 몰래 사바사바해서 위원장 한번 해먹을까 했는데"라면서 의기투합하게 된다. 일단 소모임을 꾸려 학습부터 하자며, 동참할 사람들을 손꼽아 본다. 한수는 참여하지 않을 거라며 예단하면서…

점심식사 후 단조반원들이 족구를 하던 중 석구가 오늘 월급날이니 술내기를 하자고 제안한다. 그러나 재만이 오늘 잔업하는 날이라며 난색을 표하자, 원기 등은 "까짓것 제끼자구. 월급날까지 잔업하는 데가 어딨어. 제낍시다"고 말한다. 저녁이 되자 원기와 석구는 작업도구들을 정리하며 퇴근을 서두른다. 이를 본 작업반장이 "지금 뭐하는 거요? 유원기씨"라며, 제지하려고 하나 단조반원은 이에 아랑곳하지 않는다. 반장과의 옥신각신 사태가 점점 커지자 전무가 나타나, "여러분 오늘은 퇴근하십시오. 그리고 월급도 타다 드리겠습니다. 그러나 여러분 다음에 또 이런 일이 발생한다면 그땐 회사 규정대로 하겠습니다"라며 선심을 베푼다. 술집 모인 단조반원들은 오늘의 잔업거부 투쟁(?)에 잔뜩 고무되어 있다.

1980년대의 경우 노동조합의 결성은 노동조합법상 30명 이상의 발기인이 필요했다(1988년 이후 현재는 2명 이상이면 가능하다. 노동조합법상 노조위원장과 회계감사의 요건만 갖추면 되기 때문이다). 그러나 30명 이상의 발기인을 모으기란 현실적으로 매우 어려웠다는 증언들이 많다. 왜냐하면 노조결성 움직임을 미연에 방지하려는 사측의 감시와 통제 등이 노골화되어 있었고, 해고의 위협 등에 위축되어 조합결성을 위한 사전 활동에 선뜻 나서려는 사람들이 많지 않았기 때문이기도 했다. 또한 당시 노동조합법에 따르면 노동부는 노동조합 결성 신고필증을 10일 이내 발급하는 것으로 되어 있었지만, 이조차 지키지 않고 차일피일 미루어 사측의 방해공작이 개입할 여지를 마련해주는 일 등이 심심찮게 생기기도 했다. 그리고 이에 덧붙여 1987년 6월 이후의 민주화 운동과 노동자 대투쟁의 사회정치적 환경 또한 민주노조 결성을 위한 주요한 배경이 되기도 하였다. 예컨대 1987년 9월 현재 노동쟁의 발생 건수는 3,365건으로 이중에서 3,241건이 노태우의 6·29선언 이후에 집중적으로 발생하였고, 이는 하루 평균 44건으로 1986년 대비 무려 58배나 증가한 숫자였다(이영희, 1988: 53). 이러한 대내외적 조건을 타파하려거나 이를 타고 넘으려는 선진 노동자들의 노조결성 활동은 여러 방법으로 나타났다. 야유회나 일과 후 회식, 학습이나 동호회 등의 소모임들을 통해 발기인이나 동참자들을 은밀하고 긴밀하게 결합하는 방식들이 그것이었다.

영화 속에서는 재만과 재필이가 파업 중인 한 사업장을 찾아가, 노조설립에 관한 방법과 정보를 듣는 장면이 나온다. 이 사업장의 여성노동자들은 노조 설립의 어려움에 대해 이야기 한다. "책방에 갔는데도 주인한테 차마 노동조합에 관한 책이 있냐는 말이 안 나오더라구요. 근데 그 책에 노조설립은 최소 30인의 발기인 서명이 있어야 된다는 걸 읽고 우리 5명은 꼭 껴안고 울었어요. 우리 5명이 모인 것도 얼마나 어렵게 모였는데… 이 집 저 집 숨어서. 노조설립 보고대회를 하려고 가슴에 유인물을 품고 정문을 통과할 때 어찌나 떨리던지… 근데 막상 관리자들이 뺏으려고 하니까 되려 열이 받쳐 힘이 나더라구요"라는 장면이 나온다. 그리고 동성금속의 단조반원들이 중심이 되어 노동부 출장소에 제출한 노조설립 신고서를 이미 회사 측에서 세운 유령노조를 빌미로 노동부 출장소장이 반려하는 장면이 나오기도 한다. 이의 생생한 장면은 유동우(1984)의 자전적 소설 「어느 돌멩이의 외침」에서도 찾아

볼 수 있다⁰⁷.

    술집에 모인 단조반원들은 자연스럽게 오늘의 잔업거부 이야기로 옮아간다. 석구는 이번 기회에 월급날 잔업은 아예 빼는 것으로 하자고 말한다. 이에 한수는 "빼는 것은 좋지만요, 잔업을 200시간이나 돌파하구도 겨우 20만원이 조금 넘는데 그거까지 빼버리면…"이라면서 석구의 제안을 쉽게 받아들이지 못한다. 그러자 곁에 있던 완익(학출 위장취업자)은 "그런데 사실 수당은 아무 소용없는 거예요. 일이 많으면 더 고용을 해야 하는데 그러려면 진짜 돈이 되는 본봉을 더 줘야 되니까 그걸 아낄려구 잔업, 철야시키는 거라고요"라면서, 요즘 식으로 말하자면 '노동시간 단축을 통한 일자리 창출' 쯤에 해당하는 말을 넌지시 건넨다. 이 말에 재만이는 "짜식, 쪼그만 게 아는 건 많단 말이야"면서 농을 치자, 동업은 "알면 뭐혀. 잔업까지 빼구 굶고 앉아 있을 꺼여?"라며 핀잔을 준다. 이에 원기는 "안 오르면 오르게 해야죠. 언제 사장이 우리들 걱정해서 올려준 적 있어요?"하자, 재만은 "그럴려면 노동조합이 있어야 하는데 우리 회사에선 꿈도 못 꿔요"라며 체념어린 푸념을 한다. 이에 석구는 "테레비에서 못 봤습니까? 남들 다하는데 우리라고 왜 못합니까?"라며 노조결성에의 강한 의지를 내비친다. 하지만 단조반원 중에서 가장 나이가 많은 춘섭 등은 "아, 이 사람아 노조 좋은 거야 다 알지. 근데 그게 맘먹은 대로 되나. 괜히 앞장선 사람만 다치는 거야 그게"라며 만류를 한다. 노조결성에 대한 갑론을박이 무르익어가자 원기는 "자, 우리 이 대목에서 한잔 하구 넘어갑시다"라며 좌중의 분위기를 추스른다. 한편 같은 시간, 주임과 부장 등은 룸싸롱에 앉아 단조반원들의 최근 동향을 우려하며 단조반원들의 신원조회를 다시 한 번 철저히 할 필요가 있다고 입을 모은다.

⁰⁷ | 오래된 노동관련 책자들은 구하기가 다소 힘들다. 그러나 「노동자의 책」에 한번 들러보길 바란다. 여기서는 관련 희귀 도서들을 PDF파일로 무료 제공하고 있다(http://www.laborsbook.org).

이후 원기와 석구 등은 노동조합 결성을 위해 단조반원 한명 한명을 만나면서 동참을 호소한다. 그러나 나이 많은 춘섭은, "이미 손가락이 세 개나 잘린 사람인데 여기 쫓겨나면 누가 받아주겠냐"면서 저어하고, 한수는 동생 정수의 대학진학과 집안 일, 그리고 주임과의 고향 선후배 관계 등으로 회사의 상조회(구사대)에 가입되어 있는 등, 발기자들을 규합하기가 힘든 상태이나, 이 와중에도 재만과 야학을 다니는 숙희 등은 노조결성에 힘을 보태기로 한다. 이처럼 상황이 긴박하게 돌아가는 동안 영화의 배경에는 '철의 노동자' 등이 흐른다. 민중가수 최도은(2008)에 따르면 이 노래는 안치환이 영화의 주 무대였던 인천 남동공단의 한독금속 사업장의 녹슨 철문을 보며 만들었다고 한다. 한편 공단 주변의 다방에서는 한수를 앉혀놓고, 최근 단조반원들의 불온한(?) 움직임(잔업거부 등)의 배후를 알고 싶어 한다. 그러나 한수인들 알 수 없는 이야기들이다. 주임은 "게다가 학출(학생운동권 출신의 위장취업자)이 들쑤시는 경우, 그 날로 볼 장 다 본 거라구. 너도 조심해"라면서 학출을 가려내는 법을 한수에게 일러준다.

주임에 따르면 학출의 특징은 다음과 같다. "그 놈들은 우선 어리숙하고 착한 이 사람 저 사람한테 접근한다구. 술 한 잔 하잔다 거나 지 집에 놀러 오라는 식 말이야. 그러구 담배는 꼭 은하수나 한산도를 피워[08]. 아주 교묘해. 자네 작년에 겪었지? 식당에서 난리치던 놈들 때문에 보름이나 작업물량이 없었잖아. 봉급도 반밖에 못 받고…"

그리고 실제로 구사대원이었던 사람의 고백 수기(강대석, 1988: 58)에 따르면, 당시 사측에서 위장취업자를 색출하는 방법은 다음과 같은 것들이었다고 한다. 입사할 때 임금에 신경을 쓰지 않는 사람, 술자리 등 각종 모임에

---

08 | 참고로 당시 아리랑은 1갑에 150원이었고, 가장 오랫동안(1958년 1월~1988년 12월) 판매되었던 담배라고 한다. 그리고 한산도는 1988년 당시 330원으로 서민들이 피우기에는 비교적 비싼 것이었다(옛 추억물품들을 파는 어느 사이트를 보니 한산도 1갑이 2만 3천원이네요(그것도 담배곽만!). 영화 속의 학출인 완익도 은하수를 피우고 있다.

빠지지 않고 참석하는 사람, 언동이 은근히 비판적인 사람, 놀러가는 모임 등을 자주 주선하려드는 사람, 인사를 지나치게 잘하는 사람, 많은 사람들에게 접근을 하려고 하는 사람, 나이는 어느 정도 먹었는데, 회사생활은 처음이라는 사람 등. 한편 주임은 이번에 반월에 새로 세우는 3공장 반장으로 한수를 추천했다며, "사실 네가 직훈 출신이라 좀 딸리지만, 부장님에게 애는 내가 보증한다. 실적을 봐라. 게다가 애사심이 충분하다 그랬더니, (부장왈) 그게 문제가 아니라 관리직이 될 사람은 리더십이 있어야 한다는 거야"라면서 한수에게 단조반원들의 동태와 학출의 유무에 대한 정보를 은근히 건네받길 원한다. 그러나 한수는 이 모든 것이 의아할 뿐이다. 앞서 언급한 구사대원의 기록을 보면 당시 구사대원의 선발 요건은 다음과 같다. 적어도 1년 이상 근속한 자/ 회사에 대한 비방을 하지 않고 묵묵히 일만 하는 자/ 잔업·특근·철야에 충실한 자/ 현장 내 교우관계에 별 문제가 없는 자 등이 그것이다(강대석, 1988: 56). 영화 속 한수의 경우와 거의 일치하는 특징이라 할 수 있을 것이다.

사진 설명
위의 왼쪽부터 미자, 석구, 숙희, 완익, 원기, 재만, 춘섭, 한수와 원기, 동업

이제 동성금속에 노동조합을 결성하려는 움직임은 지체될 수도 없고, 물러날 수도 없는 상황으로 나아간다. 어느 날 석구의 자취방에 모인 동참자들(석구, 원기, 춘섭, 숙희, 완익, 재필, 재만 등 7명)은 여성노동자들의 노동조건, 회사 식당의 문제, 너무 위험한 프레스 금형 문제, 그리고 산재처리의 고충 등에 대한 저마다의 경험담을 서로 나누며, 노동조합 건설의 필요성에 대해 공감대를 넓혀나가기 시작한다. 문제는 여전히 동참을 하지 않고 있는 한수다. 재만은 한수를 만나 내일 단조반원들이 체육공원에 모여 놀기로 했다며 같이 가자고 하나, 한수는 집회 같은 거에는 참석하기 싫고 또 내일은 애인 미자의 생일이라 둘러대며 거절한다. 이에 재만은 "아 그러면 잘 됐네. 같이 오면 되잖아. 돈도 굳구"하며 재차 함께 하자고 하지만, 되려 한수는 "난 그런 데 싫어. 내 쭉 지켜봤는데 말야. 재만아! 너 그래봤자 니 몸만 다칠 뿐이야"면서 거절한다. 이에 재만이 "우리 같은 놈들이 더 이상 다칠 게 있냐? 한번 한다면 확실히 받아 버리는 거지"하자, 한수는 "야 야! 니가 뭐 대단한 놈이라도 되는 줄 알아? 우리 같은 주제에 무슨… 됐어 됐어. 갈려면 너나 가"라면서 역정을 내고 만다. 미자의 생일 날, 한수는 미자에게 스웨터 한 벌을 선물한다. 미자는 비싼 선물을 못마땅해 하며 화를 낸다. 이에 한수는 나도 이제 반장이 될 거라며 너무 화를 내지 말라고 미자를 달랜다. 이 말에 미자는 한수의 경력이 아직 얼마 되지 않았는데 무슨 반장이 되느냐며 의아스럽게 되묻는다. 한수는 주임이 고향 선배라 윗사람에게 특별히 잘 이야기 해줘서 곧 반장이 될 거라고 말하며, 그 전에 반장이라 생각하고 반원들 하나하나를 잘 살피라는 주임의 주문을 소개한다. 그러나 미자는 "기가 막혀 그게 걔네들 수법이야. 우리 회사도 똑같애. 노조를 깰려고 꼭 그런 간첩 같은 짓을 한다니까. 한수씨 그런 거 하지마"라며 만류하지만, 한수는 그게 반장의 리더십이라며 미자의 말을 대수롭지 않게 여긴다.

영화는 전무의 연설 장면으로 바뀐다. 전무는 사장 김칠복의 아들이며 미국에서 학위를 받은 인물이다. 그는 노동자들 앞에서 자신도 대학 다닐 때 전태일 열사 추모제에 참석할 만큼 근로자 문제에 대해 많은 생각을 했던 사람이라 얘기하지만, 노동조합이 모든 문제를 해결해주지는 않는다고 말한다. 그런 생각은 19세기적 사고방식이며, 메이데이 투쟁을 거친 현재의 미국에는 노동조합이 없다고 자신 있게(!) 거짓말을 한다. 심지어 미국 노동자들은 그들 스스로가 노동조합을 거부했다고 말하기도 한다. 그러면서 이 시대에 노조를 주장하는 것은 공산주의자들의 목소리이며, 그들의 수단은 오로지 폭력뿐이라며 모인 노동자들에게 딱 1년만 기다려 달라는 말로 일장 훈시를 마무리한다. 전무의 연설을 들은 노동자들은 삼삼오오 모여 나름대로의 평가를 하고 있다. 해병대 출신의 재필은 "거 봐라. 역시 배운 사람이 판단이 안 빠르나. 노조가 단순히 노동자들의 복지를 위해서 일하는 거라카믄 내 이런 소리 안한다. 그걸 구실로 꼭 정치 얘기를 끄집어내거든. 그게 바로 수상하다는 증거다. 나는 빨갱이라면 개병대 시절부터 이를 갈던 놈이다"며 전무의 말을 사실인 양 받아들인다. 이에 완익은, "아니. 우리가 이때까지 우리 주장이 옳다고 얘기를 해놓구선. 그게 빨갱이라고 누가 얘길 하니까 갑자기 우리가 해오던 일이며 생각이 전부 틀렸다고 말하고 있잖아요. 그건 말도 안 돼요"라며 옥신각신하게 된다.

여기서 잠깐 전무가 말한 내용들이 사실과 부합하는 지에 대해 살펴보도록 하자. 먼저 노조설립 주장이 19세기적 사고방식이라는 전무의 말은 이름 그대로 '아지-프로'(선전-선동, agitation-propaganda)에 지나지 않는다. 오히려 그가 20세기의 노동자들 앞에서 19세기적 사고 발상을 하고 있는 셈이다. 그리고 미국에 노동조합이 없다는 말은 우수마발(牛溲馬勃: 소의 오줌과 말의 똥이라는 뜻으로, 가치 없는 말이나 글 등을 이르는 말)과 같은 소리다. 사람이 하는 말에는 종류가 있다. 말씀 언(言)의 한자 모양을 보면 사람 형상을 하고 있다(차례대로 보면 머리, 눈, 코, 입의 모양이다). 말은 사람과 동물을 구분하는 중요한 기준 중의 하나이기 때문에 한자에도 이렇게 묘사되는 것이다. 그러나 말이라고 다 같은 말이겠는가? 필자가 생각하기에는 한 차원 높은 말은 '뜻'(意)이고, 질 낮은 말은 '소리'(音)이다. 뜻(意)의 한자를 풀어보면(立+日+心), 설 립(立)과 가로되 왈(日), 그리고 마음 심(心)으로 이루어져 있다. 즉 뜻은 내가 하는 말이 저 깊은 마음에서부터 우러나는 진실된 것을 말한다. 반면 소리(音)를 보면(立+日), 그저 나의 말이 번드르한 입(가로되 日) 위에만 머물러 있음(설 立)을 볼 수 있다. 그러니까 전무의 말은 뜻이 아니라 소리인 셈이다. 우리는 평소 '소리' 앞에는 동물(!) 접두어를 붙인다는 사실을 상기해두자. 그리고 예컨대 1903년(20세기 초)에 창설된 미국의 트럭운수노동조합(팀스터)만 보더라도 2004년(21세기 초) 현재 조합원은 약 140만 명에 이른다. 다시 영화로 돌아간다.

　노조설립을 위한 동참자들의 폭넓은 규합을 위해 단조반원들은 회사가 일방적으로 정한 일요일 특근을 빼고, 공원 운동장에서 절단반원들과의 축구시합을 갖게 된다. 그러나 동업과 한수는 출근을 한다. 텅 빈 작업장을 본 반장은 "아니, 이 새끼들 정말 보자보자 하니까"라며 뚜껑이 열려버린다. 전무는 단조반 주도로 절단반 마저 특근에 나오지 않은 사태의 심각성을 알고, 송부장에게 구사대 관련 기획안을 빨리 추진하도록 지시한다. 축구시합 중에 흐르는 음악은 '철의 노동자'이다. 참고로 민중 또는 노동가요는 1980년 광주의 경험이 중요한 토대로 작용하여 점차 대중적으로 확산된다. 이 시기의 음악의 주된 특징은 서정성 대신 대부분 단조의 비장함으로 메워지고 있다. 앞서 소개한 '님을 위한 행진곡 [09]'이 대표적이다. 그리고 영화의 배경이 되는 1987년 7·8월 노동자대투쟁기를 거치면서 노동가요는 정착되고 심지어 대중가요권으로도 진출하게 된다. '파업가', '단결투쟁가', '동지여 내가 있다' 등이 그것이고, '노찾사'를 기점으로 민중가요의 축적된 성과가 대중가요 공간으로 확산된다. '솔아, 푸르른 솔아', '광야에서', '마른 잎 다시 살아나', '사계' 등이 대표적이며 「노래를 찾는 사람들 2」는 50만 장 이상 판매되는 기록을 세우기도 한다(이상은 이영미, 1993: 44-49를 참고할 것).

한편 송부장은 전무에게 좌익노조 파괴에 베테랑인 제임스 리를 초청하여 노동자들에게 교양교육을 시키자고 제안한다. 영화에 등장하는 노조파괴 전문가 제임스 리는 실제 인물이다. 한국계 미국인인 제임스 리(한국명 이윤섭)는 이 시기 노조파괴 전문가로서 상당한 역량을 발휘하고 있었다. 예컨대, 현대중공업 노조의 1987년 7·8월 투쟁기동안 그는 현대중공업에 고용되어 노조 결성을 방해하거나 노조를 좌경 불순세력으로 몰아 폭력을 유도하는 교육을 하기도 했고, 1989년 현대그룹 노동자 피습사건을 저지른 배후 주동이기도 했다. 마틴 리트 감독(1970)의 〈몰리 맥과이어스〉[10]에 등장하는 제임스 맥팔란과 정확하게 일치하는 행동 특성을 보여준다(그리고 보니 이름도 같은 제임스네요). 민주화운동기념사업회에서 운영하고 있는 민주화운동 아카이브 시스템(http://db.kdemocracy.or.kr)에 들어가면, 이 시기(대략 1988년경으로 짐작됨) 제임스 리가 여러 사업장(콜트악기, 명성전자 등)에서 노조파괴 교육을 한 자료들을 볼 수 있다.

몇 몇 내용을 소개하면 다음과 같다. 콜트악기(당시 인천 4공단 소재. 영화 속의 동성금속과 지리적으로 가깝다)의 주임·반장급 이상 관리자들에

---

09 | '님을 위한 행진곡'의 작곡가는 제1회 대학가요제에서 '영랑과 강진'을 부른 김종률이며, 작사자는 백기완이다. 그의 장편 시 '묏비나리: 젊은 남녘의 춤꾼에게 띄우는'에서 비롯된다(이영미, 1993: 56–57).
10 | 「연대와 소통」 통권 11호를 참조할 것.

게 실시했던 그의 교육 교안에는 '노동조합의 장·단점 비교표'라는 것이 있다. 노조가 있는 사업장과 없는 사업장의 장단점을 비교·제시한 것인데, 예컨대 노조가 있는 사업장의 경우 노동귀족이 출현할 수 있고, 노조비의 유용과 착복이 발생하며, 노조의 전횡 등이 일어날 수 있다는 등 부정적인 면을 부각시키고 있다. 그리고 좌경 의식화된 인물을 식별하는 방법도 제시한다. 즉 현실비판 및 불만형/ 검정고시 출신 및 중퇴자/ 정치적 용어 사용/ 비교적 신체적으로 왜소/ 언어형태의 비포용성(온화감 상실) 등이 그것이다. 심지어 출신지역과 혈액형 등도 제시한다. 이는 아마 그가 강의 도중에 밝혔을 것이다. 심지어 그는 교섭 시에 회사 측 교섭대표로 나오기도 한다(명성전자의 경우). 그리고 조합원 교육 시에는 자유노동총연맹 명의의 「노사분규 25시」라는 책자를 배포하기도 하였다. 영화에서는 나타나지 않지만, 영화의 시나리오에 따르면, 제임스 리가 노동자들을 회사 식당에 모아놓고 자신이 준비한 차트를 짚어가며 일장 연설을 하고 있다. "자! 이상이 제가 미국과 한국의 노동조합 실태를 연구하면서 통계를 뽑은 것입니다. 저는 노동문제 전문가입니다. 전 어느 누구의 편도 아닌 객관적인 노동문제 연구원입니다. 실례를 들어볼까요? 이거! (차트를 가리키며) 노동귀족이 뭔지 알아요. 여러분? 노조가 생기면 거기 상근하는 사람이 생기죠? 보통 위원장과 사무장인데 그 사람들은 그냥 노조 사무실에 앉아 있어도 월급과 함께 잔업 200시간 분의 수당이 나옵니다"… 강의 후 고급 룸싸롱에서 부장과 만난 제임스 리는, "일단 지금 구사대로는 안 되고 전문적인 사람을 써야 합니다. 또 핵심인물, 즉 유원기를 지금 저 애들과 분리해야 합니다. 즉 제거를 해야 한다는 거죠"라며 음흉한 제안을 한다(참고로 영화 속 제임스 리가 입고 있는 옷에는 악어 상표가 붙어 있다).

노조결성을 위한 준비와 노조파괴를 위한 공작 등이 숨 가쁘게 돌아가는 이즈음 한수는 주임을 만나게 된다. 주임은 회사 내의 모든 문제점들이 왜 하필이면 한수가 속한 단조반에서만 발생하며, 왜 자기에게 정보를 주지 않느냐며 한수를 다그친다. 그리고 일전에 제안했던 반장직을 없던 일로 하려고 하자, 이에 놀란 한수는 머뭇거리다가 "좀 이상한 친구가 있다"며 완익에 대해 결국 이야기하게 된다. 그날 밤 완익은 자신의 자취방에 들이닥친 건장한 남자 둘에 의해 어디론가 끌려가버린다. 다음 날 회사 정문에는 공고문이 나붙는다. "프레스반 주완익은 본명 김권익으로 서울대 원자핵공학과 3년 제적. 좌익 노동조합 사상을 전파할 목적으로 위장취업 함. 해고조치"[11]. 공고문을 본 재만은 그제서야, "아니 그럼 완익이가…"하며 낮은 탄식을 내뱉는다. 완익의 체포 때문에 기운이 빠져버린 단조반원들은 술집에 모여 앞으로의 일들을 다시 의논한다. 이 와중 술에 취한 재필이는, "유형!(원기를 말함) 이제 이런 거 필요 없어. 노동조합이구 지랄이구. 이거 젖비린내 나는 빨갱이한테…"라며 주사를 부린다. 이에 원기는, "그래 완익이는 대학생이야. 왜? 대학 졸업하고 공장 들어오는 게 뭐가 나빠? 인간답게 살자는 게 그게 빨갱이라는 거야? 완익이가 그 좋은 학교 졸업하면 좋은 데 취직해서 잘 먹구 잘 살 텐데 왜 여길 왔겠어. 우리한테 조금이라도 도움을 주려고 온 거야"라고 하고, 재만이도 "그래요. 형! 학교를 다녔다고 색안경 끼고 볼 필요는 없잖아요. 완익이 말대로 이 세상의 주인은 누군데?"라며 거들지만, 재필은 이에 아랑곳 하지 않고, "그 놈의 주인. 씨팔 우리가 그래, 공돌이가 이 세상의 주인이가?"라며 완익에게 속은(?) 자신이 마냥 분한 양 화를 삭힐 줄 모른다. 한편 미자를 만난 한수는 "미친놈들. 대학물까지 먹은 놈들이 공장엔 뭐하러 와. 불순분자도 아니고서야"라며 자신의 공장에서 있었던 완익이 사건에 대해 이야기 한다. 이 말을 듣고 있던 미자는 한수가 그랬을 것이라고는

---

11 | 참고로 80년대 중반 수도권 공단지역에서 활약한 학생출신 노동활동가의 수는 약 3천 명 정도로 추정된다(김정호 외. 2008: 101).

전혀 생각지 못하고, "그 사람도 분명히 누군가 찔러서 그럴 거야"라며 안타까워한다.

한편 동성금속 이외의 사업장에서도 원생적인 노사관계문제가 동시다발적으로 발생하고 있다. 예컨대 미자네 사업장은 위장폐업에 맞서 투쟁 중이고, 인근의 동원화학과 코스모스도 파업에 들어갔거나 들어갈 예정이다. 이들 노조들은 미자의 사업장과 결합하여 투쟁을 할 참이다. 바야흐로 사업장 단위를 넘어선 '연대와 실천'이 들불처럼 번지고 있는 상황이 된 것이다. 실제로도 1988년 전국노동자대회를 통해 노동자들은 기업의 담장을 넘고 업종의 경계를 허물며 단일한 계급으로 단결해 나갈 것임을 처음으로 선포한다. 이 결과 '지역·업종별 전국회의'가 출범하게 된다. 여기에는 16개 지노협, 4개 업종협, 20만 조합원이 참가했다(김정호 외, 2008: 126). 이에 덩달아 회사 측도 바빠진다. 예컨대 동성금속에서는 동성봉사단이라는 구사대를 결성하여 구사 발진대회를 갖는다. 당시 구사운동 발진대회에는 "불순분자 몰아내자", "내 직장을 지키자" 등의 구호를 내걸고 규탄대회를 하는 한편, 어깨(!)들을 동원하는 등 살벌한 분위기를 자아내고 있었다. 어느 구사대원의 고백을 다시 들어보기로 하자(강대석, 1988: 13). "구사대는 언제나 우리 옆에서 약한 곳을 골라 깨부순다는 사실을 명심하십시오. 구사대는 결코 각목만을 들고 설치는 것이 아닙니다. 구사대의 폭력을 느낄 때면, 이미 때는 늦습니다. 왜냐하면 구사대는 모든 준비를 갖추고 이미 약한 곳을 포착해 공작을 마친 상태이기가 십상일 것이기 때문입니다". 이에 원기는 "싸움은 이미 시작됐어"라며 어금니를 지그시 깨문다. 석구네 방에 모인 10여 명의 노동자들은 다가오는 일요일의 등산모임에서 노조 설립 취지문 낭독과 추천에 의한 위원장 선출 등을 하기에 이른다.

그러나 회사의 전무는 이러한 움직임을 사전에 간파하고, 봉사단을 노조로 개편시키는 한편(소위 유령 노조), 핵심 인물들을 해고시키려고 한다. 부장에 따르면, 핵심인물 중의 한 명인 유원기는 마산에서 올라온 블랙리스트에 기록된 놈이자, 고졸 학력의 삼중공업 창원공장 해고자이다. 현재도 대동소이하지만 창원을 포함한 당시의 영남지역은 자본집약적 대규모 중공업이 주축을 이루고 있는 지역이었고, 노동운동도 경인지역에 비해 학생출신 노동운동가에 의해서보다는 흔히 '선진 노동자'로 불리는 현장간부 또는 활동가들이었다. 예컨대 현대엔진의 권용목의 당시(!) 활동 등을 생각해보면 될 것이다(김정호 외, 2008: 121-122). 영화 속의 유원기도 이런 맥락에 비추어 보면 '선진 노동자'의 유형에 속한다 할 수 있겠다. 한편 한낮에 대형음식점에 구사대를 불러 모은 부장은, "내일부터 봉사단은 특수한 업무를 맡게 되니까 차질이 없도록 자기 소임을 다해 주길 바란다. 특히 잔업시간에는 봉사단원들은 정문을 지키는 일을 한다. 물론 그 시간도 잔업시간으로 다 쳐주기로 방침을 세웠으며, 외에도 여러 가지 특혜가 그 상황마다 여러분에게 돌아갈 것이다"라고 말한다. 한수는 구석에서 술만 마시고 있을 뿐이다.

한 밤중 술에 취한 한수는, 사측에 의해 위장 폐업 중인 미자의 사업장을 찾는다. 미자를 만난 한수는 다짜고짜 미자를 농성장에서 빼내려고만 한다. 그러자 미자는, "도대체 왜 그래. 한수 씨나 가. 갔다가 술이나 깨거든 와"라며 야단을 치자, 한수는 피식 웃으며, "미자야 너 구사대 싫어하지? 죽이고 싶지? 나… 구사대야"한다. 이에 미자는 "한수 씨 정말이야? 정말이야? 왜? 왜 그랬어? 제발 지금이라도 그만 둬. 한수 씨 응? 내일 가서 못한다구 그래. 절대로 못하겠다구"라며 간청을 하나, 한수는 "너무 늦었어. 이 꼴 저 꼴 다 보기 싫어. 사람들도 날 사람 취급 안 하구… 빨리 떠나야겠어. 3공장에 자리가 나면…"라며 체념에 빠져버린다. 3공장은 동성금속 사장이 반월(지금의 안산)공단에 짓고 있다는 새로운 공장이며, 송반장은 구사대 활동을 미끼로 한수에게 이곳에서의 반장직을 제의한 바 있다. 나중에 한수가 알게 되는 사실이지만 반장은 이미 여러 사람에게 반장 공수표를 날려놓은 상태이다. 앞서의 글에서 당시(1987~1989년) 반월공단의 개황과 상태에 대해 살펴본 적이 있다. 그러나 한수가 가게 될(결국 가지는 않지만) 반월공단의 2009년 현재 노동조건은 어떨까? 이에 대해 잠깐 살펴보도록 하자.

현재의 안산시 원곡동에는 55개국에서 온 약 3만여 명의 외국인 노동자들이 일을 하고 있고(국경 없는 마을), 또 한편으로는 1989년의 한수와 같은 국내 노동자들이 시 전역에 분포되어 있다. 「한겨레21」의 임인택 기자는 2009년 8월 6일부터 9월 5일까지 안산지역 공단의 한 중소기업 생산직에 근무한 경험을 다음과 같이 소개한다. 자신이 파견용역[12]으로 근무한 회사의 업종은 석유난로·냉장고·비데 등 여러 가전제품을 생산하는 탄탄한 중소기업이었으며, 맡은 직무는 중소형 석유난로 제작 라인이었다고 말한다(단순 조립공).

하루 평균 생산량은 1200~1500개 정도인데, 라인 가동 속도가 줄면 남은 자들이 다른 공정까지 바삐 수행하며 목표량에 근접시킨다. 즉 라인이 느려도 맡은 공정이 많으면, 라인이 빠른 것과 다름없다. 당연히 업무강도가 높아진다. 이 과정에서 반장들의 잔업통제가 가장 중요해진다. 잔업 거부자가 많은 날엔 반장들의 '육두문자'가 난무한다고 한다. 영화 속의 그것과 크게 다르지 않다. 그러나 이들 반장도 시급만 조금 높고, 수당 6~7만 원 정도 더 받을 뿐이다.

'안산·시흥 비정규노동센터'의 2007년 조사 결과에 따르면 비정규직의 애로사항은 '일에 비해 적은 보상 > 장시간 노동 > 복리후생 빈약 > 노동강

---

12 | 안산 시내 파견·용역업체의 수는 300곳 이상이다(임인택, 2009a).

도' 등의 순으로 답하고 있다. (임인택, 2009b에서 재인용). 그리고 임인택 기자의 한 달 가계부를 살펴보도록 하자.

〈표〉 '(비정규) 공장 노동자' '독거 노총각' 임기자의 한 달 가계부(원)

구 분	수 입	지 출		결 산
8월	+722,000 -54,930(4대 보험)	식료·잡화	120,700	
		외식	167,670	
		여가·책	63,440	
		약값	10,500	
		집세	200,000	
소계	+667,070		-562,310	+104,760
9월	+156,000 -15,000(근무복)	식료품	10,200	
		외식	30,640	
		교통·통신	50,000	
소 계	+141,000		-90,840	+50,160
최 종	+808,070		-653,150	+154,920

출처: 임인택(2009b)

위의 〈표〉에서 보듯 근무복도 스스로 구입(!)해야 했지만, 집에서 가져온 쌀, 반찬, 선풍기, 돗자리, 과일, 새 목욕용품 세트, 담뱃값 일부는 여기에 포함되어 있지 않다. 2009년의 임기자는 과연 1989년의 한수보다 그 살림살이 형편이 나아졌다고 말할 수 있을까?

이제 동성금속의 해고 노동자들은 피켓과 머리띠를 두르고 출근투쟁을 할 수밖에 없다. 출근하는 노동자들에게 유인물을 나눠주는 석구, 재만, 숙희 등은 "대가리가 두 쪽 나도 민주노조 사수하자! 기만적인 분열책동 깡다구로 분쇄하자! 민주노조 사수한다, 유령노조 조심하라!"고 목청껏 외치고 있다. 그러나 동료 노동자들은 그저 고개를 숙이고 지나가거나 미안하다며 바삐 지나갈 뿐이다. 원기는 출근하는 한수에게 유인물을 집어주며, 퇴근 후늘 만나던 술집에서 보자고 말한다. 회사의 주임은 최근 한수의 미지근한 행동을 나무라며 저녁에 보자고 말하나, 한수는 이미 약속이 있다며 거절한다.

이에 주임은 유원기랑 만나는 것이 아니냐며, "내 이번만은 비밀로 해두지. 대신 낼부터는 잘하는 거야"라며 선심을 쓰는 척 한다. 한수를 만난 원기는 "나도 옛날엔 너처럼 구사대였어. 아니 선봉에 섰었지. 그들이 빨갱인 줄 알았으니까. 그런데 파업을 주동한 친구가 내 앞에서 울더군. 나보고 불쌍하다 안됐다고 하면서. 내가 불쌍해서 눈물이 난데 한수야"라고 하자, 한수는 "왜 다들 똑같은 소리뿐이에요? 왜 다들 똑같은 소리뿐이냐구요?"라며 울부짖는다. 그날 밤 술에 취해 귀가하는 원기는 골목길에서 제임스 리와 부장 등이 사주한 괴한들에 의해 각목과 칼로 마구 구타당하고 만다. 이 일로 해병대 출신 재필은 한수를 찾아가 "이 새끼야. 완익일 꼰질렀으면 됐지. 원기까지 죽일라구 했냐 새끼야?"하며 그만 때려버리고 만다.

한편 해고 노동자들은 회사 사무실에 몰래 들어가 점거 농성을 준비한다. 아침이 되고 노동자와 사측 관리자들이 출근하는 시간, 이들은 플랭카드를 내걸며 구호를 외친다. 숙희도 함께하고 있다. "유령노조 해체하고, 민주노조 사수하자!"… 그리고 양희은의 '늙은 군인의 노래'를 개사한 '늙은 노동자의 노래'를 힘껏 불러 제낀다[13]. "나 태어난 이 강산에 노동자 되어…" 전무의 지시 하에 어깨들로 구성된 구사대들은 일사분란하게 움직인다. 치열한 싸움과 완강한 저항은 결국 무위에 그치고 만다. 다시 작업장으로 돌아온 노동자들이지만 이제 일이 손에 잡히지 않는다. 그러나 사무실 쪽에서 끌려나오는 노동자들을 보고 한수는 결심한 듯 작업장으로 뛰어간다. 자신의 기계를 꺼버리자 반장이 달려와, "뭐야 이 새끼야. 너 죽고 싶어?"하자, 한수는 그를 한 방에 날려버리고 몽키 스패너를

---

13 │ 이를 '노가바'(노래가사 바꿔 부르기)라고 한다.

들고 작업장의 몇몇 기계를 멈춰버린다. 그의 눈빛은 더 이상 자조하는 것도 아니며, 주저하는 것도 아니다. 작업장의 노동자들은 하나 둘씩 기계를 세워 버리고 누가 뭐랄 것도 없이 한수 주위로 몰려든다. 그리고 제각기 손에 든 공구를 치켜들고 공장 마당으로 쏟아져 나온다.

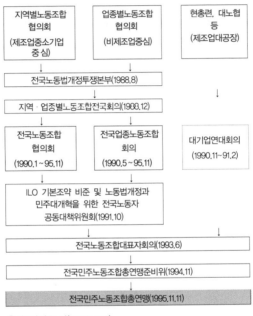

출처: 김정호 외(2008: 143)

위의 그림은 영화 속의 시대적 배경 전후의 노동자의 길이다. 강철은 어떻게 단련되는 지를 한 눈에 보여준다. 그렇다면 지금은?

참고문헌

강대석(1988), 「어느 구사대원의 고백: 구사대」, 형성사.

김동춘(1995), 「한국사회 노동자 연구: 1987년 이후를 중심으로」, 역사비평사.

김정호·박장현·이종래·허민영·양솔규(2008), 「금속노동자를 위한 노동운동사」, 전국금속노동조합.

오하나(2010), 「학출: 80년대, 공장으로 간 대학생들」, 이매진

이영미(1993), 「노래이야기 주머니: 노래읽기와 세상보기」, 녹두.

이효인(1990), "〈파업전야〉와 〈우묵배미의 사랑〉: 한국영화의 사실주의", 「창작과 비평」, 통권 68호, 273-286쪽, 창비.

임영일(1998), 「한국의 노동운동과 계급정치(1987-1995): 변화를 위한 투쟁, 협상을 위한 투쟁」, 경남대학교 출판부.

임영일(2006), "세계 노동절 유감", 영남노동운동연구소, 「연대와 실천」, 통권 제143호, 85-94쪽.

임인택(2009a), "나는 아침이 두려운 '9번 기계'였다", 「한겨레21」, 제778호.

임인택(2009b), "절망과 빈곤으로 '완숙립'돼가는 삶", 「한겨레21」, 제779호.

장현필(2010), "사랑도 명예도 이름도 남김없이: 불멸의 민중가요 '님을 위한 행진곡' 작곡자 김종률", 「전라도닷컴」, 5월호, 38-40쪽

채수홍(2003), 「풍물과 노동운동가 만들기: 80년대 말 한 노동자 예술연행 교육공간에 관한 민속지」, 경인문화사.

최도은(2008), "노래를 통해본 노동자역사(5): 영화 〈파업전야〉와 철의 노동자", 「노동자역사 한내 뉴스레터」, 창간호.

한국노동운동연구소(2009), 「한국노동운동의 위기와 재구성: 산별노조건설운동, 지역노동운동, 현장, 총연맹, 비정규」.

전쟁, 식민지, 그리고 노동자

고바야시 다키지의 〈게공선 蟹工船 〉

계공선 蟹工船

전쟁, 식민지, 그리고 노동자

고바야시 다키지의 〈게공선 蟹工船〉

영화 〈게공선 蟹工船: 카니코센 〉(2009)은 일본 프롤레타리아트 문학가
의 대표적 인물 중의 하나인 고바야시 다키지(小林多喜一, 1903-1933)의 원작
(1929년)을 기초로 만들어진 것이다. 그의 이 작품은 1953년에도 영화화 된
적이 있고, 1974년에는 그의 일대기를 다룬 영화도 만들어졌다. 영화의 내용
을 살펴보기 전에 그의 삶에 대해 잠깐 살펴보도록 한다. 고바야시 다키지의
삶의 목표는 '클라르테'(Clarté: 빛, 광명, 진실 등을 의미하는 프랑스어. 영어의 Clarity에
해당)로 요약된다(이하에 대해서는 이수경, 2009를 참고할 것). 클라르테 사상은 프랑
스의 작가 앙리 바르뷔스(Henri Barbusse: 1873-1935)의 소설 「클라르테」
(1919년)에서 비롯된다. 바르뷔스는 제1차 세계대전에 참전했다가 부상을 당
하기도 했고, 그의 종군일기였던 「포화 le Feu」는 1916년 콩쿠르상을 받기
도 한다. 그리고 「포화」의 속편 격으로 발표된 소설 「클라르테」의 이름을 따
서, 1919년 10월에는 각국의 소수 파워 엘리트들이 저지르고 있는 전쟁사업
에 반대하는 국제 시민연대운동으로 전개된다. 이 운동에 참여한 사람들은

"인류란 한 종류의 인간밖에 없다"는 캐치프레이즈를 내걸고, 생명의 존엄과 인류의 평등, 전쟁과 폭력이 없는 평화로운 세계의 추구를 위해 많은 활동을 하게 된다. 이 운동에 참여한 대표적인 인물들로는 로맹 롤랑, 아인슈타인, 피카소, 마티스, 고리키, 러셀, 아나톨 프랑스, 그리고 H. G. 웰스 등을 들 수 있다. 뿐만 아니라 당시 한국의 지식인들에게도 큰 영향을 미쳤고, 일본 프롤레타리아트 문학이론을 전개시킨 아오노 스에키치(青野季吉), 도시샤(同志社)대학교[01] 총장이었던 스미야 에츠지(住谷悅治), 그리고 마르크스 등의 저서들의 역자로 알려진 이시도 세이린(石堂清倫) 등에게도 파급되었다.

이러한 사상과 운동은 빈농과 저임금 노동자들의 참혹한 실상을 고발하던 고바야시 다키지에게 자연스럽게 스며들 수밖에 없었을 것이다. 실제로 그는 뜻을 같이 하는 사람들과 함께, 1924년 4월 동인지인 「클라르테」를 발행하기도 한다.

고바야시 다키지는 1903년 10월, 지금의 아키타현 오다테시에서 빈농의 둘째 아들로 태어났다. 그러나 그의 나이 네 살 때, 아버지는 소작료와 빚을 감당하지 못해 홋카이도의 오타루(小樽)로 이주하게 된다. 그리고 13세 무렵부터 단가와 시, 소품 등을 교우회지에 발표하기 시작하면서 문학인의 길로 나선다. 21세 되던 해(1924년 3월), 오타루고등상업학교를 졸업한 그는 홋카이도 척식은행에 입사한다. 이곳은 당시 뭇사람들의 동경의 대상이 되던 직장이었다. 그러나 회사에 취직한 다음 달(4월)부터 앞서 언급한 동인지 「클라르테」를 창간하고 군국주의와 자본의 횡포에 반대하는 운동에 적극적으로 참여한다. 그러나 1928년 실시된 일본의 제1회 보통선거 기간 중 사회주의 활동에 위기를 느낀 당국은 치안유지법의 위반 혐의로 전국적인 일제 검거를 벌인다(3월 15일). 고바야시 자신은 '3·15사건'에 연루되지는 않지만,

---

01 | 참고로 도시샤대학교의 교내에는 윤동주와 정지용의 시비가 있다.

전국적으로 약 1600여 명이 검거되고(828명 기소) 오타루에서도 약 500여 명이 체포된다 [02]. 그러나 '3·15사건' 직후임에도 불구하고, '전일본무산자예술연맹'(NAPF)이 결성되고 고바야시는 이들 기관지인 「전기 戰旗」에 오타루의 '3·15사건'을 소재로 한 소설, 「1928년 3월 15일」을 발표한다(25세). 그리고 이듬해인 1929년, 「전기」 5월호와 6월호에 「게공선」을 분재하지만 6월호는 발매금지를 당한다. 사정이 이러했음에도 불구하고 이 작품은 세간의 이목과 큰 반향을 불러일으킨다 [03]. 그러나 같은 해 11월 「중앙공론 中央公論」에 발표한 소작쟁의를 소재로 한 소설 [04], 「부재지주 不在地主」로 인하여 5년 넘게 일해 왔던 은행에서 해고를 당한다. 이후 수감과, 석방, 재검거 등의 나날 속에서도 꾸준한 작품 활동 등을 해오던 고바야시는 1933년 2월 밀고자에 의해 경찰에 체포되고, 특별고등경찰(특고)의 살의를 품은 3시간 이상의 잔혹한 고문 끝에 살해당하고 만다(30세) (이상에 대해서는 양희진, 2008: 190-198을 참고할 것). 이처럼 그의 삶은 생물학적으로 30년 정도에 국한된 것이었지만, 불꽃처럼 맹렬하게 홋카이도(北海道)의 혹한, 아니 파시즘(우익독재테러체제)의 겨울공화국을 녹여버릴 만큼의 치열한 것이었다. 이제 영화로 돌아가자.

2009년판 영화 〈게공선〉을 만든 감독은 사부(サブ, SABU, 본명: 다나카 히로유키)이다. 사부 감독의 필모그래피는 매우 독특하다. 우선 그가 감독한 영화로는 〈탄환주자〉(2006), 〈포스트맨 블루스〉(2007) 등이 비교적 국내에 잘 알려져 있다. 그러나 우리에게 더욱 익숙한(?) 작품들은 그의 연출작들이 아니라 출연작들이다. 예컨대 〈이치, 더 킬러〉(2001), 〈조제, 호랑이 그리

02 | '3·15'사건에 대한 보다 자세한 내용은 鹽田庄兵衛(1985: 78–79)를 참고할 것.
03 | 러시아어, 중국어, 독일어, 영어, 스페인어, 체코어, 베트남어 판 등이 있다.
04 | 일제강점기였던, 1923년과 1924년 사이 전라남도 신안군의 암태도(岩泰島)에서 일어났던 소작쟁의를 소재로 한 박순동(1980)의 「암태도 소작쟁의」와 송기숙(1995)의 소설 「암태도」의 일독을 권한다.

고 물고기들〉(2003), 〈사쿠란〉(2003) 등이 그것이다. 그의 영화들을 관통하는 하나의 공통된 주제의식은 딱히 뭐라고 정의를 내릴 수는 없다. 그러나 관객들의 기억에 강하게 남아 있는 작품들을 떠올리게 되면, 충격과 고통의 극단화 보다는 절망과 좌절의 상황을 유머러스하게 표현해냄으로써 오히려 작품에 대한 몰입도와 영화 내용의 현실성에 더욱 친근하게 다가갈 수 있도록 하는 장점을 지니고 있는 것처럼 보인다. 이러한 점은 〈게공선〉에서 더욱 두드러진다. 예컨대 게공선에서 일하는 노동자들이 지옥과도 같은 노동의 상황을 벗어나기 위해 집단 자살을 시도하는 장면이 대표적이다. 이 장면은 자살, 그것도 집단자살이라는 극단적인 묘사임에도 불구하고 관객들로 하여금 '아주 미안한 웃음'을 짓게 만드는 힘을 지니고 있다. 직접 확인을 해보길 바란다.

영화의 제목인 〈게공선〉에 대해 간단히 설명하도록 한다. 어선의 종류 중에서 '공선'(工船)은 바다에서 잡아들인 어획물(예컨대 대게)을 선박 내의 생산공정을 통해 곧바로 특정 상품(통조림 등)으로 만들어내는 배를 의미한다. 그러나 이는 각 나라마다 차이점이 있다. 예컨대 우리나라의 경우 독도 남단부, 한·일 공동어로수역에서 주로 어로작업을 하는 대게잡이 배들은[05] 어획한 대게들을 수조통에 넣고 부두로 귀환(영덕 강구항)한 후, 공판장의 경매 등을 통해(입찰 가격은 박달대게의 경우 마리당 8-9만 원, 물게의 경우는 4-5천 원 정도이다) 소비자에게 생물의 형태로 직접 판매한다는 점에서 공선에 해당되지 않고, 일반적인 '어로선'으로 분류된다. 게잡이의 형태는 양망기(揚網機: 그물을 걷어 올리는 기계)를 이용한 그물잡이(자망(刺網): 걸그물)이다. 한편 베링해협에서 어로작업을 하는 알래스카 어부들의 대게잡이 배들은

---

05 | 출항에서 귀환까지는 대개 5~7일이 소요되며, 출항 후 조업구역까지 가는데 걸리는 시간은 약 15시간 정도이다(시속 20Km).

대형의 사각형 그물망을 이용해 어획한 대게들을 수조통에 넣은 후 만선이 되면, 인근의 가까운 섬에 있는 가공 공장으로 이동·하역한 후, 각국에서 온 계절노동자들(2005년 현재 이들의 시급은 25달러임)에 의해 살이 많은 다리 부분만을 주로 상품화하여 판매하는 과정을 거친다(대략 5일 후에 소비자들의 식탁에 오르고, 몸통 부분은 비료 등으로 쓰인다)는 점에서 한국의 그것과 차이점이 있다 [06]. 그러나 〈게공선〉에 등장하는 공선은 한국과 베링해협의 대게잡이 배들과는 사뭇 다르다. 이들의 대게잡이의 방법은 알래스카의 그것과 비슷하고, 한국과는 다르다. 그러나 이들은 오호츠크(Okhotsk)해에서 거둬들인 대게들을 직접 선박 내에서 통조림화하는 노동과정을 지니고 있다. 그러므로 이들 배들은 '대게+공장+배'라는 독특한 특징을 갖고 있다. 고바야시(2008: 5)는 소설 첫 장면에서, "게공선은 '공장선'으로 '선박'이 아니었다/ 그래서 항해법이 적용되지 않는다/ 게다가 배가 아닌 순수한 '공장'이었다/ 하지만 공장법의 적용을 받지 않는다"고 묘사하고 있다.

영화 속의 어업노동자들이 타고 있는 게공선 배는 하쓰코(博光) 호(號)(3천톤급)이다. 이 배는 홋카이도(北海道)의 하코다테(函館) 항을 출발하여, 캄차카(Kamchatka) 반도 근처의 오호츠크해에서 오랜 기간 동안 대게잡이를 하게 될 것이다(4개월 정도). 참고로 다음의 그림은 일본의 최북단인 홋카이도와 그 남단에 위치한 하코다테의 지형을 보여준다. 당시 홋카이도는 '국내 식민지'라 불릴 만큼 노동환경이 일본에서 가장 열악한 곳이기도 했다. 영화 속의 이 배는 당시 러시아 국경과 가까운 캄차카 반도까지 근접함으로써 월경(越境)문제로 곤욕을 치루기도 한다. 하스코 호의 감독은 이러한 사정 때문에 다음과 같이 말하곤 한다. "이 게공선 사업은 단순히 한 회사의 돈벌이

---

06 | 이상의 내용에 대해서는 다음을 각각 참고할 것. EBS(2010), 〈죽음의 바다: 베링해의 어부들〉, (1부), (2부)/ EBS(2008), 〈극한직업: 대게잡이〉, (1부), (2부).

만이 아니고, 국제적으로도 아주 중대한 문제다. 우리 일본 국민이 위대한 지, 아니면 로스케(러시아인을 얕잡아 부르는 말)가 위대한지를 놓고 벌이는 중요한 싸움이다. 만약에 싸움에 지는 일이 벌어졌을 때는, 불알을 달고 있는 일본 사나이들이라면 배라도 가르고 캄차카 바다에라도 뛰어들어야 한다. 그렇기 때문에 늘 우리 일본의 함대가 우리를 지켜주는 것이다."

한편 홋카이도는 제11회 동계올림픽(1972년)이 열렸던 삿포로, 그리고 〈점과 선〉, 〈러브레터〉, 〈철도원〉 등의 드라마나 영화배경으로 우리에게 익숙한 곳이기도 하다. 하쓰코 호(號)의 출항지인 하코다테에 대해 간단히 살펴보도록 한다. 하코다테는 인구 30만 정도의 작은 항구도시이다. 그리고 이 지역은 1853년 영국의 페리제독의 무력시위에 굴복한 후, 일본 최초로 개항을 한 도시이자 무역항이기도 하였다. 참고로 1876년의 강화도 조약은 일본이 페리에게 배운 똑같은 방법으로 당시의 조선과 맺은 불평등조약이다. 이러한 역사적인 일들 때문에 이 지역은 유럽풍의 유적들이 산재해 있어 '일본 속의 작은 유럽'이라 불리기도 한다. 오징어와 소라게, 그리고 털게 등은 홋카이도의 특산품이다.

하쓰코 호의 어로구역과 홋카이도의 하코다테

소설과 영화 속에 등장하는 인물들의 이름들은 대체로 알 수 없다. 연령층도 다양하다. 다만 이들의 이력만이 소개되고 있을 뿐이다. 농사꾼, 광부, 신발회사 노동자, 철도노동자 등이 그것이다(계절노동자). 그리고 갑판에서 주로 일을 하는 '아랫것'들의 선실은 뱃바닥에 새둥지처럼 만들어져 있고 (영화에서 직접 확인할 수 있다. '다코베야', 일명 '문어방'이라고도 한다), 이 천박한 둥지의 각각에는 하코다테의 빈민굴에서 온 열네다섯 살짜리 소년들이 깃들어 있다. 장년의 어업노동자들은 이곳을 돼지우리 또는 똥통으로 비유하곤 한다. 그리고 간혹 일본 본토(당시 이들은 '內地'라고 불렀다)에서 온 어린 노동자들도 섞여 있다. 영화는 사각형의 그물망에 걸려든 대게들을 윈치(winch: 그물망에 와이어 로프를 감아, 도르래를 이용해서 이를 들어올리거나 끌어당기는 기계. 권양기라고도 함)에 걸어 뜨거운 물에 담가 삶아내는 장면부터 시작된다. 보일러공은 물이 식지 않도록 쉴 틈 없이 화덕에 석탄을 투입하고 있다. 그리고 여타의 노동자들은 거대한 톱니바퀴를 움직여 통조림을 찍어내고 있다. "이대로라면 언젠가 살해당할 거야"라면서 지옥과도 같은 노동에 진저리친다. 게다가 바다는 일순간 '뛰는 토끼'로 변해버리고, 이로 인해 작업장은 아수라장이 되어버린다.

　게공선 노동자들이 말하는 '뛰는 토끼'란 삼각파도가 하얀 물보라를 일으켜 수많은 토끼가 뛰어오르는 것처럼 보이는 현상을 말한다. 이는 캄차카에 부는 돌풍의 전조라고 한다. 이 와중에도 왼발을 저는 감독 아사카와(니시지마 히데토시[07] 분)는 채찍질을 하며 노동자들을 다그친다(소설에는 토목공사장 십장처럼 튼실한 몸을 지닌 것으로 묘사되고 있다). 나아가 이와 같은 상황에서는 '어획은 무리'라는 중간관리자의 말을 무시하며 그마저 폭행해버린다. 그리고 "이 게공선 사업은 어디에나 있는 돈이나 벌려는 회사가 아니야. 이건 국가적인 사업이다. 일본과 러시아의 한판승부인 것이다. 그리고 일본 국내의 숨 막히는 인구문제, 식량문제에 대해 중대한 사명을 가지고 있다. 그러니까 하루 종일 우리 제국의 군함이 우리들을 지켜주고 있는 것이

---

07 | 니시지마 히데토시(西島秀俊)의 주요 출연작은 다음과 같다. 〈제로 포커스〉(2010), 〈도쿄 랑데부〉(2010), 〈박치기〉(2007), 〈좋아해〉(2006), 〈메종 드 히미코〉(2006), 〈돌스〉(2003년) 등.

다. 이건 전쟁이다. 일이 국가적인 것인 이상 제국의 커다란 사명을 위해 네놈들은 목숨을 걸고 북해의 거친 파도에 맞서야만 한다"며 신민으로서의 국민만을 강조한다. 노동자들의 인권은 당연히 없다. 모든 국민은 천황을 위해서만 존재해야 한다는 것이다. 하라 가즈오(原一男) 감독(1987)의 다큐멘터리인 〈가자 가자, 신군 ゆきゆき, 神軍 〉에 등장하는 일본 극우파들을 연상시키는 장면이기도 하다. 이 다큐는 귀축양미를 외치며 신으로서의 천황을 옹위하려던 사람들의 반성을 담고 있는 것이기도 하다.

감독의 무자비한 원생적(原生的) 노동통제가 진행되는 동안 선장이 작업장으로 내려와 인근 바다에서 조업을 하고 있는 '지치부 秩父' 호에서 조난신고가 들어왔다며 조업을 중단하고 당장 구조에 나서야한다고 말한다. 그러나 감독은 선박의 최고의사결정권자인 선장의 이 말을 간단히 무시하며, "이게 누구의 배인지 아는가? 회사에서 내준 것이다. 돈을 내고 말이야. 발언권이 있는 것은 회사대표인 이 몸이다. 너 같은 건 뒷간의 종이 쪼가리만한 가치도 없어"라며 노동자들이 지켜보는 가운데 모욕을 준다. 그리고 한발 더 나아가, "지치부 호에는 아까울 정도의 보험금이 걸려 있지. 가라앉으면 오히려 득을 보는 거지!"라며 조난을 당한 사람들의 목숨(425명)에 대해서는 조금도 걱정하지 않는 표독스런 모습을 보여준다. 노동자들은 다시 묵묵히 작업장으로 돌아서고… 휴식시간 둘러앉은 노동자들은 "지치부 호가 정말 침몰했을까? 탄광이나 마찬가지군. 가스도 일고, 파도도 일고…"라며 탄광 일과 게잡이 일이 다를 바 없이 고통스런 것이라고 말한다. 소설에 따르면 이 노동자는 홋카이도 유바리(夕張) 탄광에서 7년 동안 광부로 일했던 사내이고, 일전에 있었던 가스 폭발로 거의 죽을 뻔한 경험을 갖고 있었다. 생매장 당한 광부들에 대해 회사는 아무런 조치도 취하지 않았기 때문에 조금 전 침몰한 지치부 호의 상황과 흡사하다는 것이었다. 이 말을 들은 한 노동자는 자신이 겪었던 경험도 다를 바 없다며 이야기를 쏟아낸다. 즉 자신의 토지를 가질 수 있다는 정부의 말에 속아 꿈을 가지고 빚까지 내며 이주해서 척박한 땅을 옥토로 만들었지만 결국 빚을 빌미로 이 땅을 은행자본에게 빼앗겨 배를 탈 수 밖에 없었다고 말한다[08].

　　이 이야기를 시작으로 노동자들은 각자의 비참한 삶에 대해 마치 경쟁이라도 하듯 이야기 한다. 사부 감독은 이 장면을 매우 유머러스하게 표현하고 있다. 노동자들은 역설적으로 가난이 마치 커다란 재산인 것처럼 자랑한다. 이때 신조(新庄)라는 이름의 한 노동자(마츠다 류헤이[09] 분)가 나서, "너희들 생각이 모자란다고 해야 하나, 멍청하다고 해야 하나. 나는 너희들하고 달라. 너희들은 세상일을 너무 부정적으로 생각하고 있어. 좀 더 긍정적으로 생각해"라고 하자, 다들 의아하게 여기며 "긍정적이라고? 우리들에겐 미래 따윈 없어!"라며 반발한다. 이후 이들의 이야기는 점입가경에 이른다. "자결이라니 배를 가르는 거야?" "멍청하긴 배를 가르면 아프잖아" "그럼 어떻게 하는데?" "전원 목을 매단다! 긍정적으로 자살하는 거야. 우리들은 이길 수 없어. 우리들은 평생 못 벗어나. 무슨 짓을 해도 무리야. 나는 이 배에서 살해당하고 싶지 않아. 그러니 내세(來世)에 승부를 거는 거야. 다음에 태어날 때는 꼭 부잣집에서 태어나 주지." "그런 게 가능해?" "그거야 해보지 않으면 모르지." 이 장면은 원작 소설에는 나타나지 않는다. 게공선 노동자들의 처참한 현실을 강조하기 위한 감독의 의도적인 연출 장치라 생각해도 좋을 것이다(그리고 성공적이다). 앞서 잠깐 언급한 것처럼, 사부 감독은 이들의 집단자살의 실행 과정을 매우 코믹하게(?) 풀어내고 있다. 논란 끝에 모

---

08 | 참고로 신도 카네토(新藤兼人) 감독(1960)의 〈벌거벗은 섬(裸の島)〉을 보면, 세도나이카이(瀬戸内海) 군도의 한 섬을 배경으로 척박한 땅을 개척하는 농민들의 삶을 엿볼 수 있다. 이 영화는 1961년 모스크바 영화제에서 그랑프리를 수상하였다.
09 | 마츠다 류헤이(松田龍平)의 주요 출연작은 다음과 같다. 〈아무도 지켜주지 않아〉(2009), 〈집오리와 들오리의 코인로커〉(2008), 〈악몽탐정2〉(2008), 〈불고기〉(2007), 〈란포지옥〉(2006), 〈고하토〉(1999) 등.

두들 내세에 부잣집에서 태어날 꿈에 부풀면서 즐겁게(!) 목을 맨다. 배는 삼각파도를 만나 심하게 요동한다. 이에 따라 목을 매단 노동자들도 이리 저리 흔들린다. 마치 세찬 바람에 여린 나뭇가지들이 흔들리듯…

그러나 이들의 집단자살은 우스꽝스럽게(?) 실패한다. 죽음직전 주동자격인 신조의 머리 속에 떠오른 것은 부자 집이 아니라 옛날 키우던 개였기 때문이었다. 이렇게 되면 내세에서 가난한 집의 개로 환생할 수밖에 없었기 때문에(?) 매었던 목줄을 풀어버린 것이었다. 동료 노동자들도 이 모습을 보고 다 함께 풀어버린다. 신조에 대한 원망과 함께… 어업노동자들이 이러한 일들을 겪는 동안 위층에서는 감독과 선장, 그리고 본사에서 파견나온 간부 등이 노동조합에 대한 대책을 세우고 있다. 감독은 "조합놈들! 인권에 대해선 뭐든 회사에 요구할 수 있다고 생각하지. (그러나) 그 놈들은 국토개발, 철도부설, 개간, 탄광 등의 오지에서 굴러먹던 놈들뿐이야. (그래서) 놈들한텐 조직을 만들 지혜 따위 없어"라며 노동자들의 움직임을 대수롭지 않게 생각한다[10]. 그러나 고바야시(2008: 20, 147)의 소설에 따르면, 하코다테의 노동조합은 캄차카 행 게공선 어업노동자들 가운데 조직원을 심는 일에 목숨을 걸고 있었고, 아오모리, 아키타의 조합들도 연락을 하며 기회를 엿보고 있었다. 이는 고용주들에게 무엇보다 무서운 일이었다고 한다. 이러한 이유 등으로 어업노동자들을 고용할 때, 마을 촌장이나 서장에게 부탁하여 '모범청년'을 데려왔다. 그리고 당시의 시대적 상황도 한 몫을 한다. 그것은 곧 1917년에 이루어졌던 러시아혁명의 성공이었다. 러시아혁명의 성공은 유럽의 약소국가들이나 기타 식민지국가의 활동가들에게 새로운 사회로의 변화가능성

---

10 | 당시 일본의 노동조합 수는 가파르게 늘어나고 있었다. 1918년=107개, 1919년=187개, 1920년=272개, 1921년=300개(조합원 수는 10만 3천 명)(鹽田庄兵衛, 1985: 56). 그리고 1920년 5월 2일에는 최초의 옥외 노동절 집회가 열리고(도쿄 우에노 공원에 약 5천 명의 노동자가 모임), 1922년에는 일본공산당이 결성된다.

에 관한 고민을 모색하게 되는 계기가 되었다(소위 'Red Wave'의 여파). 이러한 까닭에 이 시기 활동가들은 다음과 같은 생각을 갖게 된다. 즉 "파시즘보다 더 완강했던 러시아의 짜르(Tzar) 전제 정치를 무너뜨린 마르크스-레닌주의란게 도대체 어떤 사상일까? 이들의 사상이 우리 처지의 독립과 해방에 이론적 무기가 될 수는 없을까?"하는 사회적 분위기가 팽배해 있었다. 다시 영화로 돌아가자. 본사에서 나온 간부가 최근 수일간의 어획량이 감소했다고 하자, 감독은 선장에게 배를 더욱 북상시키라고 말한다. 그러나 선장은 더 이상 북상하면 러시아 영해라서 곤란하다고 말하지만 감독은 아랑곳하지 않는다. "시키는 대로 해. 우리한테는 제국 해군의 구축함이 붙어있어. 쓸데 없는 걱정 하지마!"라며 선장을 윽박지른다. 이윽고 선실로 내려온 감독은, "일본 제국의 커다란 사명을 위해 죽을 각오로 일해라!"며 노동자들을 또다시 작업현장으로 내몬다.

한편 이 배에는 실종된 선원이 한 명 있다(미야구치). 배의 모든 구석을 다 뒤져도 그를 찾을 수 없다. 이에 감독은 '미야구치(宮口)를 발견하는 자에게는 담배 2개비를 상여함'이라는 방을 게시한다. 이를 본 노동자들은, "미야구치! 진짜 도망쳤군. 바다로 떨어진 것 아냐? 담배 2개비? 감독 녀석, 우릴 깔보고 있군. 우리들은 동료를 배신하는 짓 따윈 하지 않아"라며 냉소한다. 그리고 이들 노동자들 중의 한 명이(아마도 조합원인 듯함), "캄차카에서 죽고 싶지 않군. 지금까지의 일본의 어떤 전쟁도 사실은 돈 많은 부자 두세 명의 지시로 명분은 그럴싸해도 돈을 목적으로 일으킨 거라더군"이라고 하자, 곁의 노동자들은 "위험한 이야기군. 얽혀들고 싶지 않아"라며 그를 경계한다. 그러나 본 선박에 딸려 있는 '똑딱선'을 타고 게공선을 탈출하여 중국 선박이나 러시아 영토인 캄차카로 들어간 노동자들이 많다는 것을 모두 잘 알고 있다(당시 이들 모두 사회주의 국가였음을 상기할 것). 조만간 밝혀지지만 미야구치는 탈출을 한 것이 아니라, 선박의 쓰레기 처리장에 숨어있다 잡혀 갑판의 마스트에 거꾸로 매달려 있다.

혹독하게 작업을 독촉한 감독이었지만 하쓰코 호의 어획량은 회사의 다른 배의 어획량에 비해 훨씬 적다. 이에 감독은, "성적이 좋은 자들에겐 상금을 주지. 경쟁이야! 경쟁이다!"라며 채근한다. 그러나 노동자들은 이를 감내할 체력이 이미 바닥나버렸다. 감독은 그럼에도 불구하고, "난 인간 체력의 한계를 잘 알고 있어. 오늘 중으로 1만 상자를 달성시켜!"라며 십장들을 닦달한다. 비몽사몽의 상태에서 일을 하고 있는 시미즈라는 이름의 노동자는 그만 바닥에 쓰러지고 만다. 이를 간호하려는 동료 노동자들에게 감독은 권총까지 꺼내들며, "사소한 일에 끼어들지 말고, 빨리 기계를 돌려"라고 경고한다. 이 광경은 지옥도와 맞물려 교차 편집되고 있다. 이 와중 똑딱선 1호를 타고 조업에 나섰던 신조와 시오다가 실종되었다는 보고가 들어온다(이배에는 8척의 똑딱선이 있다). 동료 노동자들은 이들이 만약 죽었다면 반드시 복수하겠다고 다짐한다(영화와 소설의 내용은 다소 다르지만 같은 뜻으로 보아도 좋다). 홋카이도의 두메산골에서 막일을 했던 한 노동자는, "(나도) 살해당하고 싶지 않아. 게잡이로 우리 돈이 되는 것도 아닌데 가만히 살해당할까 보냐? 감독 그놈 때려 죽일 거야. 모든 일을 나에게 맡겨둬. 때가 되면, 저 자식을 확 해치워버릴 테니까"라며 처음으로 적의를 드러낸다.

그러나 실상 신조 등은 고요한 바다 위 짙은 안개 속에 갇혀버린 것이었다(소설에서는 거대한 폭풍우에 갇힘). 얼어 죽을 지도 모르는 상황에서 두 사람은 서로를 따뜻하게 격려한다. 이때 그들에게 러시아선이 다가온다. 러시아인들에게 구조된 이들은 갖은 환대를 받는다(역시 소설에서는 배에 구조되는 것이 아니라 표류 후 캄차카 해안의 러시아인 가족들의 보호를 받는 것으로 나온다. 이들은 사흘 후에 게공선으로 돌아온다). 중국인 통역을 통해 이들이 듣게 되는 이야기는 노동자들의 단결과 투쟁에 관한 것이다. 구조 후 일종의 의식화 교육(?)을 받게 된 셈이었다. "자신의 일은 자신이 정한다. 한 사람 한 사람 일어서지 않으면 안 된다. 불평만 하고 아무 것도 안하는 사람 안 된다. (만약 그렇다면) 아무것도 바뀌지 않는다. 당신들은 할 수 있다. 누구라도 할 수 있다. 포기하면 안 된다. 다른 사람 탓도 안 된다. 생각을 그만 두면 끝이다. 그러면 무엇을 할 지 보일 것이다. 그 다음은 행동이다." 중국인이 가고 난 다음, 선실에서 흥거운 폴카 음악에 맞춰 즐거운 파티를 하고 있는 러시아인들을 본 신조와 시오다는 이들의 배 생활과 자신들의 처지가 천양지차임을 느끼곤, "우리들이 잘못 생각하고 있었어"라고 나직히 뇌까린다.

한편 게공선에서는 여전히 지옥과도 같은 생활이 이어지고 있다. 그러나 화가를 꿈꾸던 미야구치는 끝내 고통을 이기지 못해 스스로 '지상에서 영원으로'의 길을 택한다. 장례를 치루는 동료 노동자들은 "이대로 바다에 던져버릴 수는 없다. 9월이 지나 겨울이 되면 배 한 척 못 다닐 정도로 얼어버리는 바다야. 우리들은 죽어서도 못 볼 꼴을 보는군"이라며 그의 죽음을 애통해한다(소설에서 감독은 그를 끝내 수장시키고 만다). 그러나 다른 한편으로는 "또 사고 일으키면 목숨을 걸어야 해. 분명 살해당할 거야. 소란피우지 말자. 모처럼의 일자리 잃고 싶지 않아. 달리 일도 없어. 일할 수 있는 것만으로도 행복해"라며. 행동에 나설 엄두를 내지 못한다. 그렇지만 이 일은 노동자들을 서서히 하나로 묶어나가는 계기가 되기도 한다. 감독의 몽둥이질에도 아랑곳하지 않고 태업을 한다든지, 어린 노동자들이 고참 노동자들의 수세적 태도를 감히(?)   힐난하다든지 하는 일들을 통해, 그리고 향후의 계획에 대한 난상토론들을 거쳐 서서히 각성하기에 이른다. 어린 노동자는 다음과 같이 말한다. "여길 극락으로 바꿀 수 있을 것 같아!? 웃기지마! 지금을 열심히 살라고? 입 발린 소리일 뿐. 결국 신에게 의지할 뿐이잖아. 조금은 스스로 생각해. 등신들아! 뭘 쫄고 있는 거야? 할 말이 있으면 제대로 이야기해! 가난을 핑계로 자위하지마! 불만 있으면 감독한테 말해. 나한테 말할 수 있으면서 왜 감독에게는 한마디도 못하는데? 태어난 환경 탓, 다른 사람 탓만 하고… 당신들 어른들이 그 따위니까 우리들이 계속 가난한 거야! 미야구치는 살해당한 거야. 그래도 참으라는 거야?" 이 말을 마친 어린 노동자는 갑판으로 올라가 바다 속으로 뛰어 들고 만다. 순식간에 일어난 일이라 노동자들은 그저 망연자실할 뿐이다.

그런데 기적 같은 일이 일어난다. 신조와 시오다가 물에 빠진 어린 노동자를 안고 배 위로 올라오는 것이 아닌가. 러시아선으로부터 게공선으로 귀환하던 이들이 물속으로 뛰어들던 어린 노동자를 때마침 구조할 수 있었던 것이다. 이제 노동운동의 해외 유학파(^^;;)와 토박이 활동가들이 모두 만난 셈이 되어버렸다. 한바탕 웃음이 이어지고…

신조는 러시아선에서의 경험을 동료들에게 들려준다. "이제는 죽자는 이야기가 아니다. 모두 살자는 이야기다. 잘 들어. 가령 부자가 돈을 내서 만들었기 때문에 이 배가 존재한다고 치자. 뱃사람과 화부가 없으면 이 배가 움직일까? 바다 밑에는 수억 마리의 게가 있어. 가령 부자가 많은 돈을 내서 여기까지 올 수 있었다고 치자. 우리들이 일하지 않으면 게 한 마리라도 부자의 손에 들어갈까? 우리들이 여름 동안 일하면 얼마나 받지? 부자는 이 배한 척으로 엄청난 돈을 손에 넣지. 그 돈의 출처는? 모두 우리의 힘이야. 저쪽은 우리를 두려워하고 있어. 노동자가 일하지 않으면 땡전 한 푼 부자들의 주머니에 들어가지 않아! 모두 함께 이곳의 생활을 바꾸는 거다. 생각을 바꿔! 우리들 최대의 약점은 익숙함이다. 우리들은 불행을, 명령을 참는데 너무 익숙해져 있어. 자신이 무엇이 되고 싶은가는 자기 자신에게 달려있어." 노동자들의 이러한 움직임에 감독은 매서운 눈초리로 동향을 살핀다. 이에 맞선 신조의 그것도 예사롭지 않다. 감독과 십장들의 가혹한 노동통제 속에서 노동자들은 서로의 눈짓을 통해 파업을 준비한다. 미야구치가 생전에 그려놓은 그림을 바탕으로 파업의 깃발과 머리띠를 만든다. 감독 등을 만난 노동자들은 요구사항과 자신들의 동맹파업 서약서를 제시한다. "이 요구를 받아들이지 않으면 우리들은 파업에 돌입한다"라는 말과 함께… 감독은 권총을 만지작거리면서, "나중에 후회하지 마라"고 협박하지만, 신조는 그를 한 주먹에 날려버린다. 그리고 파업은 성공한다.

그러나 승리의 기쁨은 잠깐이다. 구축함이 다가온 것이다. 그러나 노동자들은 "우리 제국의 군함이야. 우리들 국민의 편이잖아?"하지  만, 착검을 한 수병들은 신조 등을 무자비하게 진압해버린다. "러시아를 흉내내는 매국노!"라는 말과 함께… 신조는 굴하지 않는다. "전혀 모르는군. 일본도 러시아도 상관없어. 나도 너희도 모두 톱니바퀴야. 크기나 모양은 제각각이지만…" 그러나 이 말이 채 끝나기도 전에 신조는 감독이 쏜 총에 맞아 쓰러지고 만다. 죽어가는 신조에게 동료 노동자는 이상향을 상상하라고 울부짖는다. 그러나 감독은 "꼴 좋군"하며 뇌까릴 뿐이다. 짧은 승리 뒤에 다시 기나긴 고역이 기다리고 있다. 그러나 이제 더 이상 어제의 노동자들이 아니다. 모진 매질과 발길질을 견뎌내며 내일을 도모한다. 매질을 당한 한 노동자는 그의 몸을 추스려 일어나, "잘못 생각했다. 대표자같은 건 세우지 말았어야 했다. 우리들은… 우리들 전원이 대표자이다"라며 동료들과 함께 작업장을 벗어나 제2차 동맹투쟁에 나선다. "좋아! 다시 한번 더!"라는 말과 함께… 고바야시는 그의 소설 '덧붙이는 말'에서 하코다테로 돌아갔을 때 태업을 하거나 파업을 했던 배는 하쓰코 호 뿐만 아니었다는 것. 회사의 충실한 개였던 감독은 땡전 한 푼 없이 해고당하고 말았다는 것. 그리고 '조직'과 '투쟁'이라는 경험을 알게 된 어업노동자들은 경찰서 문을 나서자마자, 다양한 노동계층 속으로 파고들었다고 밝히고 있다. 그리고 자신의 이 한 편의 글은 '식민지에 있어서 자본주의 침입사'를 묘사한 것이라고 말한다.

이상이 영화 〈게공선〉의 주된 내용이다. 소설과 영화 모두 다음과 같은 말로 시작한다. "어이, 지옥으로 가는 거야!" 그리고 끝은 모두 다음과 같이 맺는다. "좋아! 다시 한번 더!" 원작자인 고바야시가 소설의 처음과 말미에 붙인 이러한 말들은 마르크스와 엥겔스의 「공산당 선언」의 처음과 끝을 연상시킨다. 즉 "지금까지의 모든 사회의 역사는 계급투쟁의 역사다"와 "만국의 노동자여, 단결하라"가 그것이다. 고바야시 다키지의 작품들에 대한 평가는 다양하다. 그의 작품들은 작가동맹이 수립한 문학이론에 입각한 전형적인 것들이지만, 등장인물이 너무 도식적·유형적이고 인물의 내면추구가 약하다는 등의 부정적인 비평을 받기도 한다(芹川哲世, 1989: 95). 그런데 소설의 첫 발표(1929년) 이후 80여년이 지난 지금, 일본 열도에는 〈게공선〉의 바람이 다시 불고 있다. 특히 젊은 층 사이에서 대단한 인기몰이를 하고 있다. 2008년 「만화 게공선」이 출간되었으나[11], 이 만화보다 원작 「게공선」이 두 달 이상 베스트셀러를 기록하는 등 2010년 현재까지 누적 판매부수가 160만 부에 이르고 있다. 이러한 열풍이 분 이유는 무엇일까? 다케다 히데오(武

---

11 | 이 만화책은 국내에도 번역·소개되어 있다(유민선 옮김, 신원문화사).

田英夫, 2008)에 따르면, 게공선의 계절노동자들이 '통조림' 상태로 일하는 모습과 현대 일본의 '문어방 사회'의 모습이 겹쳐있기 때문이라고 한다. 즉 파견, 청부, 기간사원 등과 같은 1회용 노동, 장시간 과밀노동 등 격한 스트레스를 받고 있는 일본의 젊은이들이 「게공선」의 재발견을 통해, '워킹 푸어'[12](the working-poor)들의 연대를 도모하는 사회적 흐름으로 해석하고 있다. 청년들의 이러한 움직임은 2000년 이후 변화된 일본의 노동시장과 고용구조에서 비롯된다. 첫째는 고용주에 직접 고용되지 않는 파견노동자의 대량 증가이다[13]. 둘째, 생활 자립형 비정규 노동자의 확대이다. 이들은 풀타임 정규 노동자와 함께 일하는 비정규 노동자들이다. 셋째, 저소득 비정착형 정규직 사원의 증가이다. 패스트푸드나 술집의 체인점, 각종 양판점, 전문점 등의 점장이나 점원, 소규모 사업소의 사원 등이 이에 해당한다. 2000년 이래 이러한 세 가지 현상이 급속히 확산되는 과정에서 빈곤층으로 내몰린 젊은 층들이 이를 타개·개선하기 위해 다양한 형태로 노동운동을 전개하고 있다.

청년 유니온, 일반노조, 그리고 NPO(Non Profit Organization) 형태의 가텐계연대[14](ガテン系連帯: 비정규 블루칼라 노동자 연대)와 POSSE(노동조합은 아님) 등이 그것이다(보다 자세한 내용에 대해서는 木下武南 외(2007)를 참고할 것).

---

12 | '워킹 푸어'(근로빈곤층)는 다양한 명칭으로 변조된다. 예컨대 '후리타'가 그것이다. 후리타(フリーター)는 영어 free+arbeiter의 일본식 조어이다. 여기에는 두 가지 의미가 있다. 하나는 파트타임이나 시간제 노동 등의 비정규직 노동자들을 일반적으로 지칭하는 것이고, 다른 한편으로는 젊은이들 중 일부러 정규직을 피하고 컴퓨터 게임 등을 즐기며 빈둥대며 놀다가 돈이 필요하면 아르바이트를 하고 다시 빈둥대는 층을 지칭하는 다소 경멸적인 의미로 사용되기도 한다(일본에서는 이들만을 NEET(Not Employment, Education, or Training)족이라 부르기도 한다(영화 〈블랙회사〉 속에서 확인할 수 있다). 참고로 일본 최대 청년실업(백수)조직은 '다메렌(だめ聯)'이다. 1990년대 장기불황 때 그 수가 크게 늘어 사회문제화되고 있는데, 일본정부는 적게는 200만 이상, 많게는 300~400만으로까지 추산하고 있다(임영일, 2007).
13 | 파견노동자의 삶과 애환을 담은 일본 드라마 〈파견의 품격〉, 〈백만엔과 고충녀〉, 그리고 〈프리타, 집을 사다〉를 참고하길 바란다. 그리고 국내의 파견업체 사장은 한 인터뷰에서 자신들의 사업을 파견이나 용역으로 부르지 않고 '아웃 소싱'으로 불러주길 희망한다. 왜냐하면 직업소개소 정도로 생각되는 그간의 용어들은 기업 이미지를 실추시키기 때문이라고 말한다. 그가 밝힌 국내의 등록된 파견회사는 모두 1,100여 군데가 되고, 사용 기업은 8,105곳이라 말한다. 그리고 파견 노동자들의 임금이 낮은 이유는 (자신들의 저임금 제공과는 달리) 업체 간의 덤핑경쟁에서 비롯되는 측면이 많다고 한다. 덧붙여 아웃 소싱은 입사 자격조차 없기 때문에 본인이 일만 잘 한다면 정규직으로 진입할 수 있는 출구가 열린다고 그 장점(?)을 강변하고 있다(박동자, 2009). 그리고 원청업체와 파견업체간의 계약동결에 따라 파견노동자들의 임금이 인하된 사례에 대해서는 이성철(2009: 115)을 참고할 것.
14 | 원래 '가텐'(ガテン)은 3D 업종 비정규직 노동자를 모집하는 구인지 이름이었다(鎌田慧, 2009: 22).

〈게공선〉 붐을 보도한 아사히신문 (2008.6.1. 곽형덕, 2008에서 재인용)

　한국의 경우에도 2010년 3월 13일 청년노동자들(15-39세)의 권익을 대변하기 위해 '청년 유니온'이 출범하였다(국내 유일 최초의 세대별 노조. 2010년 4월 현재 온라인 회원과 조합원을 합해 약 1,400명 정도임. 위원장 : 김영경). 그러나 노동부는 "청년 유니온의 강령은 근로조건 개선보다는 정치 활동이 주된 목적과 사업으로 판단돼 노조법 상 결격 사유에 해당된다"며 설립신고서를 반려해버렸다(2010년 5월 현재 세 차례 반려).

　이에 청년 유니온은 "노동부의 설립신고 반려는 법적 기준도 없는 자의적 판단일 뿐이며 청년들의 자주단결권을 막아서겠다는 악의로 가득 차있다"며 강하게 비판하였다. 한편 청년 유니온의 88만원 세대 실태조사에 따르면 응답자들의 대부분이 시급 3,000원~4,100원 미만을 받는다고 답하고 있다(2010년 최저임금은 4,110원임). 특히 편의점 아르바이트의 경우 응답자의 66%가 최저임금을 받지 못하는 것으로 나타났다. 구체적으로는 주간 근무자의 경우 71%가 최저임금에 못 미치는 임금을 받고 있으며, 야간의 경우는 54%가 4,000원 미만의 시급을 받고 있는 것으로 집계되었다(보다 구체적인 내용에 대해서는 이은영(2010)을 참고할 것).

　이러한 상황에 더해 청년 유니온은 기존 노조운동과의 유기적인 결합 가능성의 문제, 조직화의 자원 문제 등이 과제로 제시되어 있기도 하다(이에 대해서는 조성주 외(2010)를 참고할 것).

끝으로 소설 「게공선」은 1987년 도서출판 친구(대표 이상경)에서 최초로 출간되었음을 밝혀둔다. 이 번역본에는 고바야시의 「1928년 3월 15일」과 「당생활자」가 함께 수록되어 있다. 번역자는 당시 부산대 사학과를 졸업한 이귀원(1961년 생)이다. 신군부의 독재정권 하에서 이러한 책을 발간한다는 것은 대단한 용기와 결단을 요구하는 것이었다는 것을 부기해둔다. 2010년 6월 어느 날 이귀원씨를 만났다. 여전히 눈매는 맑았고, 말투는 조용하였다. 다음 날을 기약하며 소주 한 잔만 했다….

참고문헌

곽형덕(2008), "절망한 일본 젊은이들, 80년 전 소설에 열광하다", 오마이뉴스(12. 30).

박동자(2009), "나이스 잡, 뷰티플 라이프?", 김순천 외, 「부서진 미래」, 197-223쪽, 삶이 보이는 창.

박순동(1980), 「암태도 소작쟁의」, 청년사.

송기숙(1995), 「암태도」, 창비.

이성철(2009), "경남지역 공공부문 비정규직 노동자의 실태", 창원대학교 노동연구센터, 「비정규직실태 조사연구 보고서」, 105-119쪽.

이수경(2009), "군국주의의 무력행위에 저항한 문학청년 고찰: 윤동주, 고바야시 다키지, 츠루 아키라, 마키무라 코를 중심으로", 「아시아문화연구」, 제17집: 121-162쪽.

이은영(2010), "편의점 알바생 66% 시급 4,110원 못 받아", 레디앙, 6월 16일자.

양희진(2008), "고바야시 다키지와 「게공선」의 작품세계", 小林多喜一(2008), 양희진 옮김, 「게공선」, 도서출판 문파랑, 181-199쪽.

조성주 외(2010), "특별 좌담회: 청년 유니온, 과제제기와 방향 찾기", 한국노동운동연구소, 「노동의 지평」, 7호: 5-33쪽.

鎌田慧(2009), 김승일 옮김, 「르포, 절망의 일본열도」, 산지니.

小林多喜一(2008), 양희진 옮김, 「게공선」, 도서출판 문파랑.

鹽田庄兵衛(1985), 우철민 옮김, 「일본노동운동사」, 동녘.

芹川哲世(1989), "일본 프로문학과 농민문학의 저항: 내셔널리즘과 천황제 비판을 중심으로", 「외국문학」, 봄호(제18호): 73-96쪽.

武田英夫(2008), "일본, 소설 '게공선' 붐", 「월간 말」, 8월호: 168-171쪽.

木下武南 외(2007), 임영일 옮김, "지금 왜 젊은 층 노동운동인가?", 노동사회교육원, 「연대와 소통」, 창간호(9·10월호): 138-154쪽.

EBS(2008), 〈극한직업: 대게잡이〉, (1부), (2부).

EBS(2010), 〈죽음의 바다: 베링해의 어부들〉, (1부), (2부).

조화사회와 농민공의 현실

양야우저의 〈미꾸라지도 물고기다〉

미꾸라지도 물고기다

조화사회와 농민공의 현실

양야우저의 〈미꾸라지도 물고기다〉

미꾸라지와 물고기

2006년 10월 중국 공산당 16기 중앙위원회 전체회의(16大6中全會)에서는 향후 중국사회의 유의미한 발전을 위한 방안들이 집중적으로 논의되었다. 이 논의들의 핵심은 '조화사회'(和諧社會) 건설로 집약된다[01]. 그러나 국정지표로서의 조화사회 논의는 2002년의 후진타오(胡錦濤)-원자바오(溫家寶) 정권에까지 거슬러 올라간다[02]. 그렇다면 2000년대에 들어 조화사회 등의 새로운 국정지표가 등장하게 된 배경은 무엇일까? 주지하다시피 중국은 1978년의 개혁개방 정책 이후 매년 평균 9% 이상의 경제성장을 이룰 만큼 비

---

01 | 주요 내용은 다음과 같다. 첫째, 계층 간 조화와 민생경제의 향상, 둘째, 집권능력 건설과 정부전환(계획경제에서 시장경제로, 경제건설형 정부에서 공공 서비스형 정부로, 통치형 정부에서 관리형 정부로의 전환 등)에 속력을 내며, 셋째, 중앙정부와 지방정부의 관계를 조율하는 한편, 중앙정부의 권위와 행정력 확보에 집중하는 것 등이다.

02 | 조화사회의 원류는 덩샤오핑의 샤오캉 사회(小康社會) 건설 주창(1978년)으로 거슬러 올라간다. 덩샤오핑은 2000년까지 빈곤해소단계인 원바오(溫飽) 사회를 이룩하고, 2020년까지 샤오캉 사회를, 2050년까지 이상적 복지사회인 따통(大同) 사회를 이루겠다는 3단계 발전목표(三步走)를 제시한 바 있다(서울경제, 2007. 11. 22).

약적인 물질적인 성장세를 나타내고 있었다. 그러나 이른바 덩샤오핑의 선부론(先富論) 또는 흑묘백묘론(黑猫白猫論)에서 촉발된 불균형성장 정책은 도-농간의 지역 격차, 사회주의 주체세력이었던 농민과 노동자들의 사회·경제적 소외 등의 양극화를 동반하였다. 이러한 개혁의 역설은 현재 '성공의 위기' 또는 '개혁을 개혁하자'는 말로 압축되듯이 중국사회의 근본적인 사회문제로 부상하고 있다. 이러한 배경아래에서 조화사회의 건설이라는 중국의 새로운 정책적 방향이 등장하게 된 것이다.

한편 조화사회론과 더불어 중국정부의 통치 이념으로 제시된 '과학적 발전관(科學發展觀)' 역시 함께 살펴볼 필요가 있다. 과학적 발전관은 2003년 후진타오가 사스(SARS) 사태 해결과정에서 제기한 것으로 인본주의에 기초한 '전면적, 협조적, 지속 가능한 발전'으로 요약될 수 있다(이문기, 2006: 174). 이는 기존의 양적 성장 중심의 발전 전략에서 향후 질적 성장 중심의 균형발전 전략을 강화하겠다는 것을 의미하는 것이다[03]. 그러므로 조화사회론과 과학적 발전관은 동전의 양면처럼 현재 중국의 핵심적인 지배 이념으로 자리 잡고 있는 셈이다. 그러나 이러한 국정지표들이 효과적으로 확산되기 위해서는 아래로부터의 동의, 즉 정당성의 획득이 선결되어야 한다. 왜냐하면 정책적인 방향이 아무리 올바르게 설정되어 있다 하더라도, 현실에서 이러한 것들이 효과적으로 작동하고 있지 못한다면 대다수의 사회구성원들은 이를 허구적인 지배 이데올로기로 받아들이기 쉽기 때문이다[04].

---

03 | 2003年10月,党的十六届三中全会通过的《中共中央关于完善社会主义市场经济体制若干问题的决定》提出:"坚持以人为本·树立全面·协调·可持续的发展观,促进经济社会和人的全面发展",要按照"统筹城乡发展·统筹区域发展·统筹经济社会发展·统筹人与自然和谐发展·统筹国内发展和对外开放的要求"来推进改革和发展.胡锦涛同志把它称作"科学发展观".

04 | 실제로 많은 수의 중국인들은 공산당과 중앙정부가 언론매체를 통해 전한 내용을, "겉만 번지르르한 '장밋빛 청사진'으로, 모두가 '자화(假話·거짓말)'거나, '따화(大話·큰소리, 흰소리)'거나, '쿵화(空話·헛소리)'라고 생각하기도 한다. 공산당은 최근 '새로운 개혁개방의 시대'를 맞아 농촌에서도 '샤오캉 사회'를 실현하겠다고 약속했는.. 하지만 9억여 중국 농민은 경작권의 양도, 매매를 허용해 농민도 부자가 되게 하겠다는 공산당의 말을 별로 믿지 않는 눈치다. 되레 그 과정에서 건설업자나 농업회사를 세운 기업만 살찌우는 것 아니냐는 의심이 적지 않다. 거창한 장밋빛 청사진보다 실제적인 도움이 되는 작은 복지 하나라도 아쉬운 게 현재 중국 서민들의 상황이다(동아일보, 2008.10.23).

이러한 사정을 뒷받침할 만한 경험적 지표들 중의 하나가 노동자들의 사회적 이탈(exit)과 항의(voice)이다. 허쉬만(Hirshman, 2005)이 개념화한 이탈과 항의는 매우 추상성이 높은 개념이지만, 노동부문에 이 개념을 적용한다면 전자는 현업 노동으로부터의 이탈이라 할 수 있고, 후자는 현업 노동환경의 개선을 요구하는 노동자들의 다양한 움직임과 목소리들이라고 할 수 있을 것이다. 특히 노동문제에 있어서의 항의는 흔히 노동쟁의 등의 지표로 파악된다. 중국의 경우 지난 20년간 노동자, 농민, 도시빈민 등의 기층 민중들에 의해 일어난 집단시위(群體性事件) 건수는 연평균 17%씩 증가하고 있다(이문기, 2006 :172). 예컨대 2002년의 경우에만 약 32만 7천 건의 노동분규가 발생하였다(중국법 체제 내에서 해결이 가능한 개인적 분규+심각한 집단행동)(Hart-Landsberg et al., 2005: 91). 한편 이 글에서 구체적인 자료로 제시하지는 않겠으나, 「중국노동통계연감」에 나타난 노동쟁의의 추세(공식적인 노동쟁의 건수가 집계된 1992년부터 2000년까지)를 살펴보면 노동쟁의가 점차 대형화하고 있음을 알 수 있다. 그리고 농민공만을 두고 볼 때, 이들의 이탈(exit)은 대도시에서의 노동을 포기하고 다시 귀향하는 경우를 지표로 들수 있을 것이다. 한 보도에 따르면(YTN, 2008. 11. 18. 월드 뉴스 중에서) 2007년의 경우 약 1,000만 명의 농민공들이 대도시에서의 일감을 확보하지 못한 사정 등으로 다시 고향으로 돌아갔다.

이 글에서 주되게 살펴보려는 농민공 문제는 중국정부가 조화사회 정책방안을 제출하게 되는 주요 요인 중의 하나이다. 앞서 언급한 바 있지만 그동안 노동자와 농민들은 사회주의 중국의 기본적인 주체 세력이었다[05]. 그러나 개혁개방정책 이후 이들은 중국사회 양극화의 제일 큰 희생양이 되어버렸다. 이 중에서도 농민공의 문제는 보다 심각하다. 왜냐하면 이들은 농민으로서의 노동자와, 노동자로서의 농민이라는 양대 속성을 모두 지니고 있고,

이 결과 단일한 노동자 집단 및 농민 계층이 안고 있는 사회적 모순보다 더 무거운 짐을 중첩적으로 안고 있기 때문이다.

본 글에서는 이와 같은 문제의식을 갖고 양야저우 감독의 2006년도 작품인 〈미꾸라지도 물고기다(泥鰍也是鱼, 2006)〉에 나타나고 있는 농민공들의 현실과 문제점들을 영화의 스토리를 따라 드러내보고자 한다[06].

즉 첫째, 영화 속에 압축적으로 나타나고 있는 농민공들의 현실을 구체적인 관련 자료들과 정보들을 대입시켜 이 영화가 지니고 있는 지식사회학적 의미를 보다 구체적으로 살펴보게 될 것이다. 둘째, 이 영화에서 그려지고 있는 농민공의 현실은 매우 구체적이고 현실적이어서 마치 한편의 민속지(ethnography)를 보는 것처럼 생생하다. 이는 중국의 농민공 문제가 매우 중요한 사회적 쟁점으로 부상되어 있음을 반증하는 것이다. 이러한 까닭에 현재 중국에서는 농민공 문제에 대한 다양한 해법들이 제출되고 있다. 이 글에서는 이러한 해법들과 대안들이 갖는 중요성과 유의성을 함께 검토하도록 하겠다.

---

05 | 참고로 중국정부가 밝히고 있는 공식적인 사회주체들은 다음과 같다. 즉 '3개 대표론'이 그것이다. 2002년 11월 8일 16大 개막식에서 장쩌민(江澤民) 국가주석 및 총서기는 '소강사회를 전면적으로 건설하고 중국 특색을 가진 사회주의의 새로운 국면을 창조하자(全面建设小康社会,开创中国特色社会主义事业新局面))'는 제목의 개막 보고를 통해 홍색자본가의 입당을 허용하였다. 이는 531講話(2002년 5월 31일 중앙당교에서의 연설)의 핵심인 '3개 대표론(三個代表 : 선진 생산력과 선진 문화, 노동자와 농민의 이익을 당이 대표)'으로 이미 확정되었으며, 黨章에 삽입되었다.
06 | 농민공 문제를 기저에 둔 또 다른 영화로는 지아장커(賈樟柯) 감독의 〈세계(世界)〉(2004)를 들 수 있다. 그러나 양야저우 감독의 농민공에 대한 시선이 보다 진중하고 유머스럽고 따뜻하다.

〈미꾸라지도 물고기다〉에 나타난 중국 농민공의 현실

1) 양야저우 감독의 작품세계

먼저 양야저우(楊亞洲) 감독의 작품세계에 대해 간단히 살펴보도록 한다. 양 감독은 외과의사를 거쳐 중앙희극학원(中央戱劇學院)에서 연기를 공부한 후 감독으로 전업을 한 독특한 이력을 지니고 있다. 한편 그는 극장용 장편 영화 뿐만 아니라 TV 드라마의 연출자로서의 기반도 탄탄히 지니고 있다. 예컨대 TV 드라마인 〈빈 거울(空鏡, 2002)〉은 중국의 각 방송국에서 수백 번에 걸쳐 방영되었으며, 이 드라마로 최고 영예인 금독수리 상을 수상하기도 하였다. 한편 황찌엔신(黃建新) 감독[07]의 조연출로 출발[08]한 그의 대표적인 필모그래피(filmography)를 살펴보면, 〈즐거움을 훔칠 수 있어(没事偷着乐, 1998)〉, 〈메일리의 큰 발(美丽的大脚, 2002)〉, 〈미꾸라지도 물고기다(泥鳅也是鱼, 2006)〉, 그리고 〈눈꽃이 흩날린다(雪花那个飘, 2006)〉 등이 있다. 이들 영화의 공통적인 지리적 공간은 중국 북방이다. 예컨대 〈즐거움을 훔칠 수 있어〉의 天津 시내, '메일리의 큰 발'에서의 西部 산골, '미꾸라지도 물고기다'의 山西지역, 그리고 '눈꽃이 흩날린다'의 陝西지역에 이르기까지 이들 지역의 풍광이 배경으로 자리잡고 있다. 영화들의 주된 소재는 1980년대를 배경으로 서북 농촌을 순회하며 영화를 상영하는 기사 부부(눈꽃), 산서지방에서 북경으로 유입해 들어온 농민공(미꾸라지) 등 중국의 하층민들이 중심에 놓여 있다. 이러한 연유 등으로 그는 중국 관객들로부터 '평민감독(平民導演)'이라는 별칭을 얻게 된다.

---

07 | 참고로 황찌엔신(黃建新)의 주요 작품들은 다음과 같다. 〈목인의 신부(驗身), 1994)(감독), 〈묵공(墨公), 2006)(제작자), 〈명장(投命狀), 2007)(공동각본), 〈영화소년 샤오핑(電影往事), 2004)(공동제작) 등.

08 | 1994년의 〈등과 등을 기대고, 얼굴과 얼굴을 맞대고(背靠背, 脸对脸)〉, 1995년의 〈빨간 불은 멈추고, 파란 불은 가세요(紅燈停, 綠燈行)〉, 그리고 1996년의 〈매복(埋伏)〉 등이 황찌엔신 감독과의 공동감독 작품들이다.

한편 그의 세 번째 영화인 〈미꾸라지도 물고기다〉 이전의 영화들은 소위 '독립영화(地下電影)'의 형태로 상영될 수밖에 없었다. 예컨대 두 번째 영화인 〈메일리의 큰 발〉은 2002년 중국영화 최고상인 금계상(金鷄獎)에서 각본상, 감독상, 여우주연상, 여우조연상 등을 휩쓸었지만[09] 정작 상영 극장의 입구에는 포스터도 걸리지 않았었고, 매표소에는 영화 제목조차 쓰이지 못했다. 양 감독은 〈미꾸라지도 물고기다〉가 상영되던 날(2006년 4월 13일, 베이징 중영극장: 中影電院), "오늘은 드디어 우리의 영화가 수면 위로 떠오른 것 같다"라고 말하기도 했다[10]. 이러한 국내 사정과는 달리 이 영화는 제18회 도쿄국제영화제 최고 예술 공헌상을 수상하게 된다.

양 감독의 이러한 이력과 필모그래피는 영국의 대표적인 노동영화 감독인 켄 로치(Ken Loach)와 비교할 수 있다. 공교롭게도 켄 로치 감독의 패밀리 네임인 로치는 '미꾸라지'(loach)를 의미한다. 이는 단지 이름과 영화제목간의 상동성만이 아니라, 이들 감독의 작품들의 내용과 지향점도 상당 정도 일치한다는 점에서 향후 비교연구의 대상이 될 수 있을 것이다. 왜냐하면 먼저 양 감독의 〈미꾸라지도 물고기다〉의 남녀 주인공의 이름은 '미꾸라지'(니처우)인데, 중국에서 미꾸라지의 의미는 사회의 하층민들을 의미하기도 한다. 그리고 켄 로치 감독의 〈하층민들 Riff-Raff〉(1990)의 내용도 '미꾸라지'의 주인공들처럼, 영국의 건설 노동자들의 내용을 담고 있다. 그리고 이들 두 감독의 영화 입문과정도 비슷하다. 켄 로치 감독 역시 옥스퍼드 대학에서 법학을 공부하다가 영국 BBC의 대중적인 드라마(〈Z-Cars〉)에서부터 작품활동을 시작한다. 그리고 본격적인 영화 작업은 1967년의 〈불쌍한 암소〉에서

---

09 | 양 감독은 이 작품으로 〈투게더(Together)〉의 첸카이거(陳凱歌) 감독과 함께 최우수 감독상을 공동 수상하였다.

10 | 《泥鰍也是鱼》首映 杨亚洲感叹 "浮出水面", http://www.dailyvc.com/china/20060417/n738p1.shtml/ 2008년 9월 3일 인터넷 검색.

비롯된다는 점 등에서 양야저우 감독과의 공통점을 지니고 있다. 한편 이들 감독 모두 하층 여성 노동자들에 깊은 관심과 애정을 지니고 있다. 요컨대 이들 감독들은 사회의 불가촉천민들 또는 이들의 척박한 현실을 유머스럽게 표현하고, 이를 통해 새로운 희망을 발견하려는 건강한 입장과 관점을 견지하고 있다. 이제 구체적으로 〈미꾸라지도 물고기다〉에 묘사되고 있는 중국 농민공들의 현실에 대해 살펴보도록 한다.

2) 스토리 라인에 나타난 중국 농민공의 현실

영화는 어두운 터널을 지나가는 기차 안에서부터 시작된다. 기차의 짐칸에는 산서 지방에서 탑승한 것으로 짐작되는 일군의 노무자들이 마작놀이 등을 하며 질펀한 성적인 농담들을 나누고 있다. 이 짐칸에는 쌍둥이 딸(따만: 大嫚과 샤우만: 小嫚)을 데리고 북경으로 향하는 '여자 미꾸라지'가 있다(주연, 니핑: 倪萍). 그녀들은 이 짐칸조차 무임승차를 할 수밖에 없을 정도로 처지가 곤궁하다. 이들을 본 '남자 미꾸라지(주연, 니따홍: 倪大紅)'는 자신이 노동력 모집책(包工頭, foreman)이라고 하면서 여자 미꾸라지에게 성적인 농담과 북경에서의 일자리 알선 등을 건네며 첫 만남을 하게 된다[11]. 그러나 여자 미꾸라지는 '부야우거리엔(不要個臉)[12]'이라 말하면서, 남자를 엄중히 꾸짖는다. 영화 전반에 걸쳐 여자 미꾸라지가 내뱉는 '不要個臉'이라는 말은 여성 개인의 존엄성뿐만 아니라 향후 일터에서 만나게 되는 사람들 간의 관계, 나아가 집단이나 조직, 그리고 국가가 지켜야 할 위신 등의 의미로 확대 재생산된다. 달리 말하자면 현재의 중국이 넘어서야할 가장 근본적인 과제로 제시되고 있는 셈이다.

---

11 | 영화 속의 남녀 두 주인공의 이름은 모두 미꾸라지(니처우: 泥鰍)이다.

12 | 이 말은 한 마디로 정의하기 힘들지만, 영화의 문맥상 '인간이기를 포기한', '몰염치한', '최소한의 인간 존엄성 마저 포기한' 등으로 다양하게 읽힌다. 이후 이러한 중의적 의미의 전달을 위해 원어인 '不要個臉'으로 표기하겠음.

영화의 첫 장면에 나타나는 이러한 묘사는 한국의 1970년대 이촌향도(離村向都)의 모습을 연상시킨다. 잘 알려져 있듯이 농민층의 하강분해로 인한 이들 인구의 도시 유입은 개인들의 '무작정 상경'이 아니라, 농촌 경제의 피폐화에 따른 압출 효과(push-effect)와 도시의 일자리 또는 일감의 유인 효과(pull-effect)가 상호작용하여 발생한 것이다. 한국의 경우 이들은 대개 도시의 공장노동자가 되는 비중이 가장 높았고, 여타 인구들은 도시의 다양한 비공식부문(the urban informal sector)으로 편입되었다. 중국 역시 자본주의적 산업화가 급진전되면서 특히 대도시로의 농촌인구 유입이 증대하게 되었다. 이들 유입인구의 도시 정착과정은 또 다른 연구주제이므로 여기서는 농민공의 문제에 대해서만 살펴보도록 한다[13].

농민공은 흔히 '민공(民工)', '외래공(外來工)', '외래노무공(外來勞務工)' 등으로 다양하게 불린다. 이 용어가 처음 사용된 것은 1984년 중국사회과학원에서 출간된 「社會學通迅」에서이다. 한편 「현대한어사전」에는 '농민공'이라는 단어가 수록되어 있지 않지만, '민공'에 대한 해석이 있다. 첫째, 정부가 동원하거나 소집하여 도로보수, 제방공사 혹은 군대수송 등의 일을 하는 사람. 둘째, 도시로 와서 일을 하는 농민 등이 그것이다. 이 영화에서 묘사되고 있는 농민공은 후자에 해당한다. 한편 민공이라는 용어는 중국 신민주주의 혁명시기에 이미 사용되었으나, 오늘날은 그 의미가 다소 변화되었다. 학계에서는 아직 농민공에 대한 명확하고, 통용되는 정의를 내리고 있지 않다(詹玲, 2008: 70). 그럼에도 불구하고 이 영화에 묘사된 농민공의 현실과 가장 부합하는 개념은 다음과 같이 정의 될 수 있다. 즉 농민공이란 개혁·개방 후 호

---

13 | 농촌의 유동인구는 도시의 국유단위, 집체단위, 그리고 기타단위 등에 다양하게 유입된다. 그러나 이들 부문에 조차 취업하지 못하는 많은 인구들은 농민공으로서의 삶을 살게 된다. 한편 중국의 도시화는 1978년의 18%에서 2004년 현재 42%로 급증하였다. 이는 전 세계의 평균 도시화율보다는 아직 낮은 상태이지만, 비교적 단기간에 폭증세에 가까운 도시화율을 보여주고 있다는 점에서 많은 도시문제들이 발생하고 있다(王海光, "中國農民工", 「企業文化」12, (北京, 企業文化雜誌社, 2004.), 57쪽).

적의 신분이 여전히 농민이고 자기 소유의 농토도 있으나, 농촌부문으로부터 이탈하여 다양한 비농업분야에 종사하며, 임금을 주 수입원으로 삼는 사람들이 그것이다. 이러한 점에서 중국의 농민공은 한국의 산업화 초기 도시로 유입된 다양한 농민층들과 성격을 달리한다. 즉 비농업부문에 종사하는 도시의 피고용자라는 성격은 동일하지만, 이들 농민공들은 호적의 신분상 여전히 농민이며 인구구성의 면에서도 농촌인구로 포함되고 있다는 점에서 그 성격과 특징들이 한국의 그것과 다르다고 할 수 있다.

한편 농민공이라는 말에는 신분상의 멸시가 깔려있다. 이를 단적으로 보여주는 용어들은 다음과 같다. '盲流(무작정 도시로 몰려든 농민)', '打工仔(힘든 일하는 총각)', '打工妹(힘든 일하는 누이)', '边缘人(도농간의 주변인)', '边缘群体(도농간 주변인 무리)', '双重边缘人(도농간 이중적인 주변인)' 등이 그것이다(詹玲, 2008: 70). 그러나 역설적으로 이러한 말들은 농민공들의 직업과 신분의 이전에 대한 제도적 구속과 곤경 상태를 잘 표현해 주는 말이 되기도 한다. 영화에서 나타나는 농민공들의 현실은 이러한 개념들의 용법과 잘 맞아 떨어진다. 이러한 사회적인 차별에도 불구하고 농민들이 도시로 이동하게 되는 주된 이유는 무엇보다 경제적인 문제에서 비롯된다. 2004년 현재 도-농간의 수입격차는 5~6배가 넘고, 인구증가를 따라가지 못하는 경작면적의 축소에 따른 농촌 잉여 노동력의 확산, 그리고 도시에서의 수입이 농촌 평균 수입의 3배에 달하는 점 등이 그것이다. 이를 흔히 중국의 3농 문제(三農問題 : 농민, 농업, 농촌)라 부른다[14]. 한편 2005년 현재 전국 농민공의 규모는 약 2.1억 명이며, 향후 10년간 추가 유입될 농민공의 숫자는 약 1.5

---

14 | '3농'문제의 핵심은 농민문제이고, 농민문제의 핵심은 이익문제이며, 이익문제의 핵심은 정책문제이다. 현단계에 있어 정책문제의 핵심은 토지(이익분배, 토지승포법), 취업(농민공등 업종변경), 부담(농업세 – 조세개혁으로 2600여년간 지속된 농업세 사라졌음)문제로 요약할 수 있다. 이중 특히 비농업직종으로의 전이문제가 부각되고 있다. 즉 농민공의 노동자화 추세는 도시인구 및 도시성장에 영향을 미치는 중국 사회 전반에 걸친 문제로 확산되었다. 人民日報, 2006年 12月 1日 참조.

억 명으로 추산되고 있다(工人日報, 2006. 11. 22). 이를 보다 구체적으로 보여주는 것이 아래의 〈표〉이다.

〈표〉 중국의 총고용 및 부문별 고용(단위: 백만 명), 부문별 고용비율(단위: %)

연도	총고용	농촌	고용비율	제조업	고용비율	기타부문	고용비율
1985	498.73	311.30	62.40%	83.49	16.70%	103.94	20.80%
1986	512.82	312.54	60.90%	89.80	17.50%	110.48	21.50%
1987	527.83	316.63	60.00%	93.43	17.70%	117.77	22.30%
1988	543.34	322.49	59.40%	96.61	17.80%	124.24	22.90%
1989	553.29	332.25	60.00%	95.68	17.80%	125.36	22.70%
1990	639.09	341.17	53.40%	96.98	15.20%	200.94	31.40%
1991	647.99	349.56	53.90%	99.47	15.40%	198.96	30.70%
1992	655.54	347.95	53.10%	102.19	15.60%	205.40	31.30%
1993	663.73	339.66	51.20%	104.67	15.80%	219.40	33.10%
1994	671.99	333.86	49.70%	107.74	16.00%	230.39	34.30%
1995	679.47	330.18	48.60%	109.63	16.10%	239.36	35.20%
1996	688.50	329.10	47.80%	109.38	15.90%	205.02	36.30%
1997	698.20	330.95	47.40%	107.63	15.40%	259.62	37.20%
1998	706.37	332.32	47.00%	93.23	13.20%	280.82	39.80%
1999	713.94	334.93	46.90%	90.61	12.70%	288.40	40.40%
2000	720.85	333.55	46.30%	89.24	12.40%	298.06	41.30%
2001	730.25	329.74	45.20%	89.32	12.20%	311.19	42.60%
2002	737.40	324.57	44.10%	83.08	11.30%	329.45	44.70%

* 제조업은 광업과 설비 포함. 기타에는 건설 포함.
출처 : Asian Development Bank, Key Indicators 2002, www.adb.org; Asian Development Bank, Key Indicators 2003, www.adb.org,(Hart-Landsberg et al., 2005: 85에서 재인용).

위의 〈표〉를 살펴보면, 실제로 제조업 생산과 수출의 지속적인 급성장에도 불구하고, 1995년에 이미 제조업 고용은 절대적, 상대적으로 하락하기 시작한다. 따라서 서비스 부문과 건설 부문(주로 정부 지출과 부동산 거품에 의존하고 있는)이 농업 및 농촌 산업 부문에서 이탈하고 있는 노동자들을 흡수하는 역할을 떠맡고 있다. 그리고 농촌 부문에서는 3억에 달하는 저고용(불완전 취업) 노동자들이 거대한 그늘을 드리우고 있다(Hart-Landsberg et al., 2005: 86).

영화는 기차에서 내린 일군의 사람들(남자 미꾸라지 포함)이 자금성으로 추정되는 고건물을 향해 뛰어가는 장면으로 전환된다. 한편 여자 미꾸라지는 고향 언니인 '화 언니(花姐)'의 집으로 가게 된다. 영화에서 분명하게 드러나는 것은 아니지만 화 언니는 여자 미꾸라지에게 다양한 일감(부자 집의 노인을 돌보는 파출부, 하수구 청소부 등)을 소개하는 것으로 보이기도 하고, 북경 정착을 도와주는 인물이다. 그러나 정작 그녀 자신의 살림살이도 넉넉지 않다. 예컨대 그녀는 소형 봉고를 개량해서 잡화를 파는 일을 하고 있는 도시비공식 부문의 주변적 자영업자이다. 그녀는 여자 미꾸라지와는 달리 현재 자신의 처지를 당연한 운명으로 받아들이고 있다(人命八丈, 難求一丈). 화 언니가 여자 미꾸라지에게 일감을 소개하는 방식은 도시로 유입되어 들어온 농촌출신들이 첫 일자리를 얻는 방식이기도 하다. 2004년도의 농민공 취업현황 조사 자료에 따르면 여자 미꾸라지처럼 화 언니 등과 같은 개인적인 네트워크를 통한 취업(알음 알음을 통한 구직)이 전체 농민공 취업의 88%를 차지하고 있다(조직적인 취업은 12%). 이는 앞서 살펴본 농민공들의 신분상의 특성에서 기인한다. 즉 중국의 호구제도로 인해 이들은 도시에서 합법적인 경로를 통해 일자리를 구하기 어렵기 때문이다. 한편 농민공들의 주요 취업 업종은 공업, 건축업, 요식업 등에 집중되어 있다. 이 세 영역에만 전체 농민공의 약 67%가 집중되어 있으며 이를 구체적으로 살펴보면 다음과 같다. 공업 28.3%, 건축업 20.5%, 요식업 18.3%, 사업 6.9%, 운수업 5.5%, 농업 4.9%, 가사도우미 1.8%, 기타 13.9% 등이다[15].

한편 남자 미꾸라지는 고궁의 낡은 건물들을 개보수하는 일감을 원청회사의 사장으로부터 도급을 받고 일할 농민공들을 직접 모집하여 현장에 투입하고 이들을 관리하는 역할로 묘사되고 있다. 자신이 이미 모집한 인력으로는 현재의 일감을 처리하기가 곤란하여, 새로운 보충 인력을 길거리에서 모집하게 된다. 몰려드는 사람들은 제각기 큰 목소리를 내며 자신을 고용해달라고 소리를 지른다. 이 무리들 속에는 여자 미꾸라지도 보인다. 참고로

---

15 「農民就業問題初探」, http://www.bjld.gov.cn / 2008년 10월 6일 인터넷 검색.

이러한 노동력 고용방식을 'shape-up'(인부를 정렬시키고 뽑는 방식)이라고 한다. 즉 자신의 얼굴들을 치켜들어 소사장 또는 채용담당자의 눈에 띄게 만들려는 형국을 묘사한 것이라 할 수 있다. 이러한 고용 관행은 과거 부두 노동자들의 단기간 채용, 일용직 건설 노동자들의 채용, 그리고 현재의 일일새벽노동시장 등에서 볼 수 있다. 이제 여자 미꾸라지와 남자 미꾸라지는 북경의 공사장에서 시공간을 공유하게 된다. 남자 미꾸라지에게 채용된 여자 미꾸라지와 농민공들은 작업현장에의 투입에 앞서 신체검사를 받게 된다. 주된 신체검사는 혈액 검사인데 실상은 유상 헌혈이다. 왜냐하면 혈액검사 후 농민공들은 소액의 금전을 지급받기 때문이다. 이에 한 인부는 "신기하네. 신체검사 하는데 왜 돈도 주지?" 하자, 다른 인부는 "무슨 피를 그리 뽑겠나? 우리 피를 빨아먹으려는 것이다"라고 일러준다. 참고로 중국인들은 한국인들에 비해 헌혈을 하는 비중이 낮다.

남자 미꾸라지는 끊임없이 여자 미꾸라지와 동침하길 원하고, 여자 미꾸라지는 예의 '**不要個臉**'이라는 말을 통해 남자에게 면박을 주는 일상이 전개된다. 이러한 일상이 주되게 전개되는 곳은 앞서 말한 고건축물의 개보수 현장이다. 여자 미꾸라지는 자신이 데리고 온 쌍둥이 딸들을 달리 맡길 곳이 없어 관리자에게 들키지 않을 만한 작업현장 내의 구석진 곳에 숨겨두고 있다. 자신이 점심으로 받은 만두 등을 숨어 지내는 아이들에게 먹이기도 하면서 노동을 하지만, 어느 날 아이들이 큰 위험에 처하게 되자 깊은 슬픔에 빠지게 된다. 이 사고를 본 남자 미꾸라지는 "누구 죽는 꼴 보려고 그래? 너 명줄도 길다. 너는 살기 싫어도 나는 살아야 해. 꺼져!"하면서, "넌 진짜 미꾸라지야. 아무데나 뚫고 들어가다니"라고 쏘아 붙인다. 이 장면은 미꾸라지로 통칭되는 도시 하층민(즉 농민공)들의 핍진한 삶을 묘사하는 것인 한편, 이들의 끈질긴 생명력을 반증하는 것이기도 하다. 양야저우 감독의 중국에 대한 시선은 이처럼 피폐한 현실의 단순한 묘사에만 그치지 않고 이를 정면돌 파하려는 강한 의지를 시종일관 함께 담고 있다. 그러나 영화 속에서 여자 미꾸라지가 겪는 어려움은 여러 차원에서 다양하게 발생한다. 무엇보다 일 터에서의 노동조건의 열악함을 기축으로 여성으로서 겪게 되는 성희롱, 성추 행뿐만 아니라 이혼 등에 따른 가계부양 등 남자들의 그것에 비해 이중 삼중 의 고통으로 나타나고 있다.

이러한 나날들을 보내고 있는 가운데, 여자 미꾸라지는 남자 미꾸라지 의 접근과 추근댐 등이 자신을 진심으로 걱정하고 사랑하는 가운데서 우러 나오는 것이라고 생각하게 된다. 쌍둥이들 편으로 남자 미꾸라지에게 전한 술과 담배는 이 둘의 관계가 새로운 단계로 진입하게 됨을 암시한다. 남자 미꾸라지는 여자 미꾸라지에게 지금의 힘든 작업장 보다 조건이 훨씬 좋은 새로운 일감을 소개한다. 돈 많은 유한마담의 집에서 늙어 병석에 누워 있는 그녀의 아버지를 돌보게 하는 가사도우미가 그것이다. 일견 보기에 노동조 건과 환경이 좋은 듯이 보이나, 여사장은 여자 미꾸라지의 임금 책정을 작업 항목에 따라 지급한다. 예컨대 바닥 청소, 식사 준비, 아버지 목욕 등의 단위 노동에 가격표를 붙여 이에 따라 임금을 지급하게 될 것이라고 말한다. 소위 테일러주의적 노동관리 기법(과학적 관리기법)을 가사도우미 노동에 적용한 셈이 된다. 여자 미꾸라지도 이에 동의하고 일들을 수행해 나가지만, 집안에 서 벌어지는 크고 작은 사건들(여사장의 아버지 수발에 대한 과도한 간섭, 노인의 성적 희롱 등)과 할아버지의 사망 등으로 이 일도 그만둘 수밖에 없 게 된다. 다시 생활은 한계상황에 이르지만 여자 미꾸라지와 남자 미꾸라지 의 관계는 더욱 가까워진다. 예컨대 단풍으로 물든 공원에 누워 여자는 "사 당아, 너는 하늘에 지어져 있는데, 나는 왜 그럼에도 불구하고 낮다고 불만 스럽게 생각하지?"(庙啊 , 你蓋在天上 , 我怎麼还嫌低 ? A temple built in the air, I still find it very low.)라고 말하고, 남자는 "당신이 곁에 있는데도, 나는 왜 여전히 당신이 그립지?"(你啊，躺在我身边，我怎麼还想你？You are right here, but I still miss you)라고 대화하는 장면이 그것이다. 이는 영화의 마지막에 등장하는 대사이기도 하다[16].

다시 장면이 바뀌어 공사 현장이다. 남자 미꾸라지는 농민공들에 둘러싸여 뭇매를 맞고 있다. 농민공들은 "반년 동안 임금을 전혀 받지 못했다. 집에서 돈을 기다린다. 애 학비다. 우린 (이 작자로부터 밀린) 임금만 받으면 된다"면서 남자 미꾸라지에게 더욱 거세게 항의한다. 이에 여자 미꾸라지가 나서서, "내가 보증을 서겠다. 돈을 못 갚으면 나라도 갚겠다"라고 말하면서 남자 미꾸라지를 곤궁에서 구해내게 된다. 실제로 여자 미꾸라지는 임금체불 문제를 해결하기 위해 원청회사의 사장을 찾아가서, 밀린 인금을 달라고 요구한다. 그러나 사장은 오히려 여자 미꾸라지에게 "여기가 어딘 줄 아느냐? 왜 나를 쫓아다니느냐? 너 정말 '不要個臉'이다"면서 임금을 지급하지 않는다. 이에 여자 미꾸라지는 "너야 말로 '不要個臉'이다. 왜 돈을 주지 않고 여기서 먹고 마시고 하는 것이냐"고 강력하게 따지지만 봉변만 당하게 된다.

실제의 조사에서도 농민공들은 임금체불 및 무보수 잔업을 가장 힘들어한다. 앞서 인용한 2005년도의 조사통계에 따르면 49.9%의 농민공들이 잔업을 해야만 완전한 노동을 한 것으로 인정받는다고 응답하였으며, 이 중 43.7%의 농민공들은 잔업을 해도 수당을 받지 못했다고 응답하였다[17]. 이

---

16 | 양 감독은 이 대사를 가장 좋아한다고 말한다. 즉 농민공의 존엄과 감정을 가장 잘 드러내는 말일뿐만 아니라 가장 시적이고 탐미적인 대사라고 말한다(2005년 11월 5일의 인터뷰 중에서, 杨亚洲：在真实和艺术间找平衡, http://www.ycwb.com/gb/content/2005-11/05/content_1013885.htm을 참조/ 2008년 9월 27일 인터넷 검색).

영화에 묘사된 것처럼 원청회사의 사장처럼 개인적으로 일감을 가져와서 일을 시키는 경우(개인기업), 三資기업[18]에 비해 잔업 수당 등을 받지 못하는 비중이 가장 높게 나타난다. 한편 도시의 건설현장에 종사하고 있는 농민공들에 대한 임금지급방식도 사회적 문제가 되고 있다.

2004년 11월 17일에 방영된 KBS1의 수요기획 〈중국음식에는 계급이 있다〉라는 다큐멘터리에 보고된 북경의 건설일용 농민공들의 한달 평균 임금은 약 8만 원(약 600위안) 정도로 저임금이고, 이마저도 월급여의 형태로 지불되는 것이 아니며, 업주들은 이 돈을 모아두었다가 연말에 지급하는 경우들이 많다.

업주들의 이러한 임금지급 이유는 첫째, 현금의 확보 및 저장, 둘째 노동력의 이탈 방지 등이라고 한다. 한편 이들 농민공들이 업주로부터 지급받는 한달 평균 생활비는 약 50위안(약 7500원 정도)인 것으로 보고되고 있다. 그러나 업주의 도망 등으로 연말에 임금을 지급받지 못하거나 체불되는 경우들이 잦아 사회적인 문제로 부상하기도 한다[19]. 예컨대 2004년 1월 후진타오가 허난성을 방문했을 때, 한 촌부(村婦)로부터 "살기 힘들어 남편이 도시로 돈을 벌러 나갔는데 10개 월 째 월급을 받지 못하고 있다"라는 말을 듣고, 농민 출신 노동자의 임금체불 해결을 지시했다는 사실이 이를 반증한다 (문화일보, 2004. 3. 12).

---

17 | 郑功成·黄黎若蓮, "中国农民工问题：理论判断与政策思路", 「中国人民大学學報」 第6期, (北京: 中国人民大学, 2006). http://www.snzg.cn에서 재인용/ 2008년 10월 3일 인터넷 검색.

18 | 외국독자기업, 중외합자기업, 중외합작경영기업의 총칭이며, 외자, 해외교포, 중외합자기업을 가리키기도 한다.(강준영, 「시사중국어사전」, 서울, 지영사, 1998, 327쪽)

19 | 임금체불은 건설업뿐만 아니라, 다른 업종에도 흔한 현상이다. 2005년 이래 체불현상이 많이 사라지긴 했으나, 아직 많이 남아 있다. 四川省 유관 부문의 설문에 의하면 31.15%의 농민공이 '월급의 형식으로 임금을 받는 것은 어렵다'고 답했으며, 18.87% 농민공은 '매우 어렵다'고 답하였다. 이로 미루어 볼 때, 많은 지역에서는 아직도 50% 전후의 농민공들이 월급의 형식으로 임금을 받는 것이 어려운 상황임을 알 수 있다. "中国农民工问题调查", 「学习时报」, 第319期, (北京: 學習日報社, 2006). http://www.chinaelections.org/NewsInfo.asp?NewsID=44651에서 재인용/ 2008년 11월 5일 인터넷 검색.

여자 미꾸라지는 공사판의 노동자들에게 자신이 한 약속, 즉 임금체불의 해결을 지키기 위해 다른 일감을 찾으러 나선다. 이에 남자 미꾸라지는 "우리 멀리 도망가자"라고 말하지만, 여자 미꾸라지는 "도망? 내가 짐 싸는 것은 돈 벌어서 인부들 빚을 갚으려고 하는 것이다. 사람들이 하는 말을 듣지 못했느냐? (자신들이 받아야 할 임금은) 부모 봉양하고 자식들 학비에 쓸 돈이라고. 빚을 지고 돈을 안 갚으면 네가 사람이냐? 네가 우두머리인데 오히려 사고를 치고 숨으려고만 하느냐"면서 힐난을 한다. 그러나 남자 미꾸라지는 "할 수 있으면 가서 돈을 벌어봐. 우리가 뭐냐? 우리는 미꾸라지라고. 우리 이름도 미꾸라지잖아. 누가 우리를 가지고 요리를 삼겠냐?"면서 이 문제를 대수롭지 않게 생각하고 넘어가려고 한다. 그러나 여자 미꾸라지의 생각은 다르다. "사람들이 우리를 요리로 생각하지 않으면 우리도 요리 안 하면 되잖아. 미꾸라지가 뭐 어때서? 미꾸라지도 물고기야!" 라고 말한다. 이 대화는 영화의 주제를 압축적으로 보여주는 장면인 동시에 여자 미꾸라지가 입버릇처럼 말하는 '不要個臉'의 요체이다. 양야저우 감독은 한 인터뷰에서 다음과 같이 말하고 있다. "우리 모두는 미꾸라지이다. 나는 생활 속에서 생명력이 있고 신선함이 있는 캐릭터를 찾아내는 것을 좋아한다. 사회를 원망하는 것을 별로 좋아하지 않기 때문에 나의 작품들은 '밝은 것을 쫓는 (追求陽光)' 내용을 그리고 있다. 생활은 창조의 원천이다"[20].

일자리를 잃고, 원청회사의 사장으로부터 아무런 댓가도 받지 못하고 다시 나락에 떨어진 두 미꾸라지들은 화 언니의 집에 기거하게 된다. 화 언니의 집은 곧 철거가 예정되어 있는 동네에 위치해 있다. 고단한 살림이 이어지는 가운데 어느 날 남자 미꾸라지가 고장 난 전구를 고치는 장면이 나온다. 이

---

20 | 杨亚洲：大家都是泥鳅 我不喜欢拍埋怨社会的东西, http://www.stardaily.com.cn/view.asp?id=197642를 참조할 것 / 2008년 9월 8일 인터넷 검색.

장면은 영화의 복선이기도 하다. 즉 남자가 전등을 고치려고 하면 자꾸 꺼져 버리나, 여자가 손을 대면 아무 이상 없이 밝게 켜지는 장면이 그것이다. 즉 남자 미꾸라지의 삶은 대부분의 농민공들의 그것처럼 잠시 피었다가 스러지는 백일홍처럼 보이나, 여자의 삶은 이러한 곤경을 헤쳐 나가 끝내 희망의 새 삶을 열어보려는 끈질긴 생명력으로 묘사되고 있다. 이제 두 사람은 화 언니가 소개해준 새로운 일을 하게 된다. 도심의 하수구 청소 일이 그것이다. 하수구 청소 도중 여자 미꾸라지는 애지중지하던 귀걸이를 잃어버린다. 며칠 뒤 남자 미꾸라지는 귀걸이를 찾았다며 여자에게 건네지만, 이 귀걸이가 자신의 것이 아님을 이내 알게 된다. 여자 미꾸라지는 "네가 산 것이지? 누가 함부로 돈을 쓰라고 그랬어. 우린 빚을 갚아야 하잖아. 가서 물러!"라면서 타박을 하나, 남자 미꾸라지는 "우리 돈 벌면 북경에 큰 집을 살 것이고, 그럼 우리도 집이 있게 돼"라고 동문서답을 한다. 그러나 여자 미꾸라지는 "모르는 거야? 아니면 이해를 못하는 거야? '房子(건물로서의 집)'가 있으면 뭐해? '家(가정으로서의 집)'가 아닌 걸"이라며 남자의 철없음을 은근하게 나무란다.

이제 동거와 동침에까지 이르게 된 두 미꾸라지들은 고단한 농민공의 삶 가운데에서도 사랑으로 충만한 나날들을 이어가게 된다. 그러나 이러한 삶은 오래 지속되지 못한다. 어느 날 하수구의 붕괴 사고로 동료 노동자가 큰 부상을 입게 되자, 남자 미꾸라지는 그를 병원으로 급하게 옮긴다. 동료의 수술을 기다리며 남자 미꾸라지는 병원 대기실의 긴 의자에 누워 잠시 휴식을 취한다. 뒤늦게 쌍둥이 딸들을 데리고 병원을 찾아온 여자 미꾸라지는 이제는 남편이나 다름없는 남자 미꾸라지를 찾다, 의자에 누워 있는 그를 보고 안도의 한숨을 내쉰다. 아이들도 아저씨를 보고 "아저씨 잠 들었네. 아저씨는 왜 늙은 원숭이처럼 자?"라며 반가워한다. 여자 미꾸라지는 자신이 가지고 온 담요를 덮어준다. 이 담요에는 결혼을 상징하는 '囍'가 새겨져 있다. 그러나 아이들과 여자 미꾸라지의 안심은 잠시일 뿐이다. 여자는 죽음보다 깊은 잠에 빠져 있는 남자를 보며, "당신 장난 치지 말고 빨리 일어나요. 오후 내내 잤는데 아직도 자는 거야? 일어나! 따만과 샤우만이 당신과 밥 먹으려고 기다리잖아. 빨리 일어나. 안 일어나면 나 간다. 나 가면 찾을 수 없을 거야. 당신 말을 해놓고 책임을 안지네. 우리 셋 데리고 집으로 돌아간다고 했잖아" 그러나 여자 미꾸라지가 그를 흔들자, 그는 영화 내내 귀중하게 지니고 있던 만병통치약이라던 빨간 알약을 바닥에 힘없이 떨구기만 할 뿐이다. 이미 여자가 오기 전에 숨을 거둔 것이었다[21].

하얀 눈이 내리는 자금성의 공사현장. 여자 미꾸라지가 현장 노동자들에게 다음과 같이 말한다. "남자 미꾸라지가 전하라고 했어요. 한 푼도 모자라지 않아요. 사람이 죽었다고 채무도 없어지는 것은 아니에요"라면서 남자 미꾸라지가 본의 아니게 체불한 임금들을 나눠주고 있다. 이에 노동자들은 "몇 년 전 그 사람이 우리에게 잘해줬어요. 미꾸라지는 좋은 사람이에요. 형수님 일거리 못 찾으면 우리들을 찾아오세요. 우리 형제들 여기 다 있어요. 형수님 가끔 이 '不要個臉'하는 형제들 좀 와서 보세요. 형수님 사랑해요"라면서 고마움과 우애, 그리고 연대의 뜻을 전한다. 인부들의 환호를 뒤로하고 돌아서는 여자 미꾸라지와 쌍둥이 딸들 위로 두 미꾸라지가 그동안 나누었던 현실과 꿈, 그리고 이상과 다짐에 관한 대화가 잔잔하게 울려 퍼진다.

여자 미꾸라지 : "사당아, 너는 하늘에 지어져 있는데, 나는 왜 그럼에도

---

21 | 남자 미꾸라지가 만병통치약으로 자랑하던 빨간 알약은 실상 중국의 의료보험체제를 우회적으로 표현한 것이기도 하다. 한 조사에 따르면 중국 인구의 약 3분의 2가 의료보험 혜택을 받지 못하고 있고, 혜택을 받고 있는 사람들의 경우도 절반 이상이 의료비를 자신의 돈으로 지불하고 있다(황희경). 한편 중국 남방의 한 도시에서는 매년 1만 명 정도가 산재로 인해 장애농민공이 되고, 약 5천 명 가량의 농민공이 교통사고를 당하고 있다고 보고된다(「中国农民工问题调查」, http://www.chinaelections.org/NewsInfo.asp?NewsID=44651,/ 2008년 11월 5일 인터넷 검색).

불구하고 낮다고 불만스럽게 생각하지?"; 남자 미꾸라지 : "당신이 곁에 있
는데도, 나는 왜 여전히 당신이 그립지?"

농민공 문제의 해법을 위하여

지금까지 영화에 나타난 중국 농민공들의 현실과 문제점들에 대해 살펴
보았다. 현재 농민공문제는 중국정부가 제일의 기치로 내걸고 있는 조화사
회 건설 과정에서 무엇보다 먼저 풀어야 할 과제로 제시되어 있다. 이에 중국
정부와 관련 연구자 및 기관들에서는 이의 해법을 위해 다양한 대안들을 제
시하고 있다. 그 대표적인 대안들을 소개하고 이것들이 갖는 의미들을 살펴
보도록 한다.

첫째, 중국 농민공들의 규모는 대략 1.8억 명에서 2억 명 정도로 추산된
다. 그러나 중국 농민공에 관한 정확한 통계 자료나 이들에 대한 명확한 기준
및 규정 등이 아직 모호한 상태이다. 이는 한국의 비정규직 노동자 규정이 기
관마다 달리 나타나는 것과 비슷하다[22]. 그러므로 무엇보다 이들에 대한 정
확하고 전반적인 조사가 선행되어야 한다. 왜냐하면 이러한 조사를 통해 구
체적인 정책들을 입안하고 집행할 수 있기 때문이다. "조사 없이 발언권 없다".

둘째, 농민공들의 저임금과 열악한 노동조건, 그리고 임금 지급체계 등의
개선이 필요하다. 2004년의 조사에 따르면 농민공의 연평균 수입은 약
8,000위안이나, 도시근로자의 그것은 15,000위안 전후이다. 그러나 앞서 살
펴본 바와 같이 건설노동자의 경우 이보다 낮은 임금을 받고 있을 뿐만 아니
라 항상적인 임금체불에 시달리고 있다. 즉 과도한 노동량과 건당 임금(計

---

22 | 한국과 중국의 비정규직 문제를 직접적으로 비교할 수는 없다. 중국의 경우 비정규 노동자들은 중대형기업이나 소형
기업, 또는 노동단위에 고용된 자들(최소 1억 명 정도로 추산됨)을 의미하나, 농민공들은 이들 범주에도 포함되지 않는다(하
인식(2005)을 참고할 것).

件工資) 등에 따른 초과수당을 받지 못하는 경우들도 빈번하게 발생한다. 아래의 〈표〉는 농촌 유동노동력이 도시 노동시장에 진입한 후 사용자로부터 받고 있는 평균 임금을 보여준다. 한편 이들의 하루 평균 노동시간을 살펴보면, 8시간 노동이 39.5%, 9~12시간 44.2%, 12시간 이상 10% 등으로 장시간 노동에 노출되어 있다[23].

〈표〉 농촌 유동노동력의 교육수준별 업종별 연평균 임금(단위: 元)

	평 균	문 맹	소 학	초 중	고 중	중 전	대전이상
평 균	4522.15	3193.03	4123.49	4429.14	5265.23	5048.77	6036.62
농 업	2988.51	2813.44	2522.31	3094.73	3288.25	4106.25	3500.00
공 업	4373.67	3768.85	4056.29	4322.85	5133.08	4787.98	5478.72
건축업	4358.67	2528.48	3902.95	4351.86	5140.95	6164.74	5956.47
교통운수업	6917.85	4394.09	6687.74	6861.69	7752.45	5924.88	4560.86

자료: 2000년 중국농촌노동력취업상황보고서, 중국노동력시장 인터넷 사이트, 2002.9.2일자
출처 : 하인식(2005)에서 재인용.

셋째, 농민공들이 안고 있는 신분 및 거주이전의 어려움 문제를 들 수 있다(호구 및 호적문제)[24]. 호구와 단위체제는 개혁·개방 이전까지 중국 사회주의체제 발전의 근간이었다. 그러나 현재 이러한 체제는 오히려 사회발전은 근본적인 문제점으로 부상하고 있다. 1997년부터 호구제도의 개혁이 본격적으로 논의되었지만, 대도시의 호구제도는 유지한 채 일단 충격이 적은 소성진에서부터 이 제도의 개혁을 모색하고 있는 실정이다(하인식 2005를 참조). 예컨대 현재 호구의 가치가 가장 높은 도시는 상하이, 베이징, 선전 등인데, 선전의 경우 1년 이상 살고 있는 인구는 860만 명이나, 이 중에서 호구를 소지하고 있는 사람은 210만 명에 불과하다. 이는 대도시(선전)의 발전

---

23 | 상동
24 | 1958년 1월 9일 전국인민대표상무위원회 제91차회의에서 〈中華人民共和國戶口登記條例〉를 통과 시켰다. 이 조례는 농민들이 도시공안부문의 비준이 없이는 도시로 올 수가 없게 하였다. 중국 공업화 초기단계인 계획경제시기에 적극적 공업화와 도시의 보호를 위해 정부에서 도농2원구조의 호구제도를 시행하여 농민들을 농토에 묶어 놓았다 (刘斌、张兆剛、霍功 編著, 「中国三农问题报告」, (北京: 中国发展出版社, 2004), 392쪽).

이 650만 명의 '외래인'에 의해 상당 정도 이루어지고 있음을 반증하는 것이다(한홍석, 2008: 23). 또 다른 조사에 따르면 농민공들의 55.2%가 현재 자신이 거주하고 있는 도시로 호구를 이전하기를 희망하고 있다. 그리고 농촌으로 다시 돌아가 농업이 아닌 자영업을 하고 싶다라고 답한 비중도 13.2%를 차지한다[25]. 이는 중국의 농촌이 안고 있는 삼농문제를 반영한 것일 뿐만 아니라, 사실상의 신분제에서 벗어나 자유로운 경제활동을 바라는 농민공들의 염원이 반영된 것이라 할 수 있다.

넷째, 농민공들의 합리적인 임금보장, 최저임금제의 정착, 기타 노동조건 등을 체계적으로 협상할 수 있는 노동조합 등과 같은 협상기제가 필요하다. 예컨대 도시의 농민공들은 다양한 직종에 속해 있기 때문에 산별노조를 지향하는 '지역일반노조'나 '합동노조'의 형식으로 그 첫걸음을 옮길 수 있을 것이다. 중국정부는 1995년 노동법의 제정 이래, 노동조합(工會)이 노동법의 규정에 의거해 단체협약 또는 단체협상을 하도록 하고 있다[26]. 그러나 농민공들의 경우 이러한 노동법의 사각지대에 놓여 있다.

끝으로 농민공들의 인권에 관한 문제 역시 세심한 정책적 배려를 통해 개선되어야 한다. 상당수의 도시 주민들은 농민공들이 치안문제의 주범이며 도시인의 일자리를 빼앗는 집단 등이라는 인식을 갖고 있다[27]. 16大이래 총체적인 도-농발전을 위해 중국정부는 "공업으로 농업을 보충하고, 도시로 농촌을 촉진시킨다"(以工補農, 以城促農)라는 정책기조를 지니고 있다. 이는 현실에서 농민공들이 이러한 역할을 수행하고 있음을 반증하는 것이다. 즉 농민공들은 도시에서의 수입으로 농촌의 경제를 활성화시키는 한편 도-농간의 격

---

[25] | 상당수의 농민공들은 도시에서 돈을 벌어 고향으로 돌아가 개인사업 하기를 꿈꾼다. 그리고 숙련된 기술, 다양한 인맥 등을 지닌 농민공들은 도시에서 개인사업으로 정착하게 된다(王海光, "中國農民工", 「企業文化」, (北京: 企業文化雜誌社, 2004), 57쪽).

[26] | 참고로 중국 공회법에 따르면 단체행동권은 인정되지 않는다.

[27] | 郑功成·黄黎若莲, "中国农民工问题：理论判断与政策思路", 「中国人民大学學報」, 第6期, (北京: 中国人民大学, 2006). http://www.snzg.cn에서 재인용/ 2008년 10월 3일 인터넷 검색.

차를 줄이는 기능을 하고 있는 셈인 것이다. 이러한 점에서 농민공들에 대한 사회적인 차별이나 냉대 등을 해소할 수 있는 정책들이 지속적으로 개발·홍보되어야 할 것이다.

지금까지 영화 〈미꾸라지도 물고기다〉에 나타난 농민공의 현실과 문제점, 그리고 그 해법을 위한 정책적 대안들에 대해 일별해보았다. 중국의 고문헌에서 미꾸라지가 언급되는 대표적인 것은 『장자』의 「내편·제물론」이다. 여기서의 미꾸라지는 진정한 자아 또는 아름다움을 의미한다. 문구를 소개하면 다음과 같다. "사람은 습한 데서 자면 허리 병이 생겨 반신불구가 되어 죽게 되지만 미꾸라지도 그렇던가?"[28] 이는 주어진 운명을 그대로 받아들이고 수동적으로 살라고 하는 것이 아니라, 미꾸라지가 힘차게 살 수 있는 쾌적한 환경을 강조한 것이라 할 수 있다. 중국은 개혁개방 이후 급속한 경제성장을 보여주고 있다. 그러나 이 이면에는 도-농간의 지역 격차, 노-노간의 불평등, 사회적 안전망의 미비, 사회 통합의 저해 등이라는 역기능이 수반되었다. 예컨대 상하이와 페이저우성(貴州省) 간의 소득격차는 2004년 현재 13:1에 이르며, 도-농간 소득격차는 3.23:1, 소득불평등 지수인 지니계수는 2005년에 0.47을 기록하고 있다(이문기, 2006: 172).

아메리카 인디언의 어느 한 부족은 빠르게 말을 몰다가 잠시 멈춰 서는 관습을 지니고 있다고 한다. 이는 말이 너무 빨리 달려 자신의 영혼이 미처 따라오지 못할 것을 우려한 때문이라고 한다. 다행히 현재 중국은 말을 빠르게 몰다가 잠시 속도를 줄이고 좌우를 살펴보고 있는 중이다[29]. 조화사회 건설의 기치가 그것이다. 조화사회의 중국식 조어는 화해(和諧) 사회이다.

---

28 | "民濕寢則腰疾偏死, 鰍然乎哉?"(「莊子·內篇·齊物論」, 김학주역, 『장자(내편)』, (서울: 한국자유교육협회, 1973:82).

화해의 의미를 나누어 살펴보면 다음과 같다. 화(和)는 쌀(禾)을 같이 먹는 (口) 공동체의 의미이며, 해(諧)는 모든 사람들(皆)이 자기의 의견을 말하는 (言) 민주주의의 의미라고 말할 수 있다(신영복, 2004: 42). 중국의 경제발전 과정이 에덴동산에서 실낙원으로 떨어지지 않기 위해서라도 반드시 견지해야 할 중요한 가치가 될 것이다(崔衛平, 2007: 10).

참고문헌

신영복, 「강의: 나의 동양고전 독법」, 돌베개, 2004.
이문기, "중국공산당의 딜레마: '조화사회론은 대안이 될 수 있는가?", 「월간 말」 12월호, 서울: (주)민중의 소리, 2006년 .

---

29 | 17전대에서 후 주석은 과학적 발전관보다 평등과 정의를 강조하는 조화사회건설 이념을 당헌에 삽입하려 했지만 상당한 반론에 부딪쳐 끝내 삽입하지 못했다. 아직 동남부 연안 지방에서는 경제 성장 노선이 필요하다는 여론이 비등해 이를 어떻게 무마할지도 주목된다. 그러나 급속한 성장으로 인한 자원고갈, 환경오염 등 문제가 돌출하면서 속도보다는 질을 우선적으로 고려하는 '여우하오여우콰이(又好又快)' 경제전략을 채택하게될 것으로 보인다.

하인식, 「중국 노동시장의 분층구조에 관한 연구」, 부산대학교 무역학과 대학원, 박사학
위논문, 2005년 2월.

한홍석, "계층 이동 가로막는 후커우(戶口) 제도", 「Chindia Journal」 11월호, 포스코
연구소, 2008.

Hart-Landsberg, Martin & Paul Burkett, 임영일 옮김, 「중국과 사회주의」, 한울아카
데미, 2005.

Hirshman, Albert, 강명구 옮김, 「떠날 것인가, 남을 것인가: 기업, 조직 및 국가의
퇴보에 대한 반응」, 서울: 나남출판, 2005.

詹玲, 「农民工概念的理性思考」, 「北方经济」 第9期, 內蒙古: 內蒙古經濟社會發展中心,
2008.

崔衛平, 「고뇌하는 영화 속 주인공의 얼굴을 통해 본 현대 중국의 수용」, 「중국영화 속에
비친 사회의 변화와 모색」, 부산대학교 중국연구소, 2007.

王海光, 「中國農民工」, 「企業文化」12月. 企業文化雜誌社, 2004.

刘斌·张兆刚·霍功编著, 「中国三农问题报告」, 北京中国发展出版社, 2004.

강준영, 『시사중국어사전』, 지영사, 1998.

김학주역, 『장자(내편)』, 한국자유교육협회, 1973년.

郑功成·黄黎若莲, 「中国农民工问题：理论判断与政策思路」, 「中国人民大学學報」 第6期, 北
京: 中国人民大学, 2004. http://www.snzg.cn에서 재인용 (검색일：
2008.10.3).

「2020년엔 모두 잘 사는 中, 샤오캉 사회에 진입」, 서울경제, 2007. 11. 22.

「假大空비난받는 中농민정책」, 동아일보, 2008-10-23.

「中国现代化进程中的农民工问题」, 人民日报, 2006年12月1日.

『泥鳅也是鱼』首映 杨亚洲感叹 "浮出水面", http://www.dailyvc.com/china/20060417
/n738p1.shtml/2008년 9월 3일 인터넷 검색.

「農民就業問題初探」, http://www.bjld.gov.cn / 2008년 10월 6일 인터넷 검색.

杨亚洲 : 在 真 实 和 艺 术 间 找 平 衡 , http://www.ycwb.com/gb/content/2005-
11/05/content_1013885.htm/ 2008년 9월 27일 인터넷 검색.

「中国农民工问题调查」, http://www.chinaelections.org/NewsInfo.asp?NewsID=
44651/ 2008년 11월 5일 인터넷 검색.

杨亚洲 : 大家都是泥鳅 我不喜欢拍埋怨社会的东西, http://www.stardaily.com.cn/
view.asp?id=197642/ 2008년 9월 8일 인터넷 검색.

중국 노동자들의 기억과 전망

지아장커의 〈24시티〉

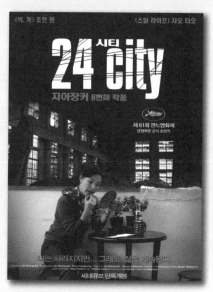

중국 노동자들의 기억과 전망

지아장커의 〈24시티〉

들어가며 : 단위체제의 해체와 중국의 노동자

노동력의 관리방식은 사회체제의 성격과 각국의 역사적 특수성 등에 따라 다양한 양상을 보여왔다. 그리고 이러한 노동력 관리방식은 비단 작업장 내(일터 수준)에서만 이루어지는 것이 아니라, 자본과 국가의 다양한 층위(삶터의 수준)에서도 구사되고 있다. 예컨대 자본주의 국가들의 경우 자본 시스템을 중심으로 다양한 관리 및 경영의 기법으로 노동력을 관리할 뿐만 아니라 국가 또는 정부의 사회복지 시스템(즉 노동력의 재생산)의 일환으로 활용하고 있다는 것을 쉽게 확인할 수 있다(테일러리즘과 포디즘 등). 그리고 자본주의 국가 내에서도 사회주의적 노동력 관리방식이 실험되거나 확산되기도 하였다. 이탈리아의 소위 '뜨거운 가을' 시기와 68운동의 와중에 확대되었던 공장평의회운동 등이 대표적인 사례가 될 것이다.

한편 부라보이(Burawoy, 1999: 17-18, 119)에 따르면 사회주의 체제를 지니고 있는 국가들이더라도 노동력의 관리방식은 상당 정도 편차를 보인다.

그는 '생산의 정치' 개념을 중심으로 노동력의 관리방식을 설명하고 있는데, 이 개념에는 첫째, 정치적, 이데올로기적 효과를 지니고 있는 작업조직, 둘째, 생산관계를 규제하는 독특한 생산장치, 셋째, 노동과정과 노동력의 재생산 방식, 넷째, 기업들 사이의 시장 경쟁 및 국가의 개입 정도 등의 지표들이 들어있다. 그는 이러한 지표들을 중심으로 사회주의 국가의 노동력 관리방식의 다양성과 변이성을 설명하고 있다. 부라보이의 이러한 분석틀은 중국의 노동력 관리방식이었던 '단위체제'의 성격을 살펴보는데도 매우 유용할 것이다.

중국 정부의 도시 노동력 관리방식을 흔히 '단위(單位: 딴웨이, the Unit)체제'라고 부른다[01]. 단위체제는 사회주의 중국의 독특한 노동력 관리방식으로써, 비단 노동력의 관리뿐만 아니라 노동자들의 주거와 교육, 일상생활에서의 노동력 재생산 등을 비교적 안정적으로 보장하려는 일종의 시스템이었다. 이는 앞서 잠깐 살펴본 부라보이의 생산의 정치 지표들과 일정 부분 일치한다. 그러나 이 글의 주요 목적이 영화 〈24시티〉에 나타나고 있는 중국 노동자들의 기억과 전망에 관한 논의들이기 때문에 본고에서는 생산의 정치와 단위체제 간의 관련성 분석은 본격적으로 다루지 않는다는 점을 미리 밝혀둔다. 단위체제의 형성과 그 기원에 대해서는 여러 상이한 주장들이 제기되고 있으나[02], 여기서는 사회주의 건립 시기(1949년)를 기점으로 잡고자 한다. 왜냐하면 이 글의 주된 연구목적이 사회주의 경제체제를 거쳐 사회주의 시장경제로 통칭되는 자본주의체제 하에 살아가는 중국 노동자들의 기억과 전망을 살펴보려는데 있기 때문이다.

단위체제의 주요 특징 및 기능은 다음과 같다. 잘 알려져 있듯 단위체제

---

01 | 참고로 농촌 노동력의 관리는 인민공사를 통해 이루어졌다.
02 | 이에 대해서는 김인(2000/2001)과 백승욱(2001: 34-39)을 참조할 것.

는 사회주의 중국의 독특한 사회조직인 동시에 국유경제 체제의 경제조직이었다. 한편 단위는 국가-단위-개인의 그물망을 근간으로 중국인민들의 일터와 삶터, 그리고 출생에서부터 죽음에 이르기까지 전 생애를 관장하는 일종의 (국유)기업도시였다. 그리고 단위의 실질적인 기능은 사회주의 국가의 이념과 목표를 관리하고 통제하는 것이었고, 이의 급부로써 인민들에게는 임금, 사회복지, 육아 및 교육, 그리고 관혼상제, 주거 등이 일정한 조건으로 제시되었다. 개혁·개방이전까지 이러한 단위체제는 노동자들에게 비교적 일자리의 보장과 생활상의 안정을 보전해주는 중요한 기능을 하였다. 그러나 중국식 신자유주의 정책이라 할 수 있는 개혁·개방이후 이러한 단위체제가 해체되기 시작하면서, 중국은 도-농 간의 지역 불평등 및 노-노 간의 양극화, 그리고 사회적 불평등이 심화되기 시작한다(이에 대해서는 이성철 · 이치한, 2009를 참고할 것).

영화 〈24시티〉에 나타나는 단위의 모습도 이러한 특징과 정확히 일치하고, 또한 '24시티'의 건립과정과 더불어 지역사회가 본격적으로 해체되어가는 과정은 소위 단위체제의 주된 특징인, 노동단위가 중심인 사회주의(work-unit socialism)에서 사회적 총자본가로서의 국가로의 이행 모습을 잘 담고 있다. 지아장커 감독의 〈24시티〉는 실제에 근거한 일종의 페이크 다큐(Fake Documentary)로서, 단위체제 해체 과정에서 중국노동자들이 회상하고 경험하고 있는 일들을 매우 구체적으로 보여주고 있다. 그러므로 이 영화에서 묘사 · 발화되고 있는 중국 노동자들의 회상과 전망의 분석을 통해, 향후 '중국의 사회주의 시장경제체제'(中国特色的社会主义市场经济体制)가 어떤 모습으로 나타날 수 있는 지 살펴볼 수 있을 것이다. 이러한 문제의식 하에 이 글에서는 다음과 같은 내용들을 살펴보게 된다.

첫째, 영화 속의 〈24시티〉에 대한 간략한 개관과 지아장커(賈樟柯, 1970~) 감독의 사회적 관점에 대해 살펴본다. 둘째, 〈24시티〉의 내용을 분석하기 위한 이론적 틀로써 문학-사회학적 자원들이 소개될 것이다. 셋째, 이러한 분석틀을 기초로 영화에 소개되고 있는 다양한 노동자들의 기억과 전망을 분석하여 중국식 사회주의 경제체제의 문제점과 향후의 변화 방향 등에 대해 토론하게 될 것이다.

지아장커 감독의 사회적 관점과 〈24시티〉의 개관

1) 지아장커 감독의 사회적 관점

지아장커 감독의 영화적 관점을 이해하기 위해서는 그가 중국 영화사에서 어떤 위치를 차지하고 있는 지를 먼저 살펴보는 것이 필요하다.

여기서 말하는 중국 영화사는 소위 '세대론'과 연결된다. 중국영화의 세대론이 갖는 저널리즘적 성격이나 다양한 논점을 소개하는 것은 이 글의 범위를 벗어난다[03]. 이러한 까닭에 통상적으로 수용되고 있는 중국영화 세대론의 입장에서 지아장커의 입지를 간략하게 설명하도록 하겠다. 세대론은 중국영화의 역사를 감독 중심으로 재구성하려는 의도를 전제하고 있다. 그리고 중국영화를 세대론의 입장에서 살펴보려는 관점은 크게 둘로 나뉜다. 첫째는 세대의 구분을 대체로 정치사적 사건을 기준으로 나누는 것이고, 두 번째의 입장은 영화사 자체의 변화에 초점을 두고 세대구분을 하는 경우이다. 논란은 있지만(이치윤, 1994를 참고할 것), 후자의 입장에 따르면 제1세대는 1905년부터 1920년대 사이의 무성영화 감독들이고, 제2세대는 1930-40년대 유성영화기의 감독들, 제3세대는 1950-60년대의 감독들, 제4세대는 1970년대 말 중국영화의 새로운 시대를 개척한 시기의 감독들, 제5세대는 1980년대 중

---

03 | 이에 대해서는 임대근(2005)을 참고할 것.

반의 뉴웨이브 세대(역사적으로는 '문화대혁명'의 세대임)를 말한다(이상에 대해서는 임대근, 2005를 참고할 것)⁰⁴. 끝으로 제6세대는 흔히 '포스트 제5세대'로 불리는데, 이들의 공통적인 특징은 창작의 권리와 독립을 주장하는 것으로 집약될 수 있다(역사적으로는 '천안문 광장'의 세대임)⁰⁵. 지아장커는 이러한 세대구분에서 제6세대의 대표적인 주자로 거론된다. 제6세대 감독들의 주된 특징은 다음과 같이 요약된다. 즉 "그들의 얘기를 함에 있어 절대 은유적인 표현을 하지 않는다. 그저 있는 그대로의 현재 삶을 충실하게 보여줄 뿐이다."(이치윤, 1994: 133)⁰⁶ 그리고 이들 감독들의 구호는, "나의 카메라는 거짓말하지 않는다"(我的攝影機不撒謊)로 웅변되기도 한다(안상혁 외, 2008: 18).

지아장커 감독이 자신의 영화들(또는 다큐들)을 통해 조망하려는 것이 무엇인지는 그의 작품, 〈세계〉에 대한 자신의 소회에서 압축적으로 살펴볼 수 있다(이하의 내용에 대해서는 EBS, 2005년 12월 1일 방영, 〈중국의 젊은 영화, 길을 나서다〉를 참고할 것). 베이징의 세계공원(Beijing World Park)을 주된 공간으로 한 이 영화는 중국정부로부터 상영허가를 받아 선전(深圳)에서 처음으로 공개·상영된 작품이다. 그는 베이징의 세계공원(미니어처 테마공원임)에 대해 이렇게 말한다. "그곳에선 비자도 여권도 필요 없지만 사실은 모두 가짜이고 환상일 뿐이다. 중국경제는 아주 빠르게 성장했지만 서민들은 그 혜택을 누리지 못했다. 중국인들은 가짜 풍경을 그저 바라보기만

---

04 | 일부 학자들은 '제5세대'의 명명 기원을 이들 감독들이 대체적으로 베이징영화대학의 제5회 졸업생이었다는 점에서 찾기도 한다(임대근, 2002: 122).

05 | 베이징영화대학(北京電影學院)은 1985년이 되어서야 다시 정식 학생을 선발하게 된다. 이 해에 입학한 학생들이, 이후 제6세대 감독으로 불려진다(이치윤, 1994: 129).

06 | 1989년의 6·4천안문사건을 역사적 배경으로 성장한 제6세대 감독들과 주요 작품들은 다음과 같다. 즉 장위엔(張元)의 〈엄마(媽媽, 1990)〉, 〈북경 녀석들(北京雜種, 1993)〉, 〈녹차(綠茶, 2003)〉, 〈아이들의 훈장(看上去很美, 2006)〉, 〈다다의 춤(達達, 2008)〉, 왕샤오쑤아이(王小帥)의 〈시련의 세월(冬春的日子)〉, 허찌엔찐(何建軍)의 〈대화(世紀末的對話)〉, 우원꽝(吳文光)의 〈1966, 나의 홍위병 시절(1966, 我的紅衛兵時代)〉, 우디(鄔迪)의 〈금붕어(黃金魚)〉, 첸쥐에(陳爵)의 〈천안문광장(天安門廣場)〉, 〈나는 졸업했다(我畢業了)〉 등을 들 수 있다. 그리고 이 글에서 주로 다루어질 지아장커 감독의 필모그래피는 다음과 같다. 〈샤오산의 귀가(小山回家, 1996)〉, 〈소무(小武, 1998)〉, 〈플랫폼(站臺, 2000)〉, 〈임소요(任逍遙, 2002)〉, 〈세계(世界, 2004)〉, 〈동(東, 2006)〉, 〈스틸라이프(三峽好人(2006)〉, 〈무용(無用, 2007)〉, 그리고 〈24시티(24城記, 2008)〉 등이 그것이다.

하고 실제 세계에는 다가갈 수 없다는 것이다." 이른바 시뮬라크라(Simu-lacra)가 원본(Originality)을 지배하는 현상을 심도깊게 논의한 쟝 보드리야르(Jean Baudrillard)식의 진단을 하고 있는 셈이다[07]. 나아가 그는 지하영화(地下電影) 시절과 그 이후의 변화된 상황에 대해 다음과 같이 말한다. "이번 기회(즉 〈세계〉의 공개상영을 말함: 필자 주)를 통해서 새로운 많은 것을 배웠다. 예전에 중국시장을 바라본 시각이 실제로는 많이 틀렸다는 것을 알았다. 예를 들면 〈소무〉나 〈플랫폼〉은 DVD가 40만장 이상 팔려나갔는데… 이 영화를 봤던 사람들의 4분의 1만 극장으로 와도 절반 이상은 성공이라 생각한다. 하지만 현실은 전혀 달랐다. 예전에는 영화를 찍고 편집하고 영화제를 갔다오고 나면 내 역할은 다 끝났었다. 그런데 지금은 상황이 달라졌다. 이번엔 배급에까지 관여했다… 어떻게 영화관을 상대해야 하는지, 지방언론과 어떻게 협조하고 어떻게 관계를 맺어야 하는지… 배울 점이 한 두 가지가 아니었다. 그렇지만 나에게는 결코 변하지 않는 것이 있다. 내 진실과 영화에 대한 열정은 아마 쉽게 변하지 않을 것이다." 이는 제6세대 영화감독들의 기본 입장과 관점을 대변하는 것이다. 특히 자본주의적 시장경제로 질주하는 중국자본의 속성을 비판적으로 바라보며 이의 영향 속에 침윤되는 것을 극도로 경계하는 것으로 요약될 수 있을 것이다. 그의 이러한 입장은 이 글에서 주되게 살펴보려는 〈24시티〉의 미장센(mise-en-scène)에서도 나타난다.

즉 단위체제의 해체가 개별 노동자에 미치는 영향, 이러한 변화에 대한 노동자 세대 간의 수용 태도의 변이(variation), 그리고 이를 펼쳐 보이는 감독의 관점 등이 관계적으로 용해되어 있기 때문이다. 이에 대해서는 본문에서 보다 자세히 살펴보도록 하겠다.

---

07 | 이의 자세한 내용에 대해서는 이성철(2009a: 120~124)을 참고할 것. 워쇼스키 형제의 〈매트릭스〉에는 보드리야르의 책, 「시뮬라시옹」이 등장한다. 찾아보시길.

영화 <24시티>의 개관

　　실제의 '24시티'(24城)는 '화뤈 부동산'(華潤置地)에 의해 쓰촨성[08](四川省)의 성도(省都)인 청두(成都)에 건설되고 있는 최고급 아파트 단지의 이름이다(華潤 二十四城). 화뤈 부동산은 2002년 9월 청두에 등록·설립된 건설회사이다. 이 회사는 '24城'이외에도 청두에 '비취성(翡翠城)', '봉황성(鳳凰城)' 등을 개발하고 있다. 이 회사의 홈페이지(참고로 홈페이지의 주소는 홍콩으로 등록되어 있다. http://www.crland.com.hk)를 보면, '24城'의 건설을 위해 2005년 12월 26일 560,000평방미터의 땅을 경매로 사들인 것으로 되어 있다(21억 4,000만 위엔). 한편 청두는 금관성(錦官城)으로도 불리는데, 이는 두보(杜甫)의 시 '春夜喜雨'에서도 그 의미를 찾아볼 수 있다[09]. 즉 옛 청두에는 대성과 소성이 있었고, 소성은 비단을 짜는 관원이 다스리고 있는 곳이라 금관성이라 불렀다고 한다[10]. '금관성'에서 '청두'로, 청두의 청파집단(成發集團, 뒤에서 다시 설명하겠지만 '단위체제'를 말함)의 하나인 '420 국영공장'에서 '24성'으로의 역사적 변모는 지아장커 감독이 이 영화에서 보여주는 노동자 세대의 변이와 일정하게 맞닿아 있다[11]. 지아장커 자신도 이 영화에서 1958년부터 2008년까지의 중국역사를 담았다고 말한다(지아장커, 2009a: 249).

　　영화 속의 실제 뉴스화면에는 "청파집단이 토지판매대금으로 새로운 항공기술 개발에 매진할 것"이며, "24성으로의 변신은 청두의 도시화 건설에 있

---

08 ｜ 참고로 춘추전국시대의 촉(蜀)나라가 이에 해당한다. 그리고 청두에는 제갈공명의 호에서 따온 무후사(武侯祠)가 있는데, 여기에는 삼국지의 유비를 중심으로 28명의 문·무 영웅의 상들이 안치되어 있다. 한편 이곳은 중국 유일의 군·신 합장 형태의 사당이기도 하다. 허진호 감독(2009)의 <호우시절>의 공간적 배경 역시 청두이다.

09 ｜ 晓看红湿处, 花重锦官城(아침에 비에 젖어 붉은 곳 보니, 금관성의 꽃들이 비를 머금고 있네)

10 ｜ '成都旧有大城'、少城, 少城古为掌织锦官员之官署, 因称锦官城.' (羅竹風, 1990 : 1333)

11 ｜ '팩토리 420'은 국가 소유의 기업으로 비행기 엔진 제조를 위해 1958년에 건설되었다. 제 3라인 지역의 발전을 원하는 마오쩌둥의 요구에 따라 4,000명의 팩토리111의 노동자가 센양에서 청두의 동부지역으로 '팩토리 420'을 건설하기 위해 이주했다. '팩토리 420'이 가졌던 두 번의 영광의 시기는 1964년과 1985년이었다. 그러나 90년대 초반에 중국 군수산업의 요구가 줄면서, 이 공장은 어려운 시기를 겪었다(지아장커, 2009b: 255).

어 또 하나의 커다란 전진"이라고 소개하고 있다.

보다 구체적으로 현재 청두의 경제지표들을 소개한다. 청두 시정부가 발표한 2008년 현재의 '국민경제사회발전통계'를 살펴보면(http://www.cd-stats.chengdu.gov.cn의 내용을 참조. 2009년 3월 7일 검색), 호구(戶口) 기준의 인구는 1,125만 명(상주인구는 1,271만 명)이며, 1인당 GDP는 약 4,407달러이다(2007년 대비 9.6% 증가). 한편 도시 주민 1인당 가처분 소득(개인소득 중에서 소비 및 저축 등을 자유롭게 할 수 있는 소득을 말함)은 약 2,420달러로 전년 대비 14.1%나 증가한 수치이다. 청두시의 자가용 보유 대수는 82.8만 대로 북경에 이어 전국 2위를 차지하고 있다(3위는 상하이로 72만 대). 그리고 자가용을 포함한 자동차의 총 수는 모두 101만대로 이는 전년 대비 무려 20.4%나 증가한 것이다(이는 물류 유통 부분 등의 증가에서 비롯된 것으로 해석할 수 있을 것이다). 2006년에서 2007년 사이의 인구구성의 변화를 살펴보면, 같은 기간 동안 농업인구는 532만 명에서 516만 명으로 감소하였고, 이에 따라 비농업인구는 572만 명에서 596만 명으로 증가하였다. 이를 산업별 인구구성의 변화로 살펴보면, '국유경제' 종사자는 같은 기간 동안 81만 명에서 84만 명으로 약간 증가하고 있고, '집체경제' 분야의 인구는 10만 2천 명에서 10만 명 정도로 약간의 감소세를 보인다. 반면 '기타경제' 부문은 76만 명에서 80만 명으로, '도시개체호(城鎭個體戶)' 및 '사영기업(私營企業)' 부문에서는 143만 명에서 186만 명으로 크게 증가하였고, 농촌(鄕村)산업인구의 경우는 정체를 보이고 있다(2006년 330만 명에서 2007년 327만 명)[12]. 경제지표들의 전체적인 경향들을 볼 때, 이는 단위체제의 해

---

12 | 위에서 소개된 산업부문의 정의는 다음과 같다: 집체경제= 사회주의 노동군중 집체소유제를 기초로 한 경제를 말함. 생산수단과 생산물이 집체노동자의 공동소유이며, 국가의 계획·지도 하에 생산·결산하며 손익을 책임진다; 도시개체호= '個體工商業戶'의 약칭. 가정을 단위로 한 생산과 경영. 수리공, 운수업, 수공업 등이 주업종이며 8인 이하의 비고용관계로 구성된다; 사영기업= 개혁개방이후 출현한 기업으로 생산수단은 개인에게 귀속되어 있고 자기 소유의 자본, 생산장소, 설비, 기술 등을 가진 8인 이상의 피고용인을 보유한 경제부문을 말한다(강준영, 1998: 178, 129, 354를 각각 참고할 것).

체 등에서 기인한 압축적이며 급속한 자본주의 시장경제로의 변화라고 생각할 수 있을 것이다. 참고로 중국의 경제체제 변화의 성격에 대해서는 많은 논란이 있다. 특히 중국 정부의 입장에서는 어떤 형태로나마 '사회주의적'이라는 관형어를 계속 고수하려는 듯이 보이지만, 실질적인 내용의 면에서는 국가사회주의에서 시장사회주의 단계를 거쳐 시장자본주의로 본격 진입한 것으로 평가되는 경우들이 많다.

이제 〈24시티〉가 의미하는 바를 보다 구체적으로 살펴보기로 한다. 영화 속의 '팩토리 420'은 '청두엔진주식회사'(成都發動機(集團)有限公司)로도 불린다. 원래 이 공장은 군수산업의 '보안단위'(Security Units of War Industry)였으며 내부 코드 번호는 420이었다. 애초 이 공장은 「국방산업을 위한 과학기술위원회」 소속이었고, 현재 남아있는 공장은 「AVIC II」(China Aviation Industry Corporation II)에 의해 운영되고 있다(지아장커, 2009b: 255). 한편 '24시티'의 '24'는 중의적 의미를 지니고 있다. 우선 영화의 제목이 나타날 때, 자막으로 소개되는 것처럼, 고시에서 '24성'의 기원을 찾을 수 있다[13]. 그리고 한 해의 24절기, 하루 24시간 등 삶의 흐름과 변화의 이미지를 담고 있을 뿐만 아니라(이영진, 2009: 46), '420공장'에서 '24시티'로의 변화는 단위체제의 해체 및 중국사회의 자본주의적 변화를 담고 있는 표현이라 할 수 있을 것이다. 허문영(2009: 103)은 이를 '오성홍기(五星紅旗)'에서 오성(五星) 호텔'로의 변화로 묘사한다. 이러한 평가들은 앞서 살펴본 경제지표들의 자본주의적 변화를 다시 한번 반증하는 것들이라 할 수 있을 것이다.

지아장커의 필모그래피에서 〈24시티〉가 차지하는 위상은, 그의 앞선 작품들의 집약체라 할 수 있다(정한석, 2009: 100). 즉 〈스틸 라이프〉와 〈

---

13 | "二十四城芙蓉花, 錦官自昔称繁華," 화롄집단 홈페이지에서 출전 밝히지 않고 인용한 고시의 구절. 영화의 엔딩 크레디트뿐만이 아닌 지아장커의 인터뷰 등에서도 시의 제목과 출전이 소개되어 있지 않다. 이러한 이유 등으로 중국 네티즌들 중에는 이 시를 광고 카피로 보는 이들도 많다.

동〉, 그리고 〈무용〉에서 제시되었던 내용들이 〈24시티〉로 모두 흘러들어오고 있음을 알 수 있다. 왜냐하면 싼샤(三峽) 댐 건설로 사라지게 되는 오래된 마을과 사람들을 그리고 있는 〈스틸 라이프〉, 중국의 세계적인 화가인 '러우 샤우둥(劉小東)'의 싼샤 댐 노동자들과 방콕의 여성 모델들을 화폭에 담아가는 과정을 담고 있는 〈동〉, 그리고 세계의 하청공장이라 불리는 광둥의 의류공장에서 일하고 있는 여성노동자들과 자본주의 화려한 꽃을 상징하는 패션 디자이너의 활동 등을 대비적으로 담고 있는 〈무용〉의 내용들 모두는 〈24시티〉의 주요 방법론과 콘텍스트가 되고 있기 때문이다.

영화 〈24시티〉에 대한 이상과 같은 배경들을 염두에 두고, 이하에서는 이 영화의 서사구조 방법론에 대해 살펴보고, 스토리 라인을 따라 중국노동자들의 기억과 전망의 변이 과정에 대해 토론하도록 한다.

〈24시티〉에 나타나는 지아장커의 방법론

1) 중국고전소설 서사의 창조적 변용

흔히 그간의 중국영화 연구에 대한 연구방법론들이 주로 미학적 관점에 지나치게 치우쳐 있었다고 지적된다. 이러한 지적은 앞으로 중국영화 연구가 새로운 방향성과 내용의 풍부함을 담보해야함을 역설적으로 보여주는 것이라 할 수 있을 것이다(임대근, 2003: 16). 이는 미학적 접근법이 영화연구에 있어 치명적인 결점이 있다는 의미가 아니다. 오히려 '사회'나 '문화'처럼 복잡성, 추상성, 해석가능성이 다종 다기한 분야일수록 여러 학문 간의 협응이 필요하듯이, 영화연구에 있어서도 다양한 분과학문 간의 학제적 접근이 필요함을 오히려 역설한 것이라고 생각한다. 예컨대 워쇼스키 형제(Larry & Andy Wachowski) 감독(1999)의 〈매트릭스〉를 예로 들어보자. 이 영화의 텍스트

-콘텍스트 분석[14]에는 기존의 정통적인 영화 미학적 비평으로 접근할 수도 있겠지만, 신학적 해석이나 정보사회학적 접근, 문화사회학적 비평, 그리고 매스-커뮤니케이션적 방법론 등이 모두 가능할 것이다. 만약 이러한 접근법들이 효과적으로 수합되거나, 아니면 다양한 독립성을 지닌 채 수용자들에게 제공된다면 영화의 지평은 오히려 더욱 풍부해질 것이다. 이 글에서 살펴보려는 〈24시티〉 역시 이러한 학제적 접근이 요구되는 작품이다. 왜냐하면 지아장커 감독의 전작들에서부터 꾸준히 이어오는 그의 서사구조는 문학을 포함하는 미학적 비평 외에도 다양한 접근과 관점들을 요청하고 있기 때문이다. 이러한 점들을 염두에 두면서 〈24시티〉에서 활용되고 있는 지아장커의 방법론들에 대해 살펴보기로 한다.

〈24시티〉에 나타나는 지아장커의 서사 방식은 페이크 다큐멘터리적 방법 및 중국문학의 장회체(章回體)의 활용 등으로 요약될 수 있다. 이를 차례로 살펴보도록 한다. 첫째, 〈24시티〉에서 사용되고 있는 다큐와 픽션의 혼용[15]은 지아장커에 있어 새삼스러운 것은 아니다. 이미 그의 전작들 중에는 다큐로 제작된 것(〈동〉)이 있고, 다큐와 픽션의 결합으로 볼 수 있는 작품들(〈스틸 라이프〉의 일부, 〈무용〉의 제3부 등)도 존재한다. 다큐와 픽션의 적절한 배합과 이를 통한 의사전달 효과의 증폭은 당연히 지아장커로부터 시작된 것은 아니다. 예컨대 1991년 관진펑(關錦鵬) 감독의 〈완령옥(阮玲玉)〉 역시 다큐와 드라마가 번갈아가며 전개되는 형식을 보여주고, 인터뷰가 활용되고 있다(한국 중국현대문학회, 2006: 72). 중국 이외의 작품들에서도 그 사례들을 볼 수 있다. 그러나 중국의 6세대 감독들에 한정하여 살펴본다면, 지아장커의 이러한 기법은 장위엔(張元)의 〈엄마(媽媽, 1990)〉로부

---

14 | 이에 대해서는 Turner(2004: 7장)를 참고할 것.
15 | 이를 '팩션'(faction)이라 부르기도 한다(fact+fiction의 합성어)

터 가장 큰 영향을 받았을 것으로 짐작된다. 왜냐하면 이 작품은 정신박약아의 엄마가 겪는 고통의 체험을 다큐 형식으로 그린 것인데, 장위엔 감독은 서사구조를 진행시키면서 자신이 직접 현장에서 취재한 관련 장면들을 삽입시키기도 하고, 인터뷰이(interviewee)들의 직접적인 경험을 드러내도록 하는 등 〈24시티〉에서 공통적으로 볼 수 있는 기법들이 이미 적극적으로 활용되고 있기 때문이다(이종희, 2000: 131).

이러한 기법(다큐+픽션)의 사용은 중국 고전문학의 '장회체(章回體) 소설'에서도 살펴볼 수 있다. 장회체 소설의 서사구조(成書過程)는 '있는 이야기들'(다큐)을 모아서 '자신의 창작'(픽션)을 가미하는 방식이다. 오승은(서유기)과 나관중(삼국연의) 그리고 시내암(수호전)등의 작품이 대표적이다. 이들은 저자라기 보다는 편저자의 역할을 수행하고 있다(이치한, 2006을 참고할 것). 그러나 편저자인 이들과는 달리 지아장커는 편저자의 역할을 수행함과 동시에 그의 작품에 직접 출연하고 있다는 점에서 차별성을 갖는다(그는 〈24시티〉에서 인터뷰어(interviewer)의 목소리로 출연한다). 그리고 그의 〈24시티〉는 8명의 노동자 인터뷰를 마치 장회체 소설의 '장' 혹은 '회'처럼, 각각 8분 정도의 분량으로 구성하였고, '단선서사구조'(一線貫穿結構)인 장회체소설의 주된 서사구조(李庆信, 1995: 12-19)처럼 인터뷰이들의 릴레이를 통해 50년대부터 현재에 이르기까지 '선(線)'의 성격을 지닌 역사를 이야기한다(지아장커, 2009a: 254). 이러한 점에서 〈24시티〉는 삶을 통해 중국인들의 몸에 녹아있는 중국 전통문예양식을 지아장커 감독이 창조적으로 계승한 것으로 평가할 수도 있을 것이다.

둘째, 〈24시티〉에 자주 등장하는 시와 음악의 사용 부분 역시 중국 전통문예방식 중의 하나인 '시소 時騷[16]'의 활용이라 할 수 있다[17]. 중국의 고전소설에서는 작가가 자신이 서술한 문장이 거짓이 아니라 (역사적) 사실을 반

---

16 | 「詩經」과 굴원(屈原)의「離騷」에서 각각 따온 말이며, '시사(詩詞)'라 하기도 한다.

영하고 있다는 것을 증명하기 위해, "내가 지금까지 쓴 글은 (이러한) 시로써 증명할 수 있다"며 시를 즐겨 인용한다(이른바 '有詩爲證'). 즉 시 속에 역사가 담겨있고, 나의 상상력이 단지 허구에 그치는 것이 아니라는 것을 시로써 증명하는 셈이 된다[18].

〈24시티〉는 이러한 방법을 적극 활용하고 있다. 예컨대 〈24시티〉의 어느 장면을 보면, 중국 남부 지방의 연극 형식인 '월극 越劇' 공연을 준비하는 모습이 나오는데, 이는 〈홍루몽〉의 한 대목인 '장화사 葬花詞'를 기반으로 하고 있다. 이의 주요 내용은 꽃이 사람들에게 밟힐 것을 염려한 〈홍루몽〉의 여자주인공인 린따이위(林黛玉)가 떨어진 꽃들을 거두어 장례를 치루며 부르는 노래이다. 이는 영화 속의 샤우화(小花, 陳冲 분)가 자신이 처한 처지를 은유적으로 표현하고 있는 것이라 할 수 있다(자신의 이름에도 '花'가 들어 있다). 이처럼 〈24시티〉에서의 '시소전통'은 운율감이 있는 운문 혹은 서정성이 짙은 짧은 시인 동시에, 영화에 삽입되는 노래(가사)를 의미하는 것으로 해석해도 좋다[19]. 지아장커는 자신의 전 작품을 통해 당대 또는 과거의 유행가들을 즐겨 활용한다. 예를 들어 〈24시티〉에는 예칭원(叶倩文)의 '옅게 취한 일생(淺醉一生)'[20]이 흐르기도 하고, 치친(齊秦)의 '바깥세상(外面的世界)'이 깔리기도 한다. 그리고 〈24시티〉의 주제가는 린창(林强)이 작사·작곡한 '미래는 어디에 있나?(未来在哪里)'이다[21]. 영화 속에서 이러한 노래들은 작품에 대한 심미효과를 높이고, 작가의 창작과 관객의 감상이 자연스럽

---

17 | 문인의 詩와 詞가 문인소설(문언소설)에 들어간 시초는 「穆天子傳」, 「燕丹子」이며, 비교적 대량으로 삽입된 것은 당나라 때의 전기소설인 「游仙窟」과 「鶯鶯傳」부터이다. 이 시기에는 아직 문인들의 시와 사가 통속소설에 들어가지는 않았다. 즉 당송의 講唱문학과 송원의 話本體에는 민간의 통속시가가 삽입되었다. 송원의 화본체 소설부터 특히 「삼국연의」로 대표되는 장회체 통속소설이 탄생하면서부터 문인들의 시와 사가 통속소설에 삽입되기 시작하였다(林辰, 1993: 28).

18 | 소설 속에 시나 산문 등이 삽입되어 있는 문제를 문비중체(文備衆體)라 한다.

19 | 그러나 영화는 종합예술이기 때문에에 영화음악(노래와 연주곡)이 포함되는 것이 당연하며, 해석 여하에 따라 '시소전통'과 관계없다는 주장도 있을 수 있다.

20 | 우위센(吳宇森) 감독(1989)의 〈첩혈쌍웅〉의 주제가이기도 하다.

21 | 린창은 대만의 가수·작곡가이자 영화음악감독이다. 허우샤오시엔(侯孝賢)의 〈희몽인생〉에 배우로 출연하기도 했고, 그의 〈남국재견〉, 〈밀레니엄 맘보〉의 음악을 담당했다. 그리고 지아장커의 〈세계〉의 음악을 맡기도 했다(강병진, 2009: 86-89를 참고할 것).

게 녹아들게 만들기도 한다. 이렇듯 '시소전통'은 작가의 주관정서를 부각시키거나 사건을 서술함에 있어 '언지서정(言志抒情: 서사를 하며 정감을 표현하다)'을 드러내는 효과를 지닌다(이치한, 2006을 참고할 것). 지아장커의 〈24시티〉는 상술한 바와 같이 전통장회체소설의 서사전통인 '시소전통'을 적극적으로 활용함으로써 이러한 효과를 극대화하고 있다.

2) 아래로부터의 역사

〈24시티〉의 중국판 영화 제목인 〈二十四城記〉를 유심히 살펴볼 필요가 있다. 지아장커 감독이 명백한 의도를 가지고 붙였다고 생각되는 이 제목은 사마천의 「史記」의 '記'와 일치한다. 주지하다시피 '記'는 기록을 의미한다. 그리고 사마천의 「사기」는 공자가 서술한 역사서인 「춘추(春秋)」의 전통을 비판적으로 수용한 역사학 방법론을 제시한다(보다 구체적인 내용에 대해서는 김기봉, 2009: 149-151을 참조할 것). 즉 「춘추」의 역사서술방식은 편년체(編年體)임에 비해, 「사기」는 기전체(紀傳體)로 이루어져 있다. 기전체는 본기(本紀)·열전(列傳)·지(志)·연표(年表) 등으로 구성되어 있는 역사 서술 방식이다. 지아장커는 자신의 〈24시티〉를 제작함에 있어, 「사기」를 염두에 두고 이 중에서도 열전(列傳)의 형식을 주요 방법론으로 채택한다. 잘 알려져 있듯이 열전은 역사 속을 풍미했던 다양한 인물들에 대한 기록을 의미한다. 즉 역사 속의 인물들을 조망함에 있어 구조와 행위 수준 간의 긴장감을 잃지 않고, 역사적 사실을 더욱 풍성하게 드러내는 방법이라 할 수 있다. 이를 사회학적 방법론으로 바꾸면 '일상생활의 사회학'이 된다. 왜냐하면 일상생활의 사회학에서 다루는 일상의 최소 단위는 '오늘(시)-여기(공)'이기 때문이다(이성철, 2010: 102-103). 그러나 일상이 최소 단위라고 해서 양적-질적으로 가장 작거나 적은 것을 뜻하는 것은 아니다. 왜냐하면 최소 단위 안에 최대의 것을 품고 있는 일종의 '문화특질'(cultural traits)이기 때문이다. 한편 우리의 일상에서 중핵을 차지하고 있는 것은 다름 아닌 노동이다. 우리는 일상의 노동을 통해 온전한 유토피아를 실현할 수 있다는 바람을 매번 가지지는 않지만, 미래의 어떤 가능성 정도는 실현할 수 있을 것이라는 기대를 하고 있다. 이러한 의미에서 〈24시티〉에 등장하는 노동자들의 기억과 전망을 살펴보는 것은, 이들의 일상에 잠겨 있는 역사와 모순, 그리고 전망 등을 끄집어내는 것과 다를 바 없을 것이다[22].

영화 〈24시티〉에는 영화배우 4명(하우따리(郝大麗): 뤼리핑(呂丽萍) 분, 쏭웨이똥(宋衛東): 첸찌엔삔(陈建斌) 분, 꾸민화(顧敏華): 첸총(陈冲, 조앤 첸) 분, 쑤나(蘇娜): 자오타오(赵涛)분)[23] 의 허구와 실제 노동자 5명(허시쿤(何锡昆)), 왕찍렌(王芝仁), 꽌펑지어우(关凤久), 허우리쮠(侯丽君), 짜우깡(赵刚))의 진솔한 삶의 이야기가 어우러져 있다[24]. 즉 진짜 노동자와 가짜 노동자가 뒤섞여 있는 셈이다. 지아장커의 의도는 가짜를 통해 진짜의 진정성을 의심하게 하려는 것이 아니라, 오히려 그 의심 안에서 화자들의 진정한 의미를 길어 올리기를 희망하고 있다(허문영, 2009: 101). 이들의 이야기 속에는 텍스트로서의 역사와 콘텍스트로서의 삶이 씨줄날줄로 교직된다. 이들의 말들은 몸짓보다 더 큰 울림을 갖는다. 지아장커 역시 관객들이 〈24시티〉를 동작보다는 언어를 중심으로 바라보길 원한다고 밝히고 있다(2009a: 252). 인물들의 릴레이식 배치를 통해 1958년부터 2008년까지의 중국 노동자들의 역사가 조망된다. 이 기간 동안의 전체 역사는 청두의 '420공장' 노동자들의 역사로 드러난다. 즉 미시사를 통한 거시사로의 접근 방법을 취하고 있는 셈이다. 이러

---

22 | 일상생활의 방법론에 관한 보다 구체적인 내용에 대해서는 Harootunian(2006)과 이성철(2009)을 참고할 것.
23 | 이들의 주요 출연작은 다음과 같다. 뤼리핑=〈푸른 연〉; 첸찌엔삔=〈공자-춘추전국시대〉; 조앤 첸=〈마지막 황제〉와 〈색, 계〉; 지아장커의 페르소나인 자오타오=〈스틸 라이프〉와 〈세계〉 등.
24 | 지아장커는 영화의 사전작업을 위해 노동자들의 인터뷰를 광범위하게 진행한다. 이를 토대로 출간한 책이 「중국공인 방담록」이다. 책에는 영화에 출연한 사람 중 1명(허시쿤(何錫昆))이 빠져 있고, 영화에 없는 7명(朱继东; 陈克勤; 沉建光; 万孝虎; 釋隆恩; 黃雨)이 들어가 있다. 7명 중 朱继东은 부인과 찍은 사진이 초상으로, 그리고 高翔은 창문을 내다보는 초상으로 영화에 등장하고 있다.

한 역사 서술 방식은 프랑스의 아날학파에서 찾아볼 수 있고, 로버트 단턴 (Robert Darnton, 1996) 등의 신문화사적 접근에서도 두드러진다. 이러한 관점에서 노동자의 역사를 살펴보려는 시도들은 위르겐 쿠진스키(Jürgen Kuczyski)와 옥스퍼드 대학교 노동학부에서 발행한 「역사작업장」지의 입장에 잘 나타나 있다(보다 구체적인 내용에 대해서는 강성호, 2003: 65-82를 참조할 것). 그리고 이러한 접근법은 노동조합이나 당의 엘리트 활동가 중심의 역사 서술에서 벗어나 일반 대중 노동자들의 일상생활 탐구를 통해 이를 역사화하려는 연구목적을 지니고 있다. 쿠진스키에 따르면 기존의 마르크스주의 역사학이 중요한 의미를 지닌 큰 투쟁에만 집중함으로써 노동대중들의 일상 투쟁을 소홀히 취급했다고 비판하면서, '아래로부터의 역사'를 재정립해야 한다고 강조한다.

이상에서 설명한 〈24시티〉의 방법론들을 배경으로 하여, 이제 구체적으로 영화의 내용들에 대해 살펴보기로 한다.

〈24시티〉에 투영된 중국노동자들의 기억과 전망

1) 중국 50년의 공업기억

더들리 앤드류(Dudely Andrew, 예일대학교 비교문학과)는 〈24시티〉 토론회에서 지아장커에게 이 영화에 9명의 노동자를 배치한 이유에 대해 질문한다. 이에 지아장커는 이 영화를 찍기 위해 백여 명을 인터뷰했고, 오십여 명을 촬영했으며, 다섯 명을 주요 배역으로 배치했다고 하였다[25]. 그리고 자신

---

[25] | 지아장커는 2006년 말 뉴스를 통해 청파집단의 소식을 접한다. 이에 그는 계획경제에서 시장경제로의 전환 과정에서 노동자들이 처한 상황을 영화에 담기로 한다. 그리고 〈成都商報〉의 광고를 통해 인터뷰이들을 모집하였다(지아장커, 2009b: 2-4).

은 한 사람이 영화를 끌고 나가는 것을 싫어하며, 군상(群像)의 색채가 현실의 복잡성을 효과적으로 드러내기 때문에 이러한 배치를 하였다고 말한다. 이 군상들은 시간적인 연속성(50년 정도)을 갖고 있고, 인물과 인물들은 서로 연동하는 관계에 있으며(즉 세대의 문제), 이들의 이야기는 지나치게 개인적이거나 독특한 것이 아니라 대부분의 중국인들에게는 상식적인 것이라고 말한다. 그리고 이러한 상식성은 관객들에게 더 많은 상상의 공간을 제공할 수 있고, 나아가 이 상상의 공간에 자신들의 경험을 투영할 수 있기 때문에 이것은 개별 사안이 아니라 집단성의 기억이 되는 것이라고 강조한다. 그는 이를 '중국 50년의 공업기억'(工業記憶)으로 표현한다(지아장커, 2009a: 253-254; 2009b: 3). 이러한 의미에서 개인 또는 집단의 기억은 역사가 된다. 왜냐하면 기억되고 있는 과거는 역사가 되고, 망각된 과거는 역사가 되지 못하기 쉽기 때문이다. 그리고 화자들이 과거에 대해 이야기를 한다는 것은 그 이야기 속에서 미래에 대한 전망을 염원하고 있을 수 있기 때문이다. 이러한 의미에서 역설적으로 역사는 '지나간 미래'이기도 하다(김기봉, 2006: 76, 159). 이를 '기억의 정치' 혹은 '기억투쟁'이라 불러도 좋을 것이다. 김영범은 기억의 정치를 "집합기억(collective memory)의 역사화나 무화(無化) 과정에 개입하는 사회·문화적 및 정치적 힘들의 역학관계와 그것을 둘러싼 담론적 실천의 기제를 일괄하는 개념"으로 정의한다(김민환, 2003: 400-401에서 재인용).

그리고 윌리엄스(Raymond Williams)는 한 개인이나 집단이 갖고 있는 이러한 역사적 경험 형태를 '정서구조'(the structure of feelings)로 표현한다. 윌리엄스에 따르면 정서는 비단 주관적인 것과 개인적인 것만을 의미하는 것이 아니라, 화석화된 이데올로기 따위를 넘어서는 생동적이며 상호관련적인 현재적인 실천의식을 말한다(이에 대해서는 이성철, 2009a: 103-105를 참고할 것). 즉 사람들의 정서 속에는 현실의 어떠한 생산양식이나 지배적인 사회질서도 이들의 에너지 및 의도들을 모두 포섭하거나 탕진시킬 수 없는 특징들이 있다는 것이다. 다시 말하자면 행위자들은 과거를 단순히 기억만 하는 것이 아니라, 그리고 '날조된 전통'(invented tradition: 홉스봄의 용어)에 일방적으로 복속당하는 것이 아니라, 기억의 반추를 통해 '지금-여기'의 삶에 대한 비평과 미래에 대한 전망을 함께 지니고 있다는 점이다. 이는 영화 속 인터뷰이들의 정서구조에서도 찾아볼 수 있다. 예컨대 이들 등장인물들이 안고 있는 정서구조는 단위체제의 해체라는 공통분모를 가지면서도, 세대별로는 상이한 양상으로 나타난다. 그러나 영화 속에서 나타나는 세대 문제는 단위체제의 해체 또는 중국사회의 자본주의적 변모라는 보편적 발전과정 속에서 드러나는 특수성이라는 점이 강조되어야 한다. 왜냐하면 부모 세대로부터 자녀세대로의 역사적 진전과정은 이들 두 세대 간의 단절 또는 소통부재만을 의미하는 것이 아니라, 또 다른 면에서는 앞선 세대들의 역사적 상흔들이 자녀 세대들에게 다양한 형태로 각인 또는 탈각되는 과정이기도 하기 때문이다. 이상의 논의들을 바탕으로 이 시기 중국 노동자들의 기억과 전망들이 영화에 어떻게 투영되고 있는 지를 살펴보도록 한다. 아래의 〈표〉는 영화 속에 등장하는 인물들의 주요 이력들이다[26].

〈표〉 등장인물들의 주요 이력

	허시펀	판펑지어우	허우리췬	하우따리*	쏭웨이똥 *	꾸민화 *	짜우깡	쑤나 *
출생	1948년생 청두출신	1935년생 랴오닝성	1953년생 셴양출신	셴양출신	1966년생 청두출신	1958년생 상하이출신	1974년생 청두출신	1982년생 청두출신
직무	기계설비 유지·보수	보위과장 > 위원회 부서기	63작업장 수리공	포장작업	회장실 부주임	정밀작업장 품질검사원	아나운서	구매대행
경험	계획경제, 문화혁명, 무장투쟁	계획경제, 3선 배치	계획경제, 구조조정 (下崗)	계획경제, 420 역사	쌍궤제, 중-월전쟁	쌍궤제	시장경제, 개혁·개방	시장경제, 개혁·개방

주1 : 쌍궤제(雙軌制)는 계획경제와 시장경제 체제가 병존했던 시기를 말한다. 계획경제 시기는 1949-1976년, 쌍궤제는 1976-1992년, 그리고 시장경제체제는 1992-현재까지로 분류된다(장영석, 2002: 80-81).

주2 : *는 허구의 인물임. 왕찌렌은 자막으로 이름이 처리되어 있지 않음. 이로 인해 등장인물이 8명 혹은 9명이 되는 것임.

26 | 하우따리, 쏭웨이똥, 꾸민화 그리고 쑤나는 허구이며 전문 배우들임.

영화는 청파집단으로 출근하는 노동자들의 모습으로 시작되고, 뒤이어 현장의 단조작업(forging)과정을 보여준다. 그리고 또 다른 한편에서는 청파집단 '420공장'의 이전 및 화롄 부동산의 토지 접수의식이 진행되고 있다. 청파집단의 고위 관료인 듯한 사람이 연단에 올라, "(오늘은) 정말 감회가 새롭습니다. 청파집단의 발전사에서 이것은 청파집단의 끝이 아닌 새로운 시작입니다… 국가 발전을 위한…"이라는 인사말이 이어지는 가운데, 영화의 주요 인물들이 차례로 등장한다. 참고로 '420공장'의 역사는 '제 3선' 지역의 발전을 원하는 마오쩌뚱(毛澤東)의 지시에 따라 센양(深陽)에 위치한 '111공장'의 노동자들(약 4,000여 명)이 청두로 이주(1958년)하면서 시작된다. 즉 이들 이주 노동자들에 의해 '420공장'이 건설된 것이다. 여기서 말하는 '삼선(三線) 정책'은 다음과 같다. 1950년 마오쩌뚱은 상하이의 군수시설을 쓰촨(四川)과 페이저우(貴州) 등으로 옮기기 위해 덩샤오핑을 남서쪽으로 보내 타당성 조사를 실시하였다[27]. 이러한 계획을 세우게 된 배경은 중국의 방위산업체들이 지나치게 특정 지역에 밀집된 나머지 미국의 원폭 공격에 무방비로 방치되어 있다고 생각하고 있었기 때문이다. 한국전쟁은 이러한 계획에 더욱 박차를 가하는 계기가 되었다. 이 결과 중국 핵무기 제조공장의 4분의 3, 그리고 항공산업체의 절반 이상이 '삼선정책'에 따라 옮겨졌다. 이 정책은 덩샤오핑 집권 이후 1980년에 중단되고, 상당수의 군수산업들이 업종전환을 하게 된다(Hessler, 2003: 144-145)[28]. 이는 〈24시티〉 속 '420공장'의 변모과정에서도 비슷하게 나타난다.

---

27 | '삼선정책'에 의한 상하이 주민들의 이주문제를 다루고 있는 영화는, 6세대 감독인 왕샤오쑤아이(2005)의 〈상하이 드림(靑紅)〉을 들 수 있다. 참고로 〈24시티〉의 꾸민화도 상하이 출신이다.

28 | 제 1라인은 정치·경제적으로 중요도가 제일 높은 대도시들(베이징과 상하이 등을 포함한 15개의 대도시)을 의미하고, 제 2라인은 제 1라인 보다 덜 중요한 도시들이다. 그리고 제 3라인은 전국의 전략적 후방 지역이다. 중국 서남부와 서북부가 이에 해당한다(지아장커, 2009a: 255~256). 이러한 점을 염두에 둔다면 군수물자를 생산하는 '420공장'이 왜 청두에 입지하게 되었는지 짐작할 수 있을 것이다. 당시 청두지역은 한국전쟁의 주요 군수지원 후방 중의 하나였다.

2) 대약진운동과 문화대혁명의 기억과 전망

(1) 꽌펑지어우

상술한 역사적 경로를 통과해온 영화 속의 대표적인 인물은, 두 번째에 등장하는 꽌펑지어우를 들 수 있다. 그는 1935년 랴오닝성(遼寧省) 출신이다. 랴오닝성의 성도가 센양임을 고려한다면, 영화 속에서 분명히 밝히고 있지는 않지만 꽌펑지어우 역시 센양 출신이라 생각해도 무방할 것이다. 청파집단에 소속되기 전에는 '111공장'의 보위과장을 역임하였고, '420공장'에서의 퇴임 시에는 공장 당위원회 부서기를 맡고 있었다. 그의 기억에 따르면, '420공장'은 마오쩌뚱의 전략에 따라 군수산업들은 3선지역의 산을 끼고 공장들을 은폐하는 작업의 일환으로 건설된다. 공장의 건설은 센양의 '111공장'(비행기 엔진 수리공장) 노동자들에 의해 수행되었다. '111공장'은 한국전쟁 시기 '미그 15기' 등의 비행기를 수리했다고 한다. 이 공장의 약 60%에 달하는 노동자들(약 4천여 명)이 420공장의 건설을 위해 청두로 이주하게 된다(1958년 11월 3일부터 이주 시작). 꽌펑지어우의 이러한 기억은 영화 속 제1세대들의 주요한 역사적 배경이 된다. 그리고 영화에는 없지만 지아장커와의 인터뷰에 따르면, 그는 청파집단의 변천에 대해 시종 낙관적인 태도를 견지하고 있다. 그는 "이것은 시대의 발전이고 진보이다. 우리가 투쟁했던 모든 것은 오늘의 경제번영을 위한 것이었다"고 말한다. 그리고 영화에서는 나타나지 않지만, 꽌펑지어우의 아들은 '420공장'기계재료부문의 부장이자 총지서기(總支書記)이고, 손자는 시안(西安)의 외국어 대학에 재학 중이다. 그는 현재 손자가 외국어와 물류를 전공하기도 하거니와 '420공장'에 많은 사람들이 필요한 것도 아니어서 손자를 이 공장에 취직시키려 하지 않는다(지아장커, 2009b: 7-22).

(2) 허우리쮠

이 당시의 세대들이 겪은 주요 역사적 사건들은 대약진운동(1958-1961), 문화대혁명(1966-1976) 등이 대표적이며, 영화 속의 실제 노동자 4명의 삶에도 중첩되어 있다. 예컨대 1953년생인 허우리쮠은 자신의 어머니를 회상하면서, 그녀의 어머니가 1958년 셴양에서 청두로 이주해온 후, 고향인 셴양을 처음 방문하게 된 때가 1972년이라면서, 이 때 고향의 외조부모님들이 어머니를 껴안고 통곡을 한 장면을 뚜렷이 기억하고 있다. 허우리쮠은 14년 만의 고향방문(이 당시 자신의 나이는 18-9세였다고 한다)에서 일어난 이러한 슬픈 해후의 이유를 몰랐다고 한다. 지금은 그 까닭을 알고 있는듯하지만 영화에서는 드러내지 않는다. 외할머니는 이로부터 13년이 지난 1985년에 청두를 다시 방문하게 되지만, 이듬해에 세상을 뜬다(87세). 그 후 허우리쮠은 아들이 초등학교 6학년이었을 당시(1994년, 41세), 구조조정의 일환으로 면직(下崗)을 하게 된다. 이를 역산해보면 그녀는 중국의 개혁·개방이 한창 진행 중인 시기에 회사를 나온 셈이 된다[29]. 그녀는 주임들에게 왜 자신이 첫 번째 구조조정의 대상이 되었는 지에 대해 다음과 같이 물었다고 한다. "(내가) 지각이라도 한 번 했느냐?, 열심히 일을 하지 않았느냐?, 일을 하면서 실수를 한 적이 있느냐?" 이에 대해 주임들은 그런 적이 한 번도 없었다고 말하며, "(공장의) 일거리가 나날이 줄어들어 많은 사람들이 필요 없게 되었고, 이에 따라 (공장)의 수입도 줄게 되어 많은 사람들을 먹여 살릴 수가 없게 되었다"며 아주 미안해하였다고 한다. 그러나 공장의 손익에 대해서는 '딴웨이(단위 체제를 말함)'가 스스로 책임을 져야했기 때문에 면직자들은 일정 정도의 생활비를 받고 회사를 떠날 수밖에 없었다고 한다[30]. 당시의 이러한 중국식 정

---

[29] | 1990년 이후 국유경제단위에서 퇴직한 사람들의 추이를 살펴보면 다음과 같다(단위=만 명). 1990년=1724/ 1991년 =1833/ 1992년=1972/ 1993년=2143/ 1994년=2249/ 1995년=2401/ 1996년=2515/ 1997년=2638 등(백승욱, 2001: 257).

리해고 제도를 '샤깡'(下崗)이라고 한다. 이 제도는 실업과는 다소 다른 것으로 실업이 기업과의 고용관계가 해지되어 소속 직장이 없는 상태인 반면, 면직은 직무에서는 면직되었지만 아직 소속 기업과의 고용관계가 유지되고 있어, 주택과 사회보장 등의 혜택을 받고 또한 기업으로부터 생활비 보조 및 재취업훈련을 받을 수 있는 경우를 말한다. 그러나 실제 생활의 측면에서는 실업자와 큰 구분이 되지 않는다(백승욱, 2003: 79-80). 이러한 면직제도는 1993년부터 늘어나기 시작했다[31]. 허우리쮠은 이 시기에 면직을 당한다.

면직 이후 그녀는 인재교류센터(직업소개소)에 구직신청을 하는 한편, 교

〈표〉 총고용(백만 명) 및 산업부문별 고용비율(%)

연도	총고용	농촌고용비율	제조업고용비율	기타부문고용비율
1985	498.73	62.40%	16.70%	20.80%
1986	512.82	60.90%	17.50%	21.50%
1987	527.83	60.00%	17.70%	22.30%
1988	543.34	59.40%	17.80%	22.90%
1989	553.29	60.00%	17.80%	22.70%
1990	639.09	53.40%	15.20%	31.40%
1991	647.99	53.90%	15.40%	30.70%
1992	655.54	53.10%	15.60%	31.30%
1993	663.73	51.20%	15.80%	33.10%
1994	671.99	49.70%	16.00%	34.30%
1995	679.47	48.60%	16.10%	35.20%
1996	688.50	47.80%	15.90%	36.30%
1997	698.20	47.40%	15.40%	37.20%
1998	706.37	47.00%	13.20%	39.80%
1999	713.94	46.90%	12.70%	40.40%
2000	720.85	46.30%	12.40%	41.30%
2001	730.25	45.20%	12.20%	42.60%
2002	737.40	44.10%	11.30%	44.70%

* 제조업은 광업과 설비 포함. 기타에는 건설 포함.

출처 : Asian Development Bank, Key Indicators 2002, www.adb.org; Asian Development Bank, Key Indi-cators 2003, www.adb.org.(Hart-Landsberg et al., 2005: 85에서 재인용 및 재구성).

---

30 | 중국식 국유기업 구조조정에서 나타난 감원 혹은 면직의 형태. 직책에서 물러났다는 뜻으로 최저 생활 보조비(대개 원래 임금의 15~20%)만 받는 실업 상태의 인원을 지칭한다. 기업에 적을 두고 있어 실업자로 분류되지는 않으나 실질적 실업자라 할 수 있다. 이들은 정년퇴직에 해당하는 연령까지 스스로 보험료를 내지 않으면 의료보험 등과 같은 사회보장을 받을 수 없다. (지아장커, 2009a: 257; 강준영, 1998: 407)

31 | 연도별 면직자 수의 추이는 다음과 같다. 1993년=300만 명/ 1996년=891만 명/ 1998년=1730만 명/ 2000년 이후=1천만 명 수준을 유지. 누적적으로 보면 도시노동자의 약 1/4이 정도가 면직 처리되었다. 그리고 면직자들은 주로 고령자, 여성, 국유기업 밀집지역, 사양산업 및 합병분야에서 집중적으로 발생하였다(백승욱, 2003: 82; 장영석, 2002: 98).

통경찰의 단속을 피해 좌판노점을 하기도 하고, 친구의 소개로 여러 일감들을 전전하기도 하였다. 현재는 집에서 재봉 일을 하고 있다. 그녀는 현재의 일에 대해 다음과 같이 말한다. "어쨌든 집에서 일을 좀 해야 좋지 않겠습니까. 수입도 있고, 일도 있고…

사람이 일이 있으면 좀 천천히 늙습니다." 그러나 그녀의 이러한 발언의 이면에는 단위체제의 해체 이후 현재의 중국이 안고 있는 경제구조의 한 단면이 드리워져 있다. 이는 〈표〉에서도 확인할 수 있다.

옆의 〈표〉에 대해 잠깐 살펴보도록 한다. 첫째, 조사기간 동안 총고용 인원은 꾸준히 증가하고 있다. 둘째, 농촌 부문의 고용비율과 제조업 부문의 고용비율은 같은 기간 동안 감소세를 보인다. 셋째, 반면 기타 부문의 고용 비율은 2배 이상 증가하였음을 볼 수 있다. 이는 중국의 제조업 생산과 수출이 급속히 성장하고 있음에도 불구하고 이에 상응하는 고용의 증대를 동반하지 못하고 있음을 보여주는 것이고 또한, 농촌 부문으로부터 이탈한 노동력이 서비스 부문이나 건설 부문 등으로 대거 흡수되었음을 반증하는 것이다. 허우리쮠의 삶 역시 국영 부문에서 기타 부문으로 전환되었음을 짐작할 수 있을 것이다. 그리고 옆의 〈표〉는 도시 건설 부문에 대거 유입되어 있는 중국의 농민공(또는 민공) 문제도 함께 내포하고 있는 자료가 될 것이다.

(3) 허시퀜

영화에서 제일 먼저 등장하는 허시퀜(2008년 현재 61세)은 앞서 살펴본 허우리쮠보다 나이가 많은 1948년생이지만, 그는 셴양이나 상하이로부터 이주해온 노동자가 아닌 청두 출신의 토박이 노동자이다. 그가 '420공장'에서 일을 시작한 때는 1964년이다. 이 공장이 들어서고 난 뒤 약 8년이 지난 후에, '61작업장'의 실습생으로 들어와 일을 하다가 군복무를 마치고 지금에 이르고 있다. 그의 직무는 기계조립과 설비들의 유지·보수이다.

그의 노동기억에 가장 뚜렷하게 남아 있는 것은 사회주의 선진노동자에 대한 존경이다[32]. 즉 당시 그의 팀장으로부터 배운 기술적 숙련과 노동과정에 대한 책임의식 등에 대한 자부심이 대단하다. 허시퀜이 처음 일을 할 당시에는 작업에 필요한 공구들을 직접 만들어서 사용한 경우들이 많았다고 한다. 예컨대 직접 만든 '꽈따우'(刮刀, Scraper)라 불리는 절삭도구의 사용에 있어 왕사부(왕쯰렌王芝仁)[33]는 "조그만 재료들일지라도 여러 사람들의 손을 거쳐 자네 손에 오게 된 것임을 명심하고, 아껴서 써라"는 말을 누누이 강조하였다고 한다. 허시퀜은 이 말에 깊은 감명을 받고 이후 인민의 결실을 허투루 사용하지 않는 절약 정신을 갖게 되었다고 말한다.

그리고 허시퀜이 겪은 대표적인 역사적 사건은 문화대혁명 시기에 발생한 '무장투쟁'(武鬪: 1967년, 19세)이다[34]. 흔히 문화대혁명은 '중국 현대사의 트라우마'로 불린다. 문화대혁명에 대한 해석은 마오쩌둥의 권력투쟁설과 대안적 모델을 향한 유토피아적 전망의 결과, 그리고 사회적 충돌설 등 다양하게 제시되고 있다(이에 대해서는 백승욱, 2007①을 참고할 것). 이러한 상이한 입장을 상세히 소개하는 것은 이 글의 범위를 벗어난다. 다만 허시퀜의 경험이 의미하는 바를 살펴보면 이는 권력투쟁설에 보다 가까울 것으로 판단된다. 왜냐하면 그는 "청두의 무장투쟁이 극심할 때 공장과 광산들이 모두 생산을 중단했었다. 그래도 그(왕사부)는 출근을 했었는데 공장에는 아무도 없었다. 이 얘기를 하자니 마음이 좀 괴롭다"며 한숨을 쉬는 모습이 부각되기 때문이다. 1967년 5월부터 전개된 급진적 조반파(造反派)와 당시 국가주석이

---

32 | 이 당시 중국에서는 이들을 '혁명적 기술자'라 불렀다(장영석, 2007: 209).
33 | 그는 초창기 공장의 모습을 다음과 같이 묘사한다. "한 나절만 쉬고 밤에는 야근을 했어. 설, 명절, 주말 모두 특근을 했어. 그 때는 임무가 비교적 급박했었어. 항미원조(抗美援朝)의 기간이었잖아?"
34 | 1967–1969년 사이에 중국전역에서 일어난 무장투쟁으로 인해 30만–50만의 사상자가 발생하였다.

었던 려우샤우치(劉少奇) 중심의 우파 그룹간의 무장투쟁은 영화의 공간이 되는 청두에서 집중적으로 발생하였다. 특히 청두는 군대가 조반파를 적극 지지하며 보수파를 억압했던 대표적인 지역이기도 했다(장영석, 2007: 202). 그러나 문화대혁명 기간 동안 공장에서 일어난 주요 변화는 노동자들의 기억에 매우 각별한 것이 되기도 했다. 예컨대 노동자와 경영자의 공동 경영참여(兩參), 노동자·기술자·간부 및 청년·중년·노년 노동자의 삼결합(三結合) 경험, 그리고 공·농·병 대학 등과 같은 노동자 기술자 양성 시스템의 도입 등이 그것이다(백승욱, 2007①: 66-74; 장영석, 2007: 218). 영화 속에서 허시퀀이 언급하는 주요 내용들이 대부분 포함되어 있는 셈이다.

(4) 하우따리

네 번째 등장인물(왕쯰렌을 등장인물로 포함할 경우 다섯 번째) 역시 영화 속의 제 1세대에 해당하는 센양 출신의 하우따리이다(그러나 실제 노동자가 아닌 '뤼리핑'이라는 전문배우이다). 인터뷰 내용을 종합하면 그녀는 2008년 현재 71세이다. 그리고 그녀가 진술하는 말들의 맥락을 살펴보면 앞서 소개한 꽌펑지어우와 허시퀀의 역사적 경험과 중첩된다. 예컨대 '420공장'의 전사(前史)에 대한 묘사에서 이를 찾아볼 수 있다. 그녀의 증언에 따르면, '420공장'은 비밀조직이었기 때문에 '신도기계창'이라고만 불렸다고 말한다. 이는 앞서의 허시퀀이 인터뷰어에게 보여준 공장출입증에 기재된 회사명과 일치한다. 이후 신도기계창은 청파집단으로 불렸고, 이 공장에 붙여진 내부의 일련번호에 따라 '420공장'이 되었다는 것이다. 당시 노동자들은 이러한 사정 때문에 매달 비밀보호수당 5원을 따로 받기도 한다. 1959-1961년 사이에 발생한 자연재해로 인해 중국 전역에 기아가 대량 발생한 것에 비추어 본다면 이는 대단한 특혜가 아닐 수 없었다. 이를 반증하듯, 하우따리는 "다른 곳은 밥도 먹지 못했었는데 우리 공장은 매달 모든 사람들에게 고기를 3 근이나 나누어주었다"고 회상한다. 그리고 1975년 당시의 월급은 58원이었는데, 이 중에서 30원은 저금을 하고, 용돈을 제외한 나머지 돈은 센양의 부모님께 송금을 할 수 있었다고 한다(그러나 2008년 현재의 처지는 완전히 역전되어 있다). 앞서 살펴본 바 있지만 하우따리의 증언에 기초해서 그녀와 동료 노동자들이 센양에서 청두까지 이동해온 경로를 구체적으로 살펴볼 필요가 있다. 아래의 그림은 이를 요약적으로 보여준다.

〈그림〉 1958년 '420공장' 노동자들의 이동 경로(센양~청두)

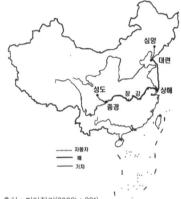

출처 : 지아장커(2009b: 261).

1958년 겨울, 센양에서 조를 나누어 순차적으로 출발한 노동자들은 위의 〈그림〉에서 볼 수 있는 것처럼 심양-대련-상해-양자강-중경-성도의 경로로 이동하였다. 심양에서 대련까지는 차로, 대련에서 상하이까지는 바닷길로, 다시 상하이에서 배를 갈아타서 양자강을 따라 중경으로 이동한 후, 중경에서 다시 자동차로 마침내 청두에 도달하게 되는 긴 역정이었다(15일 소요). 지도에는 기차가 표시되어 있으나 1958년 당시 성보철도가 무너져 있어 기차를 이용한 육로 이동은 불가능하였다고 한다. 이 와중에 그녀는 잠깐의 기착지에서 3살 난 아들을 잃어버리고 만다. 이는 전문배우에 의한 허구적 서사이지만, 지아장커 감독의「중국공인방담록」에 소개되는 실제 사례의 재구성이다[35]. 잃어버린 아이를 끝내 찾지 못하게 된 데는 당시 장제스(蔣介石)의 대륙탈환(중국 본토로의 역습)[36] 등이 구체화되고 있는 시점이었고, 공장은 군사편제로 관리되고 있었기 때문에 이동 중인 노동자들은 군의 출발 명령에 따를 수밖에 없었다고 한다.

지금까지 살펴본 노동자 4명의 기억과 증언들은 '420공장'의 출발과 종결에 이르기까지 1세대 노동자들의 삶의 질곡을 잘 보여주고 있다. 그러나 이하에서 살펴보게 될 또 다른 '420공장'의 노동자들의 그것은 색다른 뉘앙스와 이미지를 지니고 있다. 영화에서는 후반부 4명의 부분으로 넘어가기 직전에 중국현대 시인인 어우양쟝허(歐陽江河, 1956년생)의 '유리공장(玻璃工廠)'(1987)이라는 시의 일부를 자막으로 배치한다(이 시는 원래 엄청난 분량의 대서사시이다). 그 내용은 다음과 같다. "전체 유리공장은 하나의 거대한 눈동자이다. 노동은 그 중에서 가장 검은 부분이다. (整个玻璃工廠是一只巨大的眼珠, 勞动是其中最黑的部分)" 그러나 지아장커는 자신의 영화 자막에서 이를 살짝 변용시킨다. 즉 "비행기를 만드는 공장은 하나의 커다란 눈동자이다. 노동은 그 중 가장 깊은 부분이다. (整个造飛機的工廠是一個巨大的眼珠, 勞動是其中最深的部分)" 지아장커가 시인의 방대한 문장 중에서 유독 이 부분만을 발췌·변용한 이유는 무엇일까? 어우양쟝허 시인이 <24시티>의 공간적 배경이 되는 쓰촨성 출신이라는 점은 큰 이유가 되지 못할 것이다. 앞서 우리는 중국전통문학에서 나타나는 '시소전통'에 대해 살펴보았다. '시소전통'은 작가의 주관 정서를 부각시키거나 사건을 서술함에 있어 '언지서정'을 드러내는 효과를 지닌다는 것을 알 수 있었다. 지아장커는 '420공장'의 커다란 눈동자가 자본의

---

[35] 허우리쥔의 어린 시절 청두로 향하던 배에서 벌어졌던 미아소동에 관한 기억을 재구성한 것(지아장커, 2009b: 51 참고)일 수도 있다.

[36] 타이완으로 쫓겨난 1949년 이후 장제스는 '중국 본토로의 역습'이라는 슬로건을 내건다. 이후 실제로 국지적 전투가 일어나기도 했다.

위력 앞에 점차 빛을 잃어가고, 나아가 단위체제 하의 노동의 의미가 퇴색되어가는 것을 드러내기 위해 위의 시를 차용한 것은 아닐까 생각해 볼 수 있을 것이다. 또한 그의 영화 〈스틸 라이프〉의 한 장면에 등장하는, 로켓처럼 올라가 사라져버리는 건물의 모습이 중첩될 수도 있을 것이다. 왜냐하면 〈스틸 라이프〉의 이 장면은 싼샤 댐의 건설로 인해 주민들의 이전의 삶이 수몰되어 사라져버리는 현실과 〈24시티〉의 단위체제의 해체 등에 따른 노동의 의미 변화와 상동성(相同性)을 갖기 때문이다. 이러한 점을 염두에 두고 다음의 등장인물들에 대해 살펴보기로 한다.

3) 개혁·개방과 빠링허우 세대의 기억과 전망

영화의 중반부 이하에서 등장하는 인물들은 1958년에서 1982년 사이에 태어난 인물들이다. 즉 20대에서 50대에 걸친 인물들의 기억과 전망에 관한 것들이다. 먼저 사무·관리직 노동자들인 쑹웨이뚱(1966년생)과 짜우깡(1974년생)을 살펴보고 난후, 두 여성 노동자 즉 상하이 출신의 여성노동자인 꾸민화(1958년생)와 '빠링허우'(80後) 세대(1980년대 출생자를 총칭하는 개념)인 쑤나(1982년생)에 대해 소개하도록 하겠다.

(1) 쑹웨이뚱

쑹웨이뚱(42세)은 청두출신의 본토박이로, 현재 청파집단 회장실의 부주임으로 근무하고 있다. 그는 어릴 적부터 단위체제의 네트워크 안에서 자랐기 때문에 다른 노동자들과는 달리 자신의 고향인 청두에 대해서 별다른 의미를 부여하지 않는다. 즉 모든 공식교육을 공장 안의 부설학교(子弟學校)에서 마쳤고, 어릴 때부터 단위체제 내의 다양한 사회복지시설(극장, 수영장,

음료수 공장 등)의 혜택을 받아왔기 때문에, '420공장'을 하나의 독립적인 세계로 인식하고 있다[37]. 또한 그는 청파집단이 땅을 판 돈으로 신도시에 새로운 공단을 이미 지었고, 현재의 이곳에는 5성급 호텔이 들어설 것이라며 오히려 이 모든 변화를 긍정적으로 받아들이고 있다. 이러한 까닭에 그의 기억에 중요하게 남아 있는 것은 초등학교 3학년 때, '420공장'의 단위체제 범위를 넘어서 타 동네에 놀러갔다가 그곳 아이들과 싸웠던 기억이나, 고등학교 2학년 때 동북 출신의 여학생(당시 西南醫大 합격생)과 잠깐의 연애를 했던 것이 전부이다. 그러나 여학생 집안의 반대로 교제는 진척되지 않는다. 여기에는 당시 '420공장'의 사정이 많은 작용을 하였다. 즉 그는 대학을 진학하지 않고 아버지의 기술을 배워 공장에 계속 남아 일을 하였지만, 중-월전쟁(1979년)에 따른 군수산업의 특수기가 지나가자 공장의 사정은 매우 어렵게 되었다. 쏭웨이똥에 따르면 공장의 전망이 어렵게 된 것을 안 그녀 집안에서 교제를 반대하기 시작했다는 것이다. 그리고 그녀와의 이별 당시, 그녀가 당시 중국에 방영되고 있던 일본 드라마인 〈혈의(血疑)〉의 여주인공(사치코, 야마구치 모모에(山口百惠 분)의 헤어 스타일을 하고 있었다는 점만 기억할 뿐이다. 〈혈의(血疑)〉는 1980년대 중국에 들어온 일본 아이돌 TV 드라마 시리즈 중의 하나였다. 당시 사치코의 헤어 스타일(뱅스타일의 짧은 머리)은 80년대 중국 여성들 사이에 큰 유행을 하게 된다.

(2) 짜우깡

쏭웨이똥과 약간의 나이 차(8살)를 보이는 짜우깡(34세) 역시 청두 출신이다. 그는 현재 '청두 텔레비전 뉴스종합채널'의 아나운서로 근무하고 있다.

---

226 | 중국국유기업 노동자들은 사회보장혜택 외에 다양한 직공복리를 누렸다. 예컨대, ① 식당, 탁아소, 유아원, 목욕탕, 이발관 등 가사노동을 경감시키는 복리. ② 생활보조금, 주택 및 기숙사의 난방비 제공 등 직공의 생활상의 곤란을 해결하는 복리. ③ 문화관, 도서관 등 직공의 문화생활을 풍부하게 하는 복리 등이 그것이다(장영석, 2002: 85).

그는 16세 때(1990년) 기술학교의 합격증을 받은 후, 인솔교사와 함께 고향인 청두를 떠나 길림으로 향하게 된다. 그에게 있어 이러한 경험, 즉 고향을 떠나 베이징을 거쳐 지린(吉林)으로 향하는 경험은 당시 유행하던 대만 가수 치친(齊秦)의 '바깥세상(外面的世界)'의 노래내용과 일치한다[38]. 그러나 기술학교에서의 첫 학기 마음가짐은 '이제 노동자의 길을 걷는다'는 것이었지만, 이는 곧 바뀌게 된다. 즉 학생의 입장에서 (사회주의) 노동자(예컨대 아버지)를 바라보던 그간의 느낌과, 자신이 실제의 (예비) 노동자가 되어 겪는 경험 간의 괴리를 발견하게 된다. 이 결과 그는 자신의 일(금속재료의 열처리, 발동기 구조의 학습, 연마작업 등)이 매우 단조롭고 지겹다는 것을 알게 되고, 다시 학생으로 돌아가겠다고 결심한다. 그러나 주위 사람들과 부모님은 '지금은 정식 직장을 구하는 것이 어려운 때'이기 때문에 기술학교를 그만두는 것에 대해 반대한다. 실제 당시의 고용지표를 보면 1984년의 경우, 국가부문의 전체 산업노동력(농촌포함) 중에서 정규직 노동자들의 비중은 약 40%에 불과하다. 반면 1994년의 경우 계약제 노동자의 비중은 25%에 이른다(Hart-Landsberg & Burkett, 2005: 47-48을 참조). 즉 국유부문 노동자들의 고용안정성이 매우 불안정해지고 있는 시기라 할 수 있다. 그러나 경제사정이 이러함에도 불구하고, 짜우깡은 짐들을 그냥 둔 채 학교를 나와버린다. 짜우깡의 이러한 기억 속에는 앞서 살펴본 쏭웨이똥의 시기부터 시작된 1980-90년대 중국의 압축적인 변화가 담겨 있다(특히 사회-문화적 변화). 이에 대해 잠깐 살펴보도록 한다.

먼저 1990년대 중반부터 중국의 대학생들은 극심한 취업난에 시달리게 된다. 국가교육위원회의 제도변경에 따라 대졸자의 취업은 더 이상 단위나

---

[38] | 참고로 가사의 일부는 다음과 같다. "아주 아주 오래 전 너는 나를. 나는 너를 소유했었다. 아주 아주 오래 전 너는 나를 떠나 먼 하늘로 날아가 버렸다. 바깥 세상은 정말 대단했다." 한편 이 노래는 문호개방정책 이후 중국 젊은이들의 새로운 삶에 대한 열망과 그들이 실제의 세계에서 마주치게 될 복잡한 심경을 표현하고 있는 것으로 인식되었다.

국가가 적극적으로 책임을 지지 않는, 즉 시장원리에 따라 노동시장에서 경쟁하도록 만든다(1989년과 1994년 두 차례에 걸친 대학 졸업자 직업분배 제도의 골자임). 이 결과 소위 '경남당간영'(京男黨干英)[39]의 조건을 갖춘 학생들 이외의 졸업자들은 심각한 취업난에 봉착한다. 예컨대 1996년의 경우 대졸자의 40% 정도는 일자리를 구하지 못하게 된다(장영석, 1996). 둘째, 이러한 경제 사정임에도 불구하고 사회 전반적으로는 개혁·개방이 가져온 새로운 현상들이 나타난다. 즉 그동안 국가가 주입해온 '국가=당=사회주의 이데올로기'라는 고전적 등식을 강조하는 일상 문화는 더 이상 위력을 발휘하지 못하게 된다(김태만, 2004: 63). 이를 '주선율(主旋律) 문화'라 불러도 좋을 것이다. 주선율 문화에 대한 대중들의 외면 또는 반란은 계획경제에서 시장경제로의 전환이 가져온 소비대중문화의 확산과 밀접한 관련을 갖는다. 예컨대 떵리쮠(鄧麗君)의 노래를 부르며, 칭야오(瓊瑤)와 찐용(金庸)의 소설을 읽었던 중국의 80년대 중반은 엘리트문화와 대중문화의 교차점이라 할 수 있기 때문이다(김태만, 2004: 143-144). 우리는 이러한 변화의 단초를 쏭웨이똥과 짜우깡의 기억들에서 찾아볼 수 있을 것이다.

(3) 꾸민화

꾸민화(샤우화(小花)로 불림. 남동생과 함께 살고 있음)는 〈24시티〉에서 가장 많은 분량의 시간(약 15분)을 차지하며 자신의 기억을 드러내고 있는 허구의 인물이다. 지아장커 감독은 이 영화에서 몇몇 전문배우의 기용을 통해 실제 노동자들의 삶을 희석시키거나 미화하려고 하지 않는다. 오히려 가짜 노동자의 진술을 통해 실제 노동자의 삶을 현실감 있게 복원하고 있다.

---

39 | 북경 출신, 남성, 당원, 학생회 간부, 영어 능통자를 말한다.

즉 실제 노동자들의 방담록을 통해 확보한 정보들을 기초로 하여 당대 노동자들의 있을 법한 다양한 유형들을 제시하고 있다. 꾸민화는 상하이 출신이다. 그녀의 이력(job history)을 소개하면 다음과 같다. 그녀는 1978년 상하이 항공학교(上海航校)에서 '420공장'으로 전출되었다. 이 시기는 문혁 때 지방으로 내려갔던 지식청년(知靑)들이 상하이로 돌아오기 시작한 때이기도 하다[40]. 그녀 역시 연줄을 찾아 청두로 가지 않고 상하이에 머물고 싶었지만 사정이 여의치 않았다. 그녀의 말에 따르면 각지로 흩어졌던 언니와 오빠들이 상하이로 돌아온 탓에, 집안(일곱 식구)이 매우 비좁아져 스스로 청두로의 이주를 결심하였다고 한다. 그녀는 청두의 '420공장'으로 온 첫날부터 미모 덕분에 공장의 큰 화제가 된다. 이로 인해 그녀가 얻게 된 별명은 '표준건'(標準件)이었다. 그녀는 이 의미가 '공장의 꽃'(廠花)임을 나중 알게 된다. 이후 많은 사람들이 '소화'(당시 〈소화〉라는 영화의 여주인공 이름)로 부르게 된다.

1978년 당시(20세) '420공장'은 매일 잔업을 할 정도로 공장은 바쁘게 돌아갔다. 이 시기는 앞서 살펴본 중-월 전쟁 등으로 인한 군수산업의 특수기였다. 이 기간 동안 꾸민화는 집안이 좋은 남자('420공장'의 방송통신대학(電大)교수)와 사귀고 있었지만, 공장 안의 누군가가 퍼뜨린 거짓 연서 사건 때문에 이를 오해한 그와 헤어지게 된다. 몇 년 후 그녀는 상하이로 돌아가기로 결심한다. 청두에서의 결혼을 통해 상하이로 돌아간다는 것은 현실적으로 어려웠기 때문에(호구제도 때문임), 자신과 상하이 거주 노동자의 맞교환을 시도한다[41]. 그러나 당시(1984-1985년) 공장에 일감이 줄어들자 상하

---

[40] | 知靑의 도시복귀운동은 1978년 9월 운남성의 상해출신 지청이었던 정혜민 등에 의해 처음으로 시작된다. 그리고 1979년 중국정부의 정책변화에 의해 대부분의 지청들은 농촌을 떠나 고향집으로 돌아가게 되었다. (http://kr.blog.yahoo.com/seejaelee/95, 2010년 4월 5일 검색)

[41] | 농촌인구의 도시 이동을 엄격하게 제한한 '호구등기제도'는 결과적으로 도시 내의 산업과 기업 간의 노동력 이동도 어렵게 만들어, 중국의 공장은 농촌과 타 공장 모두로부터 이중적으로 격리되는 '캡슐화'의 특징을 안게 된다(장영석, 2002: 84).

이에서 청두로 오려는 노동자가 없어, 이러한 계획은 수포로 돌아가 버린다[42]. 그로부터 다시 수년이 흐른 후, '420공장'은 민간물자 생산으로 전환한다('쌍연패'(雙燕牌)라는 브랜드로 냉장고, 세탁기 등을 생산). 이를 계기로 그녀는 상하이 판매원으로 발령을 받지만, 월급은 받지 않고 직책만 유지한 채 자신의 회사(땅콩 도매상)를 차리나, 이마저 실패하여 청두로 다시 돌아오게 된다(1989년. 31세). 청두로 돌아온 그녀에게 재취자리 등의 결혼 제의들이 들어오나, 자신의 자존심 때문에 혼자 살기로 결심한다.

영화의 다음 장면이 이어지기 전, 1978년 상영되었던 영화 〈소화〉의 주제가 흐른다. "누이가 오빠를 찾네. 눈물 꽃이 흐르네. 오빠가 보이지 않아 마음이 답답하다네…" 그리고 뒤이어 홍루몽의 '장화사'의 한 구절이 자막으로 소개된다. "괴이하다. 여자는 무슨 일로 갑절이나 마음을 아파하나. 반절은 홀연히 온 봄이 가여워, 반절은 홀연히 가는 봄이 괴로워(底事倍伤神, 半为怜春半恼春)."

꾸민화의 경험들을 개혁·개방이전 노동자들의 기억들과 비교해보면, 그녀의 기억들은 일견 매우 개인적인 것들로 채워져 있는 듯이 보인다. 즉 자신을 관통한 역사적 사건들에 대한 상세한 묘사보다는 개인의 연애담과 이력, 그리고 현재의 신세에 대한 한탄 등으로 읽힐 수도 있을 것이다. 그러나 그녀의 이러한 진술의 이면에는 중-월 전쟁, 호구제도, 국유기업의 쇠퇴, 개체산업의 흥망, 나아가 중국사회 내의 성차별 등의 사회적 문제들이 복류하고 있다.

(4) 쑤나

끝으로 소개될 인물은 '빠링허우'(80後: 80년대 이후 출생자) 세대인 '쑤

---

42 | 참고로 1979년 발발한 중-월 전쟁은 1980년대 내내 국경선의 확정을 둘러싸고 중국군과 베트남군의 산발적인 전투가 계속 되다가 1989년에 베트남군이 캄보디아로부터 철군하자, 평화협상이 시작되어 1999년 협정이 체결된 후, 중국-베트남 간의 국경이 확정되었다.

나'(영화배우 자오타오 분)이다. 빠링허우 세대는 통칭 1980년대 이후 태어난 부유층 자녀들 및 신소비계층들을 말하지만, 쑤나의 삶은 반드시 이들과 일치하지는 않는다. 쑤나는 2008년 현재 26세이다(1982년 청두 출생). 그녀는 중학교 때부터 학교공부에는 별 흥미를 갖지 못했다. '420공장' 분공장의 공장장이었던 아버지는 그녀가 명문대학에 입학해서 가문을 빛내기를 바라지만, 그녀는 이 바램을 이루어드리지 못한다(대학입학시험 실패). 그렇다고 '420공장'에 다니기는 더욱 싫었다. 오랜 방황 끝에 그녀가 지금 하고 있는 일은 청두의 유한마담들을 대신해서 2주에 한 번씩 홍콩으로 가서 명품들을 구입해주는 '구매대행' 이다. 청두에는 돈 많은 사람들이 아주 많아 자신의 수입도 괜찮은 편이라고 말한다. 그리고 업무 중 비행기에서 알게 된 말레이시아 친구로부터 스카이라운지의 회전식 식당의 매니저가 되어 달라는 부탁을 받아둔 상태이기도 하다. 그녀는 슈퍼우먼이 될 꿈을 갖고 있다.

또한 구매대행 일에 걸맞게끔 차를 할부로 구입하기도 했다(폭스바겐 뉴비틀. 3천만 원이 넘는 고가의 차량임). 그러나 빠링허우의 다른 친구들, 즉 샤오황디(小皇帝)라 불리는 친구들과는 달리 그녀는 부모로부터 물려받을 것은 없다. 쑤나는 첫 번째 남자와는 옥림화원(玉林花園)의 왕부(王府)에서 동거를 하였고, 두 번째 남자 친구와는 화양연화(花樣年華)에 살았었다(고급주택지를 말함). 이들 모두는 일종의 샤오황디들이었다. 그러나 쑤나의 부모님들은 사정이 전혀 다르다. 어머니는 1995년에 면직이 되었고(현재는 임시직 종사), 아버지는 퇴직 후 넋이 나간 사람처럼 삶에 적응을 하지 못하고 있는 상태이기 때문이다. 이러한 집안 분위기로 인해 쑤나는 가출을 하게 된다.

가출 생활을 하던 중 얻게 된 구매대행 일에는 홍콩출입 통행증이 필요하다. 이를 발급받기 위해서는 호구증명서가 첨부되어야 한다. 어느 날 점심 무렵 호구증명서를 발급받기 위해 집에 들르지만, 문은 굳게 잠겨 있었다. 할 수없이 어머니가 일을 하고 계신 전선막대(線杆) 공장을 찾는다. 이전에는 부끄러워 절대 찾지 않던 곳이었다. 작업장을 한참 둘러보다가 한 구석에서 강철 덩어리를 상자에 담고 계신 어머니를 발견한다. 어머니가 강철을 상자에 담을 때 마다 쿵하고 들리는 소리는 쑤나에게 큰 괴로움을 준다. 쑤나는 이 장면을 다음과 같이 회상한다. "마음만 아픈 것이 아니라 사지로 전달되는 그런 아픔이었다. 고개 숙여 일하는 우리 엄마가 남자인지 여자인지 구분을 할 수 없었다. 내 눈에선 눈물이 흘렀고, 나는 고개를 돌려 뛰쳐나왔다." 참고로 상하이시 총공회(노동조합총연맹)의 조사결과(2000년)에 따르면, 사회적 지위가 가장 낮은 직업을 묻는 질문에 총응답 노동자의 95.5%가 '노동자'라고 답을 하였다(장영석, 2002: 101에서 재인용). 정부에서는 여전히 노동자가 국가와 기업의 주인이라는 이데올로기를 공공연히 밝히고 있으나, 현실의 노동자들은 이를 전혀 실감하지 못하고 있는 상태를 반증하고 있는 셈이다. 이 일을 계기로 쑤나는 집에서 부모님을 모시며 지내기로 결심하고, 스스로 생각하기에도 자신이 한층 성숙하였음을 알게 된다. 지아장커가 영화와 함께 펴낸 책에 따르면, 쑤나에 해당하는 인터뷰이는 다음과 같이 말하기도 한다. "부모님께 24성 아파트 한 채를 사드리기로 했다. 비싸서 힘이 들겠지만 할 수 있을 것이다. 나는 노동자의 딸이니까…" 한편 쑤나가 인터뷰의 말미에 청두시를 내려다보는 곳은 '420공장'의 가장 높은 곳이며, 그녀의 시선은 공장이 있는 동쪽 교외(東郊)를 향해있다. 쑤나의 인터뷰를 마지막으로 '청두'(成都)라는 자막과 함께, 영화는 만하(萬夏)의 시 '本質'(1988)의 일부를 보여주며 막을 내린다. "청두, 단지 너의 사라진 부분만으로도, 이미 충분히 나

---

43 | 쑤나의 마음과 변화하는 중국의 모습을 대변하고 있는 이 노래의 가사의 일부를 소개하면 다음과 같다. (전략) 미래는 어디를 향하는지, 지난 일은 이미 연기와 같다/ 생각은 의심을 면하기 어려우니 정확히 자세히 보아라/ 물질생활 향유의 즐거움, 신기루는 꿈처럼 몽롱하다/ 시대는 멈추지 않고 앞으로 나아간다. 사치스럽고 방탕한 삶이 눈앞에 펼쳐진다/ 마음을 잡지 못하는 것이 아닌지, 거울 속의 자신을 보아라/ 성공하여 이름을 떨침은 뜬 구름과 같다. 욕망은 언제나 끝이 없다/ 좋은 말로 송별을 하고, 적절하게 처세를 하며, 부모에 효도하고 스승을 존경하는 도리를 영원히 잊지 말아라/ 미래는 어디를 향해 가는가, 미래는 어디를 향해 가는가.

를 영광스럽게 하였다(成都, 仅你消逝的一面, 已经足以让我荣耀)." 그리고 엔딩 크레디트가 올라가며 영화의 주제곡 중의 하나인 '未来在哪里'(미래는 어디에 있나)가 흐른다[43].

지금까지 영화 <24시티>에 등장하는 노동자들의 기억과 역사적 경험들에 대해 일별해보았다. 이 중에서도 감독이 의도적으로 배치한 전문 여성배우들의 기억들은 '420공장'의 역사가 세대별로 변이되는 모습을 보여주는 것이기도 하고, 사회주의 계획경제에서 자본주의적 시장경제로 나아가는 중국의 역사를 드러내는 것이기도 하다. 예컨대 하우따리의 기억과 경험은 '420공장' 또는 중국 사회주의의 성장기를 반영하고 있고, 꾸민화의 그것은 정점을 지나 사회주의적 색채가 퇴색되어가는 전환기를 대변하고 있으며, 마지막의 쑤나는 몰락과 '희망의 불안'을 분열적으로 반영하는 '420공장'(또는 사회주의)의 퇴조기를 보여주고 있는 셈이다. 이러한 서술방식에서 다시 확인할 수 있는 것은 사소하고 개인적인 기억들이 오히려 거대한 역사를 내장하고 있다는 점이다. 지아장커(2009a: 249)는 다음과 같이 말한다. "가장 좋은 때이든 가장 나쁜 때이든, 어떠한 개인의 경험도 간과되어선 안 된다. 이 영화에서 우리는 8명의 중국 노동자의 이야기를 듣는다. 하지만 나는 이 영화를 본 많은 이들이 8명의 이야기보다는 자기 자신의 삶의 이야기를 들을 것이라고 생각한다."

나오며

지아장커 감독은 자신의 필모그래피를 통해 사회주의적 거대담론에 대한 도전, 자본주의의 모순에 대한 반대 메시지 등을 일관되게 밝히고 있다. 이는 앞서 살펴본 중국의 6세대 영화감독들의 공통분모이기도 하다. 즉 그들은 전쟁과 혁명의 역사 속 영웅적 인물들로서의 위대한 농민, 노동자들을 내세우는 주선율 기조의 영화담론에서 벗어나고자 한다(안상혁 외, 2008: 20).

오히려 일상적 소시민들의 개인적이며 소소한 기억들을 통해 거대한 역사를 복원해내고, 나아가 이들의 기억과 전망을 통해 현재의 중국이 안고 있는 문제점들의 심각성을 이야기하고 있다.

필자들이 살펴본 영화 <24시티>에는 이러한 점들이 잘 나타나 있다. 이를 압축적으로 보여주고 있는 것이 앞서 인용한 萬夏의 시이다. 이를 직역해보면 다음과 같다. "청두, 단지 너의 사라진 부분만으로도, 이미 충분히 나를 영광스럽게 하였다." 그러나 기왕에 국내에 번역·소개된 내용은 다음과 같다. "청두, 너는 점점 사라지지만, 나에게 찬란한 삶을 주었단다." 이러한 두 가지 번역은 내용상 큰 차이가 없다. 왜냐하면 후자가 비록 시적 운율에 맞춰 보다 윤색되었다할지라도 전자의 의미를 어느 정도 담보하고 있기 때문이다. 그러나 어떠한 번역을 채택하더라도 이 시를 영화의 말미에 배치한 지아장커 감독의 의도는 중의적 의미로 해석된다. 첫째, 영화에 등장하는 대부분의 노동자들(단 꽌펑지어우와 허시쿼의 경우는 사회주의 선진노동자에 대한 자부심과 체제에 대한 낙관성을 보다 많이 피력하고 있음)은, '24시티' 즉 '420공장'의 소멸에서 경험하는 사회주의 중국의 변화에 대한 상실감과 무력감을 피력하고 있음에도 불구하고, 이 시의 표면적인 내용에는 중국사회의 미래에 대한 긍정적인 전망과 개인들의 만족감 등이 담겨 있다. 그리고 영화 속 인터뷰이들도 현재의 중국사회와 체제에 대한 불만과 목소리를 구체적으로 드러내지는 않는다. 이는 국가와 당의 주선율 이데올로기가 아직까지 큰 영향력을 지니며 이들을 호명하고 있기 때문이기도 할 것이다. 그러므로 이 시는 다음과 같이 해석될 수도 있다. 즉 노동자들의 기억의 풍부함에 걸맞는 밝은 미래가 부재하는 현실의 모순된 상황을 오히려 역설하는 것이라 생각할 수도 있을 것이다. 즉 기억은 풍부하나 전망은 억제되어 있다[44]. 이는 영화의 마지막에 소개되는 주제가인 '미래는 어디에 있나'의 노래가 반중한다.

자본주의 시장경제로 질주하는 현재의 중국은 격동의 국면에 놓여있다. 도-농간의 지역적 격차, 노-노간의 사회적 불평등, 그리고 새로운 세대들의 부상 등이 대표적인 예가 될 것이다. 이러한 문제들은 대도시 발전의 근간이 되었던 농민공의 문제와 이와 결부된 중국식 호구제도, 단위체제의 해체에 따른 노동력 보호장치의 시장화, 다양한 경제부문에서의 비정규 노동력의 확산, 그리고 신-구 세대간의 문화적 충돌 등으로 분출되고 있다. 한 편의 영화가 이 모든 것에 대한 답을 당연히 줄 수 있는 것은 아니지만, 우리들에게 변화된 체제가 안고 있는 문제점들에 대한 성찰과 반성, 그리고 토론과 문제제기, 나아가 바람직한 대안의 모색을 할 수 있는 계기는 제공할 수 있을 것이다. 왜냐하면 기억 없이는 전망도 없기 때문이다.

---

44 | 이 부분에 대해 지아장커(2009b: 2-6)는 그의 저서에서 다음과 같이 밝히고 있다. "50년 집체생활의 결과, 개인이 되었음에도 개인의 이야기 이끌어내는 것이 쉽지 않았다. 과거의 집체생활이 세대를 거쳐오며 중국인들에게 얼마나 심각한 영향을 미친 것인가 ⋯ 매번 인터뷰를 마칠 때면 장시간의 침묵이 흘렀다. 이 책의 검은 활자와 하얀 여백은 모두 과거의 진실된 생활이다. 그러나 나는 줄곧 생각을 한다. 노동자들이 이야기를 하다가 멈추고 말을 하지 않을 때, 얼마나 가슴을 뒤흔드는 기억들이 그 침묵 속에 감추어져 있을까. 아마 그 침묵이 가장 중요한 것이다. 이 책을 통해서 여러분들도 그 침묵을 보게 될 것이다."

참고문헌

강병진(2009), 「허우샤오시엔과 지아장커의 음악적 페르소나」, 『씨네21』, 718호 : 86-89.

강성호(2003), 「마르크스주의 역사학의 새로운 시작을 위하여」, 책세상.

강준영(1998), 「시사중국어사전」, 지영사.

김기봉(2009), 「역사의 탄생: 헤로도토스와 사마천」, 『한국사학사학보』, 19권 : 135-166.

김기봉(2006), 「팩션시대 영화와 역사를 중매하다」, 프로네시스.

김민환(2003), 「누가, 무엇을, 어떻게 기억할 것인가」, 김진균 편저, 『저항, 연대, 기억의
　　　　정치2』, 서울: 문화과학사, 399-416.

김 인(2000/2001), 「중국의 비국유기업의 발전과 국가-사회관계 변화: 단위체제의 변화
　　　　를 중심으로」, 『중소연구』, 통권 88호: 29-69.

김태만(2004), 「변화와 생존의 경계에 선 중국 지식인」, 책세상.

백승욱(2007a), 「문화대혁명: 중국 현대사의 트라우마」, 살림.

백승욱(2007b), 「현 시기 평가에 작용하는 중국 노동자의 문화대혁명의 기억: 다롄 시 노
　　　　동자를 중심으로」, 한국산업사회학회, 『경제와 사회』, 제76호: 39-69.

백승욱(2003), 「중국 노동자 계급의 분화와 동요」, 『진보평론』, 제18호: 74-94.

백승욱(2001), 「중국의 노동자와 노동정책: '단위체제'의 해체」, 문학과지성사.

이성철 · 이치한(2009), 「조화사회와 농민공의 현실: 영화〈미꾸라지도 물고기다〉를 중
　　　　심으로」, 한국외국어대학교 국제지역연구센터 중국연구소, 『중국연구』,
　　　　제45권: 165-181.

이성철(2010), 「노동자의 예수: 박광수의〈아름다운 청년 전태일〉」, 노동사회교육원,
　　　　『연대와 소통』, 제18호: 102-118.

이성철(2009a), 「노동자계급과 문화실천」, 인간사랑.

이성철(2009b), 「안토니오 그람시와 문화정치의 지형학: 일상생활의 사회학적 조망을 위
　　　　하여」, 호밀밭.

이종희(2000), 「중국 영화의 어제, 오늘, 내일」, 세상.

이영진(2009), 「중국 사회주의 인민들에게 바침」, 『씨네21』, 688호: 44-48.

이치윤(1994), 「중국영화의 세대별 특징과 6세대의 독립영화」, 『영화』, 3월호: 126-133.

이치한(2006), 「홍루몽의 전통서사모식에 대한 변혁 고찰」, 『중국학연구』, 제36집: 205-224.

안상혁·한성구(2008), 『중국 6세대 영화, 삶의 본질을 말하다』. 성균관대학교 출판부.

임대근(2005), 「중국영화 세대론 비판」, 서울:『중국학연구』, 제31집: 121-146.

임대근(2003), 「중국영화 연구의 방향성 모색을 위한 시론」, 『하반기 현대중국학회

정기학술대회 자료집』: 13-21.

임대근(2002), 「제6세대: 중국영화의 성찰과 도전」, 『중국문학연구』, 제25집: 121-138.

임대근(2001), 「중국영화 둘레 짓기」, 한국외국어대학교 국제지역연구센터 중국연구소, 『중국연구』, 28권: 205-217

장영석(2007), 「중국 노동자의 문혁 참여와 공장관리」, 중국학연구회, 『중국학연구』, 제40집: 199-222.

장영석(2002), 「중국 국유기업 개혁과 노동관계 변화」, 한국사회학회, 『한국사회학』, 제36집 3호: 79-107.

장영석(1996), 「개방시대 중국 대학생들의 취업전쟁」, 『월간말』, 통권122호: 100-103.

정한석(2009), 「'인민의 초상'을 넘어선 '인민의 응시'」, 『씨네21』, 691호: 100-102.

한국 중국현대문학회(2006), 「영화로 읽는 중국」, 동녘.

허문영(2009), 「우리 시대 가장 위대한 다큐멘터리: 잔상과 여백의 어떤 경지를 보여주는 지아장커의 〈24시티〉」, 『씨네21』, 689호: 100-103.

賈樟柯(2009a), 「賈想」, 北京: 北京大學出版社.

賈樟柯(2009b), 「中國工人訪談錄」, 济南煟: 山東書報出版社.

林辰(1993), 「古代小說與詩詞」遼寧: 遼寧教育出版社.

羅竹風主編(1990), 「漢語大辭典」第十一捲, 上海: 漢語大詞典出版社.

Burawoy, Michael(1999), 정범진 옮김, 『생산의 정치: 자본주의와 사회주의의 공장체제』, 박종철출판사.

Darnton, Robert(1996), 조한욱 옮김, 『고양이 대학살: 프랑스 문화사 속의 다른 이야기들』, 문학과지성사.

EBS(2005), 〈중국의 젊은 영화, 길을 나서다〉.

Hart-Landsberg, Martin & Paul Burkett(2005), 임영일 옮김, 『중국과 사회주의』, 한울아카데미.

Harootunian, Harry(2006), 윤영실·서정은 옮김, 『역사의 요동: 근대성, 문화 그리고 일상 생활』, 휴머니스트.

Hessler, Peter(2003), 강수정 옮김, 『리버 타운: 양쯔 강에서 보낸 2년』, 눌와.

Turner, Graeme(1994), 임재철 외 옮김, 『대중영화의 이해』, 한나래.

http://www.crland.com.hk/News/article.asp?id=267 : 2009년 3월 6일 검색.

http://www.cdstats.chengdu.gov.cn : 2009년 3월 7일 검색.

http://kr.blog.yahoo.com/seejaelee/95, 2010년 4월 5일 검색.

http://ent.sdnews.com.cn/2008/5/12/554267.html 2010년 4월 6일 검색

영화가 노동을
만났을 때

영상 찾아보기

영화가 노동을 만났을 때
  - 영화로 만나는 15개의 노동이야기

지은이 이성철·이치한

1판 1쇄 펴냄 2011년 08월 25일
    2쇄 펴냄 2011년 11월 17일
펴낸곳 도서출판 호밀밭
펴낸이 장현정
디자인·편집 박윤희(윤경디자인 070-7716-9249)

등록 2008년 11월 12일 (제338-2008-6호)
주소 부산 수영구 남천동 5-13번지 남천K상가 B1층
전화 070-7530-4675
팩스 0505-510-4675
전자우편 hjmiro@naver.com

ⓒ 2011, 이성철·이치한
값 17,000원
ISBN 978-89-962552-2-2

「이 도서의 국립중앙도서관 출판시도서목록(CIP)은 e-CIP홈페이지(http://www.nl.go.kr/ecip)와
국가자료공동목록시스템(http://www.nl.go.kr/kolisnet)에서 이용하실 수 있습니다.
(CIP제어번호: CIP2011002990)」